Die Bestimmung einer weiteren angemessenen Beteiligung in gemeinsamen Vergütungsregeln und in Tarifverträgen nach § 32a Abs. 4 UrhG

# Europäische Hochschulschriften

Publications Universitaires Européennes
European University Studies

**Reihe II**
**Rechtswissenschaft**

Série II Series II
Droit
Law

**Bd./Vol. 4343**

PETER LANG
Frankfurt am Main · Berlin · Bern · Bruxelles · New York · Oxford · Wien

Thomas Grabig

# Die Bestimmung einer weiteren angemessenen Beteiligung in gemeinsamen Vergütungsregeln und in Tarifverträgen nach § 32a Abs. 4 UrhG

PETER LANG
Europäischer Verlag der Wissenschaften

**Bibliografische Information Der Deutschen Bibliothek**
Die Deutsche Bibliothek verzeichnet diese Publikation in der Deutschen Nationalbibliografie; detaillierte bibliografische Daten sind im Internet über <http://dnb.ddb.de> abrufbar.

Zugl.: Berlin, Humboldt-Univ., Diss., 2005

11
ISSN 0531-7312
ISBN 3-631-54973-3



www.peterlang.de

Meinen Eltern

Vorwort

Die Arbeit wurde von der Juristischen Fakultät der Humboldt-Universität zu Berlin im Sommersemester 2005 als Dissertation angenommen. Rechtsprechung und Literatur sind bis April 2005 berücksichtigt.

Ich möchte mich an dieser Stelle bei allen bedanken, die diese Arbeit unterstützt haben.

Besonderer Dank gilt zunächst meinem Doktorvater, Herrn Prof. Dr. Arthur-Axel Wandtke für sein Vertrauen und seine große Unterstützung. Bei Herrn Prof. Dr. Johann Adrian möchte ich für die zügige Erstellung des Zweitgutachtens bedanken.

Meiner Schwester Sabine Gerber und Herrn Steffen Lüder danke ich für das unermüdliche Korrekturlesen. Die Anregungen und der Gedankenaustausch mit Alexandra, Franziska, Markus, Hinrich und Sebastian haben mich sehr unterstützt: Euch sei an dieser Stelle ebenfalls Dank gesagt.

Ein besonders herzlicher Dank soll meiner Familie, insbesondere meiner Frau Silke, gesagt werden. Ohne deren beharrliche Unterstützung und Geduld wäre diese Arbeit nie zustande gekommen.

Berlin, Dezember 2005 Thomas Grabig

# Inhaltsübersicht

# Inhaltsverzeichnis

# Abkürzungsverzeichnis:

| | |
|---|---|
| a.A. | andere Ansicht |
| a.a.O. | am angegebenen Ort |
| a.F. | alte Fassung |
| ABl. | Amtsblatt der Europäischen Gemeinschaft |
| AcP | Archiv für zivilistische Praxis |
| AfP | Archiv für Presserecht |
| AG | Amtsgericht |
| AGB | Allgemeine Geschäftsbedingungen |
| AGD | Allianz Deutscher Designer |
| Amtl.Begr. | Amtliche Begründung |
| ÄndG | Änderungsgesetz |
| Anm. | Anmerkung |
| AP | Arbeitsrechtliche Praxis |
| APR | Arbeitsgemeinschaft Privater Rundfunk |
| ArbNErfG | Arbeitnehmererfindungsgesetz |
| ArbuR | Arbeit und Recht |
| Art. | Artikel |
| Aufl. | Auflage |
| BAG | Bundesarbeitsgericht |
| BAGE | Entscheidungen des Bundesarbeitsgerichts |
| BayObLG | Bayerisches Oberstes Landesgericht |
| BayVBl. | Bayerische Verwaltungsblätter |
| BB | Betriebesberater |
| BBl. | Börsenblatt des Börsenvereins des deutschen Buchhandels |
| BDS | Bund Deutscher Schriftsteller |
| Bek. | Bekanntmachung |
| BFF | Bund Freischaffender Foto-Designer |
| BGB | Bundesgerichtshof |
| BGBl. | Bundesgesetzblatt |
| BGH | Bundesgerichtshof |
| BGHZ | Entscheidung Bundesgerichtshofes in Zivilsachen |
| BKartA | Bundeskartellamt |
| BMJ | Bundesministerium der Justiz |
| BPatG | Bundespatentgesetz |
| BR-Drucks. | Bundesratsdrucksache |
| BRRG | Bundesrahmengesetz |
| BT-Drucks. | Bundestagsdrucksache |
| BVerfG | Bundesverfassungsgericht |
| BVerfGE | Entscheidungen des Bundesverfassungsgerichts |
| BVerwG | Bundesverwaltungsgericht |
| BVK | Bundesverband der bildgestaltenden Kameramänner- und Frauen in der Bundesrepublik Deutschland e.V. |
| CR | Computer und Recht |
| ca. | circa |
| d.h. | das heißt |
| DB | Der Betrieb |
| ders. | derselbe |

| | |
|---|---|
| dies. | dieselbe(n) |
| Diss. | Dissertation |
| Drucks. | Drucksache |
| DVwBl. | Deutsches Verwaltungsblatt |
| E | Entwurf |
| e.V. | eingetragener Verein |
| EG | Europäisches Gemeinschaft |
| EGV | Vertrag zur Gründung der europäischen Gemeinschaft |
| Einf. | Einführung |
| EinigV | Einigungsvertrag |
| Einleitung | Einleitung |
| EnWG | Energiewirtschaftsgesetz |
| Ergbd. | Ergänzungsband |
| etc | et cetera |
| EU | Europäische Union |
| EuGH | Europäischer Gerichtshof |
| EuZW | Europäische Zeitschrift für Wirtschaftsrecht |
| f. | folgende |
| ff. | fortfolgende |
| FG | Festgabe |
| Fn. | Fußnote |
| FS | Festschrift |
| FuR | Film und Recht |
| GebrMG | Gebrauchsmustergesetz |
| gem. | gemäß |
| GEMA | Gesellschaft für musikalische Aufführungs- und mechanische Vervielfältigungsrechte |
| GeschmMG | Geschmacksmustergesetz |
| GG | Grundgesetz |
| GRUR | Gewerblicher Rechtsschutz und Urheberrecht |
| GRUR Int. | Gewerblicher Rechtsschutz und Urheberrecht International |
| GRUR-RR | Gewerblicher Rechtsschutz und Urheberrecht- Rechtsprechungs-Report |
| GÜFA | Gesellschaft zur Übernahme und Wahrnehmung von Filmaufführungsrechten |
| GVBl. | Gesetz- und Verordnungsblatt |
| GVL | Gesellschaft zur Verwertung von Leistungsschutzrechten |
| GWB | Gesetz gegen Wettbewerbsbeschränkungen |
| HA | Heimarbeitsgesetz |
| h.L. | herrschende Lehre |
| h.M | herrschende Meinung |
| HB | Handbuch |
| Hrsg. | Herausgeber |
| Hs | Halbsatz |
| i.d.F. | in der Fassung |
| i.e.S. | im engeren Sinne |
| i.V.m. | in Verbindung mit |
| insbes | insbesondere |
| IPR | Internationales Privatrecht |
| IPrax | Praxis des Internationalen Privat- und Verfahrensrechts |
| ITRB | Der IT-Rechtsberater |

| | |
|---|---|
| Jura | Juristische Ausbildung |
| JuS | Juristische Schulung |
| JW | Juristische Wochenschrift |
| JZ | Juristenzeitung |
| K&R | Kommunikation und Recht |
| Kap | Kapitel |
| KDS | Kommissionsdrucksache |
| KG | Kammergericht |
| KOM | Kommission |
| KUG | Gesetz betreffend das Urheberrecht an Werken der bildenden Künste und Photographie |
| KUR | Kunstrecht und Urheberrecht |
| LAG | Landesarbeitsgericht |
| LG | Landgericht |
| lit. | littera |
| LUG | Gesetz betreffend das Urheberrecht an Werken der Literatur und der Tonkunst |
| m.w.N. | mit weiteren Nachweisen |
| MarkenG | Markengesetz |
| MDR | Monatszeitschrift für Deutsches Recht |
| Mitt. | Mitteilungen |
| MMR | MultiMedia und Recht |
| MTV | Manteltarifvertrag |
| Münch HB | Münchener Handbuch |
| MünchKo | Münchener Kommentar |
| n.F. | neue Fassung |
| NJW | Neue Juristische Wochenschrift |
| NJW-RR | NJW Rechtsprechungs-Report |
| Nr. | Nummer |
| NZA | Neue Zeitschrift für Arbeitsrecht |
| OLG | Oberstes Landesgericht |
| OLGZ | Entscheidungen der Oberlandesgerichte in Zivilsachen |
| OVG | Oberverwaltungsgericht |
| PaPkG | Preisangaben- und Preisklauselgesetz |
| PatG | Patentgesetz |
| PersBefG | Personenbeförderungsgesetz |
| ProfE | Professorenentwurf |
| PVÜ | Pariser Verbandsübereinkunft |
| RBÜ | Revidierte Berner Übereinkunft zum Schutz von Werken der Literatur und der Kunst |
| RdA | Recht der Arbeit |
| Rdn. | Randnummer |
| RefE | Referentenentwurf |
| RegE | Regierungsentwurf |
| RG | Reichsgericht |
| RGBl. | Reichsgesetzblatt |
| RGZ | Entscheidungen des Reichsgerichts in Zivilsachen |
| RL | Richtlinie |
| Rs. | Rechtssache |
| Rspr. | Rechtsprechung |
| S. | Seite |

| | |
|---|---|
| s. | siehe |
| s.o. | siehe oben |
| s.u. | siehe unten |
| SFK | Szenenbildner, Filmarchitekten und Kostümbildner e.V. |
| Slg. | Sammlung |
| sog. | sogenannte |
| st.Rspr. | ständige Rechtsprechung |
| TVG | Tarifvertragsgesetz |
| u.a. | unter anderem |
| UFITA | Archiv für Urheber-, Film-, Funk- und Theaterrecht |
| URG | Urheberrechtsgesetz (der DDR) |
| UrhG | Urheberrechtsgesetz |
| UWG | Gesetz gegen den unlauteren Wettbewerb |
| VerlagG | Gesetz über das Verlagsrecht |
| VG | Verwertungsgesellschaft |
| vgl. | vergleiche |
| VO | Verordnung |
| VPRT | Verband Privater Rundfunk und Telekommunikation e.V. |
| VS | Verband deutscher Schriftsteller |
| WahrnG | Gesetz über die Wahrnehmung von Urheberrechten und verwandten Schutzrechten |
| WIPO | World Intellectual Property Organization |
| WM | Wertpapiermitteilungen |
| WRP | Wettbewerb in Recht und Praxis |
| WuW | Wirtschaft und Wettbewerb |
| z.B. | zum Beispiel |
| ZHR | Zeitschrift für das gesamte Handels- und Wirtschaftsrecht |
| ZIP | Zeitschrift für Wirtschaftsrecht |
| ZPO | Zivilprozessordnung |
| ZRP | Zeitschrift für Rechtspolitik |
| ZUM | Zeitschrift für Urheber- und Medienrecht |
| ZUM-RD | Rechtsprechungsdienst der ZUM |
| zust. | zustimmend |

## Literaturverzeichnis


| | |
|---|---|
| Abel, Ralf Bernd | Softwareentwicklung durch Mitarbeiter- gelöste und ungelöste Fragen, RdV, 1985, S. 27 ff. |
| Ahrens, Hans Jürgen; Bornkamm, Joachim; Gloy, Wolfgang (Hrsg) | Festschrift für Willi Erdmann zum 65. Geburtstag, Köln, 2002, *zitiert: Bearbeiter in FS Erdmann* |
| Andernach, Melanie | Die vertragliche Beteiligung nach dem neuen Urhebervertragsrecht Deutschlands und dem Urheberrecht Frankreichs- unter besonderer Berücksichtigung des Filmkomponisten, München, 2004 |
| Badura, Peter | Der Eigentumsschutz des Urhebers und die Vervielfältigung urheberrechtlich geschützter Werke für die Zwecke der Ausbildung und der Wissenschaft- zur Sozialgebundenheit des geistigen Eigentums, Neuwied, 1982 |
| Bahr, Christian | Die Behandlung von Vertikalvereinbarungen nach der 7. GWB-Novelle, WuW 2004, S. 259 ff. |
| Bahr, Christian von; Mankowski, Peter | Internationales Privatrecht, Band I, Allgemeine Lehren, 2. Auflage, München, 2003 |
| Barthel, Thomas | Arbeitnehmerurheberrechte in Arbeitsverträgen, Tarifverträgen und Betriebsvereinbarungen- zugleich ein Reformvorschlag zum Arbeitnehmerurheberrecht, Frankfurt/M, 2002 |
| Bayreuther, Frank | Das Verhältnis zwischen Arbeits-, Urheber- und Arbeitnehmererfindungsrecht, GRUR 2003, S. 570 ff. |
| Bayreuther, Frank | Die Vereinbarkeit des neuen Urhebervertragsrechts mit dem Grundgesetz, UFITA 2002 (Band II), S. 623 ff. |
| Becker, Jürgen; Schwarz, Mathias (Hrsg.) | Aktuelle Rechtsprobleme der Filmproduktion und Filmlizenz, Festschrift für Wolf Schwarz zu seinem 80. Geburtstag, Baden-Baden 1999; *zitiert: Bearbeiter in FS Schwarz* |
| Beier, Friedrich-Karl; Götting, Horst-Peter; Lehmann, Michael; Moufang, Rainer (Hrsg.) | Urhebervertragsrecht, Festgabe für Gerhard Schricker zum 60. Geburtstag, München 1995, *zitiert: Bearbeiter in FG Schricker* |
| Berger, Christian | Urheberrecht, Baden-Baden, 2003 |
| Berger, Christian | Grundfragen der „weiteren Beteiligung" des Urhebers nach § 32a UrhG, GRUR 2003, S. 675 ff |

Berger, Christian
Zum Anspruch auf angemessene Vergütung (§ 32 UrhG) und weitere Beteiligung (§ 32a UrhG) bei Arbeitnehmer-Urhebern, ZUM 2003, S. 173 ff.

Berger, Daniel
Der Anspruch auf angemessene Vergütung gemäß § 32 UrhG: Konsequenzen für die Vertragsgestaltung, ZUM 2003, S. 521 ff.

Bollack, Gert
Die Rechtsstellung des Urhebers im Dienst- und Arbeitsverhältnis, GRUR 1976, S. 74 ff.

Bollwin, Rolf,
Sponer, Wolfdieter
Kommentar zum Bühnentarifrecht, Loseblatt, Stand November 2003

Brandi-Dohrn, Anselm
Arbeitnehmererfindungsschutz bei Softwareerstellung, CR 2001, S. 285 ff

Brandi-Dohrn, Anselm
Anmerkung zu BGH CR 2002, S. 249 ff („Wetterführungspläne II"), CR 2002, S. 252 ff.

Brandi-Dohrn, Matthias
Der urheberrechtliche Optionsvertrag, München, 1965

Brandner, Erich
Geschäftsgrundlage und Inhaltskontrolle bei der Regelung der Vergütung für Urheber und Erfinder (Bemerkung zu BHGZ 115, 63, GRUR 1991, 901- Horoskop-Kalender), GRUR 1993, S. 173 ff

Brauner, Frank
Das Haftungsverhältnis mehrer Lizenznehmer eines Filmwerkes innerhalb einer Lizenzkette bei Inanspruchnahme aus § 32a UrhG, ZUM 2004, S. 96 ff.

Buchmüller, Hans-Jürgen
Urheberrecht und Computersoftware, Münster 1986

Buchner, Herbert
Die Vergütung für Sonderleistungen des Arbeitnehmers, ein Problem der Äquivalenz der im Arbeitsverhältnis zu erbringenden Leistungen; GRUR 1985, S. 1 ff.

Callies, Christian
Ruffert, Matthias (Hrsg.)
Kommentar des Vertrages über die Europäische Union und des Vertrages zur Gründung der Europäischen Gemeinschaft- EUV/EGV-, 2. Auflage, Neuwied, Kriftel 2002, *zitiert: Callies/Ruffert/Bearbeiter*

Canaris, Claus-Wilhelm
Grundrechte und Privatrecht, AcP 184 (1984), S. 201 ff.

Creifelds, Carl
Rechtswörterbuch, 13. Auflage, München 1996

Czychowski, Christian
Die angemessene Vergütung im Spannungsfeld zwischen Urhebervertrags- und Arbeitnehmererfindungsrecht- ein Beitrag zur Praxis des neuen Urhebervertragsrechts im Bereich angestellter Computerprogrammierer, in FS Nordemann, S. 157 ff.

| | |
|---|---|
| Däubler, Wolfgang | Arbeitnehmerrechte an Computerprogrammen? ArbuR 1985, S. 169 |
| Delp, Ludwig | Verlagsvertrag, 7. Auflage, München 2001 |
| Dietz, Adolf | Der Entwurf zur Neuregelung des Urhebervertragsrechts AfP 2001, S. 261 ff. |
| Dietz, Adolf | Das primäre Urhebervertragsrecht in der Bundesrepublik Deutschland und in den anderen Mitgliedstaaten der Europäischen Gemeinschaft- Legislatorischer Befund und Reformüberlegungen, München 1984, *zitiert: Dietz, Urhebervertragsrecht* |
| Dietz, Adolf | Das Urhebervertragsrecht in seiner rechtspolitischen Bedeutung, in: FG Schricker, S. 1 ff. |
| Dietz, Adolf | Die Pläne der Bundesregierung zur gesetzlichen Regelung des Urhebervertragsrechts: Ein Beitrag aus Sicht der Entwurfsverfasser ZUM 2001, S. 276 ff. |
| Dittrich, Robert | Rechtspolitische Überlegungen zur Schaffung eines Urhebervertragsrechts aus österreichischer Sicht, in: Neuordnung, S. 18 ff. |
| Dittrich, Robert<br>Schammel, Walter | Kollektivvertrag und Urheberrecht, in Beiträge VII, S. 169 ff. |
| Dittrich, Robert (Hrsg.) | Beiträge zum Urheberrecht VII, Wien 2003, *zitiert: Bearbeiter in Beträge VII* |
| Donle, Christian | Die Bedeutung des § 31 Abs. 5 UrhG für das Urhebervertragsrecht, München 1993 |
| Dörr, Dieter | Das Gesetz zur Stärkung der vertraglichen Stellung von Urhebern und ausübenden Künstlern und das Europarecht, in: Gounalakis/Heinze/Dörr, Gutachten, Berlin, 2001, S. 231 ff. |
| Dörr, Dieter;<br>Schiedermaier, Stephanie;<br>Haus, Florian | Urheberrechtsnovelle versus Europarecht, K&R 2001, S. 608 ff |
| Dörr, Dieter;<br>Haus, Florian | Das Wettbewerbsrecht des EGV, JUS 2001, S. 313 ff. |
| Dreier, Horst (Hrsg.) | Grundgesetz- Kommentar, Band I, Artikel 1 – 19, 2. Auflage, Tübingen 2004, *zitiert: Dreier/Bearbeiter* |
| Dreier, Thomas | Verletzung urheberrechtlich geschützter Software nach Umsetzung der EG-Richtlinie, GRUR 1993, S. 781 |

| | |
|---|---|
| Dreier, Thomas; Schulze, Gernot | Urheberrecht- Kommentar, München, 2004, *zitiert: Dreier/Schulze/Bearbeiter* |
| Dressel, Lothar | Der angestellte Urheber- Kein Handlungsbedarf für den Gesetzgeber, GRUR 1989, S. 319 ff. |
| Dreyer, Gunda Kotthoff, Jost Meckel, Astrid | Heidelberger Kommentar zum Urheberrecht, Heidelberg, 2004, *zitiert: HK/Bearbeiter* |
| Dünnwald, Dirk | Der Urheber im öffentlichen Dienst, Baden-Baden, 1999 |
| Ehricke, Ulrich; Blask, Holger | Dynamischer Verweis auf Gruppenfreistellungsverordnungen im neuen deutschen GWB, JZ 2003, S. 722 ff. |
| Elster, Alexander | Materialien zur Gesetzgebung Urheberrechtsgesetz- Entwurf, UFITA 2 (1929), S. 652 ff. |
| Erdmann, Willi | Urhebervertragsrecht im Meinungsstreit, GRUR 2002, S. 923 f |
| Fischer, Hermann-Josef, Reich, Steven A. | Urhebervertragsrecht, München, 1993 |
| Fitting, Karl; Kaiser, Heinrich; Heither, Friedrich u.a. (Hrsg.) | Betriebsverfassungsgesetz- Handkommentar, 21. Auflage, München, 2002, *zitiert: Fitting/Bearbeiter* |
| Flechsig, Norbert P. | Der Entwurf eines Gesetzes zur Stärkung der vertraglichen Stellung von Urhebern und ausübenden Künstlern, ZUM 2000, S. 484 ff. |
| Flechsig, Norbert P. | Gesamtvertrag versus Koalitionsfreiheit, ZRP 2000, S. 529 ff. |
| Flechsig, Norbert P.; Hendricks, Kirsten | Konsensorientierte Streitschlichtung im Urhebervertragsrecht<br>Die Neuregelung der Findung gemeinsamer Vergütungsregeln via Schlichtungsverfahren, ZUM 2002, S. 423 ff. |
| Flechsig, Norbert P.; Hendricks, Kirsten | Zivilprozessuales Schiedsverfahren zur Schließung urheberrechtlicher Gesamtverträge- Zweckmäßige Alternative oder Sackgasse, ZUM 2000, S. 721 ff. |
| Forkel, Hans; Kraft, Alfons (Hrsg.) | Beiträge zum Schutz der Persönlichkeit und ihrer schöpferischen Leistungen. Festschrift für Heinrich Hubmann, Frankfurt/M. 1985; *zitiert: Verfasser in FS Hubmann* |
| Freudling, Gabriele; Seewald, Ottfried | Der Beamte als Urheber, NJW 1986, S. 2688 ff. |

| | |
|---|---|
| Gerstenberg, Ekkehard | Der Bestsellerparagraf in der Praxis, GRUR 1974, S. 591 ff. |
| Geulen, Reiner;<br>Klinger, Remo | Verfassungsrechtliche Aspekte des Filmurheberrechts, ZUM 2000, S. 891 ff. |
| Goldbaum, Wenzel;<br>Wolff, Hans-Erich | Entwurf eines Urheberschutzgesetzes, UFITA 2 (1929), S. 185 ff. |
| Götting, Hans-Peter | Urheberrechtliche und vertragsrechtliche Grundlagen, in FG Schricker, S. 53 ff. |
| Gounalakis, Georgios | Urhebervertragsrecht und Verfassung in . Gounalakis/Heinze/Dörr, Gutachten, Berlin, 2001, S. 1 ff. |
| Gounalakis, Georgios;<br>Heinze, Meinhard;<br>Dörr, Dieter | Urhebervertragsrecht und Verfassung- verfassungsrechtliche und europäische Bewertung des Entwurfs der Bundesregierung vom 30.Mai 2001, Berlin 2001<br>*zitiert: Bearbeiter in Gounalakis/Heinze/Dörr* |
| Greszick, Bernd | Der Anspruch des Urhebers auf angemessene Vergütung: Zulässiger Schutz jenseits der Schutzpflicht, AfP 2002, S. 383 ff. |
| Grobsy, Marcel;<br>Foerstl, Uli | Die Auswirkungen der Urheberrechtsreform auf Arbeitsverträge, NZA 2002, S. 1015 ff. |
| v. Gamm, Otto-Friedrich Freiherr | Der Bestsellerparagraf bei Bestellverträgen, WRP 1994, S. 677 ff. |
| v. Gamm, Otto-Friedrich Freiherr | Urheberrechtsgesetz, München, 1968. |
| v. Gamm, Otto-Friedrich Freiherr<br>Dittrich, Robert;<br>Ulmer, Eugen (Hrsg.) | Neuordnung des Urhebervertragsrechts? München, 1977,<br>*zitiert: Verfasser in Neuordnung* |
| Haas, Lothar | Das neue Urhebervertragsrecht (Systematische Darstellung des Gesetzes zur Stärkung der vertraglichen Stellung von Urhebern und ausübenden Künstlern), München, 2002 |
| Haertel, Kurt<br>Schiefler, Kurt | Urheberrechtsgesetz und Gesetz über die Wahrnehmung von Urheberrechten und verwandten Schutzrechten (Textausgabe mit Verweisungen und Materialien), Köln, Berlin, Bonn, München, 1967 |
| Hagen, Luis | Der Bestsellerparagraph im Urheberrecht, Baden-Baden, 1990 |
| Hager, Johannes | Grundrechte im Privatrecht, JZ 1994, S. 373 ff. |
| Haupt, Stefan<br>Flisak, Damian | Die angemessene Vergütung in der urheberrechtlichen Praxis, KUR 2003, S. 41 ff. |

| | |
|---|---|
| Hauptmann, Peter-Helge | Abhängige Beschäftigung und der urheberrechtliche Schutz des Arbeitsergebnisses. Eine Untersuchung der Nutzungsrechte und Vergütungspflichten am Beispiel der Entwicklung von Computerprogrammen im Arbeitsverhältnis, Frankfurt/M. 1994 |
| Hausmann, Rainer | Möglichkeiten und Grenzen der Rechtswahl in internationalen Urheberrechtsverträgen, in FS Schwarz, S. 47 ff. |
| Hegemann, Gerd F. | Das Nachforderungsrecht im deutschen und der Rückruf im amerikanischen Urheberrecht, München, 1987 |
| Heinze, Meinhard | Arbeitsrechtliche Aspekte des Urhebervertragsrechts, in: Gounalakis/Heinze/Dörr, Gutachten, Berlin, 2001, S. 193 ff. |
| Heinze, Meinhard | Arbeits- und verfassungsrechtliche Aspekte des Gesetzesentwurfes zur Reform des Urhebervertragsrechts K&R 2002, S. 1 ff. |
| Heldrich, Andreas; Hopt, Klaus J. (Hrsg.) | 50 Jahre Bundesgerichtshof: Festgabe der Wissenschaft, Band II: Handels- und Wirtschaftsrecht, Europäisches und internationales Recht, München 2000, *zitiert: Autor in FG BGH* |
| Henkel, Wolfgang | Beteiligung eines Arbeitnehmers an der wirtschaftlichen Verwertung der von ihm entwickelten Software, BB 1987, S. 837 |
| Hertin, Paul W. | Urheberrecht, München, 2004 |
| Hertin, Paul W. | Urheberrechtsnovelle 2002: Up-Date von Urheberrechtsverträgen, MMR 2003, S. 16 ff. |
| Hertin, Paul W. | Beteiligungsansprüche von Urhebern und Leistungsschutzberechtigten, FuR 1975, S. 303 ff. |
| Hillig, Hans-Peter (Hrsg.). | Urheber- und Verlagsrecht, Textausgabe mit ausführlicher Einführung und einem Sachverzeichnis, 10. Auflage, München 2003 |
| Hilty, Reto M.; Peukert, Alexander | Das neue deutsche Urhebervertragsrecht im internationalen Kontex, GRUR Int. 2002, S. 643 ff. |
| Himmelmann, Ulrich | Vergütungsrechtliche Ungleichbehandlung von Arbeitnehmer-Erfinder und Arbeitnehmer-Urheber, Baden-Baden, 1998 |
| Hodeige, Fritz (Hrsg.) | Das Recht am Geistesgut: Studien zum Urheberrecht, Verlags- und Presserecht. Eine Festschrift für Walter Bappert, München 1964, *zitiert: Autor in FS Bappert* |

Hoeren, Thomas — IPR und EDV-Recht, Kollisionsrechtliche Anknüpfungen bei internationalen EDV-Verträgen, CR 1993, S. 132 ff.

Hoeren, Thomas — Die Suche nach dem „iustum pretium“: Der gesetzliche Vergütungsanspruch im Urheberrecht, MMR 2000, S. 449

Hoffmann, Willy — Der Entwurf eines Urheberrechtsgesetzes, UFITA 2 (1929), S. 659 ff.

Holländer, Günther — Arbeitnehmerrechte an Software: Die Rechte der Arbeitnehmer an den von ihnen entwickelten nichttechnischen Computerprogrammen, Bayreuth, 1991

Homburg, Christian; Klarmann, Martin — Betriebswirtschaftliche Auswirkungen möglicher Veränderungen der Honorarsituation in Verlagen als Folge der Urheberrechtsnovelle, ZUM 2004, S. 704 ff.

Hootz, Christian (Hrsg.) — Gesetz gegen Wettbewerbsbeschränkungen und Europäisches Kartellrecht, Köln, Berlin, München, Stand 9. Lieferung 2004, *zitiert: Gemktr/Bearbeiter*

Hromadka, Wolfgang; Maschmann, Frank — Arbeitsrecht, Band 2, Kollektivarbeitsrecht und Arbeitsrechtsstreitigkeiten, Berlin, Heidelberg, New York, 1999

Hubmann, Heinrich — Das Recht des schöpferischen Geistes. Eine philosophisch-juristische Betrachtung zur Urheberrechtsreform, Berlin, 1954, *zitiert: Hubmann: Geistiges Eigentum*

Hubmann, Heinrich — Urheber- und Verlagsrecht, 2. Auflage, Berlin, München 1966

Hucko, Elmar — Zum Sachstand in Sachen Urhebervertragsgesetz Ein Blick in die Werkstatt des BMJ, ZUM 2001, S. 273 f.

Hucko, Elmar — Das neue Urhebervertragsrecht: Angemessene Vergütung-Neuer Bestsellerparagraf- gemeinsame Vergütungsregeln, Halle/Saale 2002

Hummel, Marlies — Volkswirtschaftliche Auswirkungen einer gesetzlichen Regelung des Urhebervertragsrechts, ZUM 2001, S. 660 ff.

Immenga, Ulrich; Mestmäcker, Ernst-Joachim — EG-Wettbewerbsrecht- Kommentar, Band I, München 1997, *zitiert: Immenga/Mestmäcker/Bearbeiter*

Jakobs, Rainer — Das neue Urhebervertragsrecht, NJW 2002, 1905 ff.

Jani, Ole — Der Buy-Out-Vertrag im Urheberrecht, Berlin, 2003

Jung, Peter — Individualschutz durch Wirtschaftsgrundrechte im Gesellschaftsrecht, JZ 2001, S. 1004 ff.

| | |
|---|---|
| Katzenberger, Paul | Urheberrecht und Urhebervertragsrecht in der deutschen Einigung, GRUR Int. 1993, S. 2 ff. |
| Kraßer,Rudolf | Urheberrecht in Arbeits-, Dienst- und Auftragsverhältnissen, in FG Schricker, S. 77 ff. |
| Lang, Ruedi | Das Folgerecht der bildenden Künstler, Basel, 1978 |
| Langen, Eugen; Bunte, Herman-Josef | Kommentar zum deutschen und europäischen Kartellrecht, Band 1, 9. Auflage, Neuwied, Kriftel, Berlin, 2001 |
| Larenz, Karl, Wolf, Manfred | Allgemeiner Teil des Bürgerlichen Rechts, 8. Auflage, München 1997, *zitiert: Larenz/Wolf* |
| Lehmann. Michael (Hrsg.) | Rechtsschutz und Verwertung von Computerprogrammen, 2. Auflage, Köln, 1993 |
| Lejeune, Mathias | Das neue Arbeitnehmerurheberrecht. Die wesentlichen Auswirkungen des Gesetzes zur Stärkung der vertraglichen Stellung von Urhebern und ausübenden Künstlern („Urhebervertragsrechtsgesetz“) auf das Arbeitnehmerurheberrecht, ITRB 2002, S. 145 f. |
| Lenz, Carl Otto; Borchardt, Klaus-Dieter | EU- und EG-Vertrag, 3. Auflage, Köln, Basel, Genf, München, Wien, 2003, *zitiert: Lenz/Borchardt/Bearbeiter* |
| Leuze, Dieter | Urheberrechte der Beschäftigten im öffentlichen Dienst, 2. Auflage, Berlin 2003 |
| Lieb, Manfred | Arbeitsrecht, 8. Auflage, Heidelberg, 2003 |
| Loewenheim, Ulrich | Rechtswahl bei Filmlizenzverträgen, ZUM 1999, S. 923 ff. |
| Loewenheim, Ulrich (Hrsg.) | Festschrift für Wilhelm Nordemann zum 70. Geburtstag, München 2004, *zitiert: Bearbeiter in FS Nordemann* |
| Loewenheim, Ulrich (Hrsg.) | Handbuch des Urheberrechts, München 2003, *zitiert Loewenheim/Bearbeiter* |
| Löwisch, Manfred Rieble, Volker | Tarifvertragsgesetz, 2. Auflage, München, 2004 |
| Lucas, Martina | Softwareentwicklung durch Arbeitnehmer. Arbeitsrechtliche und immaterialgüterrechtliche Zuordnungsinteressen, Darmstadt, 1993 |
| Mäger, Stefan | Der Schutz des Urhebers im internationalen Vertragrecht: zur Anknüpfung zwingenden deutschen Urheberrecht, Berlin, 1995, *zitiert: Mäger, St., Der Schutz* |

| | |
|---|---|
| Mäger, Thorsten | Die Abtretung gesetzlicher Vergütungsansprüche in Verwertungsverträgen- Eine Studie unter besonderer Berücksichtigung der Ausschüttungsquote in der Wahrnehmungspraxis der Verwertungsgesellschaften, Berlin, 2000 |
| Maracke, Catharina | Die Entstehung des Urheberrechtsgesetzes von 1965, Berlin, 2003 |
| Marwitz, Ernst | Entwurf eines Gesetzes über das Urheberrecht an Werken der Literatur und Kunst, UFITA 2 (1929), S. 659 ff. |
| Mathis, Hans-Peter | Der Arbeitnehmer als Urheber- Die Auslegung und Problematik des § 43 UrhG, Frankfurt/M., 1900 |
| Maunz, Theodor;<br>Dürig, Günter (Hrsg.) | Grundgesetz, Band I, Art. 1 bis 11, und Band II, Art. 12 bis 20, Loseblatt, Stand 42. Lieferung, Februar 2003, *zitiert: Maunz/Dürig/Bearbeiter* |
| Mestmäcker, Ernst-Joachim;<br>Schulze, Erich;<br>Schulze, Marcel u.a. (Hrsg.) | Kommentar zum deutschen Urheberrecht, Band 1, Loseblatt, Stand 36. Lieferung, Juni 2004, *zitiert: Mestmäcker/Schulze/Bearbeiter* |
| Metzger, Axel | Entwurf zum Urhebervertragsrecht, CR 2000, S. 487 ff. |
| Mittelstaedt, Johannes | Das „droit moral" nach den Beschlüssen der Römischen Urheberrechtskonferenz von 1928, GRUR 1930, S. 43 ff. |
| Möhring, Philipp | Urheberrechtsverwertungsverträge in der Sicht der Urheberrechtsreform in Hodeige, FS für Bappert, S. 129 ff. |
| Möhring, Philipp;<br>Nicolini, Käte (Hrsg.) | Urheberrechtsgesetz, Kommentar, 2. Auflage, München 2000, *zitiert Möhring/Nicolini/Bearbeiter* |
| Nordemann, Wilhelm | Das neue Urhebervertragsrecht- ein Grundriss, München 2002 |
| Nordemann, Wilhelm | Vorschlag für ein Urhebervertragsgesetz, GRUR 1991, S. 1 ff. |
| Nordemann, Wilhelm | Ein neuer Musikverlagsvertrag, ZUM 1988, S. 389 ff. |
| Obergfell, Eva | Filmverträge im deutschen materiellen und internationalen Privatrecht, Köln, Berlin, Bonn, München 2001 |
| Obergfell, Eva | Deutscher Urheberschutz auf internationalen Kollisionskurs, K&R 2002, S. 118 ff. |
| Ory, Stephan | Rechtspolitische Anmerkungen zum Urhebervertragsrecht ZUM 2001, S. 195 ff |
| Ory, Stephan | Das neue Urhebervertragsrecht, AfP 2002, S. 93 ff. |

| | |
|---|---|
| v. Olenhusen, Albrecht Götz | Freie Mitarbeit in den Medien: Arbeits-, Tarif-, Vertragsrecht. Honorare. Urheberrecht. Leistungsschutz. Baden-Baden, 2002, *zitiert: Freie Mitarbeit* |
| v. Olenhusen, Albrecht Götz | Der Gesetzentwurf für ein Urhebervertragsrecht- ein Diskussionsbeitrag, ZUM 2000, S. 736 ff. |
| v. Olenhusen, Albrecht Götz; Steyert, Heinrich | Die Reform des Urhebervertragsrechts, ZRP 2000, S. 526 f. |
| Pakuscher, Ernst Karl | Arbeitgeber und Arbeitnehmer im Spiegel des Urheberrechts- Zur Problematik des § 43 UrhG, in Wild/ Schulte-Franzheim/Lorenz-Wolf, Festschrift für Alfred-Carl Gaedertz, München 1992, S. 441 ff., *zitiert Pakuscher in FS Gaedertz* |
| Palandt, Otto (Hrsg.) | Bürgerliches Gesetzbuch, 63. Auflage, München 2004, |
| Peters, Butz | Fernseh- und Filmproduktion. Rechtshandbuch, Baden-Baden, 2003 |
| Pleister, Christian C.-W.; Ruttig, Markus | Beteiligungsansprüche für ausübende Künstler bei Bestsellern, ZUM 2004, S. 337 ff. |
| Poll, Günter | Die Pläne der Bundesregierung zu einer gesetzlichen Regelung des Urhebervertragrechts- Ein Beitrag aus Sicht der Spitzenorganisation der deutschen Filmwirtschaft, ZUM 2001, 306 ff. |
| Potthoff, Heinz | Urheberrecht und Arbeitsrecht, GRUR 1921, S. 137 ff. |
| Prüting, Hanns | Schiedsgerichtsbarkeit contra Vertragsfreiheit- die seltsamen Wege des neuen Urhebervertragsrechts, in FS Geimer, München 2002, S. 839 ff. |
| Reber, Nicolaus | Das neue Urhebervertragsrecht- Der Gesetzentwurf zur Stärkung der vetraglichen Stellung von Urhebern und ausübenden Künstlern- Die angemessene Beteiligung der Kreativen in den Medien!?, ZUM 2000, S. 729 ff. |
| Reber, Nicolaus | Die Pläne der Bundesregierung zur gesetzlichen Regelung des Urhebervertragrechts- Ein Beitrag aus rechtsvergleichender Sicht (Deutschland/ USA), ZUM 2001, S. 282 ff. |
| Reber, Nicolaus | Die Redlichkeit der Vergütung(§ 32 UrhG) im Film- und Fernsehbereich, GRUR 2003, S. 393 ff. |
| Rehbinder, Manfred | Urheberrecht, 13. Auflage, München 2004 |
| Rehbinder, Manfred | Das Arbeitsverhältnis im Spannungsfeld des Urheberrechts, RdA 1968, S. 315 ff. |

| | |
|---|---|
| Reichel, Werner | Ist der § 36 des Regierungsentwurfes „Beteiligung des Urhebers“ haltbar? BBl. 1963, S. 2318 ff. |
| Reinhard, Tim; Distelkötter, Julia | Die Haftung des Dritten bei Bestellwerken nach § 32a Abs. 2 UrhG, ZUM 2003, 269 ff. |
| Ricardi, Reinhard | Betriebsverfassungsgesetz mit Wahlordnung, 7. Auflage, München 1998 |
| Ricardi, Reinhard; Wlotzke, Otfried (Hrsg.) | Münchener Handbuch zum Arbeitsrecht, Band 3: Kollektives Arbeitsrecht, 2. Auflage, München 2000, *zitiert: Bearbeiter in Münch HB AR* |
| Riedel, Hermann | Urheber- und Verlagsrecht, Handkommentar, München, 1968 |
| Rieg, Timo | Die Verwertungsrechte des im privaten Lokalfunk angestellten Journalisten, GRUR 1994, S. 425 ff. |
| Riezler, Erwin | Die Beteiligung des Künstlers an der Wertsteigerung seines Werkes, Recht und Wirtschaft 1913, S. 217 ff. |
| Ritgen, Klaus | Vertragsparität und Vertragsfreiheit, JZ 2002, S. 114 ff. |
| Rossbach, Claudia | Die Vergütungsansprüche im deutschen Urheberrecht, Baden-Baden, 1990 |
| Ruzman, Lahora | Softwareentwicklung durch Arbeitnehmer, Hamburg, 2004 |
| Sachs, Michael (Hrsg.) | Grundgesetz Kommentar, München 2003, *zitiert: Sachs/Bearbeiter* |
| Sack, Rolf | Computerprogramme und Arbeitnehmer-Urheberrecht, BB 1991, S. 2165 ff. |
| Sahner, Heinz | Der Arbeitnehmer im Spiegel des Urheberrechts und der verwandten Schutzrechte, UFITA 21 (1956), S. 34 ff. |
| Samson, Benvenuto | Das neue Urheberrecht, eine Einführung UFITA 47 (1966, Bnd. II), S. 1 ff. |
| Schack, Haimo | Neuregelung des Urhebervertragsechts- Kritische Anmerkungen zum Professorenentwurf, ZUM 2001, S. 453 ff. |
| Schack, Haimo | Urheberrecht im Meinungsstreit, GRUR 2002, S. 853 ff. |
| Schack, Haimo | Urheberrecht in FS BGH, S. 677 ff. |
| Schack, Haimo | Urheber- und Urhebervertragsrecht, 3. Auflage, Tübingen, 2005 |

| | |
|---|---|
| Schaefer, Martin | Einige Bemerkungen zum Professorenentwurf für ein Urhebervertragsrecht- Ein Beitrag aus Sicht der Deutschen Landesgruppe der IFPI e.V., ZUM 2001, S. 315 ff |
| Schaub, Günter | Arbeitsrechtshandbuch, 9. Auflage, München, 2000, *zitiert: Schaub/Bearbeiter* |
| Schaub, Renate | Der „Fairnessausgleich" nach § 32a UrhG im System des Zivilrechts, ZUM 2005, S. 212 ff. |
| Schimmel, Wolfgang | Die Pläne der Bundesregierung zur gesetzlichen Regelung des Urhebervertragrechts- Ein Beitrag aus Sicht der Journalisten und Schriftsteller, ZUM 2001, S. 289 ff. |
| Schlecht, Katrin | Das Urhebervertragsrecht im Bereich des Graphikdesigns- unter besonderer Berücksichtigung der Rechtslage im Arbeitsverhältnis, Aachen, 1999 |
| Schlink, Bernhard<br>Poschner, Ralf | Verfassungsfragen der Reform des Urhebervertragsrechts, Berlin, Bonn, 2002 |
| Schmid, Matthias,<br>Wirth, Thomas | Urheberrechtsgesetz, Handkommentar, Baden- Baden, 2004,<br>*zitiert: Handkommentar/Bearbeiter* |
| Schmidt, Uwe | Der Vergütungsanspruch des Urhebers nach der Reform des Urhebervertragsrecht, ZUM 2002, S. 781 ff. |
| Schmieder, Hans-Heinrich | Die Rechtsstellung der Urheber und künstlerischen Werkmittler im privaten und öffentlichen Dienst, GRUR 1963, S. 297 ff. |
| Schmitt, Michael | Gemeinsame Vergütungsregelungen- europäisch gesehen, GRUR 2003, S. 294 ff. |
| Schneider, Jochen | Handbuch des EDV-Rechts, 2. Auflage, Köln, 1997 |
| Schneider-Brodtmann, Jörg | Das Folgerecht des bildenden Künstlers im europäischen und internationalen Urheberrecht, Heidelberg, 1995 |
| Scholz, Matthias | Die rechtliche Stellung des Computerprogramme erstellenden Arbeitnehmers nach Urheberrecht, Patentrecht und Arbeitnehmererfindungsrecht, Köln, 1999 |
| Schricker, Gerhard | Verlagsrecht- Kommentar, 3. Auflage, München 2001; zitiert: Schricker VerlG |
| Schricker, Gerhard | in Möhring, Philipp /Schulze, Erich /Ulmer, Eugen/Zweigert, Konrad: Quellen des Urheberrechts, Band 2/ Deutschland/V/1/a, Stand 52. Lieferung 2003<br>*zitiert: Schricker, Quellen* |

| | |
|---|---|
| Schricker, Gerhard | Anmerkung zum Urteil BGH JZ, S. 147 ff. („Kinderhörspiele"), JZ 2002, S. 149 ff. |
| Schricker, Gerhard | Zum neuen Urhebervertragsrecht, GRUR Int. 2002, S. 797 ff. |
| Schricker, Gerhard | Urheberrecht zwischen Industrie- und Kulturpolitik, GRUR 1992, S. 242 ff. |
| Schricker, Gerhard | Zum Begriff der angemessenen Vergütung im Urheberrecht- 10% vom Umsatz als Maßstab?, GRUR 2002, S. 737 ff. |
| Schricker, Gerhard (Hrsg.) | Urheberrechtsgesetz- Kommentar, 2. Auflage München, 1999, |
| Schröter, Helmuth<br>Jacob, Thinam<br>Mederer, Wolfgang | Kommentar zum Europäischen Wettbewerbsrecht, Baden-Baden, 2003, *zitiert: Schröter/Jacob/Mederer/Bearbeiter* |
| Schulze Gernot | Nachschlag für Dinner for One, in FS Nordemann, 2004, S. 251 ff. |
| Schulze, Erich | Urhebervertragsrecht, Baden-Baden, 1960 |
| Schulze, Erich | Rechtsprechung zum Urheberrecht, Entscheidungssammlung, Loseblatt, München; *zitiert: Schulze-Rspr.* |
| Schütze, Rolf A. (Hrsg.) | Einheit und Vielfalt des Rechts, Festschrift für Reinhold Geimer, München 2002, *zitiert: Verfasser in FS Geimer* |
| Schwab, Brent | Das Namensnennungsrecht des angestellten Werkschöpfers, NZA 1999, S. 1254 ff. |
| Schwab, Brent | Warum kein Arbeitnehmerurheberrecht?- Zur Unzulänglichkeit des § 43 UrhG, ArbuR 1993, S. 129 ff. |
| Schwarze, Jürgen (Hrsg.) | EU-Kommentar, Baden-Baden 2000, *zitiert: Schwarze/ Bearbeiter* |
| Spautz, Wolfgang | Wann kommt das neue Urhebervertragsrecht- (Stellungnahme zum Vorschlag von Prof. Dr. Nordemann), ZUM 1992, S. 186 ff. |
| Spautz, Wolfgang | Was sagt uns die „Zauberflöte" zum Urhebervertragsrecht: Ein Beitrag aus der Sicht der Deutschen Orchestervereinigung e.V., ZUM 2001, S. 317 ff. |
| Spindler, Gerald | Die Einspeisung von Rundfunkprogrammen in Kabelnetzen, MMR 2003 (Beilage 2), S. 10 ff. |
| Steinberg, Katrin | Urheberrechtliche Klauseln in Tarifverträgen, Baden-Baden, 1998 |

| | |
|---|---|
| Stickelbrock, Babara | Ausgleich gestörter Vertragsparität durch das neue Urhebervertragsrecht?, GRUR 2001, S. 1087 ff. |
| Stögmüller, Thomas | Ringberg- Symposium über Urheberrecht und Kennzeichenrechte in der deutschen Einigung. Tagungsbericht, GRUR Int. 1993, S. 32 ff. |
| Strittmatter, Angelika | Tarife vor der urheberrechtlichen Schiedsstelle: Angemessenheit, Berechnungsgrundlage, Verfahrenspraxis, Berlin, 1994 |
| Sundermann, Heinz-Georg | Zusatzvergütung für Software-Hersteller in Forschungseinrichtungen, Zeitschrift für Recht und Verwaltung der wissenschaftlichen Hochschulen und wissenschaftspflegenden- und fördernden Organisationen und Stiftungen, Band 20, 1987, S. 52 ff. |
| Sundermann, Heinz-Georg | Nutzungs- und Vergütungsansprüche bei Softwareentwicklung im Arbeitsverhältnis, GRUR 1988, S. 354 ff. |
| Thüsing, Gregor | Tarifvertragliche Chimären- verfassungsrechtliche und arbeitsrechtliche Überlegungen zu den gemeinsamen Vergütungsregeln nach § 36 UrhG n.F. GRUR 2002, S. 203 ff. |
| Troidl,, Hans | Der Urheber im öffentlichen Dienst, BayVBl. 1972, S. 93 ff. |
| Troller, Alois | Angebot und Nachfrage als urheberrechtliches Problem, UFITA 21 (1956/Band I), S. 126 ff. |
| Ullmann, Eike | Das urheberrechtlich geschützte Arbeitsergebnis- Verwertungsrecht und Vergütungspflicht, GRUR 1987, S. 6 ff. |
| Ulmer, Eugen | Immaterialgüterrecht im internationalen Privatrecht, München, 1975, *zitiert: Ulmer, Immaterialgüterrecht* |
| Ulmer, Eugen | Urheber- und Verlagsrecht, 3. Auflagen, Berlin, Heidelberg, New York, 1980 |
| Ulmer, Eugen | Gutachten zum Urhebervertragsrecht, insbesondere zum Recht der Sendeverträge, Bonn, 1977, *zitiert: Ulmer, Gutachten* |
| Vinck, Kai | Die Rechtsstellung des Urhebers im Arbeits- und Dienstverhältnis, Berlin, 1972 |
| Vogel, Martin | Kollektives Urhebervertragsrecht unter besonderer Berücksichtigung des Wahrnehmungsrechts, in FG Schricker, S. 117 ff. |

| | |
|---|---|
| Wandtke, Artur-Axel | Zur Reform des Urhebervertragsrechts, K&R 2001, S. 601 |
| Wandtke, Artur-Axel | Der Urheber im Arbeitsverhältnis; Rechtsvergleichende Überlegungen zum Urheberrecht der DDR und der Bundesrepublik Deutschland, GRUR Int. 1990, S. 843 ff. |
| Wandtke, Artur-Axel | Zum Vergütungsanspruch des Urhebers im Arbeitsverhältnis, GRUR 1992, S. 139 ff. |
| Wandtke, Artur-Axel | Reform des Arbeitnehmerurheberrechts? GRUR 1999, S. 390 ff. |
| Wandtke, Artur-Axel | Die Rechte der Urheber und ausübenden Künstler im Arbeits- und Dienstverhältnis, Berlin, 1993 |
| Wandtke, Artur-Axel Holzapfel, Henrik | Ist § 31 Abs. 4 UrhG noch zeitgemäß, GRUR 2004, S. 284 ff. |
| Wandtke, Artur-Axel; Bullinger, Winfried (Hrsg.) | Praxiskommentar zum Urheberrecht, München 2002, *zitiert: Wandtke/Bullinger/Bearbeiter* |
| Wandtke, Artur-Axel; Bullinger, Winfried (Hrsg.) | Praxiskommentar zum Urheberrecht- Ergänzungsband, München 2003, *zitiert: Wandtke/Bullinger/Bearbeiter ErgBd.* |
| Weber, Peter | Ein Beitrag aus Sicht des öffentlich rechtlichen Fernsehens ZUM 2001, S. 311 ff. |
| Weitbrecht, Andreas | Das neue Kartellverfahrensrecht, EuZW 2003, S. 69 ff. |
| Wiedemann, Herbert (Hrsg.) | Tarifvertragsgesetz, 6. Auflage, München, 1999, zitiert: Wiedemann/Bearbeiter |
| Wild, Gisela Schulte-Franzheim; Ine-Marie Lorenz-Woff, Monika (Hrsg.) | Festschrift für Alfred-Carl Gaedertz, München 1992, zitiert: Verfasser in FS Gaedertz, S. 441 ff. |
| Wimmers, Jörg, Rohde, Tibor | Der angestellte Softwareprogrammierer und die neuen urheberrechtlichen Vergütungsansprüche, CR 2003, S. 399 ff. |
| Zentek, Sabine Meinke, Thomas | Urheberrechtsreform 2002: die neuen Rechte und Pflichten für Urheber und Verwerter; Freiburg, Berlin, München, 2002 |
| Zirkel, Markus | Der angestellte Urheber und § 31 Abs. 4 UrhG, ZUM 2004, S. 626 ff. |
| Zirkel, Markus | Das neue Urhebervertragsrecht und der angestellte Urheber, WRP 2003, S. 59 ff. |
| Zöller, Wolfgang | Die Reichweite des Urheberrechts im Arbeitsverhältnis untypischer Urheber, in FS Hubmann, S. 523 ff. |

# Teil 1 Problemstellung und Gang der Untersuchung

Mit dem Gesetz zur Stärkung der vertraglichen Stellung von Urhebern und ausübenden Künstlern vom 22.03.2002[1] hat der Gesetzgeber die Rahmenbedingungen für die vertraglichen Beziehungen zwischen Urheber und Verwerter neu gestaltet. Kern der Neuregelung ist ein System unabdingbarer Ansprüche des Urhebers, mit dem ihm eine angemessene Vergütung sichergestellt werden soll (§ 32 ff. UrhG).[2] Durch die gesetzliche Verweisung in § 79 Abs. 2 Satz 2 UrhG[3] sind die Regelungen auch für ausübende Künstler anwendbar. Zusammengefasst kann daher auch vom Recht der Kreativen gesprochen werden.[4] Dieser Begriff wird auch in der vorliegenden Arbeit verwendet, wenn sowohl Urheber als auch ausübende Künstler bezeichnet werden sollen.

Eine Neuschöpfung des Gesetzes ist § 32 UrhG. § 32 Abs. 1 Satz 3 UrhG sieht einen Korrekturanspruch des Urhebers vor. Der Anspruch greift, wenn die vereinbarte Vergütung für die Einräumung von Nutzungsrechten oder die Erlaubnis zur Werknutzung zum Zeitpunkt des Vertragsschlusses unangemessen war.[5] Mit dem Anspruch kann der Urheber eine Vertragsänderung herbeiführen, die ihm eine angemessene Vergütung sichert. Im Streitfall hat das angerufene Gericht darüber zu befinden, ob die vereinbarte Vergütung angemessen war. Korrekturanspruch und Streit über die Angemessenheit der Vergütung sind ausgeschlossen, wenn die Vergütung nach einer gemeinsamen Vergütungsregel im Sinne des § 36 UrhG ermittelt wurde.[6] Eine so ermittelte Vergütung gilt unwiderleglich als angemessen (§ 32 Abs.2 Satz 1 UrhG). Auf diese Weise sollen Kreative und Verwerter zum Abschluss solcher Regeln ermuntert werden und dafür Rechtssicherheit erlangen können.[7] Der Korrekturanspruch ist auch dann ausgeschlossen, wenn die Vergütung für die Nutzung des Werkes tarifvertraglich bestimmt ist (§ 32 Abs. 4 UrhG). Gemeinsamen Vergütungsregeln und Tarifverträgen ist der kollektivistische Charakter ihres Zustandekommens gemeinsam. Bei beiden Vereinbarungstypen stehen Organisationen der Kreativen den Verwertern als Verhandlungspartner gegenüber und nicht der einzelne Kreative selbst. Als

---

1 BGBl. I S. 1155.

2 Dreier/Schulze/Schulze, § 32 Rdn. 75.

3 Im Gesetz zur Stärkung der vertraglichen Stellung von Urhebern und ausübenden Künstlern vom 22.03.2002 erfolgte die Verweisung noch in § 75 Abs. 4 UrhG. Mittlerweile wurden die Rechte der ausübenden Künstler im Gesetz zur Regelung des Urheberrechts in der Informationsgesellschaft vom 10.09.2003 (BGBl. I S. 1774) neu gestaltet und dabei auch die Verweisungsnorm geändert.

4 Hertin, Rdn. 331.

5 Dreier/Schulze/Schulze, § 32 Rdn. 25.

6 Haas, Rdn. 166.

7 Beschlussempfehlung und Bericht des Rechtsausschusses BT-Drucks. 14/8053, S. 18.

Oberbegriff für gemeinsame Vergütungsregeln und Tarifverträge soll daher im Folgenden der Begriff Kollektivvereinbarung oder Kollektivvertrag benutzt werden.

Neben den Ansprüchen aus § 32 UrhG steht den Kreativen mit § 32a Abs. 1 UrhG ein weiterer Korrekturanspruch zur Seite. § 32a Abs. 1 UrhG soll den Kreativen eine weitere angemessene Beteiligung für den Fall sichern, dass die vereinbarte Gegenleistung in einem auffälligen Missverhältnis zu den Erträgen und Vorteilen aus der Nutzung des Werkes steht. Der Gesetzgeber knüpft hier an die alte Bestsellerregelung (§ 36 UrhG a.F.) an und bezeichnet die Regelung in der Gesetzesbegründung „Fairnessparagrafen".[8]

So wie §§ 32 Abs. 2 Satz 1 und 32 Abs. 4 UrhG Korrekturansprüche aus § 32 Abs. 1 Satz 3 UrhG ausschließen und Rechtssicherheit herstellen sollen, ist mit § 32a Abs. 4 UrhG ebenfalls eine Ausnahmeregelung für den Korrekturanspruch aus § 32a Abs. 1 UrhG in das Gesetz aufgenommen worden. Dem Kreativen soll kein Anspruch aus § 32a Abs. 1 UrhG zustehen, wenn die Vergütung nach einer gemeinsamen Vergütungsregel oder tarifvertraglich bestimmt worden ist und diese Regelung für den Fall des Absatzes 1 ausdrücklich eine weitere angemessene Beteiligung vorsieht. Die Ausnahmeregelung des § 32a Abs. 4 UrhG ist Gegenstand dieser Arbeit.

Die Regelung wurde spät in das Gesetzgebungsverfahren eingebracht.[9] Die Begründung verweist nur knapp darauf, dass mit dieser Norm den Parteien Rechtssicherheit im Falle besonders erfolgreicher Nutzung der Werke ermöglicht werden soll.[10] Das Meinungsspektrum zu dieser Regelung in der Literatur ist vielfältig. Es reicht von einer Einschätzung, die der Norm große Bedeutung vorausgesagt[11] bis zur Beurteilung als überflüssige[12] oder unpraktische Regelung.[13] Eine vertiefte Auseinandersetzung mit der Norm gab es bisher jedoch nicht. Die optimistische Prognose von Erdmann stützt sich auf die Worte der Gesetzesbegründung, dass über solche Kollektivregelungen der Fall besonders erfolgreicher Nutzung erfassbar sei.[14] Die Kritiker der Regelung urteilen mit knappen Überlegungen. Die Norm sei deshalb überflüssig, weil mit einer kollektiven Vereinbarung bereits eine vertragliche Regelung für den Bestsellerfall vorhanden sei. Der

---

8 Beschlussempfehlung und Bericht des Rechtsausschusses BT-Drucks. 14/8053, S. 19.

9 Formulierungshilfen vom 19.11.2001, dort als § 32a Abs. 3 UrhG (siehe unten Teil 3/ A, S. 43 f.).

10 Formulierungshilfen vom 19.11.2001, S. 19.

11 Erdmann, GRUR 2002, S. 923, 927.

12 Schmidt, ZUM 2002, S. 781, 788.

13 Schack, GRUR 2002, S. 853, 856.

14 Erdmann, GRUR 2002, S. 923, 927.

Anspruch nach § 32a Abs. 1 UrhG entstehe gar nicht.[15] Die Frage, ob die für diesen Fall vereinbarte Vergütung angemessen ist, sei im Rahmen von § 32 UrhG zu lösen.[16] Vereinzelt wird auf potentielle Schwierigkeiten bei der Gestaltung solcher Regelungen verwiesen. So wird bezweifelt, ob ausgerechnet für die Bestsellersituation eine generell-abstrakte Regelung in Kollektivvereinbarungen zu finden sei.[17] Es wird zudem darauf verwiesen, dass der Erfolg einer solchen Kollektivregelung im Wesentlichen davon abhängen wird, wie es gelingt, den Fall des § 32a Abs. 2 UrhG in einem Kollektivvertrag zu erfassen.[18] Nordemann problematisiert die Frage, wie die Partner der Kollektivvereinbarungen eine angemessene Vergütung aus einer ex-ante-Sicht bestimmen sollen, die auch dem Angemessenheitsgebot zum Zeitpunkt des Eintretens der Bestsellersituation entspricht.[19]

Die bisher fehlende vertiefte wissenschaftliche Auseinandersetzung mit der neugeschaffenen Norm und die offenbar unterschiedlich entwickelten Vorstellungen vom Anwendungsbereich des § 32a Abs. 4 UrhG waren Motiv für die vorliegende Arbeit. Es soll untersucht werden, unter welchen rechtlichen Voraussetzungen die vom Gesetzgeber den Vertragsparteien versprochene Rechtssicherheit erlangt werden kann. § 32a UrhG ist eine Regelung des allgemeinen Urhebervertragsrecht, d.h. sie gilt für alle vertraglichen Regelungen zwischen Kreativen und Verwertern, die Urheberrechte zum Gegenstand haben. Entsprechend wird die Untersuchung an einem generellen Maßstab ausgerichtet sein. Soweit angezeigt und geeignet wird aber auf konkrete Praxisbeispiele einzelner Branchen Bezug genommen.

Die Untersuchung zeigt zunächst die Grundlagen urheberrechtlicher Vergütung und die vertragsrechtlichen Schutzmechanismen für Kreative bis zur Reform des Urhebervertragsrechts auf (Teil 2). Teil 3 untersucht die Voraussetzungen und Wirkungen von § 32a Abs. 4 UrhG um potentiellen Vertragsparteien Schlussfolgerungen für das Aufstellen von Kollektivvereinbarungen zu ermöglichen. Der Aufbau orientiert sich dabei an der Regelung des § 32a Abs. 4 UrhG. Abschnitt A hat die Entstehung und den Zweck der Regelung zum Gegenstand, Abschnitt B die Tatbestandsvoraussetzungen des § 32a Abs. 4 UrhG. Hier wird der Anwendungsbereich der Vorschrift herausgearbeitet (I), untersucht wann eine Vergütung nach einer Kollektivvereinbarung bestimmt ist (II) und welche

---

15 Schmidt, ZUM 2002, S. 781, 788; Ory AfP 2002, S. 93, 99.

16 Schmidt, ZUM 2002, S. 781, 788.

17 Ory, AfP 2002, S. 93, 99; Schack, GRUR 2002, S. 853, 856; Loewenheim/ v. Becker, § 29 Rdn. 97, Andernach, S. 212.

18 Haas, Rdn. 329. § 32a Abs. 2 UrhG regelt die „Durchgriffshaftung" eines Dritten, der die Nutzungsberechtigung nicht unmittelbar vom Urheber ableitet (dazu unten Teil 3 E, S. 240 ff.).

19 Nordemann, S. 103.

Anforderungen das Gesetz stellt, wenn es das Vorsehen einer weiteren angemessenen Beteiligung für den Fall des Absatzes 1 verlangt (III). Die Wirkung einer Regelung nach § 32a Abs. 4 UrhG wird in Abschnitt C gezeigt. In Abschnitt D sollen praktische Probleme der Aufstellung einer solchen Regelung benannt werden. In Abschnitt E wird untersucht, ob und wie auch eine Regelung für den Fall des § 32a Abs. 2 UrhG in einer Kollektivregelung nach § 32a Abs. 4 UrhG erfasst werden kann.

# Teil 2 Grundlagen

## A Aufgabenstellung des Urheberrechts

Das Urheberrecht regelt das Verhältnis des Urhebers zu seinem Werk.[20] Es schützt den Urheber in seinen geistigen und persönlichen Beziehungen zum Werk und in der Nutzung des Werkes. Zugleich soll es der Sicherung einer angemessenen Vergütung für die Nutzung des Werkes dienen (§ 11 UrhG). Anknüpfungspunkt für den Schutz ist dabei nicht das Schaffen als Tätigkeit, sondern das Ergebnis des Schaffens, das Werk als geistiges oder immaterielles Gut.[21] Schutz erfährt es erst dann, wenn die Rechtsordnung das Immaterialgut einer konkreten Person zuordnet und es somit als Rechtsobjekt verfügbar macht.[22] Das ist durch das Urheberrechtsgesetz geschehen.[23]

## B Interessenlage im Urheberrecht

Bei der Ausgestaltung der Rechtsbeziehung muss der Gesetzgeber die vielfältigen Interessen beachten, die mit der Nutzung des Werkes verbunden sind. Er muss dann die Interessen gewichten und zum Ausgleich bringen.[24]

### I. Urheber und andere Kreative

Zu berücksichtigen sind zunächst die Interessen des Urhebers selbst, der das Werk geschaffen hat. Er will sein Werk und die darin verkörperte geistige Botschaft der Öffentlichkeit vermitteln und Anerkennung erlangen. Er ist in der Regel an einer möglichst umfangreichen Verbreitung des Werkes interessiert. Dabei will er seine persönlichen, ideellen und geistigen Interessen gewahrt wissen. Dazu gehören insbesondere die Anerkennung seiner Urheberschaft und die unverfälschte Wiedergabe seines Werkes (persönlichkeitsrechtliche Komponente des Urheberrechts).[25] Gleichzeitig ist ihm an der wirtschaftlichen Verwertung gelegen. Der freie Urheber muss aus der Werkschöpfung seinen Lebensunterhalt

---

[20] Schack, Rdn. 2.

[21] Loewenheim/Loewenheim, § 1 Rdn. 6; Ulmer, Gutachten, S. 23; Hubmann S. 64 ff.; Rehbinder, Rdn. 74.

[22] Schack, Rdn. 20.

[23] Gesetz über Urheberrecht und verwandte Schutzrechte vom 09.09.1965 (BGBl. I S. 1273).

[24] Loewenheim/Loewenheim, § 1 Rdn. 7; Rehbinder, Rdn.62.

[25] Rehbinder, Rdn. 63.

tragen. Die Werkauswertung wird somit zur materiellen Grundlage seines Lebens (materielle Komponente des Urheberrechts).[26]

Eine vergleichbare Interessenlage besteht bei jenen, die die Werke oder eine Ausdrucksform der Volkskunst darbieten (ausübende Künstler, § 73 UrhG). Anknüpfungspunkt für den Schutz ihrer Leistungen ist jedoch nicht die Werkschöpfung, sondern die Werkinterpretation.[27]

## II. Werkrezipient

Dem stehen die Interessen des einzelnen „Konsumenten“ oder „Kulturverbrauchers“[28] gegenüber, der das Werk rezipieren möchte. Egal, ob sein Rezeptionsbedürfnis von Bildungsinteresse oder vom Werkgenuss zu Unterhaltungszwecken motiviert ist, er ist auf das Wirken der Kreativen angewiesen. Seinen Bedarf an fremden Werken möchte er dabei möglichst kostengünstig, wenn nicht gar kostenfrei, befriedigen.[29] Hier entsteht eine typische marktwirtschaftliche Situation, mit Angebot (des Kreativen) und Nachfrage (des Rezipienten). Zu den Besonderheiten urheberrechtlichen Schaffens gehört es jedoch, dass für das hergestellte Werk häufig zunächst keine Nachfrage besteht. Kreative schaffen oft bewusst oder unbewusst am Verwertungsmarkt vorbei. Das Nachfrageverhalten kann sich aber im Laufe der Zeit ändern, wenn der Künstler später „entdeckt“ wird. Das Interesse der Rezipienten ist dann möglicherweise nicht nur auf das aktuelle Werk gerichtet, sondern auch auf die früheren Werke des Kreativen. Hier spricht man auch von einer für das Urheberrecht typischen Verschiebung von Angebot und Nachfrage.[30]

## III. Verwerter

Zwischen Werkschöpfer und Werkrezipient stehen im Regelfall die Werkverwerter. Der Urheber ist zwar an einer möglichst umfangreichen Verbreitung interessiert, aber oft finanziell und strukturell nicht in der Lage, die Werkvermittlung selbst vorzunehmen. Zudem würde dies Zeit und Kraft binden, die er nicht in seine schöpferische Tätigkeit investieren kann.[31] Die Verwerter übernehmen deshalb den Werkvermittlungsvorgang. Sie handeln dabei als Kaufleute gewinnorientiert,

---

26 Rehbinder, Rdn. 64.
27 Dreier/Schulze/Dreier, § 73 Rdn. 1, 3.
28 Schack, Rdn. 13.
29 Schack, Rdn. 15.
30 Troller, UFITA 21 (1956) S. 216, 218.
31 Möhring/Nicolini/Kroitzsch, § 15 Rdn. 1; Schack, Rdn. 940; Hagen, S. 9.

d.h. sie sind daran interessiert, das Werk billig beim Werkschöpfer einzukaufen und beim Werknutzer möglichst teuer zu verkaufen.[32] Zu berücksichtigen ist zudem, dass der Verwerter mit der Übernahme der Werkverwertung auch einen Teil des Verwertungsrisikos übernimmt. Zum Zeitpunkt der Werkübernahme ist meist nicht klar, ob und in welchem Maße die Nachfrage nach dem Werk besteht.

## IV. Allgemeinheit

Jenseits der individuellen Interessen besteht auch ein Interesse der Gesellschaft an einem kulturellen Leben, dessen Gegenstand ebenfalls die werkschöpferischen Leistungen und Darbietungen der Kreativen sind. Zum einen ist die Allgemeinheit an einer möglichst großen kulturellen Vielfalt interessiert. Um diese zu erreichen, muss ein Anreiz für schöpferisches Wirken geschaffen werden. Zum anderen soll der Allgemeinheit auch ein Zugang zu den Werken ermöglicht werden, um den gesellschaftlichen Dialog und die Meinungsbildung anzuregen bzw. aufrecht zu erhalten.[33]

## V. Interessengewichtung

Bei der Gestaltung des Urheberrechts muss der Gesetzgeber die Interessen der Beteiligten abwägen und zum Ausgleich bringen.[34] Ausgehend von der Aufgabenstellung des Urheberrechts (§ 11 UrhG) stehen dabei die Interessen des Urhebers im Mittelpunkt.[35] Das Interesse der Allgemeinheit kann zur Beschränkung urheberrechtlicher Rechtspositionen führen.[36] Zu bedenken ist darüber hinaus die zunehmende wirtschaftliche Bedeutung der Werkverwertung.[37] Das Urheberrecht muss die Verwertung durch die Verwerterunternehmen vor äußeren Eingriffen sichern, damit sich Investitionen amortisieren können.[38] Dies umso mehr, als fortschreitende technische Entwicklungen gewinnbringende verwerterische Tätigkeit immer weiter erschweren.[39] Das Urheberrecht wird somit auch zum Regelungsinstrument der wirtschaftlich Beteiligten auf dem Markt verwertbarer Urheberrechte.[40]

---

[32] Schack, Rdn. 9.
[33] Rehbinder, Rdn. 65; Schack, Rdn. 17.
[34] Dietz in FG Schricker, S. 1, 6; Schack, Rdn. 9.
[35] Rehbinder, Rdn. 62.
[36] So die Schranken des Urheberrechts §§ 54a ff. UrhG.
[37] Schricker, GRUR 1992, S. 242 f.
[38] Schricker/Schricker, Einleitung Rdn. 10; Schack, Rdn. 14.
[39] Loewenheim/Loewenheim, § 1 Rdn. 6.
[40] Schricker nennt das Urheberrecht daher auch das Recht der Kulturwirtschaft (Schricker/Schricker, Einleitung Rdn. 2).

# C Ausgestaltung des Urheberrechts

## I. Entstehung des Urheberschutzes

Den Schutz nach dem Urheberrechtsgesetz genießen die Urheber von Werken der Literatur, Wissenschaft und Kunst (§ 1 UrhG). Urheber ist der Schöpfer des Werkes (§ 7 UrhG). Werke sind persönliche geistige Schöpfungen im Sinne des § 2 Abs. 2 UrhG. Das Urheberrecht entsteht mit dem Schöpfungsakt in der natürlichen Person, die das Werk tatsächlich geschaffen hat.[41] Der Schutz entsteht durch den Realakt der Werkschöpfung kraft Gesetzes[42], formelle Voraussetzungen wie Werkanmeldung oder -registrierung sind im UrhG nicht vorgesehen.[43]

## II. Inhalt des Urheberrechts

### 1. Allgemeines

Das Urheberrecht schützt sowohl die materiellen als auch die ideellen Interessen des Urhebers (§ 11 UrhG). Die von der Urheberrechtsordnung eingeräumten Rechte sind deshalb sowohl vermögensrechtlich als auch persönlichkeitsrechtlich ausgeprägt. Beide Elemente bilden im Sinne der monistischen Theorie eine untrennbare Einheit.[44] Die Wechselbeziehung der beiden Elemente erlaubt es dem Urheber, mit persönlichkeitsrechtlich geprägten Rechten materielle Interessen durchzusetzen und umgekehrt.[45]

### 2. Urheberpersönlichkeitsrechte

Im künstlerischen Werk bringt der Urheber seine Wahrnehmung der Welt, Gefühle und Einsichten zum Ausdruck[46] und setzt somit bei Veröffentlichung seines Werkes einen Teil seiner Persönlichkeit der öffentlichen Kritik aus. Diese Verknüpfung von Persönlichkeit und Werk wird auch nicht durch die Entäußerung des Werkes in die Öffentlichkeit aufgehoben.[47] Dem Schutz des geistigen und

---

[41] Wandtke/Bullinger/Thum, § 7 Rdn. 1.
[42] Wandtke/Bullinger/Thum, § 7 Rdn. 2.
[43] Dreier/Schulze/Schulze, § 2 Rdn. 245.
[44] Wandtke/Bullinger/Bullinger, § 11 Rdn. 2; Loewenheim/Loewenheim, § 1 Rdn. 3; Ulmer, S. 116.
[45] Wandtke/Bullinger/Bullinger, § 11 Rdn. 2; Schack, Rdn. 318.
[46] Wandtke/Bullinger/Bullinger, Vor §§ 12 Rdn. 1.
[47] Wandtke/Bullinger/Bullinger, Vor §§ 12 Rdn. 1.

persönlichen Bandes des Urhebers zu seinem Werk dienen die Urheberpersönlichkeitsrechte, die in § 12 ff. UrhG ihre Ausprägung gefunden haben. Zu ihnen gehören das Veröffentlichungsrecht des Urhebers (§ 12 Abs. 1 UrhG) und das Recht auf Anerkennung der Urheberschaft (§ 13 UrhG). Vor der Entstellung seines Werkes soll die Schutzvorschrift des § 14 UrhG schützen.[48]

## 3. Verwertungsrechte

Dem Urheber eines Werkes wird durch das UrhG grundsätzlich die Werkherrschaft über das von ihm geschaffene Werk zugeordnet. Gesetzestechnisch geschieht dies dadurch, dass dem Urheber Verwertungsrechte vorbehalten werden. Der Urheber hat das ausschließliche Recht, das Werk in körperlicher Form zu verwerten oder in unkörperlicher Form öffentlich wiederzugeben (§§ 15 ff. UrhG). Als absolute Rechte ausgestaltet, geben die Verwertungsrechte dem Urheber die Möglichkeit, jede unerlaubte Nutzung zu verbieten. Bei Verletzung seiner Rechte kann der Urheber Unterlassung und Schadensersatz fordern (§ 97 ff. UrhG).

Der Urheber ist aber nicht am Verbieten sondern am Verbreiten interessiert.[49] Über das System der Verwertungsrechte kann er Art und Umfang der Werknutzung überwachen und Nutzung von der Zahlung einer Vergütung abhängig machen.[50] Die Ausgestaltung als absolutes Recht ist somit in erster Linie Mittel zum Zweck, dem Urheber die wirtschaftliche Nutzung des Werkes zu ermöglichen.[51] Derjenige, der seine Bedürfnisse mit dem Werk befriedigen will, muss dafür ein Gegenleistung erbringen.[52] Allerdings knüpfen die Kontrollbefugnisse des Urhebers nicht unmittelbar beim Werkrezipienten an, dessen Bedürfnis am Werk die Vergütungsforderung rechtfertigt.[53] Derartig ausgestaltete Verbotsrechte wären in der Kontrolle und Rechtsdurchsetzung problematisch, wenn der Werkgenuss in der Privatsphäre oder in unkontrollierbarer Öffentlichkeit erfolgt.[54] Deshalb knüpft das Gesetz die Ausschließlichkeitsrechte auf vorgelagerten Handlungen der Werkvermittlung an. Entsprechend sind die Verwertungsrechte so strukturiert, dass mit jeder Erweiterung der Öffentlichkeit ein neues Verwertungsrecht einsetzt.[55] Der Urheber erlangt seine Vergütung beim Werkmittler, dessen Betätigung für den Urheber leichter zu erfassen und zu kontrollieren ist. Der

48 Wandtke/Bullinger/Bullinger, Vor §§ 12 Rdn. 1.
49 BVerfGE 81, 12, 18 („Vermietvorbehalt").
50 Amtl. Begründung bei Haertel/Schiefler, S. 187.
51 Dreier/Schulze/Dreier, Einl. Rdn. 4; Möhring/Nicolini, § 15 Rdn. 2.
52 Rehbinder, Rdn. 81.
53 BVerfGE 49, 382, 402 („Kirchenmusik").
54 Rehbinder, Rdn. 81.
55 Schack, Rdn. 374.

Werkmittler wiederum ist in der Lage, das gezahlte Entgelt auf den Werkkonsumenten umzulegen.[56] Die Verwertungsrechte bilden somit ein „Stufensystem zur mittelbaren Erfassung der Endverbraucher".[57]

## 4. Verfassungsrechtliche Rechtfertigung

Die Zuordnung der ausschließlichen Rechtspositionen an den Urheber werden unmittelbar aus Art. 1 Abs. 1 und Art. 2 Abs. 1 GG für die persönlichkeitsrechtliche Komponente und Art. 14 GG für die materiellrechtlichen Interessen des Urhebers abgeleitet.[58]

### *a) Urheberrecht als Eigentumsposition*

Indem der Gesetzgeber urheberrechtliche Leistungen zum Gegenstand von Eigentumsrechten macht, verwirklicht er das naturrechtliche Gebot des suum cuique.[59] In der Auseinandersetzung um die Rechtfertigung von Nachdruckverboten wurden dem Urheber im 18. Jahrhundert auf der Basis naturrechtlichen Denkens Rechte an dem von ihm geschaffenen Werk zuerkannt.[60] Entscheidend geprägt wurde das Denken dabei von der Lehre vom geistigen Eigentum, nach der dem Urheber als Schöpfer der Lohn seiner Mühe zuerkannt werden soll.[61]

An den Gedanken vom geistigen Eigentum knüpft auch die Rechtsprechung des BVerfG an.[62] Es hat die Verwertungsrechte als vermögenswerte Bestandteile des Urheberrechts umfassend in das von Art. 14 GG geschützte Eigentum eingeordnet und dies mehrfach bestätigt.[63] Das BVerfG rechtfertigt die Zuordnung zum Schutzbereich des Art. 14 GG im Sinne der naturrechtlichen Lehrer damit, dass das vom Urheber geschaffene Werk eine darin verkörperte persönliche geistige Leistung beinhaltet.[64]

---

56 Wandtke/Bullinger/Heerma, § 15 Rdn. 3; Rehbinder, Rdn. 81.
57 BVerfGE 31, 255, 267 („Private Tonträgervervielfältigung").
58 BVerfGE 31, 229, 238 ff. („Schulbuchgebrauch"); 49, 382, 392 („Kirchenmusik").
59 Loewenheim/Loewenheim, § 1 Rdn. 4; Schack, Rdn. 5, Hubmann, Geistiges Eigentum, S. 21.
60 Schricker/Vogel, Einl. Rdn. 62; Ulmer S. 54
61 Schricker/Vogel, Einl. Rdn. 62; Ulmer S. 54.
62 BVerfGE 49, 382, 392 („Gottesdienste"); 79, 29, 40 („Vollzugsanstalten").
63 BVerfGE 31, 229, 238 („Schulbuch"); 31, 248, 251 („Bibliotheksgroschen"); 31, 270, 272 („Schulfunk"); 49, 382, 392 („Gottesdienste"); 79, 20 f. („Leerkassetten"); ZUM 1998, S. 926 („DIN-Normen"); ZUM 1999, S. 572 („Kopienversand).
64 BVerfGE 49, 382, 392 („Kirchenmusik").

Eigentumsschutz nach Art. 14 GG bedeutet zum einen, dass bestehende Rechte in ihrer Zuordnung zum Eigentümer und in ihrem Bestand gewährleistet sind (Bestandsgarantie des Eigentums). Zum anderen kommt dem Eigentum auch ein objektiv rechtlicher Gehalt zu, indem das Grundgesetz eine verfassungsrechtliche Grundsatzentscheidung für die rechtliche Ordnung der Güterwelt und Güterzuteilung getroffen hat. Daraus ergibt sich für das Eigentumsgrundrecht eine Gewährleistungs-wirkung als Einrichtungs- und Institutsgarantie.[65]

Der Gesetzgeber ist deshalb im Rahmen seines Regelungsauftrages verpflichtet, die Ergebnisse der schöpferischen Leistungen dem Urheber zuzuordnen und die Freiheit zu gewährleisten, in eigener Verantwortung darüber verfügen zu können. Er hat sachgerechte Maßstäbe festzulegen, die der Natur und sozialen Bedeutung des Rechts entsprechende Nutzung und angemessene Verwertung sicherstellen.[66] Als den grundgesetzlich geschützten Kern des Urheberrechts kennzeichnet das Bundesverfassungsgericht daher „die grundsätzliche Zuordnung des vermögenswerten Ergebnisses der schöpferischer Leistung an den Urheber im Wege privatrechtlicher Normierung und seine Freiheit, in eigener Verantwortung darüber verfügen zu können“.[67] Dieser Forderung kam der Gesetzgeber mit der Gestaltung der Verwertungsrechte als Ausschließlichkeitsrechte nach. Mit ihnen sollten die ausschließlichen vermögensrechtlichen Befugnisse des Urhebers so ausgestaltet werden, dass er möglichst jede Art der Werknutzung von der Zahlung einer Vergütung abhängig machen kann.[68]

### *b) Das Beteiligungsprinzip*

Im engen Zusammenhang mit der eben beschriebenen Zuordnung der Werkherrschaft als Eigentumsposition des Urhebers steht der in der Rechtsprechung des Reichsgerichts[69] und des BGH[70] anerkannte und in der Literatur[71] unumstrittene urheberrechtliche Beteiligungsgrundsatz. Nach diesem Grundsatz ist der Urheber „tunlichst, d.h. angemessen, an den wirtschaftlichen Früchten zu beteiligen, die andere aus der Verwertung seines Werkes ziehen“.[72] Der Grundsatz zieht seine

---

65 Badura, S. 22.

66 BVerfGE 31, 229, 241 (Schulbuch); 31, 248, 252; 49, 382, 392 (Kirchenmusik).

67 BVerfGE 31, 229, 240 f (Schulbuch); 49, 382, 392 (Gottesdienste); 79, 29, 40.

68 Amtliche Begründung bei Haertel/Schiefler, S. 187.

69 So z.B. RGZ 118, 282, 285 („Musikantenmädel“); 128,102, 113 („Schlager-Liederbücher“).

70 So z.B. BGHZ 11, 135, 143 („Lautsprecherübertragung“); 17,266, 282 („Grundig-Reporter“), BGH GRUR 1990, S. 1005, 1007 („Salome I“); BGH ZUM 1998, S. 497, 500 („Comic-Übersetzung I“).

71 Wandtke/Bullinger/Wandtke/Grunert, § 31 ff Rdn. 55; HK/Dreyer, § 11 Rdn. 11; Schricker/Schricker, Einleitung Rdn. 15 f.; Jani, S. 113 m.w.N.

72 RGZ 128, 102, 113

Rechtfertigung ebenfalls aus dem naturrechtlichen Gedanken, dem Urheber die Früchte seiner Arbeit zuzuordnen. Insoweit erfährt der Grundsatz auch seine auf Art. 14 GG gestützte verfassungsrechtliche Legitimation.[73] Der Grundsatz lässt sich darüber hinaus völkerrechtlich ableiten[74] und hat in Erwägungsgründen urheberrechtlicher Richtlinien der EU Eingang gefunden.[75] Der Rechtsgedanke einer angemessenen Vergütung für geistige Leistungen findet auch außerhalb des Urheberrechts seinen Ausdruck, so im Patentrecht (§ 24 Abs. 1 PatG, § 9 ArbEG) und im Gebrauchsmusterrecht (§ 20 GebrMG).

Der Beteiligungsgrundsatz bietet aber dem Urheber keine über Art. 14 GG hinausgehende Anspruchsgrundlage. So lässt sich aus dem Grundsatz kein Gebot ableiten, den Urheber an jedem nur denkbaren Nutzungsvorgang finanziell zu beteiligen. Dies verlangt auch Art. 14 GG nicht.[76] Andererseits kann der Schutz des Urhebers weitergehender sein. Dem Urheber soll auch eine wirtschaftliche Kompensation für die Werknutzung zustehen können, wenn die Nutzung keinen wirtschaftlichen Ertrag abwirft.[77] Auch die Aufnahme des Grundsatzes in § 11 Satz 2 UrhG lässt nicht den Schluss auf ein subjektives Recht des Urhebers zu. Mit ihm ist ein Programmsatz formuliert, der ein rechtspolitisches Ziel widerspiegelt.[78] Die angemessene Beteiligung der Kreativen soll ihnen Anreiz für weiteres schöpferisches Schaffen bieten.[79] § 11 Satz 2 UrhG dient der Auslegung des Gesetzes und vor allem der Kontrolle Allgemeiner Geschäftsbedingungen.[80]

Der Beteiligungsgrundsatz dient somit in erster Linie der Bestimmung und Ausgestaltung des urheberrechtlichen Schutzumfanges. Darüber hinaus rechtfertigt das Beteiligungsprinzip auch die Regelung des § 31 Abs. 4 UrhG[81] und den Zweckübertragungsgrundsatz, der durch § 31 Abs. 5 UrhG im Gesetz Eingang

---

73 BGH GRUR 1985, 131, 132 („Zeitschriftenauslage beim Friseur").

74 Art. 27 Abs. 2 der Erklärung der Menschenrechte (verkündet von Generalversammlung der Vereinten Nationen am 10.12.1948); Dietz: Urhebervertragsrecht, S. 5; Schack, Rdn. 77 verweist allerdings darauf, dass dies keine unmittelbare Bindungswirkung entfaltet.

75 Richtlinie 2001/29/EG zur Harmonisierung bestimmter Aspekte des Urheberrechts und der verwandten Schutzrechte in der Informationsgesellschaft vom 22.Mai 2001, ABl. Nr. L 167, S. 10 ff. (Erwägungsgrund 10).

76 BVerfGE 31, 229, 241 („Kirchen- und Schulgebrauch");"); 31, 248, 252 („Bibliotheksgroschen"); 31, 275, 287 („Schallplatten"); 49, 382, 392 („Kirchenmusik"); BVerfG GRUR 1988, 687, 689 („Zeitschriftenauslage"); Erdmann, GRUR 2002, S. 923, 924; Schack, Rdn. 86.

77 BGHZ 17, 266, 282 („Grundig-Reporter").

78 Erdmann, GRUR 2002, S. 923, 924.

79 Schricker/Schricker, Einleitung Rdn. 13; Erwägungsgrund 10 der Richtlinie 2001/29/EG.

80 Dreier/Schulze/Schulze, § 11 Rdn. 8; Erdmann, GRUR 2002, S. 923, 924, Wandtke/Bullinger/Bullinger, § 11 Rdn. 4.

81 RGZ 123, 312, 317 („Wilhelm Busch"); BGHZ 17, 266, 282 f. („Grundig-Reporter"), Donle, S. 1 ff.

gefunden hat.[82] Beide Regelungen schützen den Urheber in den vertragsrechtlichen Beziehungen zum Verwerter und sollen sicherstellen, dass der Urheber auch in vertraglichen Beziehungen die Kontrolle über die Verwertung seines Werkes behalten kann und ihm somit im Zweifel erlauben, soviel Rechte wie möglich zurückzubehalten.[83] Die verfassungsrechtlich geschützte Vermögenskomponente des Urheberrechts findet damit auch bei den gesetzgeberischen Bestimmungen zur Vertragsgestaltung Berücksichtigung. Von diesem Ansatz ließ sich auch der Gesetzgeber beim Gesetz zur Stärkung der vertraglichen Stellung von Urhebern und ausübenden Künstlern leiten.[84]

## III. Schranken des Urheberrechts

Eigentumspositionen nach Art. 14 Abs. 1 GG unterliegen aber der Sozialbindung und damit den Einschränkungen nach Art. 14 Abs. 2 GG.[85] Interessen der Allgemeinheit können zu einer Einschränkung der Verfügungsfreiheit des Urhebers über Nutzung des Werkes führen und somit eine Beschränkung der urheberrechtlichen Befugnisse rechtfertigen.[86] Die Ausgestaltung der Eigentumszuordnung obliegt dabei dem Gesetzgeber. Er muss einerseits die grundsätzliche Zuordnung der vermögenswerten Ergebnisse zum Urheber gewährleisten. Andererseits soll er sachgerechte Maßstäbe für eine der „Natur und der sozialen Bedeutung des Rechts entsprechende Nutzung und angemessene Verwertung" schaffen.[87] An diesem Maßstab hat der Gesetzgeber die Schranken des Urheberrechts ausgerichtet (§§ 44a ff. UrhG).[88]

Zur Einschränkung der Kontrollbefugnisse steht dem Gesetzgeber ein abgestuftes System von Instrumenten zur Verfügung. Als schwerster Eingriff stellt sich dabei die ersatzlose Aufhebung des ausschließlichen Nutzungsrechts dar. Das Werk darf dann nicht nur zustimmungsfrei, sondern auch vergütungsfrei genutzt werden.[89] Derartige Eingriffe sind in §§ 45, 47, 48, 50, 51, 55a, 69d, 69e und 87c sowie zum Teil in §§ 52, 53, 55 bis 60 UrhG geregelt. Dieser Eingriff ohne Ausgleich bedarf zur Rechtfertigung jedoch eines deutlich gesteigerten öffentlichen

---

82 Wandtke/Bullinger/Wandtke/Grunert, § 31 Rdn. 70; Schricker/Schricker, §§ 31/32 Rdn. 32; Fromm/Nordemann/Hertin, §§ 31/32 Rdn. 19. Der Gesetzesentwurf zur Regelung in der Informationsgesellschaft (Korb 2) sieht nunmehr vor, die Regelung zu streichen. Zum Diskussionstand: Wandtke/Holzapfel, GRUR 2004, S. 284 ff.

83 Dreier/Schulze/Dreier, Einl. Rdn. 19.

84 RegE BT-Drucks. 14/6433 S. 1.

85 Wandtke/Bullinger/Lüft, § 45 Rdn. 1; HK/Dreyer, Vor §§ 44a ff. Rdn. 2.

86 So schon das Reichsgericht RGZ 140, 264, 270

87 BVerfGE 31, 229, 241 („Kirchen- und Schulgebrauch"); 49, 382, 392 („Kirchenmusik").

88 Amtl. Begr. bei Haertel/Schiefler, S. 210 f.

89 Wandtke/Bullinger/Lüft, § 45 Rdn. 1.

Interesses.[90] Das Ausschließungsrecht wird dem Urheber auch bei den sogenannten gesetzlichen Lizenzen entzogen. Hier ist dem Urheber jedoch zumindest eine Vergütung zu zahlen.[91] Auf diesem System beruhen die gesetzlichen Vergütungsansprüche im Schrankensystem des Urheberrechtsgesetzes (§§ 46, 47, 49, 52, 53 i.V.m. 54 UrhG). Zwangslizenzen lassen das Einwilligungsrecht des Urhebers bestehen. Allerdings besteht für den Urheber ein Kontrahierungszwang, der ihn zum Abschluss eines entsprechenden Vertrages verpflichtet.[92] Eine solche Regelung enthält § 61 UrhG. Eine weitere Regulierungsmöglichkeit besteht darin, die Verbotsrechte des Urhebers bestehen zu lassen, die Geltendmachung aber Verwertungsgesellschaften vorzubehalten.[93] Auf diese Weise ist die Vergütungsregelung des § 20b UrhG ausgestaltet.

## IV. Ausübende Künstler

Ausübende Künstler sind ebenfalls schöpferisch tätig, wenngleich ihre Darbietungen auf bereits vorhanden Werken beruhen und sie somit lediglich nachschöpferisch tätig werden.[94] Ihre Leistung besteht darin, das Werk, das bereits in einer Form Ausdruck gefunden hat, in ein anderes Ausdrucksmittel zu übertragen und wiederzugeben.[95] Auch diese Leistungen werden aus ideeller und materieller Sicht als schutzwürdig betrachtet.

Gleichwohl ist der Schutzumfang dem Verhältnis zwischen schöpferischer und nachschöpfender Leistung sowie der spezifischen Interessenlage angepasst.[96] Dem Schutz persönlichkeitsrechtlicher Elemente der Darbietung dienen das Anerkennungsrecht als ausübender Künstler (§ 74 UrhG) und das Recht, Beeinträchtigungen seines Werkes zu verbieten, die geeignet sind, Ansehen und Ruf des ausübenden Künstlers zu gefährden (§ 75 UrhG). Als schöpferische Leistung genießen die Darbietungen der ausübenden Künstler den Schutz nach Art. 14 GG. Ihnen ist somit grundsätzlich das wirtschaftliche Ergebnis ihrer Tätigkeit zuzuordnen.[97] Dies hat der Gesetzgeber durch die Zuordnung einzelner ausschließlicher Verwertungsrechte umgesetzt. Ausübenden Künstlern stehen die Rechte zur Aufnahme der Darbietung auf Bild- und Tonträgern und die Vervielfältigung und Verbreitung dieser Aufnahmen zu (§ 77 UrhG). Durch § 78 UrhG wird dem

---

90 BVerfGE 31, 229, 243 („Kirchen- und Schulgebrauch"); 49, 382, 400 („Kirchenmusik"); 79, 29, 41 („Vollzugsanstalten").

91 HK/Dreyer, Vor § 44a Rdn. 36.

92 HK/Dreyer, Vor § 44a Rdn. 33.

93 HK/Dreyer, Vor § 44a Rdn. 34.

94 Dreier/Schulze/Dreier, § 73 Rdn. 1.

95 Rehbinder, Rdn. 400.

96 Rehbinder, Rdn. 400.

97 BVerfG GRUR 1990, S. 438, 440 f. („Bob Dylan").

ausübenden Künstler die Kontrolle über die öffentliche Wiedergabe der Darbietung in die Hand gelegt. Über § 83 UrhG gelten für die ausübenden Künstler die selben Schrankenbestimmungen der §§ 44a ff. UrhG, wie für die Urheber.

## D Vergütungsansprüche im Urheberrecht

Dem Gesetzgeber stehen verschiedene Möglichkeiten zur Verfügung, die materiellen Interessen der Kreativen zu sichern. Zum einen kommen gesetzliche Vergütungsansprüche in Betracht. Zum anderen besteht die Möglichkeit, den Kreativen eine Rechtsposition zuzuordnen, die es erlaubt, die Nutzung des Werkes von einer Gegenleistung abhängig zu machen.

### I. Gesetzliche Vergütungsansprüche

#### 1. Urheber

Gesetzliche Vergütungsansprüche sind Zahlungsansprüche des Berechtigten gegen einen Werkvermittler, die infolge gesetzlich erlaubter Nutzung entstehen. Dabei bedarf es keinerlei vertraglicher Beziehung der Beteiligten.[98] Entstehungsgrund dieser Ansprüche ist die gesetzliche Regelung.[99] Diese regelt den gesetzlichen Tatbestand, bei dessen Verwirklichung der Vergütungsanspruch ausgelöst wird.

Gesetzliche Vergütungsansprüche sind im Urheberrechtsgesetz mehrfach vorgesehen. Dazu gehören die gesetzlichen Ansprüche auf angemessene Vergütung zur Kompensation erlaubnisfreier Nutzung[100], wie in §§ 46 Abs. 4; 47 Abs. 2 Satz 2; 49 Abs. 1 Satz 2; 52 Abs. 1 Satz 2; 52 Abs. 1 Satz 2; 54 Abs. 1, 54a UrhG.

Zu den gesetzlichen Vergütungsansprüchen ist auch der Anspruch aus dem Folgerecht (§ 26 Abs. 1 UrhG) zu zählen.[101] Das Folgerecht ist Bestandteil des Urheberrechts bei Werken der bildenden Künste, das bereits mit der Werkschöpfung entsteht. Wie die Verwertungsrechte ist es ein gegenständliches Recht. Es unterscheidet sich von den Verwertungsrechten darin, dass ihm die Ausschließlichkeitswirkung fehlt.[102] Es besteht neben den anderen gegenständlichen

---

[98] Rossbach, S. 22.
[99] Schricker/Schricker, Vor §§ 28 Rdn. 7; Rossbach S. 7.
[100] Siehe oben Teil 2/ C/ III, S. 13.
[101] Rossbach, S. 7.
[102] Schricker/Katzenberger, § 26 Rdn. 4.

Rechten am Werk und begründet die eigenartige vermögensrechtliche Befugnis des Urhebers.[103] Es wird daher auch als urheberrechtliche Befugnis sui generis bezeichnet.[104] Zu unterscheiden ist zwischen dem Folgerecht als solchem und den aus dem Folgerecht fließenden Vergütungsansprüchen.[105]

Urhebern stehen nach § 20b Abs. 2 UrhG für Kabelweitersendungen und nach § 27 Abs. 1 und 2 UrhG für das Vermieten und Verleihen von Werkstücken Vergütungsansprüche gegen das Kabelunternehmen bzw. den Vermieter oder Verleiher zu. Es handelt sich um vermögensrechtliche Ansprüche eigener Art, die gemäß § 398 ff. BGB übertragbar sind.[106] Anknüpfungspunkt für den Anspruch ist die gesetzliche Regelung unabhängig vom Bestehen vertraglicher Beziehungen zwischen den Beteiligten.

### 2. Ausübende Künstler

Dem ausübenden Künstler stehen gesetzliche Vergütungsansprüche auf eine angemessene Vergütung zu, wenn ihm der Gesetzgeber im Einzelfall Verbotsrechte entzogen hat (§ 78 Abs. 2 Nr. 1 bis 3 i.V.m. § 77 Abs. 2 UrhG). Gemäß § 77 Abs. 2 Satz 2 UrhG gelten § 27 UrhG und gemäß § 78 Abs. 4 UrhG der § 20b auch für die ausübenden Künstler. Daher stehen dem ausübenden Künstler auch die gesetzlichen Vergütungsansprüche zu.[107] Da § 79 Abs. 2 Satz 2 UrhG den Anspruch auf angemessene Vergütung gegenüber Tonträgerherstellern bei Einräumung einer Zwangslizenz (§ 42a Abs. 1 Satz 1) für anwendbar erklärt, erwachsen dem ausübenden Künstler auch daraus gesetzliche Vergütungsansprüche.

## II. Vergütungsansprüche aus Vertragsverhältnis

### 1. Allgemeines

Abgesehen von der Einräumung gesetzlicher Vergütungsansprüche verwirklicht der Gesetzgeber seine Verpflichtung zur Sicherung eigentumsrechtlicher Befugnisse der Kreativen durch die Zuordnung vermögenswerter Verwertungsrechte

---

[103] BGHZ 126, S. 252, 257 („Folgerecht mit Auslandsbezug"); Ulmer, § 60 III; Küfner S. 95; Rossbach, S. 75; Schricker/Katzenberg § 26 Rdn. 4). Strittig ist insoweit lediglich, ob das Recht ausschließlich einen vermögensrechtlichen Bezug aufweist oder ob das Recht auch auf ideellen Grundlagen aufbaut, siehe dazu Rossbach S. 76.

[104] Schneider-Brodtmann, S. 74.

[105] Katzenberger, S. 73; Schricker/Katzenberger § 26 Rdn. 5; Lang, S. 20; Ulmer S. 282; Rossbach, S. 65; Schneider-Brodtmann, S. 70.

[106] Dreier/Schulze/Schulze, § 27 Rdn. 10; Schricker/Loewenheim, § 17 Rdn. 18.

[107] Wandtke/Bullinger/Büscher, ErgBd. § 78 Rdn. 5.

(§ 15 ff UrhG) als Ausschließlichkeitsrechte. Der Urheber hat somit Möglichkeit, die Verbreitung seines Werkes zu steuern und von einer Gegenleistung abhängig zu machen.[108] Der Verwerter übernimmt die Werkverwertung aber nur dann, wenn er einerseits den Verbotsrechten des Urhebers nicht mehr ausgesetzt ist und andererseits gegenüber Konkurrenten eine geschützte Rechtsposition inne hat.[109] Voraussetzung dafür ist die Verkehrsfähigkeit der Rechte am Werk. Über solche Rechte kann ein Austauschvertrag zwischen Urheber und Verwerter zustande kommen. In diesem Vertrag kann der Urheber eine Vergütung (oder Honorar) als Gegenleistung aushandeln.

Anders als die gesetzliche Vergütungsansprüche entstehen vertragliche Vergütungsansprüche aufgrund von Rechtsgeschäften.[110] Sie unterscheiden sich von anderen vertraglichen Zahlungsansprüchen lediglich dadurch, dass Vertragsgegenstand die Einräumung von Nutzungsbefug-nissen ist.[111] Rechtsquelle der Vergütung ist somit der Vertrag zwischen Urheber und Verwerter.

## 2. Rechtsverkehr im Urheberrecht

Der Rechtsverkehr im Urheberrecht ist von einigen Besonderheiten gegenüber anderen Rechtsgeschäften gekennzeichnet.

### *a) Unübertragbarkeit des Urheberrechts*

Als Konsequenz der monistischen Auffassung des Urheberrechts, wonach die persönlichkeits- und verwertungsrechtlichen Bestandteile untrennbar miteinander verbunden sind, ergibt sich die Unübertragbarkeit des Urheberrechts als Ganzes.[112] Dieser Grundsatz ist in § 29 Abs. 1 UrhG festgehalten. Eine Ausnahme davon lässt das Gesetz nur für die Übertragung in Erfüllung einer Verfügung von Todes wegen (§ 29 Abs. 1 UrhG) oder im Erbfall zu (§ 28 UrhG). Um urheberrechtliche Befugnisse als verkehrsfähige Rechte zum Gegenstand von Verträgen zu machen, bedarf es der Einräumung von Nutzungsrechten (§ 31 UrhG).

---

[108] Schricker/Schricker, Einleitung Rdn. 23.
[109] Wandtke/Bullinger/Wandtke/Grunert, Vor §§ 31 ff. Rdn. 17; Schack, Rdn. 940.
[110] Schricker/Schricker Vor. §§ 28 Rdn. 29; Rossbach, S. 8.
[111] Rossbach, S. 9.
[112] Amtl. Begr. bei Haertel/Schiefler, S. 182 f.

### *b) Einräumen von Nutzungsrechten*

#### *aa) Dogmatische Konstruktion der Nutzungsrechte*

Die Unübertragbarkeit des Urheberrechts als Ganzes (§ 29 Abs. 1 UrhG) führt auch zur Unübertragbarkeit der Verwertungsrechte (§ 15 ff. UrhG) als Stammrechte.[113] Verfügt werden kann daher nicht über die Verwertungsrechte, sondern lediglich über die von den Verwertungsrechten abgespaltenen einzelnen Nutzungsrechte.[114]

Die Unterscheidung zwischen Verwertungsrechten und Nutzungsrechten hat zunächst eine funktionale Bedeutung. Die Verwertungsrechte als unübertragbarer Bestandteil des Urheberrechts bleiben in der Hand des Urhebers. Hat der Urheber einem anderen aber eine bestimmte Verwertungsbefugnis eingeräumt, so handelt es sich um ein Nutzungsrecht. Inhaltlich unterscheiden sich die weitgehenden und abstrakt umschriebenen Verwertungsrechte von den Nutzungsrechten dadurch, dass letztere differenzierter und auf die jeweilige Nutzungsart zugeschnitten ausgestaltet werden können.[115] So kann der Urheber von dem abstrakt umschriebenen Vervielfältigungsrecht (§ 16 UrhG) als Verwertungsrecht die Erlaubnis zur Nutzung auf eine konkrete Nutzungsart beschränken (z.B. Vervielfältigung durch Fotokopie). Nur dafür hat der andere dann ein Nutzungsrecht erworben. Das Nutzungsrecht kann für einzelne oder alle Nutzungsarten und als einfaches oder ausschließliches Recht eingeräumt werden. Dabei kann der Urheber das Recht räumlich, zeitlich oder inhaltlich beschränken (§ 31 Abs. 1 UrhG).

#### **bb) Rechtsübertragung/ Verfügung**

Die Verfügung erfolgt nicht durch eine Rechtsübertragung sondern im Wege der Rechtseinräumung mit konstitutiver Wirkung.[116] Die Besonderheit dieses Rechts besteht darin, dass dieses gegenständliche Recht erst durch die Verfügung in der Person des Erwerbers entsteht.[117] Der Urheber bleibt jedoch Inhaber des Urheberrechts als Ganzes und des Verwertungsrechts, von dem das Nutzungsrecht abgeleitet wurde. Verglichen wird diese Konstruktion mit einer dinglichen Belastung des Eigentums an einer Sache durch einen Nießbrauch (§ 1030 BGB) oder ein Pfandrecht (§ 1204 BGB). Das Verwertungsrecht als Stammrecht

---

[113] Schack, Rdn. 529.
[114] Wandtke/Bullinger/Wandtke/Grunert, Vor § 31 ff. Rdn. 17; Schricker/Schricker, Vor §§ 28 ff. Rdn. 19.
[115] Schricker/Schricker, Vor §§ 28 ff. Rdn. 20.
[116] Wandtke/Bullinger/Wandtke/Grunert, Vor § 31 ff. Rdn. 17; Schricker/Schricker, Vor §§ 28 ff. Rdn. 47; Katzenberger, GRUR Int. 1983, S. 411.
[117] Schricker/Schricker, Vor § 28 ff. Rdn. 47.

(„Mutterrecht") wird durch das Nutzungsrecht („Tochterrecht") belastet.[118] Rechtstechnisch erfolgt die Übertragung nach den Grundsätzen des Zivilrechts gemäß § 413 BGB in analoger Anwendung der §§ 398 ff. BGB.[119]

Die so eingeräumten Rechte können dann in weiteren Verwertungsstufen als Rechte („Enkelrechte") mit Zustimmung des Urhebers (translativ) weiterübertragen werden (§ 34 UrhG). Dem Inhaber eines ausschließlichen Nutzungsrechts ist es auch möglich, mit Zustimmung des Urhebers weitere (einfache) Nutzungsrechte aus seinem Nutzungsrecht einzuräumen (§ 35 UrhG).

### cc) Trennungs- und Abstraktionsprinzip

Die Rechtseinräumung und Rechtsübertragung erfolgen durch eine Verfügung. Hier ist das dem deutschen Zivilrechtssystem zugrundeliegende Trennungsprinzip zu beachten, das zwischen Verpflichtungs- und Verfügungsgeschäft unterscheidet.[120] Das Trennungsprinzip gilt auch im Urheberrecht.[121] Beide Geschäfte sind daher grundsätzlich zu unterscheiden, auch wenn das dingliche Verfügungsgeschäft der Erfüllung des schuldrechtlichen Verpflichtungsgeschäfts dient und beide in der urheberrechtlichen Praxis häufig zusammenfallen.[122]

Gegenstand des Verpflichtungsgeschäfts werden somit die Verpflichtung zur Rechtsübertragung einerseits und das Versprechen der Gegenleistung andererseits. Das Verpflichtungsgeschäft ist die Grundlage des vertraglichen Vergütungsanspruchs. Mit dem Verfügungsgeschäft wird hingegen unmittelbar auf den Bestand des Rechts eingewirkt. Erst die Verfügung bewirkt die Übertragung des Rechts.[123]

Das Trennungsprinzip trifft lediglich eine Aussage darüber, dass zwischen Verpflichtungs- und Verfügungsgeschäft zu unterscheiden ist. Dagegen drückt das ebenfalls dem deutschen Zivilrecht eigene Abstraktionsprinzip das Verhältnis der beiden Geschäfte zueinander aus. Nach dem Abstraktionsprinzip ist Bestand und Wirkung von Verpflichtungs- und Verfügungsgeschäft voneinander

---

[118] Schricker/Schricker, Vor § 28 ff. Rdn. 43.

[119] Wandtke/Bullinger/Wandtke/Grunert, Vor §§ 31, Rdn. 17; Fromm/Nordemann/Hertin, Vor 31, Rdn. 9.

[120] Larenz/Wolf, BGB-AT, S. 322 ff.

[121] Dies ist unbestritten: Wandtke/Bullinger/Wandtke/Grunert Vor §§ 31 ff. Rdn. 3; HK/Kotthoff § 31, Rdn. 17; Schricker/Schricker Vor § 28 ff. Rdn. 19 und 58; Hagen S. 66.

[122] Schricker/Schricker Vor §§ 28 ff. Rdn. 19; Ulmer, Lehrbuch § 90 I 1; Donle S. 133; Hagen S. 66.

[123] Larenz BGB AT § 18 c S. 313 ff.

unabhängig.[124] Die Unwirksamkeit des zugrundeliegenden Verpflichtungsgeschäfts lässt die Wirksamkeit des Verfügungsgeschäfts unberührt. Das Abstraktionsprinzip gilt nach richtiger vorherrschender Auffassung im Urheberrecht nicht.[125] Das bedeutet, dass beim Lösen der kausalen Bindung auch die Nutzungsrechte erlöschen. Sie sind nicht mehr zurück zu übertragen, sondern fallen automatisch an den Urheber zurück.[126]

Für die Durchbrechung des Abstraktionsprinzips streitet die Regelung des § 9 VerlG. Danach endet das Verlagsrecht mit der Beendigung des Vertragsverhältnisses. Zwischen Verpflichtung und Verfügung besteht also eine kausale Verknüpfung.[127] Der Gedanke dieser Regelung und die dahinterstehende Interessenwertung ist für das gesamte Urhebervertragsrecht übertragbar.[128] Das Vertragsverhältnis bei Einräumung von Nutzungsrechten ist durch eine enge Verknüpfung von Kausal- und Verfügungsgeschäft gekennzeichnet. Anders als im übrigen Zivilrecht wird das Verpflichtungsgeschäft nicht von einem numerus clausus der übertragbaren Rechte bestimmt. Vielmehr wird erst durch das Verpflichtungsgeschäft das verfügbare Recht inhaltlich bestimmt.[129] Die Ansicht kann sich zudem darauf stützen, dass andere Vorschriften des UrhG ebenfalls eine Durchbrechung des Abstraktionsprinzips vorsehen. Dazu gehört insbesondere § 40 Abs. 3 UrhG.[130] Die Gegenansicht argumentiert damit, dass das Abstraktionsprinzip der Rechts- und Verkehrssicherheit diene.[131] Dem ist aber entgegenzuhalten, dass das Urheberrecht keinen Gutglaubensschutz kennt und der Erwerber mit dem Erlöschen der Rechte rechnen muss.[132]

### c) *Weitere Rechtsgeschäfte über das Urheberrecht*

Neben der Einräumung von Nutzungsrechten sind noch weitere Rechtsgeschäfte über Urheberrechte denkbar, die die Basis für eine Vergütungsvereinbarung zwischen Urheber und Verwerter bilden können. Durch das Gesetz zur Stärkung der

---

[124] Larenz BGB AT § 18 II d, S. 326.

[125] Wandtke/Bullinger/Wandtke/Grunert Vor §§ 31 ff. Rdn 3; HK/Kotthoff § 31 Rdn. 17; Schricker/Schricker Vor §§ 28 ff. Rdn. 61; Fromm/Nordemann/Hertin Vor 31 ff. Rdn. 10; Donle S. 170; Götting in FG Schricker S. 71; Jani S. 32; a.A. v.Gamm Einf. Rdn. 70, Riedel § 31 Anm. B 7, Schack Rdn. 526; Obergfell S. 80 ff., Hausmann in FS Schwarz, S. 81, 91.

[126] Wandtke/Bullinger/Wandtke/Grunert Vor §§ 31 ff. Rdn 44; Schricker/Schricker Vor §§ 28 ff. Rdn. 61

[127] Schricker, VerlG, § 9 Rdn. 3.

[128] Schricker/Schricker, Vor §§ 28 ff. Rdn. 61.

[129] Schricker/Schricker, Vor §§ 28 ff. Rdn. 61.

[130] Schricker/Schricker, Vor §§ 28 ff. Rdn. 61.

[131] v.Gamm, Einf. Rdn. 70; Hausmann in FS Schwarz, S. 81, 94; Schack, Rdn. 525.

[132] Schricker/Schricker, Vor §§ 28 ff. Rdn. 61.

vertraglichen Stellung von Urhebern und ausübenden Künstlern vom 22.03.2002 hat der Gesetzgeber in § 29 Abs. 2 UrhG die Zulässigkeit weiterer urheberrechtlicher Rechtgeschäfte bestätigt, die bereits vorher in Theorie und Praxis des Urheberrechts anerkannt waren.[133]

### aa) Schuldrechtliche Einwilligung

Dazu gehören zunächst die schuldrechtlichen Einwilligungen und Vereinbarungen zu Verwertungsrechten (§ 29 Abs. 2 UrhG). Der Urheber kann die Werknutzung auch ohne Gewährung eines gegenständlichen Rechts erlauben. Mit einem darauf gerichteten rein schuldrechtlichen Vertrag verpflichtet sich der Rechtsinhaber, dem anderen die Nutzung zu gestatten und sein Verbotsrecht nicht auszuüben.[134] Praktische Bedeutung erlangen derartige Verträge dort, wo Aufspaltbarkeit der Nutzungsrechte Grenzen gesetzt sind.[135] Auch durch eine einseitige Willenserklärung in Form einer Einwilligung kann der Rechtsinhaber den Eingriff in den Zuweisungsgehalt des Verwertungsrechts gestatten.[136]

### bb) Rechtsgeschäfte über Urheberpersönlichkeitsrechte

In § 29 Abs. 2 UrhG sind nunmehr erstmalig die Geschäfte über die Urheberpersönlichkeitsrechte ausdrücklich anerkannt.[137] Für das Urheberpersönlichkeitsrecht als Bestandteil des subjektiven Urheberrechts gilt zwar ebenfalls, dass es unübertragbar ist.[138] Die konkrete Ausgestaltung des Urheberpersönlichkeitsrechts kann aber zum Gegenstand schuldrechtlicher Verträge gemacht werden. So kann dem Vertragspartner die Ausübung von urheberpersönlichkeitsrechtlichen

---

[133] Schricker, GRUR Int. 2002, S. 797, 801.

[134] Schricker/Schricker, Vor §§ 28 Rdn. 25.

[135] Grundsätzlich ist es dem Urheber überlassen, welchen Zuschnitt er den einzelnen Nutzungsrechten gibt. Seine Grenzen findet die Aufspaltbarkeit der Nutzungsrechte jedoch dort, wo den Bedürfnissen des Wirtschaftsverkehrs und der Rechtssicherheit Rechnung getragen werden muss (siehe Schack, Rdn. 541 ff.).

[136] Schricker/Schricker, Vor §§ 28 Rdn. 27.

[137] Der Verweis auf § 39 UrhG beruht allerdings auf einem redaktionellen Fehler. In den Entwürfen war noch eine ausdrückliche Regelung über Rechtsgeschäfte mit Urheberpersönlichkeitsrechten in § 39 UrhG vorgesehen. Diese wurde im Verlaufe des Gesetzgebungsverfahrens gestrichen. Dabei wurde offensichtlich vergessen, auch die Verweisung in § 29 zu streichen (Erdmann, GRUR 2002, S. 923, 929).

[138] Strittig: Siehe dazu Wandtke/Bullinger/Block, § 29 Rdn. 6; nach herrschender Meinung zumindest für das Urheberpersönlickeitsrecht als Ganzes nicht: BGH GRUR 1986, 458, 459 („Oberammergauer Passionsspiele"); Dreier/Schulze/Schulze, § 29, Rdn. 19; Schricker/Schricker, Vor §§ 28 Rdn. 27.

Befugnissen (z.B. Werkänderung) gestattet werden[139] und der Urheber kann in den Eingriff in eines seiner Rechte einwilligen (z.B. durch den Verzicht auf die Namensnennung) und diesem Eingriff somit die Rechtswidrigkeit nehmen.[140]

### *d) Rechtsverkehr mit ausübenden Künstlern*

Bis zum Gesetz zur Regelung des Urheberrechts in der Informationsgesellschaft vom 10.09.2003[141] waren den ausübenden Künstlern keine Verwertungsrechte, sondern Einwilligungsrechte vorbehalten (§§ 74 bis 76 UrhG a.F.). Die Einwilligung gewährte dem Vertragspartner nur eine schuldrechtliche Position.[142] Die von § 78 UrhG a.F. gestattete Abtretung der Einwilligungsrechte konnte nach herrschender Auffassung dingliche Rechte begründen und somit dem Vertragspartner des ausübenden Künstlers eine gesicherte Rechtsstellung einräumen.[143]

Nach der Gesetzesänderung sind ausübenden Künstlern ausschließliche Rechtspositionen als Verwertungsrechte zugeordnet worden (§§ 77, 78 UrhG). Diese können die ausübenden Künstler übertragen (§ 79 Abs. 1 UrhG). Die Verwertungsrechte der ausübenden Künstler sind also, anders als die Verwertungsrechte der Urheber, voll übertragbar. § 29 Abs. 1 UrhG gilt für die ausübenden Künstler nicht.[144] Neben der translativen Übertragung der Verwertungsrechte besteht gemäß § 79 Abs. 2 UrhG auch die Möglichkeit einfache oder ausschließliche Nutzungsrechte einzuräumen.[145] Es spricht nichts dagegen, dass auch schuldrechtliche Einwilligungen und Vereinbarungen über Verwertungsrechte sowie Rechtsgeschäfte über die Persönlichkeitsrechte der ausübenden Künstler getroffen werden. Einer Verweisung auf § 29 Abs. 2 UrhG bedurfte es dafür nicht. § 29 Abs. 2 UrhG stellt für die Rechtsgeschäfte über Verwertungsrechte der Urheber lediglich klar, dass diese Rechtsgeschäfte erlaubt sind und der Unübertragbarkeit der urheberrechtlichen Verwertungsrechte nicht entgegenstehen.[146] Einer solchen

---

139 Loewenheim/Dietz, § 15 Rdn. 17; Schricker/Schricker, Vor §§ 28 Rdn. 28; Schack, Rdn. 563.

140 Loewenheim/Dietz, § 15 Rdn. 17; Schricker/Schricker, Vor §§ 28 Rdn. 28; Schack, Rdn. 566.

141 BGBl. I S. 1774.

142 Dreier/Schulze/Dreier, § 79 Rdn. 1; Wandtke/Bullinger/Büscher, ErgBd. § 79 Rdn. 1.

143 Schricker/Krüger, § 78 Rdn. 5.

144 HK/Meckel, § 79 Rdn. 2.

145 HK/Meckel, § 73 Rdn. 12. Die Möglichkeit der ausübenden Künstler, Nutzungsrechte einzuräumen, stellt sich in erster Linie aber als ein Vorteil der Verwerter dar. Diese können auf diesem Wege die Nutzungsrechte an Dritte weiter übertragen (Begründung BT-Drucks. 15/38 S. 23).

146 RegE, BT-Drucks. 14/6433, S. 14.

Klarstellung bedarf es für die Verwertungsrechte der ausübenden Künstler nicht, da diese übertragbar sind (§ 79 Abs. 1 UrhG).

Das Verpflichtungsgeschäft über die Einräumung der entsprechenden Rechtspositionen bildet somit die Grundlage für vertragliche Vergütungsansprüche der ausübenden Künstler.

## III. Schutzvorschriften im Urhebervertragsrecht

### 1. Notwendigkeit von Schutzvorschriften

Abgesehen von den Fällen gesetzlicher Vergütungsansprüche sind es die Verträge mit den Verwertern, die die Grundlage für die Einnahmen der Kreativen bilden. In diesen Verträgen erfolgt die wesentliche Weichenstellung, wie die Erträge, die auf dem Markt beim Rezipienten erlangt werden können, zwischen Urheber und Verwerter verteilt werden. Mit den Mitteln des Vertragsrechts müssen die Beteiligten versuchen, ihre wirtschaftlichen Interessen durchzusetzen.

Dabei gilt auch im Urheberrecht die Vertragsfreiheit, die ihre verfassungsrechtliche Wurzel in der allgemeinen Handlungsfreiheit des Art. 2 Abs. 1 GG hat.[147] Beide Vertragsparteien sind vor staatlicher Einflussnahme auf die Gestaltung von Verträgen geschützt. Der im Vertrag zum Ausdruck kommende übereinstimmende Wille der Parteien lässt in der Regel auf einen sachgerechten Interessenausgleich schließen. Das hat der Staat grundsätzlich zu respektieren.[148]

In Fällen gestörter Vertragsparität hat das BVerfG Eingriffe des Gesetzgebers und der Gerichte in die Vertragsfreiheit als gerechtfertigt angesehen.[149] Das BVerfG geht davon aus, dass Grundlage der von Art. 2 Abs. 1 GG geschützten Vertragsfreiheit die privatautonome Entscheidungsfreiheit beider Vertragspartner ist. Ein sachgerechter Interessenausgleich kann nur dort gewährleistet sein, wo ein annäherndes Kräftegleichgewicht gewährleistet ist. Hat im Vertragsverhältnis einer der Vertragsteile ein solches Übergewicht, dass er praktisch den Vertragsinhalt einseitig bestimmen kann, so bewirkt das für den anderen Vertragspartner Fremdbestimmung. In diesem Falle muss die Zivilrechtsordnung dem schwächeren Vertragsteil Schutz gewähren. Diesen Schutz gebieten die grundrechtliche

---

[147] BVerfGE 12 S. 341, 347; Ulmer, S. 386.

[148] Ritgen, JZ 2002, S. 114, 121; Greszick, AfP 2002, S. 383, 385.

[149] BVerfGE 85, 191, 212 f. („Nachtarbeit"); BVerfGE 98, 365, 395 f. („Versorgungsanwartschaft"); BVerfGE 81, 242, 255 („Handelsvertreter"); BVerfGE 89, 214, 232; NJW 2001, 957,958 („Bürgschaftsentscheidungen"); BVerfG NJW 2001, 1709 ff. („Pflegeversicherung"); BVerfG NJW 2001, 957 ff. („Ehevertrag").

Gewährleistung der Vertragsfreiheit (Art. 2 Abs. 1 GG) und das Sozialstaatsprinzip (Art. 20 Abs. 1 GG, Art. 28 Abs. 1 GG).[150]

Im Urheberrecht gelten die Kreativen als der in der Regel organisatorisch und wirtschaftlich schwächere Vertragspartner.[151] Von dieser Feststellung gehen sowohl der Gesetzgeber[152], die Rechtsprechung[153] als auch die überwiegende Auffassung der wissenschaftlichen Literatur[154] aus.[155] Für den Sozialbereich des Urheberrechts bedarf es daher besonderer Schutzvorschriften für den Urheber, der auf den besonderen Schutz durch den Gesetzgeber angewiesen ist.[156] Mit der Gestaltung von Rahmenbedingungen für die Vertragsbeziehungen zwischen Kreativen und Verwertern soll eine gerechte Verteilung der Erträge des Werkes unter Schöpfer und Verwerter erreicht werden.[157]

## 2. Schutzvorschriften im Urheberrecht bis zur Novelle des Urhebervertragsrechts 2002

### *a) Allgemein*

Der Schutz schwächerer Vertragspartner wird im Zivilrecht üblicherweise durch zwingende Rechtsnormen realisiert.[158] Derartige Normen mit Schutzwirkung wären am ehesten in einem spezifischen Urhebervertragsrecht zu erwarten, dass den Besonderheiten der Vertragsbeziehungen zwischen Urhebern und Verwertern gerecht wird.

---

150 BVerfGE 89, 214, 232 („Bürgschaft"); E 81, 242, 255 („Handelsvertreter").
151 Dietz in FG Schricker S. 1, 9.
152 Begründung zum RegE, BT-Drucks. 14/6433, S. 7.
153 BVerGE 75, 108, 159.
154 Dietz, Urhebervertragsrecht, S. 3; ders. GRUR 1972, S. 11, 19; Schulze, Urhebervertragsrecht, S. 5; Rehbinder Rdn. 324; Dittrich in v.Gamm/Dittrich/Ulmer, Neuordnung, S. 18, 21; Nordemann GRUR 1991, S. 1, Schricker GRUR 1992, S. 242, 246.
155 In der Diskussion um die Reform des Urhebervertragsrechts wurde dieser Ausgangspunkt des Gesetzgebers insbesondere von der Verwerterseite bestritten (so z.B. Gounalakis in Gounalakis/Heinze/Dörr, S. 11, 100). Die vorliegende Arbeit geht aber von der grundlegenden Richtigkeit der gesetzgeberischen Annahme aus. Die Prüfung und Wertung der Annahme würde den Rahmen des Themas bei weitem sprengen.
156 Ulmer, Lehrbuch, S. 386; Dietz, Urhebervertragsrecht, S. 3; Nordemann GRUR 1991, S. 1 ff.; Schack, Rdn. 952, Rehbinder, Rdn. 63.
157 Schricker/Schricker, UrhG, Einl. Rdn. 2.
158 Schack, Rdn. 952.

Bis zur Kodifizierung des Urheberrechtsgesetzes im Jahre 1965[159] gab es jedoch praktisch keinerlei solche Regelungen.[160] Weder das KUG[161] noch das LUG[162] enthielten vertragsrechtlich Vorschriften. Allein das Verlagsgesetz[163] regelt Rechte und Pflichten zwischen Autor und Verleger. Es sieht in § 22 ff. VerlG Vorschriften zum Honorar des Urhebers vor. Das Gesetz gilt jedoch nur für Werke der Literatur und Tonkunst. Zudem sind die Regelungen nicht als zwingende Vorschriften ausgestaltet.[164] Den Urhebern verblieben die Schutzbestimmungen des BGB.[165] Fälle gestörter Äquivalenz von Leistung und Gegenleistung konnten daher nur über § 138 BGB[166] oder über die Grundsätze vom Wegfall der Geschäftsgrundlage[167] gelöst werden.

Überlegungen, die Rahmenbedingungen für vertragliche Vergütungsansprüche zugunsten der Urheber zu verbessern, gab es schon am Anfang des 20. Jahrhunderts. Ausgehend von Diskussionen über ein Folgerecht für Werke der bildenden Künste schlug Rietzler vor, den Grundsatz der Beteiligung des Urhebers an der Wertsteigerung auf alle Werkarten auszudehnen. Auch Autoren von Schriftwerken, die notgedrungen einen ungünstigen Verlagsvertrag geschlossen hatten, sollte ein Anspruch auf Beteiligung am späteren Gewinn zugebilligt werden.[168] Ähnlich äußerte sich Potthoff im Jahre 1921.[169] Er forderte die Nichtigkeit von Verträgen, bei denen das gesamte Urheberrecht ohne angemessene Entschädigung übertragen wurde. Alternativ sollten doch aber Verfasser einen nachträglichen Anspruch auf Erhöhung des Honorars haben, wenn das Werk ungeahnten Erfolg hat.[170] Nach Mittelhoff sollte dem Urheber ein Anteil am „unverhältnismäßigen Gewinn" aus seinem Werk zustehen. Dabei unterschied er zwischen einem angemessenen Preis, den der Werkverwerter zum Zeitpunkt des

---

[159] BGBl. I S. 1273.
[160] Berger Rdn. 4.
[161] Gesetz betreffend das Urheberrecht an Werken der bildenden Künste und der Photographie vom 09.01.1907, RGBl. S. 7.
[162] Gesetz betreffend das Urheberrecht an Werken der Literatur und der Tonkunst vom 19.06.1901, RGBl. S. 1273.
[163] Gesetz über das Verlagsrecht vom 19.06.1901, RGBl. 217.
[164] Schricker/Schricker, VerlG, § 22 VerlG, Rdn. 1.
[165] Berger Rdn. 3.
[166] OLG München, Der Schriftsteller, 1921, S. 120, 122; BGH GRUR 1962, S. 256, 257 („Im weißen Rössl").
[167] Seit dem „Gesetz zur Modernisierung des Schuldrechts" vom 26.11.2001 (BGBl. I. S. 3138) in § 313 BGB kodifiziert und vorher im Rahmen des § 242 BGB anerkanntes Rechtsinstitut. Zur Anwendung im Urhebervertragsrecht: BGH GRUR 1990, S. 1005 ff. („Salome I"); LG München I, Schulze-Rechtsprechung LGZ 130, S. 3 ff.
[168] Rietzler Recht und Wirtschaft 1913, S. 217, 218.
[169] Potthoff, Urheberrecht und Arbeitsrecht, GRUR 1921, S. 137 ff.
[170] Potthoff, Urheberrecht und Arbeitsrecht, GRUR 1921, S. 137, 139.

Vertragsabschlusses gezahlt hatte und dem Anteil, der dem Urheber aus dem später gezogenen ungeahnten Gewinn zuzubilligen sei.[171]

Das Urheberrechtsgesetz von 1965 enthielt kein einheitliches Urhebervertragsrecht. Derartige Regelungen waren schon gar nicht Gegenstand der Gesetzesvorbereitung und -diskussion. Zu diesem Zeitpunkt ging der Gesetzgeber davon aus, dass nach Verabschiedung des Urheberrechtsgesetzes ein umfassendes Urhebervertragsgesetzbuch ausgearbeitet wird.[172] Ein solches Gesetz sollte eine umfassende Regelung aller Bereiche des Urhebervertragsrechts (einschließlich des Verlagsrechts) enthalten.[173] Einige Regelungen sollten aber trotzdem bereits in das Urhebergesetz aufgenommen werden. Es handelte sich um Regelungen, die ohnehin bereits in geltenden Urheberrechtsgesetzen enthalten waren bzw. die besonders dringlich im Gesetzgebungsverfahren gefordert wurden. Ein Zurückstellen dieser Regelungen sollte den Urhebern nicht zugemutet werden.[174]

Zu den Regelungen, die dem Schutz der Urheber dienten, gehören: § 31 Abs. 4 UrhG (Unwirksamkeit der Einräumung von Nutzungsrechten für noch nicht bekannte Nutzungsarten); § 31 Abs. 5 UrhG (Zweckübertragungsgrundsatz), § 40 UrhG (Schriftformerfordernis bei Verträgen über künftige Werke, die überhaupt nicht näher oder nur der Gattung nach bestimmt sind) und § 41 UrhG a.F. (Rückrufsrecht wegen Nichtausübung). Die §§ 31 Abs. 4 und 5 UrhG sind geeignet, zumindest mittelbar die wirtschaftlichen Interessen der Urheber zu sichern. Nutzungsrechte an unbekannten Nutzungsarten und nicht ausdrücklich eingeräumte Nutzungsrechte können nicht wirksam von den Nutzungsverträgen erfasst werden. Will der Vertragspartner diese Nutzungsrechte trotzdem nutzen, muss er mit dem Kreativen erneut verhandeln. Der Kreative hat somit die Möglichkeit, eine weitere Vergütung auszuhandeln. Die einzige Vorschrift mit unmittelbarem Bezug zu Vergütungsfragen war der Bestsellerparagraf § 36 UrhG a.F.[175]

### *b) Bestsellerparagraf § 36 UrhG a.F.*

Die Neuregelung des § 32a UrhG knüpft trotz einiger Korrekturen in Tatbestand und Rechtsfolge an die Regelung des § 36 UrhG a.F. an. Nach dem Willen des Gesetzgebers sollte in der Neuregelung des § 32a UrhG die Grundstruktur des § 36 UrhG a.F. beibehalten bleiben, um auf die vorhandene Rechtsprechung und

---

171 Mittelsteadt, GRUR 1930, S. 43, 56.
172 Amtl. Begr. bei Härtel/Schiefler, S. 186.
173 Amtl. Begr. bei Härtel/Schiefler, S. 186.
174 Amtl. Begr. bei Härtel/Schiefler, S. 186.
175 Hagen S. 13.

Literatur zurückgreifen zu können.[176] Verständnis und Anwendung des § 32a UrhG setzt daher die Kenntnis der Grundstrukturen des § 36 UrhG a.F. voraus.

§ 36 UrhG a.F. sah vor, dass dem Urheber, wenn er einem anderen ein Nutzungsrecht zu Bedingungen eingeräumt hatte, die dazu führten, dass die vereinbarte Gegenleistung unter Berücksichtigung der gesamten Beziehungen des Urhebers zum Vertragspartner in einem groben Missverhältnis zu den Erträgnissen aus der Nutzung des Werkes standen, ein Anspruch auf Vertragsänderung zustand. Der Vertragspartner des Urhebers war danach verpflichtet, in eine Vertragsänderung einzuwilligen, durch die dem Urheber eine nach den Umständen angemessene Beteiligung an den Erträgnissen gewährt wurde.

### aa) Entstehungsgeschichte

In der Reformdiskussion zu einem Urheberrechtsgesetz wurden zunächst zahlreiche Entwürfe diskutiert, die alle keine dem späteren § 36 UrhG a.F. vergleichbare Regelung enthielten. Weder die vorgelegten privaten Entwürfe von Elster[177], Hoffmann[178] und Marwitz[179] noch die folgenden Entwürfe des Reichsjustizministeriums von 1934[180] und des so genannten Akademie-Entwurfs von 1939[181] sahen eine solche Regelung vor. Einzig der Entwurf von Goldbaum/Wolff[182] enthielt einen Normenvorschlag, der die Gegenleistung betraf.[183]

Dies änderte sich erst mit dem neuen Anlauf zu einem Urheberrechtsgesetz nach 1945. Zunächst, noch als § 31, wird der Bestsellerparagraf erstmals im Ministerialentwurf des Bundesjustizministeriums vom 26.05.1959[184] vorgeschlagen.

> „(1) Hat der Urheber einem anderen ein Nutzungsrecht eingeräumt, ohne sich eine angemessene Beteiligung an den Erträgnissen aus der Nutzung des Werkes vorzubehalten, so kann er von dem Nutzungsberechtigten eine solche angemessene Beteiligung verlangen, wenn die

---

[176] Beschlussempfehlung und Bericht des Rechstausschusses BT-Drucks. 14/8058 S. 19.
[177] UFITA 2 (1929), S. 652 ff.
[178] UFITA 2 (1929), S. 659 ff.
[179] UFITA 2 (1929), S. 668 ff.
[180] Abgedruckt in UFITA 2000 (III), S. 743-914.
[181] Akademieentwurf in GRUR 1939, S. 242 ff.
[182] Entwurf eines Urheberschutzgesetzes, UFITA 2 (1929), S. 185 ff.
[183] „§ 7 ....Die Vorschriften der §§ 138, 139 BGB bleiben unberührt, doch ist eine Sittenwidrigkeit des Rechtsgeschäfts auch schon dann gegeben, wenn die dem Urheber zugesagte Gegenleistung im auffälligen Missverhältnis zu seiner Leistung steht."
[184] UFITA 29 (1959), S. 214 ff.

> Nutzungserträgnisse unter Berücksichtigung seiner gesamten Beziehungen zu dem Nutzungsberechtigten in einem auffälligen Missverhältnis zu der für die Einräumung des Nutzungsrechts vereinbarten Vergütung stehen."

Im folgenden Regierungsentwurf zum Urhebergesetz vom 23.03.1962 erscheint die Regelung wortgleich als § 36 UrhG-E, wobei als Absatz 2 noch eine Verjährungsregelung eingefügt wurde. Die Anspruch sollte zwei Jahre nach Kenntnis der anspruchsbegründenden Umstände verjähren, spätestens aber nach 10 Jahren.[185]

Die wesentliche Begründung der Vorschrift erfolgt bereits im Regierungsentwurf. Dem Urheber sollte in besonderen Ausnahmefällen einer unerwartet erfolgreichen Verwertung des Werkes eine angemessene Vergütung gesichert werden.[186] In der Begründung wird darauf verwiesen, dass es dem Rechtsempfinden widerspreche, wenn ein junger noch unbekannter Urheber sein Werk aus wirtschaftlicher Not und rechtlicher Unerfahrenheit gegen eine geringe Vergütung überlassen hatte und der andere große Gewinne aus dem Werk ziehen könnte, ohne den Urheber daran zu beteiligen.[187] In den Entwürfen war der Anspruch noch als gesetzlicher Anspruch ausgestaltet, der dem objektiven Tatbestand des § 138 Abs. 2 BGB entsprechen sollte. In der Begründung wird zudem die Vorstellung geäußert, dass der Anspruch nur in solch seltenen Ausnahmefällen gegeben sei, in denen der Vertragspartner bei verständiger Würdigung freiwillig eine Nachzahlung leisten würde.[188]

Der Entwurf war Gegenstand einer umfangreichen Diskussion in der Literatur.[189] Auch im Rechtsausschuss wurde die Regelung noch einmal diskutiert und geändert. Sie erhielt dann Wortlaut der Gesetzesfassung.[190] Dieser blieb bis zur Reform des Urhebervertragsrechts 2002 unverändert.

In der Begründung zur Änderung der Formulierung wird darauf verwiesen, dass damit besser zum Ausdruck gebracht werden soll, dass es sich um einen Sonderfall der Lehre vom Wegfall der Geschäftsgrundlage handelt.[191] Deshalb wurde die Regelung auch nicht mehr als gesetzlicher Anspruch ausgestaltet. Um zudem den Anspruch besser vom Wuchertatbestand (§ 138 BGB) abgrenzen zu können,

---

185 RegE. bei Haertel/Schiefler, S. 192.
186 Amtl. Begr., Haertel/Schiefler, S. 192.
187 Amtl. Begr., Haertel/Schiefler, S. 192.
188 Amtl. Begr., Haertel/Schiefler, S. 194.
189 Siehe dazu ausführlich Hagen S. 22 ff; Maracke S. 621 ff.
190 BGBl. I S. 1273.
191 Bericht des Rechtsausschusses, Haertel/Schiefler S. 194.

sollte das qualifizierende Adjektiv zum Missverhältnis vom „angemessen“ zum „groben“ geändert werden.[192]

### bb) Anwendung des § 36 UrhG (a.F.)

Insgesamt sind nur wenige höchstrichterliche Entscheidungen ergangen, in denen die Anwendbarkeit des § 36 UrhG (a.F.) geprüft wurde.[193] In einer Entscheidung wurde dem Urheber ein Anspruch nach § 36 UrhG (a.F.) zugesprochen.[194] In weiteren Fällen wurden Ansprüche aus § 36 UrhG (a.F.) dem Grunde nach nicht ausgeschlossen und die Sache an die Vorinstanzen zur Sachaufklärung zurückverwiesen.[195] Auch Entscheidungen der Instanzengerichte[196] sind in der insgesamt 32-jährigen Geschichte des Bestsellerparagrafen nur sehr wenige ergangen.

Als Ursache für die fehlende Durchschlagskraft der Regelung wurden verschiedene Gründe ausgemacht. Dazu gehört zum einen der Zeitfaktor, der Einfluss auf das Entstehen des Anspruchs hat. Das Missverhältnis zwischen Vergütung und Verwertererträgen zeigt sich häufig erst nach Jahren. Die Ansprüche entstehen erst mit einer erheblichen Zeitverzögerung.[197] Da der Anspruch nach § 132 UrhG a.F. nicht für Altverträge gelten sollte, war eine Vielzahl von Verträgen schon aus dem Anwendungsbereich der Norm ausgeschlossen.[198] Zudem zwang die kurze Verjährungsfrist von zwei Jahren (§ 36 Abs. 2 UrhG a.F.) dazu, dass der Urheber sobald er von Umständen einer möglicherweise erfolgreichen

---

[192] Siehe dazu Hegemann S. 84, vorgeschlagen wurde u.a. auch „krass“ oder „besonders unbillig“.

[193] BAG GRUR 1984, S. 429 ff. („Statikprogramme“); BGH NJW 1986, S. 192 ff („Inkassoprogramme“); BGH GRUR 1986, S. 885 f. („METAXA“); GRUR 1990, S. 1005 ff. („Salome I“), GRUR 1991, S. 901 ff.; („Horoskop-Kalender“); ZUM 1998, S. 497 ff. („Comic-Übersetzungen I“); BGH GRUR 2001, S. 826 ff. („Barfuß ins Bett“); BGH GRUR 2002, S. 149 ff. (Wetterführungspläne II); GRUR 2002, S. 153 ff. („Kinderhörspiele“); GRUR 2002, S. 602 ff. („Musikfragmente“).

[194] BGH GRUR 2002, S. 153 ff. („Kinderhörspiele“).

[195] BGH GRUR 1991, S. 901 ff („Horoskopkalender“); BGH GRUR 1998, S. 680 ff. („Comicübersetzungen I“); BGH GRUR 2002, S. 149 („Wetterführungspläne II“) BGH GRUR 2002, S. 602 ff („Musikfragmente“).

[196] OLG München, FuR 1982, S. 586 ff; OLG München, ZUM 1988, S. 581 ff. (Vorinstanz zur BGH-Entscheidung „Salome“); OLG Hamm ZUM 1990, S. 247 ff. (Vorentscheidung zur BGH-Entscheidung Horoskopkalender); LG Oldenburg, CR 1995, S. 39 ff.; OLG Nürnberg ZUM-RD 1999, S. 126 („Kinderbücher“); KG Schulze KGZ 113 („Flüstern und Schrein“); KG Schulze KGZ 114 („Die Entdeckung“); KG ZUM-RD 1999, S. 484; OLG München ZUM 2001, S. 427 ff („Der Diamant des Salomon“); OLG München ZUM 2001, 994 ff. („Novecento“); OLG München ZUM 2003, S. 684; OLG München ZUM 2003, S. 970; OLG Köln, ZUM 2004, S 489 f.; OLG Düsseldorf ZUM 2004, S. 756 ff.

[197] Katzenberger GRUR Int. 1983, S. 410, 417.

[198] Katzenberger GRUR Int. 1983, S. 410, 415.

Verwertung Kenntnis erlangte, zumindest einen Auskunftsanspruch geltend machen musste.[199]

Als wesentliche Ursache der geringen Normrelevanz wurde vor allem die restriktive Auslegung durch die Gerichte festgestellt. Die Rechtsprechung verstand § 36 UrhG a.F. als Sonderfall der Lehre vom Wegfall der Geschäftsgrundlage.[200] Der BGH las daher das ungeschriebene Tatbestandsmerkmal „Vorhersehbarkeit des Missverhältnisses" in § 36 UrhG a.F. hinein.[201] Ansprüche aus § 36 UrhG a.F. konnten nur dann entstehen, wenn der Erfolg des Werkes für die Parteien unerwartet eintrat.[202] Der Anspruch war nach Ansicht des BGH dann ausgeschlossen, wenn eine erfolgreiche Verwertung bei Vertragsschluss von den Parteien vorhergesehen wurde oder vorhersehbar war, d.h. bereits im Bereich des Möglichen lag und wahrscheinlich war.[203]

Letztlich kommen auch rein praktische Gründe dafür in Betracht, dass sich die Gerichte nur selten mit der Norm auseinandersetzen mussten. Will der Urheber den Anspruch auf Vertragsänderung gerichtlich durchsetzen, kann er nicht den günstigeren Gerichtsstand der unerlaubten Handlung (§ 32 ZPO) wählen, sondern ist auf den Gerichtsstand des Wohn- bzw. des Firmensitzes des Verwerters (§§ 13, 17 ZPO) angewiesen. Allein dadurch können für den Urheber schon zusätzliche Kosten entstehen.[204] Hinzu kommt ein zu erwartend hoher Streitwert im Bestsellerfalle und die Bereitschaft der Verwerter, einen Prozess über mehrere Instanzen zu führen.[205] Falls der Urheber finanziell überhaupt in der Lage ist, einen solchen Prozess zu führen, ist eine Klage für ihn mit einem enormem finanziellen Risiko und einer hohen nervlichen Belastung verbunden. Dies kann dazu führen, einen Rechtsstreit gar nicht erst zu führen oder sich frühzeitig auf einen Vergleich einzulassen.[206] Nach einer anderen Ansicht sei es bereits die Existenz der Bestimmung, die Verwerter zur Vorsicht bei Vertragsschluss mahne[207] oder doch zumindest ein gütliches Entgegenkommen der Verwerter bei Honorarforderungen der Urheber fördere.[208]

---

[199] Nordemann, § 32a Rdn. 2; OLG Köln ZUM 2004, S. 489,490.
[200] Ständige Rechtsprechung BGH GRUR 1991, S. 901, 902 („Horoskopkalender").
[201] BGH ZUM 1998, S. 497, 502 („Comic-Übersetzungen I").
[202] BGH GRUR 1991, S. 901, 902 („Horoskopkalender"); ZUM 1998, S. 497, 502 („Comic-Übersetzungen I").
[203] BGH ZUM 1998, S. 497, 502 („Comic-Übersetzungen I"); BGH GRUR 2002, S. 602, 604 („Musikfragmente").
[204] Gerstenberg, GRUR 1974, S. 591, 592.
[205] Gerstenberg, GRUR 1974, S. 591, Nordemann, § 32a Rdn. 2.
[206] Gerstenberg, GRUR 1974, S. 591, 592.
[207] Ulmer, Urhebervertragsrecht, S. 396; Katzenberger GRUR Int. 1983, S. 410, 415.
[208] Schricker/Schricker, § 36 UrhG, Rdn. 2.

### *c) Kollektivverträge*

Als geeignetes Mittel zum Ausgleich der schwachen Verhandlungsposition der Kreativen wurden neben zwingenden gesetzlichen Vorschriften vor allem Vereinbarungen zwischen Kreativen und Verwertern auf kollektiver Ebene angesehen. An Stelle des einzelnen Kreativen sollte ein verhandlungsstärkerer Verband treten und damit das Machtgefälle aufgehoben werden.[209]

Ein klassischer Anwendungsfall dafür sind Tarifverträge. Dort wo Tarifverträge abgeschlossen werden können, besteht die Möglichkeit urheberrechtspezifische Fragen kollektiv zu lösen.[210] Daran teilhaben können zum einen Urheber in Arbeits- und Dienstverhältnissen. Durch § 12a TVG[211] ist der Personenkreis, der Tarifverträge abschließen kann, um diejenigen erweitert worden, die zwar keine Arbeitnehmer aber von einem Arbeitgeber wirtschaftlich abhängig sind. Damit stehen zumindest auf dem Gebiet des Rundfunk- und Zeitungsverlagswesens für eine nicht unerhebliche Anzahl von sogenannten festen freien Mitarbeitern kollektivvertragliche Regelungsmöglichkeiten zur Verfügung.[212]

Eine weitere Form kollektivvertraglicher Regelungen, an denen auch freie Urheber partizipieren konnten, entstand Ende der zwanziger/ Anfang der dreißiger Jahre des vorigen Jahrhunderts. Mangels gesetzlicher Regelungen zum Urhebervertragsrecht vereinbarten einige Verbände von Werknutzern und Verbände von Urhebern gemeinsame Vertragsrichtlinien, mit denen urheberrechtlichen Streitpunkten der Branche abgeholfen werden sollte. Derartige Richtlinien wurden im Buchverlags- und Bühnenverlagsbereich vereinbart.[213] Die Regelungen sollten keine Verbindlichkeit beanspruchen, jedoch verpflichteten sich die Vertragsparteien, auf die Verbandsmitglieder einzuwirken, die Richtlinien anzuwenden.[214] Die Fortführung solcher Regelungen wurde durch das seit dem 1.1.1958 geltende Gesetz gegen Wettbewerbsbeschränkungen (GWB) erschwert. Das Bundeskartellamt verstand die freien Urheber als Unternehmer im Sinne des GWB und beanstandete einige bestehende bzw. neugeschaffene Normenverträge.[215]

---

209 Vogel in FG Schricker S. 117, 121,130.
210 Vogel in FG Schricker S. 117, 122.
211 Eingefügt durch Art. II des Gesetzes zur Änderung des Heimarbeitsgesetzes vom 29.10.1974 (HA ÄndG, BGBl. 2879).
212 Ulmer, Gutachten, S. 26.
213 Vogel in FG Schricker S. 117, 126 ff.; Ulmer, Gutachten S. 24.
214 Ulmer, Gutachten, S. 25.
215 Siehe dazu die Aufzählung bei Vogel in FG Schricker S. 117, 132 und Ulmer, Gutachten, S. 26.

Beanstandet wurden insbesondere einheitliche Entgelt- und Abschlussbedingungen, die gegen das Kartellverbot des § 1 GWB verstießen.[216]

Die Initiativen zur Fortführung der Entwicklung derartiger Richtlinien wurden deshalb zunächst eingestellt.[217] Erst ab Ende der siebziger Jahre des letzten Jahrhunderts wurden wieder vereinzelt Normverträge geschlossen.[218] Die Normverträge werden ausdrücklich für unverbindlich erklärt, den Mitgliedern steht das Abweichen von den Empfehlungen frei. Die Vertragspartner verpflichten sich jedoch darauf hinzuwirken, dass ihre Mitglieder nicht ohne sachlich gerechtfertigten Grund zu Lasten des Kreativen vom Normvertrag abweichen.[219] Die vorgeschlagenen Verträge enthalten keine verbindlichen Entgeltbedingungen. Allerdings werden sich Vereinbarungen über Regelhonorare offen gehalten.[220]

Die vorhandenen Möglichkeiten kollektiver Vereinbarungen verbesserte die Vertragssituation für die Kreativen nur partiell. Tarifverträge wurden in einigen Branchen abgeschlossen[221], viele Verwertungsbereiche blieben aber ohne Vereinbarungen.

Da Normverträge keine zwingende Wirkung entfalten konnten, blieben die Kreativen auch in den Branchen, in denen derartige Regeln vorhanden waren, auf die freiwillige Anwendung durch den Vertragspartner angewiesen.

## 3. Veränderungsansätze

Trotz der Ankündigung des Gesetzgebers, ein Urhebervertragsrecht schaffen zu wollen[222], mündete dies bis zum Jahre 2000 in keinerlei konkrete

---

216 Dazu: Ulmer, Gutachten, S. 26; Bericht des BKartA 1962, S. 57.

217 Ulmer, Gutachten, S. 26.

218 Vereinbarung des Börsenvereins des Deutschen Buchhandels mit der Vereinigung der schöngeistigen und wissenschaftlichen Autoren, siehe Schulze Urhebervertragsrecht Nr. 23 und Nr. 25, spätere Vereinbarungen bei Hillig, Nr. 7, Nr. 9; und der Übersetzer siehe Hillig, Nr. 7a; Mustervertrag für Komponisten zwischen dem Komponistenverband und dem Deutschen Musikverlegerverband, dazu Nordemann, ZUM 1988, S. 389, 393

219 Vertragsnormen für wissenschaftliche Vertragswerke, bei Hillig Nr. 9.

220 Normvertrag Übersetzer Präambel Nr. 5 (siehe Hillig, Nr. 7a) Normvertrag Verlag Präambel Nr. 6 (siehe Hillig, Nr. 7).

221 Aufzählung bei Wandtke/Bullinger/Wandtke, § 43 Rdn. 122.

222 Amtl. Begr., Haertel/Schiefler, S. 186.

Gesetzgebungsvorhaben. Es blieb bei gelegentlichen Initiativen, die Lage der Urheber festzustellen.[223]

In der wissenschaftlichen Literatur wurden dagegen wiederholt konkrete Vorschläge unterbreitet, wie insbesondere die Vergütungssituation der Urheber verbessert werden könnte. Das vom Gesetzgeber ursprünglich in Aussicht gestellte umfassende, alle Vertragstypen auf dem Gebiet des Urheberrechts erfassende, Urhebervertragsrecht („große Lösung") wurde zunehmend als unrealistisch erkannt.[224] Das Augenmerk richtet sich daher auf eine Regelung einzelner Vertragstypen[225] („kleine Lösung") oder auf eine punktuelle Verbesserung der vertraglichen Position der Urheber durch eine Reform und Erweiterung vorhandener Instrumente des Urhebervertragsrechts („mittlere Lösung").[226]

### a) *Vergütungsregelungen*

Im Rahmen des kleineren und mittleren Lösungsansatzes entstanden konkrete Änderungsmodelle, die die wirtschaftliche Beteiligung des Urhebers an den Nutzungserträgen sicherstellen sollten.

Die Vorschläge von Nordemann[227] und Dietz[228] sahen einen Anspruch des Urhebers auf angemessene Vergütung für jeden Fall der Nutzung des Werkes vor. Ulmer setzt sich in seiner Untersuchung zum Sendevertragsrecht mit der Frage von Mindesthonoraren auseinander. Eine solche Lösung lehnt er ab.[229] Dem Urheber sollte aber ein Anspruch auf Änderung des Vertrages zustehen, wenn die Höhe des vereinbarten Honorars offenbar zum Nachteil des Urhebers von üblichen Honoraren für vergleichbare Werke abweicht oder sonst offenbar unbillig ist.[230] Diesem Ansatz folgt auch Katzenberger, der eine Regelung zur Vergütungshöhe für alle Vertragstypen im Urheberrecht integrieren wollte.[231] Er ergänzt diesen Vorschlag dahingehend, dass als Maßstab für den Anspruch nicht

---

[223] Künstlerbericht, BT-Drucks. 7/3071; das veröffentlichte Gutachten von Ulmer über Sendeverträge, das von der Bundesregierung im Auftrag gegeben wurde; Bericht der Bundesregierung über die Auswirkungen der Urheberrechtsnovelle von 1985 (BT-Drucks. 11/4929, S. 53 ff.) sowie ein weiterer Bericht der Bundesregierung
über die Entwicklung des Urhebervertragsrechts (BT-Drucks. 12/7489).

[224] Dietz in FG Schricker, S. 1, 8.

[225] So bei Ulmer, Gutachten, S. 1 ff. für den Sendevertrag.

[226] Dietz in FG Schricker, S. 1, 9; Nordemann, GRUR 1991, S. 1 ff.

[227] Nordemann, GRUR 1991,S. 1, 4; zustimmend Spautz, ZUM 1992, S.186, 189.

[228] Dietz, FG Schricker, S. 1, 49.

[229] Ulmer, Gutachten, S. 130.

[230] Ulmer, Gutachten, S. 131.

[231] Katzenberger, GRUR Int. 1983, S. 410, 411.

nur die übliche Vergütung sondern eine angemessene Vergütung gelten soll. Es seien schließlich die Verwerter selbst, die die Üblichkeit bestimmen.[232]

### *b) Bestsellerparagraf*

In der Literatur wurden auch Vorschläge unterbreitet, durch partielle Veränderungen die Durchschlagskraft des Bestsellerparagrafen zu verbessern. Ein Vorschlag Gerstenbergers war auf die Verminderung des Prozesskostenrisikos des Urhebers gerichtet. Danach könnte in § 36 UrhG a.F. eine Regelung in Anlehnung an § 53 PatG a.F. übernommen werden.[233] Nach der dortigen Regelung wurden die Streitwerte der wirtschaftlichen Lage der Partei angepasst, die glaubhaft machen konnte, dass die Prozesskosten bei vollem Streitwert ihre Lage erheblich gefährden würden. Eine Reformidee von Katzenberger sah vor, die Bestimmung auch auf Altverträge auszuweiten.[234] Mit Blick auf die kurze Verjährung schlägt eine auf Beschluss des Bundestages eingesetzte Enquete-Kommission eine Verlängerung der Verjährungsregelung auf 3 Jahre vor.[235]

An der restriktiven Auslegung des § 36 UrhG a.F. durch die Gerichte knüpft die Kritik von Brandner[236] und Schack[237] an. Sie plädieren dafür, die Norm nicht als Anwendungsfall der Lehre vom Wegfall der Geschäftsgrundlage zu begreifen und auf die Prüfung des ungeschriebenen Merkmals „unerwartet" zu verzichten. In ähnlicher Weise ist der Vorschlag von Hagen zu verstehen, das ungeschriebene Merkmal „unerwartet" restriktiv auszulegen. Das Merkmal soll nur dann Berücksichtigung finden, wenn der Urheber tatsächlich auch die Möglichkeit hatte, eine höhere Vergütung durchzusetzen.[238]

### *c) Kollektivvereinbarungen*

Grundlegender Konsens bestand zwischen Gesetzgeber und Rechtslehre darüber, dass kollektivvertragliche Regelungen ein geeignetes Instrument zur Verbesserung der vertraglichen Stellung der Urheber sei. Die Bundesregierung sah in

---

232 Katzenberger, GRUR Int. 1983, S. 410, 411.
233 Gerstenberg, GRUR 1974, S. 591, 593; eine vergleichbare Regelung enthält heute § 144 PatG.
234 Katzenberger, GRUR Int. 1983, S. 410, 411.
235 Zweiter Zwischenbericht der Enquete-Kommission Zukunft der Medien in Wirtschaft und Gesellschaft Deutschlands Weg in die Informationsgesellschaft, BT-Drucks. 13/8110, Punkt 4.5.2.
236 Brandner, GRUR 1993, S. 173, 176.
237 Schack, Rdn. 966.
238 Hagen, S. 147.

ihrem Bericht zur Entwicklung des Urhebervertragsrechts aus dem Jahre 1994 kollektivvertragliche Regelungen als die beste Möglichkeit, auf technische Entwicklungen zu reagieren. Dabei brachte sie aber zum Ausdruck, dass sie am ehesten auf den Abschluss von Tarifverträgen vertraue.[239] Den freien Urhebern wäre damit jedoch nicht geholfen gewesen. Viel weitergehend war eine Aufforderung des Bundestages an die Bundesregierung im Jahre 1974. Nach der Verabschiedung der Novelle zum Heimarbeitsgesetz, in dem § 12a TVG eingefügt wurde, sollte die Bundesregierung Regelungen vorschlagen, die es der nicht von § 12a TVG erfassten Gruppe selbstständiger Publizisten und Journalisten ermöglichen sollte, mit ihren Auftraggebern bzw. deren Verbänden Richtlinien über Honorare und Sozialleistungen zu vereinbaren.[240]

Dieser Ansatz wurde vor allem in der Rechtswissenschaft verfolgt. Durch eine Freistellung vom Kartellverbot sollte den freien Kreativen die Möglichkeit eingeräumt werden, Kollektivvereinbarungen über Honorarfragen zu treffen.[241] Unterschiedliche Ansichten herrschten hier über die Reichweite solcher Honorarvereinbarungen. Während Ulmer davon ausging, dass derartige Vereinbarungen nur für die beteiligten Vertragsparteien bindend seien[242], plädierten Dittrich[243] und Dietz für die Möglichkeit, allgemeinverbindliche Honorarordnungen zu schaffen. Schack wies zu Recht darauf hin, dass die praktische Wirkung von Kollektivverträgen für freie Kreative nicht nur von der Frage einer Freistellung vom Kartellverbot abhängt. Vielmehr müsste sich eine solche Regelung auch mit der Problematik auseinandersetzen, wie Verwerterverbände überhaupt zum Abschluss solcher Verträge gebracht und wie Außenseiter einbezogen werden können.[244]

---

[239] BT-Drucks. 12/7489 S. 14. In ähnlicher Weise äußerte sich die Bundesregierung bereits im Bericht des Jahres 1989, BT-Drucks. 11/4929, S. 59 ff. sowie eine vom Bundestag eingesetzte Enquete-Kommission (Zweiter Zwischenbericht der Enquete-Kommission Zukunft der Medien in Wirtschaft und Gesellschaft BT- Drucks. 13/8110, S. 17).

[240] Zitiert nach: Ulmer, Gutachten, S. 15.

[241] Ulmer, Gutachten, S. 35; Nordemann, GRUR 1991, S. 1; Vogel in FG Schricker, S. 117, S. 122 ff.; Dietz in FG Schricker, S. 1, 42 f.; Dietrich in Ulmer, S. 18, 21. Dietz stellt dabei sogar die Frage, ob es einer Freistellung vom Kartellverbot überhaupt bedürfe. Nach seiner Ansicht sei aus der Entscheidung des BVerfG zum Künstlersozialversicherungsgesetz (BVerGE 75, S. 108 ff.) zu entnehmen, dass Urheber ohnehin wie Arbeitnehmer zu behandeln und zu schützen seien (Dietz in FG Schricker, S. 1, 44).

[242] Ulmer, Gutachten, S. 35. Er geht davon aus, dass aus den abgeschlossenen Verträgen auf die Angemessenheit anderer Verträge geschlossen werden kann.

[243] Dietrich in FS Ulmer, S. 18, 21; Dietz in FG Schricker, S. 1, 42 f.

[244] Dazu Schack, ZUM 2001, S. 453, 462.

# Teil 3 Kollektivvertragliche Regelungen nach § 32a Abs. 4 UrhG

## A Entstehungsgeschichte und Zweck

In der 14. Legislaturperiode des Bundestages kam es zu einer Gesetzesänderung auf dem Gebiet des Urhebervertragsrechts. Am 01. Juli 2002 trat das „Gesetz zur Stärkung der vertraglichen Stellung von Urhebern und ausübenden Künstlern" vom 22. März 2002 in Kraft.[245] Es entstand kein allumfassendes Urhebervertragsgesetz im Sinne der „großen Lösung". Vielmehr nahm der Gesetzgeber eine Korrektur einzelner Regelungen vor und schuf ein neues System vergütungsbezogener Normen. In deren Mittelpunkt steht eine Kombination aus zwingenden gesetzlichen Regelungen zur vertraglichen Vergütung und Normen, die den Wirkungsbereich kollektivvertraglicher Vereinbarungen erweitern. In diesem Regelungssystem ist § 32a Abs. 4 UrhG eingeordnet. Im Folgenden soll daher die Systematik der vergütungsbezogenen Normen dargestellt werden.

### I. Reform der Vergütungsregelungen

#### 1. Ziel der Reform

Der Gesetzgeber ging bei der Reform davon aus, dass die Vertragsparität zwischen Kreativen und Verwertern in einigen Bereichen der Medienwirtschaft gestört ist. Die strukturell unterlegenen freiberuflichen Urheber und ausübenden Künstler könnten in diesen Bereichen keine gerechten Verwertungsbedingungen durchsetzen.[246] Störungen des Kräftegleichgewichts begründen die Gefahr einseitig begünstigender Verträge. Die Urheber, insbesondere die als Freiberufler Tätigen, seien daher durch die Rechtsordnung zu schützen. Zu deren Hauptaufgabe gehöre es, die gestörte Vertragsparität auszugleichen.[247] Im Urheberrechtsgesetz schützten aber nur wenige gesetzliche Regelungen den wirtschaftlich schwächeren Vertragspartner. Die vorhandenen Regelungen erreichten zudem nicht das erforderliche Schutzniveau.[248] Hier wird die fehlende Durchschlagskraft des Bestsellerparagrafen genannt. Dessen restriktiven Voraussetzungen (insbesondere die hohe Hürde des groben Missverhältnisses von Leistung und Gegenleistung) und das zusätzliche Merkmal des unerwarteten Missverhältnisses führten in der Vergangenheit dazu, dass die Norm nur selten mit Erfolg in Anspruch genommen werden konnte. Die in einigen Branchen geübte Praxis der „buy-out"-Verträge[249]

---

[245] BGBl. Teil I, S. 1155.
[246] Beschlussempfehlung und Bericht des Rechtsausschusses, BT-Drucks. 14/8058, S. 1.
[247] RegE., BT-Drucks. 14/6433, S. 1 ff.
[248] RegE., BT-Drucks. 14/6433, S. 11.
[249] Dazu Jani, S. 1 ff.

führt dazu, dass sich der Urheber gegen ein Pauschalhonorar sämtlicher Rechte begibt und dabei häufig schwerwiegend benachteiligt wird.[250] Den Schutz von Tarifnormen können nur Arbeitnehmerurheber in Anspruch nehmen. Freiberufliche Kreative bleiben außerhalb derartig schützender Normen, da selbst den in einigen Bereichen vorhandenen Normenverträgen keine Verbindlichkeit zukommt.[251]

Das Gesetz verfolgt daher das Ziel, die Vertragsparität zwischen Urhebern und Verwertern herzustellen und somit den urheberrechtlichen Beteiligungsgrundsatz zu verwirklichen.[252]

## 2. Das Gesetzgebungsverfahren

### *a) Professorenentwurf*

Ausgehend von einer Verbändeanhörung am 29.02.2000[253], regte das Bundesministerium der Justiz die Ausarbeitung eines Vorschlages zur Neugestaltung des Urhebervertragsrechts durch fünf anerkannte Wissenschaftler an.[254] Der Vorschlag von Dietz, Loewenheim, Nordemann, Schricker und Vogel wurde als Entwurf eines Gesetzes zur Stärkung der vertraglichen Stellung von Urhebern und ausübenden Künstlern vom 22.05.2000 zunächst im Internet und kurze Zeit später in leicht veränderte Fassung vom 17.08.2000 in der GRUR veröffentlicht.[255] Der Entwurf ging fortan als so genannter „Professorenentwurf" in die weitere Diskussion ein.

Grundanliegen dieses und aller weiteren Entwürfe war die Verbesserung der Rechtsstellung von Urhebern und ausübenden Künstlern als regelmäßig schwächere Partei gegenüber den Verwertern.[256] Das Konzept des Professorenentwurfs sah dazu einen gesetzlichen Anspruch des Urhebers auf angemessene Vergütung (§ 32 Abs. 1 ProfE.) für jede Nutzung seines Werkes vor. Der gesetzliche Anspruch sollte neben dem vertraglichen Anspruch des Urhebers bestehen. Er war als unverzichtbarer Anspruch ausgestaltet und sollte im voraus nur an Verwertungsgesellschaften abtretbar sein (§ 32 Abs. 2 ProfE). Nach diesem Konzept war der alte Bestsellerparagraf (§ 36 UrhG a.F.) entbehrlich und wurde gestri-

---

[250] RegE., BT-Drucks. 14/6433, S. 11.
[251] RegE., BT-Drucks. 14/6433, S. 12.
[252] RegE., BT-Drucks. 14/6433, S. 7.
[253] Kretschmer, GRUR 2000, S. 383 f.; Metzger, CR 2000, S.487 f.
[254] Jacobs, NJW 2002, S. 1905.
[255] Professorenentwurf, GRUR 2000, S. 765 ff.
[256] Professorenentwurf, GRUR 2001, S. 765, 768; Begründung des RegE, BT-Drucks. 14/6433, S. 1.

chen, denn durch den gesetzlichen Vergütungsanspruch wäre der Urheber an jeder Nutzungshandlung angemessen zu beteiligen gewesen.

Als zweites wesentliches Element sah der Entwurf die Möglichkeit vor, über so genannte Gesamtverträge Mindestvergütungen und Mindestkonditionen für die Werknutzung aufzustellen. Die Verträge sollten zwischen Verbänden von Urhebern und Werknutzern bzw. Vereinigungen von Werknutzern abgeschlossen werden können. Von derartigen Gesamtverträgen konnte nicht zu Lasten der Urheber abgewichen werden (§ 36 Abs. 1 ProfE.).[257] Für die Mitglieder der jeweiligen Verbände sollte die Regelung Bindungswirkung entfalten. Für die nicht gebundenen Urheber sollte ein solcher Vertrag Ausstrahlwirkung bei der gerichtlichen Geltendmachung des gesetzlichen Vergütungsanspruchs entfalten können.[258]

Für den Fall, dass sich ein Verband den Verhandlungen verweigert oder keine Regelung zustande kommt, war ein Schiedsverfahren vorgesehen.[259] Diesem Verfahren konnten sich zwar Verbände jedoch nicht der einzelner Werknutzer entziehen (§ 36 Abs. 3 ProfE). Wäre der Einigungsvorschlag der Schiedsstelle (§ 36 Abs. 4 ProfE) im Schiedsverfahren von einer Partei abgelehnt worden, so hätte dieser Vorschlag auf Initiative der anderen Partei beim zuständigen OLG zur Prüfung über die Angemessenheit des Vorschlages vorgelegt werden können (§ 36 Abs. 5 ProfE). Mit der Entscheidung des OLG wäre der Gesamtvertrag zustande gekommen. Auf diese Weise wäre ein Gesamtvertrag gegenüber dem einzelnen Werknutzer durchsetzbar gewesen.

### *b) Regierungsentwurf*

Auf Basis des ProfE wurde ein Regierungsentwurf erstellt und am 30.05.2001 beschlossen. Dieser Entwurf wurde am 01.06.2001 dem Bundesrat zugeleitet.[260] Nur kurze Zeit später, am 26.06.2001, brachten die Bundestagsfraktionen der SPD und von Bündnis 90/ Die Grünen einen wortgleichen Entwurf in den Bundestag ein.[261] Damit sollte das Gesetzgebungsverfahren beschleunigt werden.[262]

---

257 Der Entwurf sah zu dem ein Kündigungsrecht vor, durch das der Nutzungsvertrag nach 30 Jahren beendet hätte werden können (§ 32 Abs. 3 ProfE). Die Regelungen sollten auch für ausübende Künstler gelten (§ 74 Abs. 4 ProfE) und auf Altverträge erstreckt werden (§ 132 Abs. 2 ProfE).

258 ProfE, GRUR 2001, S. 765, 770.

259 Entweder nach dem UrhWahrnG oder nach der ZPO.

260 BR-Drucks. 404/01.

261 BT-Drucks. 14/ 6433.

262 Jani, S. 282.

Die Änderungen im Vergleich zum Professorenentwurf waren nur unwesentlich. Der Regierungsentwurf begrenzte den Inhalt der Kollektivregelungen auf die Bestimmung der angemessenen Vergütung und nannte derartige Vereinbarungen gemeinsame Vergütungsregelungen (§ 36 Abs. 1 RegE). Der in Tarifverträgen oder gemeinsamen Vergütungsregelungen festgelegten Vergütung sollte nach § 32 Abs. 1 Satz 3 RegE eine Vermutungswirkung der Angemessenheit zukommen. Im Übrigen blieb das grundlegende Prinzip des Professorenentwurfs erhalten.

In der Begründung wird darauf verwiesen, dass die Erfahrungen mit § 12a TVG gezeigt hätten, dass allein die Möglichkeit zum Abschluss von Tarifverträgen nicht die gewünschten Ergebnisse zeigt, wenn einzelne Nutzer oder Nutzervereinigungen zum Abschluss nicht bereit sind entsprechende Verträge abzuschließen. Über § 36 RegE sollte den Urhebern somit die Möglichkeit gegeben werden, auf kollektive Weise zu ausgewogenen Vergütungsregelungen zu gelangen. Die Regelung sollte für die Angemessenheit der Vergütung nach § 32 RegE maßgebend sein und die Vergütungspraxis prägen. Durch das Selbstregulierungsmodell sollte einerseits das Fachwissen der Beteiligten bei der Bestimmung des Angemessenen in der jeweiligen Branche einbezogen werden. Andererseits sollten auf diese Weise Branchenstandards herausgebildet werden, die den Honorarordnungen der freien Berufe ähneln. Tarifverträge sollten Vorrang genießen.[263]

### *c) Diskussion um die Entwürfe*

Die Entwürfe waren Gegenstand zahlreicher Stellungnahmen der betroffenen Verbände[264] und der Wissenschaft.[265]

---

[263] Begründung zum Regierungsentwurf BT-Drucks. 14/6433 S. 16, 17.

[264] Siehe dazu im Einzelnen die Sammlung beim Institut für Urheber- und Medienrecht unter: http//www.urheberrecht.org/UrhGE-2000 (Stand 31.12.2004).

[265] Dietz, AfP 2001, S. 261ff; ders., ZUM 2001, S. 276 ff.; Dörr/ Schiedermaier/ Haus, K&R 2001, S. 608 ff.; Flechsig, ZUM 2000, S. 484 ff.; Flechsig, ZRP 2000, S. 529 ff., Flechsig/ Hendricks, ZUM 2000, S. 721 ff.; dies., ZUM 2002, S. 423 ff.; Geulen/Klinger, ZUM 2000, S. 891 ff.; Gounalakis/Heinze/Dörr, Urhebervertragsrecht; Heinze, K&R 2002, S. 1 ff.; Hucko, ZUM 2001, S.273 ff.; Hummel, ZUM 2001, S. 660 ff.; Katzenberger, AfP 2001, S. 265 ff.; Kreile, ZUM 2001, S. 300 ff.; Ory, ZUM 2001, S. 195 ff.; Poll, ZUM 2001, S. 306 ff.; Reber, ZUM 2000, S. 729 ff.; ders., ZUM 2001, S. 282 ff.; Ritgen, JZ 2002, S. 114 ff.; Schack, ZUM 2001, S. 453 ff.; Schaefer, ZUM 2001, S. 315 ff.; Schimmel, ZUM 2001, S. 289 ff.; Spautz, ZUM 2001, S. 317 ff.; Stickelbrock, GRUR 2001, S. 1087 ff.; Thüsing, GRUR 2002, S. 203 ff.; v. Olenhusen/ Steyert, ZRP 2000, S. 526 ff.; Wandtke, K&R 2001, S. 601 ff.; Weber, ZUM 2001, S. 311 ff.; v. Olenhusen ZUM 2000, S. 736 ff

Dabei erhielten die Entwürfe Zustimmung[266], wurden aber auch kritisiert bzw. gänzlich abgelehnt.[267]

Kritisch hinterfragt wurde zunächst, ob die dem Gesetz zugrundeliegende tatsächliche Bestandsaufnahme noch aktuell genug ist und die Gesetzesänderungen überhaupt rechtfertigen kann[268]. Ebenso wurde vor negativen wirtschaftlichen Auswirkungen des Gesetzesvorhabens gewarnt.[269]

Schwerpunkte der juristischen Auseinandersetzung waren die verfassungsrechtliche Vereinbarkeit des gesetzlichen Vergutungsanspruchs mit der Vertragsfreiheit[270] und die vorgesehene zwangsweise Durchsetzung gemeinsamer Vergütungsregeln mit der Koalitionsfreiheit nach Art. 9 Abs. 3 GG.[271] Bezweifelt wurde, ob die Vereinbarungen gemeinsamer Vergütungsregeln den Anforderungen des europarechtlichen Kartellverbotes (Art. 81 EGV) standhalten können[272]. Kritisiert wurde das Nebeneinander von gesetzlichen und vertraglichen Ansprüchen[273] und das Fehlen rechtlicher Anhaltspunkte für die Bestimmung der Angemessenheit.[274] Die geplante Rückwirkung der Regelungen auf Altverträge wurde als Verstoß gegen das Rückwirkungsverbot angesehen.[275]

---

266 Dietz, AfP 2001, S. 261ff; ders., ZUM 2001, S. 276 ff.; Hucko, ZUM 2001, S.273 ff.; Katzenberger, AfP 2001, S. 265 ff.; Reber, ZUM 2000, S. 729 ff.; ders., ZUM 2001, S. 282 ff.; Schimmel, ZUM 2001, S. 289 ff.; Spautz, ZUM 2001, S. 317 ff.; v. Olenhusen ZUM 2000, S. 736 ff.; Wandtke, K&R 2001, S. 601 ff.; Kreile, ZUM 2001, S. 300 ff.; Ory, ZUM 2001, S. 195 ff.; Poll, ZUM 2001, S. 306 ff.;

267 Dörr/ Schiedermaier/ Haus, K&R 2001, S. 608 ff.; Flechsig, ZUM 2000, S. 484 ff.; ders. ZRP 2000, S. 529 ff.; Flechsig/ Hendricks, ZUM 2000, S. 721 ff.; dies., ZUM 2002, S. 423 ff.; Geulen/Klinger, ZUM 2000, S. 891 ff.; Gounalakis/Heinze/Dörr, Urhebervertragsrecht; Heinze, K&R 2002, S. 1 ff.; Hummel, ZUM 2001, S. 660 ff.; v. Olenhusen/ Steyert, ZRP 2000, S. 526 ff.; Rietgen, JZ 2002, S. 114 ff.; Schack, ZUM 2001, S. 453 ff.; Schaefer, ZUM 2001, S. 315 ff.; Stickelbrock ,GRUR 2001, S. 1087 ff.; Thüsing, GRUR 2002, S. 203 ff.; Weber, ZUM 2001, S. 311 ff.

268 Weber, ZUM 2001, S. 311, 312; Flechsig, ZUM 2000, S. 484, 485; Hummel, ZUM 2000, S. 660, 661; Schack ZUM 2001, S. 453, 454;

269 Kreile, ZUM 2001, 300 ff.; Poll, ZUM 2001, 306;

270 Geulen/Klinger ZUM 2000, S. 897;891; Heinze, K&R 2002, S. 1, 3; Ritgen JZ 2002, S. 114, 118; Schack ZUM 2001, S. 454, 458; Stickelbrock, GRUR 2001, S. 1087, 1091; Thüsing, GRUR 2002, S. 203, 206.

271 Weber, ZUM 2001, S. 311, 313; Flechsig, ZUM 2000, S. 484, 493; Heinze, K&R 2002, S. 1, 2; Schack ZUM 2001, S. 454, 463, Stickelbrock, GRUR 2001, S. 1087, 1092; Thüsing, GRUR 2002, S. 203, 205.

272 Gounalakis/Heinze/Dörr, S. 157 f.; Dörr/Haus, K&R 2001, 608,616; a.A. Schlink/Poscher S. 35.

273 Weber, ZUM 2001, 311, 313.

274 Flechsig, ZUM 2000, 484, 484; Heinze, K&R 2002, 1, 2; Stickelbrock, GRUR 2001, 1087, 1093;

275 Weber, ZUM 2001, 311, 314; Heinze, K&R 2002, 1, 6;

Neben der Kritik gab es auch Vorschläge, wie das Urhebervertragsrecht mit weniger einschneidenden Veränderungen reformiert werden könnte. Diese Vorschläge liefen auf eine partielle Änderung bestehender Vorschriften hinaus. Anstelle des gesetzlichen Vergütungsanspruchs sollte ein verbesserter Bestsellerparagraf eingeführt werden. Dabei sollte klargestellt werden, dass es auf die Unerwartetheit des Missverhältnisses nicht ankomme. Damit wäre der Anspruch nicht mehr als Sonderfall der Lehre vom Wegfall der Geschäftsgrundlage zu behandeln.[276] Schack schlug darüber hinaus vor, die Rechtsfolge nicht auf die Anhebung zu beschränken, die das grobe Missverhältnis gerade so vermeidet. Vielmehr sollte dem Urheber eine angemessene Beteiligung an den Erträgnissen sichergestellt werden.[277] Weiter sollte der Schutz von § 36 UrhG a.F. auch auf Altverträge, Filmurheber und ausübende Künstler erstreckt werden.[278]

Eine konkret formulierte Alternative zum geplanten gesetzlichen Vergütungsanspruch enthielt der Vorschlag aus der Medienwirtschaft für ein neues Urhebervertragsrecht vom 21.04.2001.[279] Er sah eine Änderung des bestehenden Bestsellerparagrafen vor. Der Vorschlag nahm eine Reihe der Kritikpunkte auf, die bereits im Vorfeld der Reformdiskussion die Schwäche des Bestsellerparagrafen kennzeichneten. Zunächst sollte die Hürde des groben Missverhältnisses abgesenkt werden. Anstelle eines groben Missverhältnisses wurde ein auffälliges Missverhältnis gesetzt. Die Verjährungsfrist sollte im Vergleich zur bisherigen Regelung auf drei Jahre verlängert werden.[280] Dem Urheber sollte in Anlehnung zu § 144 PatG ein Wahlrecht beim Gerichtsstand zukommen.[281] Tarifvertraglichen und nach AGB bestimmten Vergütungen sollte eine widerlegliche Angemessenheitsvermutung zukommen. Auf diese Weise sollten auch AGB der Kontrolle über § 36 UrhG zugänglich werden.[282]

---

276 Gounalakis/Heinze/Dörr, Urhebervertragsrecht, S. 13, 88; Schack, ZUM 2001, S. 453, 460; Stickelbrock, GRUR 2001, S. 1087, 1094; Ory, ZUM 2001, S. 195, 199.; Flechsig, ZUM 2000, 484, 491; Schack, ZUM 2001, 454, 460.

277 Schack, ZUM 2001, S. 453, 460.

278 Schack, ZUM 2001, S. 453, 460.

279 Text und Begründung abgedruckt als Anhang bei Gounalakis/Heinze/Dörr, Urhebervertragsrecht.

280 In Anlehnung an einen Vorschlag der Enquete-Kommission „Zukunft der Medien in Wirtschaft und Gesellschaft - Deutschlands Weg in die Informationsgesellschaft", BT- Drucks. BT 13/8110 S. 19.

281 Damit wurde eine von Gerstenberg (GRUR 1974, S. 1974, S. 591) offengelegte Schwäche des bisherigen Bestsellerparagrafen aufgegriffen.

282 Weiterhin sollte der Anspruch auf Nachbesserung nicht nur im Primärverhältnis zwischen Urheber und Verwerter gelten, sondern auch in der Verwerterkette in den Vertragsverhältnissen zwischen den Verwertern. Damit ging der Entwurf über eine Regelung des primären Urhebervertragsverhältnisses jedoch hinaus.

### *d) Weiteres Gesetzgebungsverfahren*

### aa) Beteiligung des Bundesrates und Sachverständigenanhörung

Der Bundesrat gab in seinem Beschluss vom 13.07.2001 in einer Stellungnahme seine Bedenken gegen den Regierungsentwurf kund und formulierte dies als eine „Prüfbitte".[283] Bedenken äußerte der Bundesrat insbesondere gegen das Nebeneinander von vertraglichen und gesetzlichen Vergütungsansprüchen sowie gegen die Unbestimmtheit des Begriffs „angemessen".[284] In der Gegenäußerung der Bundesregierung[285] wurde eine Klärung des Begriffes der Angemessenheit im Gesetzestext in Aussicht gestellt. Da diese Definition einen Bezugszeitpunkt zum Zeitpunkt des Vertragsschlusses enthalten sollte, würde sich zusätzlich empfehlen, in einer ex-post Betrachtung bei Ausnahmefällen einen Fairnessausgleich in Form eines modifizierten Bestsellerparagrafen einzufügen.[286] Gleichzeitig wurde der Regierungsentwurf von der Bundesregierung unverändert im Bundestag eingebracht.[287]

In einer Sachverständigenanhörung vor dem Rechtsausschuss und dem Ausschuss für Kultur und Medien am 21.10.2001 wurden die kontroversen Auffassungen noch einmal vorgetragen.[288]

### bb) Formulierungshilfen vom 19.11.2001

Mit sogenannten Formulierungshilfen des Bundesministeriums der Justiz an die Abgeordneten vom 19.11.2001 reagierte die Bundesregierung auf die Bedenken und änderte den Regierungsentwurf. Im geänderten Entwurf nahm man Abstand vom gesetzlichen Anspruch auf angemessene Vergütung. Ausgangspunkt des neuen § 32 UrhG sollte vielmehr der vertragliche Anspruch sein. Dem Urheber sollte aber ein Anspruch auf Vertragsanpassung zustehen, wenn die vereinbarte Vergütung zum Zeitpunkt des Vertragsschlusses nicht angemessen ist. Als Maßstab für die Angemessenheitsbestimmung war die redliche Branchenübung vorgesehen. Eine Vergütung, die nach gemeinsamen Vergütungsregeln ermittelt wurde, sollte unwiderlegbar als angemessen vermutet werden.

---

[283] BT-Drucks. 14/7564, Anhang 2.
[284] BT-Drucks. 14/7564, S. 6, 7.
[285] BT-Drucks. 14/7564, Anhang 3.
[286] BT-Drucks. 14/7564, S. 11.
[287] BT-Drucks. 14/7564, Anhang 1.
[288] Protokoll abrufbar unter http://www.bundestag.de/gremien/a23/14_61.pdf (Stand: 30.04.2005).

Um die angemessene Urhebervergütung bei besonders erfolgreicher Werkauswertung auch im Laufe der Vertragslaufzeit sicherzustellen, war für Ausnahmefälle wieder ein Bestsellerparagraf in den Entwurf eingefügt. Unter Hinweis auf den Vorschlag der Medienwirtschaft sollte dieser zum § 36 UrhG a.F. modifiziert werden. Die Regelung war wie folgt vorgesehen:

§ 32 a Weitere Beteiligung des Urhebers (neu)

(1) Stehen die aus der Verwertung des Werkes erzielten Erträge oder Vorteile in einem auffälligen Missverhältnis zu der dem Urheber zustehenden Gegenleistung, so kann der Urheber von seinem Vertragspartner die Einwilligung in die Änderung des Vertrages verlangen, die ihm eine nach Würdigung aller Umstände billige Beteiligung oder weitere Vergütung gewährt. Ob die Vertragspartner die Höhe der erzielten Erträge oder Vorteile vorhergesehen haben oder hätten vorsehen können, ist unerheblich.

(2) Auf den Anspruch kann im voraus nicht verzichtet werden. Die Anwartschaft hierauf unterliegt nicht der Zwangsvollstreckung; eine Verfügung über die Anwartschaft ist unwirksam.

(3) Der Anspruch nach Absatz 1 ist ausgeschlossen, wenn die Vergütung nach einer gemeinsamen Vergütungsregel (§ 36), tarifvertraglich oder auf gesetzlicher Grundlage ermittelt worden ist und ausdrücklich eine weitere Beteiligung für den Fall des Absatzes 1 vorsieht.

Die Regelung wurde als Fairnessausgleich bezeichnet, die nach Vertragsschluss zur Korrektur des Vertrages führt und dabei an die tatsächliche Nutzung des Werkes anknüpft.[289] Wesentliche inhaltliche Änderungen waren die Absenkung der Schwelle vom groben zum auffälligen Missverhältnis und die Klarstellung, dass es auf die Vorhersehbarkeit der Erträge nicht ankommt. Der Anpassungsanspruch sollte gegen den Vertragspartner gerichtet bleiben. Der Vertragspartner des Urhebers sollte sich bei Weiterübertragung der Nutzungsrechte mit dem Lizenznehmer über mögliche Rückgriffsrechte einigen.[290] Neu war die Möglichkeit,

---

[289] Formulierungshilfen vom 19.11.2001, S. 18; Beschlussempfehlung und Bericht des Rechtsausschusses, BT-Drucks. 14/8058, S. 19.

[290] Formulierungshilfen vom 19.11.2001, S. 19.

den Bestsellerfall schon im vorab zu regeln (§ 32a Abs. 3). Damit sollte Rechtssicherheit für die Nutzung erfolgreicher Werke geschaffen werden.[291]

In den Formulierungshilfen war zudem eine Veränderung des Konfliktverfahrens vorgesehen. Statt einer Schiedsstelle sollten nunmehr eine Schlichtungsstelle nach dem Modell der §§ 76, 77 BetrVG eingeschaltet werden.[292]

### cc) Formulierungshilfen vom 14.01.2002

Diese Änderungen wurden durch weitere Formulierungshilfen vom 14.01.2002 erneut modifiziert.[293] Die Änderungen betrafen insbesondere § 32a des Entwurfes. Der Wortlaut des § 32a Abs. 1 wurde mit kleinen Veränderungen an den alten Bestsellerparagrafen (§ 36 UrhG a.F.) angepasst und erhielt die heute gültige Fassung. Die alte Grundstruktur sollte es ermöglichen, auf die bereits vorhandene Rechtssprechung und Literatur zurückzugreifen.[294]

Neu eingefügt wurde Absatz 2 zur Regelung der Verhältnisse in Verwertungsketten.

> (2) Hat der andere das Nutzungsrecht übertragen oder weitere Nutzungsrechte eingeräumt und einen Anspruch nach Absatz 1 für Erträge oder Vorteile erfüllt, die ein Dritter gezogen hat, so kann er von seinem Vertragspartner die Einwilligung in die Veränderung des Vertrages verlangen, durch die ihm eine den Umständen nach billige Erstattung gewährt wird. Satz 1 findet für weitere Übertragungen oder Einräumungen von Nutzungsrechten entsprechende Anwendung.

Damit sollte der „Sandwichposition" der Verwerter Rechnung getragen werden, die einerseits Vertragspartner des Urhebers sind, andererseits aber Medienunternehmen gegenüberstehen, die das Werk letztlich nutzen. Mit diesem gesetzlichen Rückgriffsanspruch sollten zugleich die Interessen der Urheber berücksichtigt werden, weil die Kosten der Beteiligung von demjenigen Verwerter zu tragen seien, der die Erträge und Vorteile erzielt.[295] Die im Entwurf als Absatz 3 vorge-

---

291 Formulierungshilfen vom 19.11.2001, S. 19.
292 Formulierungshilfen vom 19.11.2001, S. 20 (mit dem Hinweis, dass dies auf Wunsch der Urheber- und Verwerterverbände geschehen sei).
293 Formulierungshilfen vom 14.01.2002, S. 19.
294 Formulierungshilfen vom 14.01.2002, S. 19.
295 Formulierungshilfen vom 14.01.2002, S. 20.

sehene Vorabregelung in Kollektivverträgen wird nunmehr Absatz 4 und erhält die jetzt gültige Fassung. Inhaltlich entfällt der Bezug auf eine gesetzliche Grundlage.

Gegen diese, kurz vor der letzten Lesung im Bundestag vorgenommenen Änderungen, gab es noch Kritik aus Verwerterkreisen.[296] Die Regelung von Absatz 2 RegE., wonach der Vertragspartner des Urhebers primär für die Bestsellervergütung haftet, bürde den Verwertern ein völliges unübersehbares Risiko auf. Insbesondere bei Insolvenz eines Verwerters in der Kette oder bei Verwertern aus dem Ausland sei der Rückgriff für die Verwerter völlig unsicher. Eine derartige Verschärfung des Bestsellerparagrafen neben den neuen Instrumentarien von §§ 11 und 32 RegE. sei aber unverhältnismäßig und daher verfassungswidrig.[297]

### dd) Änderungsvorschlag vom 23.01.2002

Am 23.01.2002, dem letzten Beratungstag im Rechtsausschuss, wurden den Berichterstattern der Fraktionen weitere Änderungen vorgeschlagen. Die Regelung zu § 32a Abs. 2 Regierungsentwurf wurde inhaltlich erneut geändert und erhielt die jetzt gültigen Fassung. Statt einer Rückgriffsregelung zwischen den einzelnen Verwertern wurde eine Durchgriffsregelung geschaffen, die sich an der bereits zu § 36 UrhG a.F. herrschenden Auffassung orientierte. Haften soll derjenige, bei dem das auffällige Missverhältnis entsteht.[298]

Veränderungen erfuhren auch die Regelungen über das Zustandekommen gemeinsamer Vergütungsregeln in § 36 des Entwurfes. Durch eine Änderung in Absatz 4 ist es nunmehr auch Verbänden von Werknutzern nicht mehr möglich, das Schlichtungsverfahren abzulehnen. Dafür wurde das Verfahren vor dem zuständigen OLG gestrichen. Scheitern die Schlichtungsverhandlungen, fehlt es an gemeinsamen Vergütungsregelungen. In der Begründung wird auf die Kritik der

---

[296] Gemeinsame Stellungnahme von Verwerterverbänden zum Stand des Gesetzgebungsverfahrens unter Berücksichtigung der neuen Formulierungshilfen aus dem Bundesministerium der Justiz vom 17.01.2002 (die Stellungnahme wurde für folgende Verbände abgegeben: Bundesverband Deutscher Zeitungsverleger e.V.; Verband Deutscher Zeitungsverleger e.V., Börsenverein des Deutschen Buchhandels e.V., Verband Privater Rundfunk und Telekommunikation e.V., Arbeitsgemeinschaft Privater Rundfunk sowie für die ARD und das ZDF); Stellungnahme des Börsenvereins des deutschen Buchhandels vom 21.01.2002 zur Formulierungshilfe vom 14.01.2002; beide veröffentlicht unter: www.urheberrecht.org/UrhGE-2000 (Stand:30.04.2005)

[297] Gemeinsame Stellungnahme von Verwerterverbänden vom 17.01.2002, S. 4; Stellungnahme des Börsenvereins des deutschen Buchhandels vom 21.01.2002, S. 2.

[298] Änderungsantrag vom 23.01.2002 zur Formulierungshilfe vom 14.01.2002, bei Hucko, S. 170.

Zwangsschlichtung verwiesen, die sich nicht nur auf den einzelnen Werknutzer sondern mittelbar auch auf die Vereinigungen ausgewirkt hätte. Abgelehnte Schlichtungssprüche könnten aber mittelbare Wirkung in gerichtlichen Verfahren entfalten, da nunmehr zu ersehen sei, was die Schlichtungsstelle als angemessen ansieht.[299]

#### ee) Beschlussfassung

Am gleichen Tag fanden die Beratungen des Rechtsausschusses statt, auf denen letztlich der mehrfach geänderte Entwurf der Bundesregierung beschlossen wurde. Das Gesetz wurde am 25.01.2002 vom Bundestag mehrheitlich beschlossen (5 Gegenstimmen und 2 Enthaltungen). Der Bundesrat stimmte dem Gesetz am 01.03.2002 zu. Das Gesetz trat nach der Verkündung im Bundesgesetzblatt[300] zum 01.07.2002 in Kraft.

## II. Struktur der Vergütungsregelungen

Der Gesetzgeber hat zwei Instrumente im Gesetz installiert, um die vertragliche Stellung der Kreativen zu verbessern. Zum einen handelt es sich um zwei Ansprüche, mit denen die Korrektur der vertraglich vereinbarten Vergütung erreicht werden kann (§§ 32, 32a UrhG). Zum anderen ist es das Instrument der Kollektivregeln (§ 36 UrhG), deren Wirkung mit den Korrekturansprüchen verzahnt wird.

### 1. Ansprüche aus § 32 UrhG

#### *a) Tatbestand und Rechtsfolge*

§ 32 Abs. 1 Satz 1 UrhG stellt klar, dass dem Urheber die vertraglich vereinbarte Vergütung zusteht. Ist die Höhe der Vergütung nicht ausdrücklich vereinbart, wird über § 32 Abs. 1 Satz 2 UrhG eine angemessene Vergütung als vereinbart fingiert.[301] Die Regelung knüpft systematisch an vergleichbare Regelungen wie § 22 Abs. 2 VerlG oder §§ 612 Abs. 2, 632 Abs. 2 BGB an.[302] Im Streitfall kann der Kreative unmittelbar auf Zahlung einer angemessenen Vergütung klagen.[303]

---

[299] Änderungsantrag vom 23.01.2002, bei Hucko, S. 170 f.

[300] BGBl. I vom 23.03.2002, S. 1155 ff.

[301] Dreier/Schulze/Schulze, § 32 Rdn. 24.

[302] Bei den Vorschriften des BGB ist allerdings eine übliche Vergütung gemeint (Schack, GRUR 2002, S. 658 f.).

[303] Dreier/Schulze/Schulze, § 32 Rdn. 24; Schricker, Quellen, S. 19.

Gibt es eine Vereinbarung über die Höhe der Vergütung, ist die Höhe zum maßgeblichen Zeitpunkt aber als unangemessen zu beurteilen, dann steht dem Kreativen nach § 32 Abs. 1 Satz 3 UrhG ein Korrekturanspruch zu. Durch die Korrektur des Vertrages soll die vertragliche Vergütung auf eine angemessene Vergütung angehoben werden.[304]

Zu unterscheiden sind der vertragliche Vergütungsanspruch, der Korrekturanspruch und der Anspruch aus dem korrigierten Vertrag. Dem Kreativen steht zunächst ein Anspruch auf Zahlung der vertraglich vereinbarten Vergütung zu. Seine Fälligkeit bestimmt sich nach den vertraglichen Abreden. Im Zweifel ist der Anspruch sofort fällig (§ 271 BGB). An den vertraglichen Vergütungsanspruch knüpft der Korrekturanspruch des § 32 Abs. 1 Satz 3 UrhG an. Der entsteht ebenfalls zum Zeitpunkt des Vertragsschlusses[305], da er nicht von der tatsächlichen Nutzungshandlung abhängig ist.[306] Dies übersieht eine Auffassung, wonach der Anspruch von einer konkreten Nutzungshandlung abhängig sei.[307] Der ursprünglich geschlossene Vertrag bleibt als einheitliches Schuldverhältnis erhalten. Änderung erfährt allein der Vergütungsanspruch, der erhöht wird.[308] Der Anspruch auf erhöhte Zahlung entsteht aber erst, wenn der Vertrag geändert ist.[309] Prozessual können beide Ansprüche miteinander verbunden werden. In Anlehnung an § 313 BGB kann der Kreative direkt auf Zahlung klagen.[310]

---

304 Durch § 32 Abs. 1 Satz 1 UrhG wird klar, dass eine Vergütung, die höher als die angemessene Vergütung ist, nicht nach Satz 3 korrigiert werden kann. Der Verwerter kann über diese Norm keine Korrektur des Vertrages erreichen.

305 Loewenheim/v. Becker, § 29 Rdn. 59; Nordemann, § 32 Rdn. 58; Berger, Rdn. 98. A.A. Wandtke/Bullinger/Wandtke/Grunert, § 32 Rdn. 21, die aber von einem immer wieder neu entstehenden Anspruch ausgehen. Die Begründung dafür liegt wohl in der von diesen Autoren vertretenen eingeschränkten ex-ante-Betrachtung (siehe oben). Im Ergebnis auch Dreier/Schulze/Schulze, § 32 Rdn. 89.

306 Berger, Rdn. 98.

307 Dreier/Schulze/Schulze, § 32 Rdn. 89: Der Verweis auf Nordemann (§ 32 Rdn. 57) ist missverständlich, da dieser diese Aussage lediglich für die Verjährung des Anspruchs nach § 32 Abs. 1 Satz 2 UrhG getroffen hat.

308 Berger, Rdn. 87, 93.

309 Berger, Rdn. 92, Schricker, Quellen, S. 16.

310 Wandtke/Bullinger/Wandtke/Grunert, § 32 Rdn. 18; Berger, Rdn. 105. Dies entspricht auch den Intentionen des Gesetzgebers (Bericht des Rechtsausschusses BT-Drucks. 14/8058, S. 19). Die Begründung verweist aber zu Unrecht auf eine Entscheidung des BGH. Der Entscheidung BGHZ 150, S. 63 („Horoskop-Kalender“) ist eine solche Aussage nicht zu entnehmen. Der BGH entschied dort über eine verbundene Klage. Zu § 313 BGB wird aber heute vertreten, dass der Gläubiger des Anspruchs nicht erst auf Einwilligung, sondern gleich auf die nach dem geänderten Vertragsinhalt geschuldete Leistung klagen kann (Palandt/Heinrichs, § 313 Rdn. 29).

Konsequenterweise wird der Anspruch unabdingbar ausgestaltet. Anderenfalls könnte der schwächere Vertragspartner seine Ansprüche kaum durchsetzen, wenn der vergütungssichernde Anspruch selbst vertraglich abdingbar wäre.[311] Deshalb sieht § 32 Abs. 3 UrhG die Unwirksamkeit abweichender Vereinbarungen oder von Umgehungsgeschäften vor. Auf derartige Vereinbarungen kann sich der Verwerter nicht berufen. Damit greift der Gesetzgeber auf das Regelungsmodell der §§ 444, 475, 478, 639 BGB zurück. So wird erreicht, dass lediglich die Vergütungsregelung unwirksam wird, der Vertrag im Übrigen aber bestehen bleibt.[312]

### *b) Prinzip der Angemessenheitsprüfung*

Sowohl der Anspruch nach § 32 Abs. 1 Satz 2 UrhG als auch der Korrekturanspruch § 32 Abs. 1 Satz 3 UrhG sind auf eine angemessene Vergütung gerichtet. Die Ermittlung der Angemessenheit obliegt im Streitfall dem Gericht. Das Gesetz räumt kollektivvertraglichen Vergütungsbestimmungen einen Vorrang ein. Diese Vergütungen gelten als angemessen. Für Vergütungsbestimmungen aus gemeinsamen Vergütungsregeln (§ 36 UrhG) ergibt sich dies aus § 32 Abs. 2 Satz 1 UrhG. Die Angemessenheit derartiger Vergütungen wird unwiderleglich vermutet.[313] Der Korrekturanspruch nach § 32 Abs. 1 Satz 3 UrhG entfällt auch dann, wenn die Vergütung tarifvertraglich bestimmt ist.

Fehlt es an einer kollektivvertraglichen Vereinbarung, muss das Gericht die Angemessenheit der Vergütung selbst bestimmen. Anhaltspunkte für die Bestimmung gibt das Gesetz durch § 32 Abs. 2 Satz 2 UrhG. Danach ist eine Vergütung angemessen, wenn sie zum Zeitpunkt des Vertragsschlusses dem entspricht, was im Geschäftsverkehr üblicher- und redlicherweise zu leisten ist. Der Gesetzgeber gibt hier ein differenziertes Prüfprogramm vor. Zunächst ist die übliche Vergütung zu ermitteln. Üblich ist eine Vergütung, die für gleichartige und gleichwertige Nutzungsrechte auf dem einschlägigen Markt vereinbart zu werden pflegt.[314] Zu bestimmen ist somit die Branchenübung.[315] Die Üblichkeit einer so festgestellten Vergütung soll aber noch durch das Kriterium der Redlichkeit ergänzt werden. Es handelt sich um ein Wertungskriterium, dem eine Abwägung der Interessenlage von Kreativen und Verwertern zu Grunde liegt.[316] Mit diesem Merkmal will der Gesetzgeber verhindern, dass sich Branchenübungen durchsetzen, die gerade auf der Ausnutzung der strukturellen Unterlegenheit der

---

311 Dreier/Schulze/Schulze, § 32 Rdn. 75.
312 Beschlussempfehlung und Bericht, BT-Drucks. 14/8058, S. 32.
313 Dreier/Schulze/Schulze, § 32 Rdn. 31; Haas, Rdn. 166.
314 Haas, Rdn. 146.
315 Wandtke/Bullinger/Wandtke/Grunert, § 32 Rdn. 27; Dreier/Schulze/Schulze, § 32 Rdn. 50.
316 Beschlussempfehlung und Bericht des Rechtsausschusses, BT-Drucks. 14/8058, S. 18.

Kreativen beruhen.[317] Nur eine Branchenübung, die auch redlich ist, kann zur Angemessenheitsbestimmung herangezogen werden. Beruht die Branchenübung auf einer unredlichen Praxis, so ist die angemessene Vergütung durch das Gericht im Wege des billigen Ermessens festzulegen.[318]

## 2. Ansprüche aus § 32a UrhG

Voraussetzungen und Rechtsfolgen der Norm werden in diesem Teil noch ausführlich dargestellt. Zum besseren Verständnis der Normsystematik wird der Normgehalt daher nur kurz umrissen.

§ 32a Abs. 1 UrhG gibt den Kreativen neben § 32 Abs. 1 Satz 3 UrhG einen weiteren Anspruch auf Korrektur des bestehenden Vertrages.[319] Der Anspruch entsteht, wenn ein auffälliges Missverhältnis zwischen der vereinbarten Vergütung und einer gedachten angemessenen Vergütung besteht, die bei Berücksichtigung der tatsächlich gezogenen Erträge und Vorteile aus der Werknutzung zu ermitteln ist.

§ 32a UrhG knüpft an die vorher bestehende Regelung des § 36 UrhG a.F. an. Dies wird durch den gleichen strukturellen Aufbau der Norm zum Ausdruck gebracht.[320] Änderungen wurden bei den Tatbestandsvoraussetzungen vorgenommen. Der Anspruch entsteht nunmehr bereits beim Vorliegen eines auffallenden und nicht erst bei einem groben Missverhältnis. Neu eingefügt wurde § 32a Abs. 1 Satz 2 UrhG. Danach kommt es auf die Vorhersehbarkeit der Erträge und Vorteile nicht an. Eine Klarstellung erfolgt auch durch § 32a Abs. 2 UrhG. Sind in einer Verwertungskette die Erträge oder Vorteile bei einem Dritten entstanden, so stehen dem Kreativen die Ansprüche gegen den Dritten zu.

Durch § 32a Abs. 3 UrhG wird ausgeschlossen, dass Kreative wirksam auf die Ansprüche nach § 32a UrhG im voraus verzichten können. In einem Nutzungsvertrag können die Ansprüche somit nicht ausgeschlossen werden.[321] Dagegen

---

[317] Wandtke/Bullinger/Wandtke/Grunert, § 32 Rdn. 30. Der Gesetzgeber nennt als Beispiel unredlicher Branchenpraxis explizit die Vergütung der litarischen Übersetzer (Beschlussempfehlung und Bericht des Rechtsausschusses, BT-Drucks. 14/8058, S. 18).

[318] Beschlussempfehlung und Bericht des Rechtsausschusses, BT-Drucks. 14/8058, S. 18.

[319] Im einzelnen ist es strittig, ob der Anspruch ein Vertragskorrekturanspruch ist oder ob es sich um einen direkten Zahlungsanspruch handelt. Dazu unten Teil 3/ B/ III, S. 222)

[320] Bericht und Beschlussempfehlung des Rechtsausschusses BT-Drucks. 14/8058, S. 19.

[321] Hagen, S. 163.

können die Zahlungsansprüche, die nach erfolgter Vertragsänderung entstanden sind, übertragen werden.[322]

### 3. Verzahnung zwischen Korrekturansprüchen und Kollektivvereinbarungen

Beide Korrekturregelungen sollen dem Kreativen eine angemessene Vergütung während der gesamten Vertragslaufzeit sichern. Mit der zweiten Säule der Reform soll der Vertragsschluss auf kollektiver Ebene gefördert werden. Dem liegt die Vorstellung zugrunde, dass die gestörte Vertragsparität bei Kollektivverträgen ausgeglichen wird, da sich hier die Verhandlungspartner in Augenhöhe gegenüberstehen. Ausdruck findet dies in § 36 f. UrhG, der kollektive Vertragsschlüsse auch für und mit Verbänden freier Kreativer in Form gemeinsamer Vergütungsregeln zulässt. Damit geht das Gesetz über das System der Tarifverträge für Arbeitnehmer und arbeitnehmerähnliche Personen hinaus.

Ihre wesentliche Bedeutung erhalten solche kollektiven Vereinbarungen aber erst dadurch, dass die dort vereinbarten Vergütungen als angemessen gelten. Dies ergibt sich für gemeinsame Vergütungsregelungen aus § 32 Abs. 2 Satz 1 UrhG und für Tarifverträge aus § 32 Abs. 4 UrhG. Die Kreativen, deren Vergütung nach solchen Kollektivvereinbarungen bestimmt ist, können den Korrekturanspruch nicht geltend machen. Auf Seiten der Verwerter entsteht damit Rechts- und Planungssicherheit. Nach den Vorstellungen des Gesetzgebers ist damit aber auch den Kreativen gedient, denn sie können auf Vertragsabschlüsse bauen, die durch annähernd gleiche Verhandlungsmacht zustande gekommen sind.[323]

Für den Bestsellerfall ist in § 32a Abs. 4 UrhG ebenfalls eine solche Regelung eingefügt worden. Haben die Parteien der Kollektivvereinbarungen neben der Vergütung auch für den Bestsellerfall eine weitere Vergütung vorgesehen, so soll der Korrekturanspruch nach 32a Abs. 1 UrhG ausgeschlossen sein. In der Gesetzesbegründung heißt es dazu, dass diese Regelung es den Beteiligten erlaubt, den wirtschaftlichen Erfolg schon vorab zu regeln. Damit soll Rechtssicherheit für die Nutzung erfolgreicher Werke geschaffen werden.[324]

---

[322] Wandtke/Bullinger/Wandtke/Grunert, § 32a Rdn. 32; Schricker/Schricker, § 36 Rdn. 13; Hagen, S. 164

[323] Beschlussempfehlung und Bericht des Rechtsausschusses, BT-Drucks. 14/8058, S. 1.

[324] Beschlussempfehlung und Bericht des Rechtsausschusses, BT-Drucks. 14/8058, S. 20.

## III. Vereinbarkeit von § 32a UrhG mit der Vertragsfreiheit

Mit der Frage nach der Angemessenheit der Vergütung stellt sich die Frage nach dem Verhältnis von Leistung und Gegenleistung. Leistung und Gegenleistung sollen in einem ausgewogenen Verhältnis stehen. Das auf dem Grundsatz der Vertragsfreiheit beruhende Zivilrechtssystem geht grundsätzlich davon aus, dass die Vertragsparteien diese Ausgewogenheit am besten bestimmen können. Von ihren Interessen hängt es ab, ob und zu welchen Bedingungen ein Vertrag zustande kommt. Dieser gemeinsame Interessenausgleich äußert sich auch in der Preisfindung.[325] Das Ergebnis dieses Prozesses wird daher grundsätzlich von der Rechtsordnung akzeptiert. Die Bestimmung eines gerechten Preises (iustum praetium) durch außenstehende Dritte wird von der Rechtsordnung vermieden.[326]

Mit dem Nachforderungsrecht in § 32a UrhG bringt der Gesetzgeber aber zum Ausdruck, dass das erzielte Ergebnis der Vertragsparteien ab einem bestimmten Punkt nicht mehr als angemessen angesehen werden kann und zum Eingriff in die Vertragsbeziehung berechtigt. Gelingt es den Vertragsparteien nicht selbst, eine Regelung für den Bestsellerfall zu finden, ist es Aufgabe der Gerichte das Vertragsverhältnis zu korrigieren.

Dieser Umstand führte in der Diskussion um die Einführung des § 36 UrhG a.F. zu einem Streit darüber, ob die Regelung nicht einen ungerechtfertigten Eingriff in die grundgesetzlich geschützte Vertragsfreiheit (Art. 2 Abs. 1 GG) der Verwerter darstelle.[327]

Ein Eingriff in die verfassungsrechtlich geschützte Vertragsfreiheit (Art. 2 Abs. 1 GG)[328] liegt immer dann vor, wenn hoheitliche Vorgaben auf den Vertragsabschluss oder die inhaltliche Gestaltung von Verträgen Privater einwirken. Eingriffscharakter haben aber auch staatliche Maßnahmen, die nachträglich den Bestand des vertraglich Vereinbarten in Frage stellen.[329] Durch die gesetzliche

---

[325] Schack, ZUM 2001, S. 453, 459.

[326] Schack, ZUM 2001, S. 453, 459; Stickelbrock, GRUR 2001, S. 1087, 1094.

[327] Reichel, BBl.1963, S. 2319; dazu ausführlich Hagen, S. 25 ff.

[328] Ursprünglich fasste das Bundesverfassungsgericht die Vertragsfreiheit ausschließlich unter Art. 2 Abs. 1 GG. Nunmehr wird bei bestehendem Bezug zu spezifischeren Freiheitsrechten, die ebenfalls Ausdruck der freien Persönlichkeitsentfaltung sind, im Einzelfall auch die Vertragsfreiheit als Ausdruck dieser Grundrechte verstanden (Art. 12 GG und Art. 14 GG). So BVerfGE 81, 242, 252 (Handelsvertreter); Dreier/Dreier Art. 2 I GG, Rd. 21. Da das Gesetz nicht ausschließlich auf Personen zugeschnitten ist, die die Verwertung beruflich ausüben, kann auf den Prüfungsmaßstab des Art. 2 Abs. 1 GG als Auffanggrundrecht zurückgegriffen werden (Gounalakis in Gounalakis/Heinze/Dörr, S. 1, 41).

[329] Maunz/Dürig/Di Fabio, Art. 2 GG, Rdn. 102.

Regelung des § 32a UrhG werden dem Vertragspartner keine Beschränkungen im Hinblick auf das Ob und den Inhalt der vertraglichen Regelung gemacht. Insbesondere bleibt die Preisbestimmung den Vertragsparteien überlassen. Die Regelung erlaubt es jedoch, dass die vertragliche Vereinbarung nachträglich einer gerichtlichen Kontrolle zugänglich gemacht und die vereinbarte Gegenleistung als unzureichend in Frage gestellt werden kann. Gleichzeitig wird dem Gericht die Aufgabe zuteil, den Inhalt des Vertrages zu korrigieren. § 32a UrhG greift somit in die Vertragsfreiheit der Parteien ein.

Der Eingriff ist aber verfassungsrechtlich gerechtfertigt. Die Regelung verstößt somit nicht gegen die Verfassung.[330] Da die Vertragsfreiheit keine ursprüngliche natürliche Freiheit verkörpert, bedarf dieses Recht der Ausgestaltung durch die Rechtsordnung.[331] Bei der Ausgestaltung des Rechts muss der Gesetzgeber gegenläufige Interessen zum Ausgleich bringen.[332] Zu berücksichtigen sind von ihm daher auch die verfassungsrechtlich geschützte Vertragsfreiheit (Art. 2 Abs. 1 GG) und die Eigentumsposition (Art. 14 GG) der Kreativen. Diesem Ausgleich dient die Regelung. Durch § 32a UrhG (§ 36 UrhG a.F.) sollte eine Regelung geschaffen werden, die bei einer unerwartet erfolgreichen Verwertung des Werkes dem Urheber eine angemessene Beteiligung sichert. Die Regelung sollte vor allem jungen, noch unbekannten Urhebern Schutz bieten, die ihre Werke aus wirtschaftlicher Not und rechtlicher Unerfahrenheit gegen geringe Vergütung zur Verwertung überlassen.[333] Daran knüpft auch die Zielstellung der Gesetzesnovelle an. Es war erklärtes Ziel der Reform, die Vertragsparität zwischen Urhebern und Verwertern wiederherzustellen[334] und somit eine angemessene Vergütung der Urheber und ausübenden Künstler sicherzustellen.[335]

Der Eingriff ist gemessen am Ziel zudem geeignet, erforderlich und verhältnismäßig. Die Regelungen des allgemeinen Zivilrechts waren ungeeignet, die spezifische Konfliktsituation der Urheberrechts ausreichend zu berücksichtigen.[336] Durch den Korrekturanspruch aus § 32a Abs. 1 UrhG kann dies jedoch erreicht werden. Die Regelung ist zudem verhältnismäßig im engeren Sinne, weil sie nicht bereits bei jeder Verschiebung des Gleichgewichts von Leistung und

---

330 Hagen, S. 32; Ritgen, JZ 2002, S. 114, 119 (Fn. 55).

331 Ritgen, JZ 2002, S. 114, 115; Hager, JZ 1994, S. 373 ff.; Canaris, AcP 184 (1984), S. 210 ff.; Jung, JZ 2001, S. 1004 ff.

332 BVerfGE 89, S. 214, 232 („Bürgschaft").

333 Amt. Begr. RegE. Haertel/Schiefler S. 192.

334 Begründung des RegE. BT-Drucks. 14/6433, S. 7.

335 Begründung des Regierungsentwurfes, BT-Drucks. 14/6433, S. 10.

336 Hagen, S. 16 ff.

Gegenleistung einen Eingriff erlaubt und zudem die gesamten Beziehungen der Vertragspartner bei der Bewertung des Missverhältnisses berücksichtigt.[337]

In der Diskussion um die Reform des Urhebervertragsrechts wurde die Verfassungsmäßigkeit der Regelung daher auch nicht mehr in Frage gestellt. Vielmehr wurde sie selbst bei den Kritikern der Reform als verfassungsrechtlich gerechtfertigte Alternative zu den Entwürfen eines gesetzlichen Vergütungsanspruchs gesehen.[338] In der Diskussion stand vor allem die Vereinbarkeit der Ansprüche aus § 32 UrhG mit der Vertragsfreiheit der Verwerter.[339] Inwieweit die Änderungen in § 32 UrhG im Laufe des Gesetzgebungsverfahrens zu einer Beseitigung der verfassungsrechtlichen Zweifel beigetragen haben, soll hier nicht untersucht werden. Selbst wenn man die Regelung des § 32 UrhG für verfassungswidrig hält, würde damit keine Entscheidung über die verfassungsrechtliche Unbedenklichkeit des § 32a UrhG fallen. Die Ansprüche entstehen und bestehen unabhängig voneinander.

## B Voraussetzungen des § 32a Abs. 4 UrhG

Die Rechtssicherheit kann ein Kollektivvertrag nur dann bieten, wenn die Voraussetzungen des § 32a Abs. 4 UrhG erfüllt werden.

### I. Eröffnung des Anwendungsbereichs von § 32a UrhG

Voraussetzung ist zunächst, dass der Anwendungsbereich des § 32a UrhG überhaupt eröffnet ist und somit Ansprüche aus § 32a Abs. 1 UrhG entstehen können. Wann der Anwendungsbereich des § 32a UrhG eröffnet ist, soll im Folgenden untersucht werden.

#### 1. Sachlicher Anwendungsbereich

##### *a) Geschützte Werke*

§ 32a Abs. 1 UrhG geht davon aus, dass das Missverhältnis durch Werknutzung entsteht. Die Norm ist für alle geschützten Werke und Werkarten (§ 2 Abs. 1 UrhG), auf Bearbeitungen (§ 3 UrhG), Sammel- und Datenbankwerke (§ 4 UrhG)

---

337 Hagen, S. 32.

338 So Gounalakis in Gounalakis/Heinze/Dörr, S. 1, 40 ff; Grzeszick, AfP, 2002, S. 383, 387; Weber, ZUM 2001, S. 311, 312; Schack, ZUM 2001, S. 453,460.

339 Dazu Gounalakis in Gounalakis/Heinze/Dörr, S. 1, 40 ff.; Schlink/Poschner, S. 36 ff.

sowie Computerprogramme (§ 69a Abs. 4 UrhG) anwendbar.[340] Hat der Vertragsgegenstand keinen Werkscharakter oder ist das Werk nach Ablauf der Schutzfrist nicht mehr geschützt (§§ 64 ff. UrhG), ist § 32a UrhG nicht mehr anwendbar.[341] Keine Anwendung findet daher § 32a UrhG auf Verträge nach § 39 VerlG[342] oder auf Vereinbarungen, bei denen die Vertragsparteien von einem geschützten Werk ausgehen, der Vertragsgegenstand jedoch den Anforderungen des § 2 Abs. 2 UrhG nicht entspricht.[343]

Den Filmurhebern (z.B. Regisseur, Kameramann) stand nach § 90 Satz 2 UrhG a.F. kein Nachforderungsrecht gemäß § 36 UrhG a.F. zu, während die Urheber vorbestehender Werke (z.B. Komponist der Filmmusik, Drehbuchautor) Nachforderungsansprüche geltend machen konnten. § 32a UrhG ist nach Streichung des § 90 Satz 2 UrhG auch für Urheber von Filmwerken anwendbar.[344]

### *b) Vertragstypen*

Dem Gesetz ist keine Beschränkung des Anspruchs bei bestimmten Vertragstypen zu entnehmen, so dass Nachforderungsansprüche auch bei Auftragswerken geltend gemacht werden können. Daher ist § 32a UrhG auch bei Bestellverträgen nach § 47 VerlG anwendbar.[345]

Die Anwendung des Bestsellerparagrafen für Bestellverträge wurde unter Geltung des § 36 UrhG a.F. vereinzelt abgelehnt.[346] Die Ansicht ging von der Annahme aus, § 90 Satz 2 UrhG (a.F.), der die Anwendung von § 36 UrhG (a.F) bei Filmwerken ausschloss, sei ein übertragbarer Grundgedanke zu entnehmen. § 90 Satz 2 UrhG (a.F) berücksichtige die besondere Risikoverteilung bei der Verwertung von Filmwerken und die fehlende Auswertungspflicht. Für den Filmbereich sei kennzeichnend, dass eine Vielzahl von Beteiligten in den Gesamtplan eingebunden sind und dass diese Vielzahl nicht die Werkverwertung in Frage stellen oder erschweren soll. Dieser Gedanke sei auch auf andere Verträge mit ähnlicher Struktur, z.B. den Bestellverträgen nach § 47 VerlG, übertragbar und daher bei der Anwendung des § 36 a.F. zu berücksichtigen.[347]

---

[340] Dreier/Schulze/Schulze, § 32a Rdn. 13.
[341] Dreier/Schulze/Schulze, § 32a Rdn. 13.
[342] Dreier/Schulze/Schulze, § 32a Rdn. 13; Schricker, VerlagsG, § 22 Rdn. 19a.
[343] LG Oldenburg, CR 1995, S. 39; Fromm/Nordemann/Hertin, § 36 Rdn. 2.
[344] Dreier/Schulze/Schulze, § 32a Rdn. 14; HK/Kotthoff, § 32a Rdn. 6.
[345] Wandtke/Bullinger/Wandtke/Grunert, § 32a, Rdn. 2; Dreier/Schulze/Schulze, § 32a, Rdn. 16; Haas, Rdn. 287.
[346] v.Gamm, WRP 1994, S. 677, 679.
[347] v.Gamm, WRP 1994, S. 677, 679.

Für eine Ausdehnung des Anwendungsbereichs einer Ausnahmevorschrift fehlte bereits unter Geltung des § 90 Satz 2 UrhG (a.F.) ein hinreichender Grund.[348] Der Wortlaut sowie Sinn und Zweck der Norm verbieten es, einzelne Typen von Verwertungsverträgen aus dem Anwendungsbereich der Bestimmung auszuschließen.[349] Auch für § 32a UrhG kann nichts anderes gelten. Dies um so mehr, als die Ausnahmevorschrift des § 90 Satz 2 UrhG (a.F.) gestrichen wurde und sich daraus kein allgemeiner Gedanke mehr ableiten lässt.

## 2. Persönlicher Anwendungsbereich

### *a) Urheber*

Berechtigter des Anspruchs ist nach dem Wortlaut der Norm der Urheber. Neben dem Einzelurheber können auch Urhebermehrheiten Schutz nach dem Gesetz genießen (§§ 8, 9 UrhG). Für die Anspruchsberechtigung ist dabei zu unterscheiden:

Haben mehrere ein Werk gemeinsam geschaffen, ohne dass sich die einzelnen Anteile gesondert verwerten lassen, so gelten die Schöpfer des entstandenen Werkes als Miturheber (§ 8 Abs. 1 UrhG).[350] Zwischen den Urhebern entsteht eine Rechtsgemeinschaft.[351] Bezüglich der Verwertung des Werkes sind die Miturheber gesamthänderisch gebunden (§ 8 Abs. 2 Satz 1 UrhG). Über die Verwertung des Werkes können die Miturheber daher nur gemeinsam entscheiden (§§ 744 BGB).[352] Ansprüche, die aus der Verwertung des Gemeinschaftswerkes entstehen, stehen der Miturhebergemeinschaft zu.[353] Somit ist die Gemeinschaft Berechtigte des Anspruchs aus § 32a UrhG.[354]

---

[348] Schricker/Schricker, § 36 Rdn. 6.

[349] St. Rspr. BGH ZUM 1998, 497, 501 ("Comic-Übersetzungen I").

[350] Beispiel eines solchen Gemeinschaftswerkes sind die Kommentierungen einzelner Paragrafen in einem juristischen Kommentar (Schricker/Loewenheim, § 8 Rdn. 9.).

[351] Schack, Rdn. 283.

[352] Schack, Rdn. 283.

[353] Schricker/Loewenheim, § 8 Rdn. 10, 13.

[354] Schricker, Quellen, S. 39. Von der Anspruchsberechtigung ist die Frage zu unterscheiden, wie der Anspruch prozentual durchgesetzt werden kann und wie die Verteilung weiterer Vergutungen erfolgt. Beispiel einer Miturheberschaft sind die Filmwerke (Dreier/Schulze/Schulze, § 89 Rdn. 7). Die von Peters aufgeworfenen Frage (Peters, S. 51), ob eine vertragliche Vereinbarung zulässig ist, die die Mitwirkenden verpflichtet, den Anspruch nur gemeinsam geltend zu machen, stellt sich somit nicht.

Auch Urhebern verbundener Werke stehen die Ansprüche aus § 32a UrhG zu. Von einer Werkverbindung im Sinne des § 9 UrhG spricht man, wenn mehrere Urheber ihre Werke, die sich auch einzeln verwerten lassen, zur gemeinschaftlichen Verwertung verbunden haben. Aus der Verbindung der selbstständigen Werke entsteht kein neues selbstständiges Werk, und somit auch keine Urhebergemeinschaft.[355] Die Verbindung der Werke zur gemeinsamen Verwertung setzt eine vertragliche Abrede der Urheber voraus.[356] So entsteht eine Gesellschaft bürgerlichen Rechts gemäß § 705 ff. BGB.[357] Die von den Gesellschaftern zur Verwertung eingebrachten Nutzungsrechte unterliegen dann der gesamthänderischen Bindung (§ 719 Abs. 1 BGB) und können von der Gesellschaft verfügt werden. Die Gesellschaft ist dann auch Anspruchsberechtigte bezüglich der Ansprüche aus dem geschlossenen Vertrag.[358]

Die Ansprüche aus § 32a UrhG können auch die Rechtsnachfolger des Urhebers gemäß § 30 UrhG geltend machen.[359] Dies gilt nicht nur, wenn bereits der Urheber Nutzungsrechte eingeräumt hatte. Der Anspruch kann vom Rechtsnachfolger auch dann geltend gemacht werden, wenn er erst selbst als Vertragspartner einer Nutzungsrechtseinräumung aufgetreten ist. Einer gegenteiligen Ansicht, wonach sich aus dem Wortlaut ergebe, dass nur vom Urheber eingeräumte Nutzungsrechte den Nachforderungsanspruch auslösen[360], ist entgegenzuhalten, dass nach § 30 UrhG der Rechtsnachfolger die volle Rechtsstellung des Urhebers übernimmt. Er kann so handeln, als wäre er selbst der Urheber.[361] So kann er die Werke des Urhebers bearbeiten, ändern oder sogar verstümmeln.[362] Es wäre widersprüchlich, würden dem Rechtsnachfolger derartig weite Rechte eingeräumt, nicht jedoch das Nachforderungsrecht.[363]

### *b) Leistungsschutzberechtigte und ausübende Künstler*

Leistungsschutzberechtigte genießen den Schutz nach dem Urheberrechtsgesetz nur in dem Umfang, der ihnen in den jeweils abschließend aufgezählten Leistungsschutzrechten vom Gesetzgeber eingeräumt wurde.[364] So können sich

---

355 Schack, Rdn. 291.
356 Schricker/Loewenheim § 9 Rdn. 5.
357 Schack, Rdn. 293.
358 Hagen, S. 44. Geltendmachung der Ansprüche und Verteilung der Vergütungen richtet sich nach dem Gesellschaftsvertrag (Schricker, Quellen, S. 39).
359 Dreier/Schulze/Schulze, § 32a Rdn. 22; Haas, Rdn. 289; Schricker, Quellen, S. 33.
360 Hegemann, S. 80.
361 Hagen, S. 52; Fromm/Nordemann/Hertin, § 30 Rdn. 1; Rehbinder, ZUM 1986, 365, 370.
362 Schricker/Schricker, § 30 Rdn. 3; Fromm/Nordemann/Hertin, § 30 Rdn. 1.
363 Hagen, S. 53 zu § 36 UrhG a.F.
364 Schack, Rdn. 583.

wegen der jeweils vom Gesetzgeber vorgenommenen Bezugnahme auf den ersten Teil des Gesetzes Herausgeber wissenschaftlicher Werke (§ 70 Abs. 1 UrhG) und Lichtbildner (§ 72 Abs. 1 UrhG) ebenfalls auf das Nachforderungsrecht aus § 32a UrhG berufen.[365] Der eindeutige Wortlaut lässt insoweit keine einschränkende Auslegung zu Lasten der Berechtigten zu.[366] Für ausübende Künstler ist die Anwendung der Vorschrift nunmehr durch § 79 Abs. 2 Satz 2 UrhG vorgesehen.

### *c) Verwerter*

Verwerter können keine Ansprüche aus § 32a UrhG geltend machen.[367] Im Gesetzgebungsverfahren war ein entsprechender Vorschlag von Verwerterseite unterbreitet worden.[368] Der Vorschlag sah u.a. vor, den Anspruch nicht nur im Primärverhältnis zwischen Urheber und Verwerter gelten zu lassen, sondern auch in der Verwerterkette, also in Vertragsverhältnissen zwischen Verwertern.

Es entsprach nicht dem Anliegen des Gesetzes, die Vertragsverhältnisse zwischen den Verwertern zu regulieren.[369] Der Gesetzgeber sah lediglich den Urheber bei der Verwertung seiner Werke in einer typischerweise schwachen Position. Eine solche Position sind lizenzerteilende Verwerter nach Ansicht des Gesetzgebers nicht.[370] Selbst eine wirtschaftlich schwache Position gegenüber dem Lizenznehmer rechtfertigt nicht die Korrektur des Vertrages über die Grenzen von § 313 BGB oder § 138 BGB hinweg. Bei diesem Gefälle handelt es sich um normale Erscheinungen des Wirtschaftslebens.[371]

### *d) Kreative in Arbeits- und Dienstverhältnissen gem. § 43 UrhG*

#### aa) Problemstellung

Umstritten ist die Frage, ob die Regelungen des § 32a UrhG auch für Kreative in Arbeits- und Dienstverhältnissen Anwendung finden. Anknüpfungspunkt für den

---

365 Dreier/Schulze/Schulze, § 32a Rdn. 15; Fromm/Nordemann/Hertin, § 70 Rdn. 5; Hagen, S. 56.

366 So aber Hegemann, S. 110 mit der Begründung, dass diese Leistungsschutzberechtigten keine eigenschöpferische Leistung erbringen.

367 Dreier/Schulze/Schulze, § 32a 16; Haas, Rdn. 288; Berger, Rdn. 250.

368 Vorschlag der Medienwirtschaft für ein neues Urhebervertragsrecht vom 21.04.2001. Abgedruckt als Anhang bei Gounalakis/Heinze/Dörr.

369 RegE., BT-Drucks. 14/6433, S. 8.

370 Hoeren in FS Nordemann, S. 181 ff, der am Verhältnis von Dokumentarfilmproduzenten zu Fernsehanstalten auf das teilweise ebenfalls bestehende Machtgefälle in der Verwerterkette aufmerksam macht.

371 Haas, Rdn. 288; Berger, Rdn. 260.

Streit ist die Regelung des § 43 UrhG. Diese sieht zwar vor, dass die Vorschriften der §§ 31 bis 42 UrhG auch für Werke gelten, die ein Urheber in Erfüllung einer Verpflichtung aus einem Arbeits- oder Dienstverhältnis geschaffen hat.[372] Der Grundsatz wird aber zugleich eingeschränkt „soweit sich aus dem Inhalt oder Wesen des Arbeits- oder Dienstverhältnisses nichts anderes ergibt“.

Damit hat der Gesetzgeber für einen in der urheberrechtlichen Praxis immanent wichtigen Bereich[373] lediglich eine Generalklausel geschaffen, deren Ausfüllung Rechtsprechung und Literatur obliegt.[374] Dass dies zu Schwierigkeiten führt, ergibt sich bereits aus der Unterschiedlichkeit der beiden Rechtsmaterien Arbeitsrecht und Urheberrecht. Jedes Gebiet hat aus seinem Blickwinkel Grundsätze entwickelt, die einen gerechten Interessenausgleich der Beteiligten sichern sollen. Dazu gehören auch Schutzmechanismen zugunsten des schwächeren Vertragspartners. § 43 UrhG steht somit an der Schnittstelle beider Materien und soll sie in Einklang bringen.[375]

§ 43 UrhG bringt zunächst zum Ausdruck, dass das Schöpferprinzip auch für Urheber gilt, die ihre Werke in Arbeits- oder Dienstverhältnissen geschaffen haben.[376] Das Urheberrecht entsteht somit auch originär beim Urheber.[377] Die mit dem Schöpferprinzip verbundene Zuordnung des Werkes an den Arbeitnehmer kollidiert mit einem arbeitsrechtlichen Prinzip, nachdem die Arbeitsergebnisse grundsätzlich dem Arbeitgeber zustehen.[378] Der Arbeitgeber bzw. Dienstherr muss, um das geschaffene Werk nutzen zu können, sich die Nutzungsrechte einräumen lassen.[379] § 43 UrhG soll helfen, die notwendige Übertragung der

---

[372] Dass ein Werk in Erfüllung ihrer Verpflichtung aus einem Arbeits- oder Dienstverhältnis geschaffen wurde, wird hier vorausgesetzt.

[373] Das Leitbild des Urheberrechtsgesetzes orientiert sich am freischaffenden Urheber. Andererseits entspricht dieses Leitbild nicht mehr den tatsächlichen Realitäten, da der weit überwiegende Teil der Urheber heute in Beschäftigungsverhältnissen tätig ist. Schack spricht von ¾ aller urheberrechtlich geschaffenen Werke, die von Urhebern in abhängigen Verhältnissen geschaffen werden. (Schack, Rdn. 978).

[374] Wandtke/Bullinger/Wandtke, § 43 Rdn. 2; Schricker/Rojahn, § 43 Rdn. 2.

[375] Bayreuther, GRUR 2003, S. 570.

[376] Dreier/Schulze/Dreier, § 43 Rdn. 1; Wandtke/Bullinger/Wandtke, § 43 Rdn. 4. Dies ist nicht selbstverständlich, wie Regelungen in anderen Rechtsordnungen zeigen, die dem Arbeitgeber das Urheberrecht am Arbeitsergebnis originär zuweisen (Aufzählung bei Schricker/Rojahn, § 43 Rdn. 3). Kritisch zur Lösung im deutschen Urheberrecht Rehbinder (Rdn. 166, 329). Ein originäres Urheberrecht in der Hand des Arbeitgebers de lege ferenda befürwortet Barthel, der dazu eine gesetzliche Durchbrechung des Schöpferprinzips in § 7 UrhG zulassen würde (Barthel, S. 218 ff.).

[377] BGH GRUR 1974, S. 480, 482 („Hummelrechte“).

[378] Sack in Münch HB AR Bd. 1, § 100 Rdn. 1 f.

[379] Amtl. Begr. BT-Drucksache IV/270, S. 61 f.; Schricker/Rojahn, § 43 Rdn. 6; Sack in Münch HB AR Bd. 1, § 102 Rdn. 9. Dieses Prinzip gilt grundsätzlich für alle Urheber und

zunächst beim Urheber entstandenen Urheberrechte als Nutzungsrechte auf den Arbeitgeber zu erleichtern.[380] Besonderheiten des Arbeits- oder Dienstverhältnisses wird weiterhin dadurch Rechnung getragen, dass einzelne Regelungen der §§ 31 bis 42 UrhG nur eingeschränkt wirken oder ganz ausgeschlossen sind.[381] Ob und wann das der Fall ist, ist jeweils im Einzelfall zu entscheiden.[382]

Bereits für § 36 UrhG a.F. war umstritten, ob diese Regelung durch § 43 UrhG ausgeschlossen ist.[383] Das Urhebervertragsrecht sieht nunmehr neben dem Nachforderungsrecht aus § 32a UrhG eine weitere vergütungsbezogene Regelung (§ 32 UrhG) vor. In diesem Zusammenhang ist der Ausschluss der vergütungsbezogenen Regelungen durch § 43 UrhG verstärkt diskutiert worden. Vertreten wird sowohl die Auffassung von der Anwendbarkeit beider Regelungen im Anwendungsbereich des § 43 UrhG[384] als auch der Ausschluss der §§ 32, 32a UrhG.[385] Nach einer differenzierten Auffassung ist zwischen den Ansprüchen aus § 32 und § 32a UrhG zu unterscheiden.[386]

Anknüpfungspunkt für den Ausschluss einer Regelung durch § 43 UrhG bietet das Wesen oder der Inhalt des Arbeitsverhältnisses. Bei der Beurteilung des Wesens des Arbeits- oder Dienstverhältnisses ist von einem abstrakt generellen Verständnis des Begriffs „Wesen“ auszugehen.[387] Zu fragen ist, ob grundsätzliche, systematische Gründe ein Nachforderungsrecht ausschließen, ob eine zusätzliche Entlohnung bei erfolgreicher Werkverwertung dem Typus Arbeits- bzw. Dienstverhältnis widerspricht. Dagegen ist beim Inhalt des Arbeits- oder Dienstverhältnisses auf das konkrete Arbeits- bzw. Dienstverhältnis abzustellen.[388]

Um der Vielschichtigkeit der Meinungsansätze gerecht zu werden, wird im Folgenden getrennt gezeigt, dass sich ein Ausschluss von § 32a UrhG weder aus dem Wesen des Arbeitsverhältnisses [aa)], noch aus dem Wesen des Dienstverhältnisses ergeben kann [bb)]. Schließlich wird noch veranschaulicht, dass auch

---

über § 79 Abs. 2 UrhG auch für ausübende Künstler in Arbeits- und Dienstverhältnissen. Zwischen beiden wird daher im folgenden nicht differenziert.

[380] Dreier/Schulze/Dreier, § 43 , 1.

[381] Dreier/Schulze/Dreier, § 43 17, HK/Kotthoff, § 43 Rdn. 1.

[382] Schricker/Rojahn, § 43 Rdn. 7.

[383] Siehe dazu ausführlich die Quellen bei Hagen, S. 47, Fn. 233.

[384] Dreier/Schulze/Dreier, § 43,17 und 30; HK/Kotthoff, § 43 Rdn. 22; Wandtke/ Bullinger/Wandtke, § 43 Rdn. 134, 153; Loewenheim/A. Nordemann, § 63 Rdn. 70; Haas, 436, 439 für ausübende Künstler; Hilty/Peukert GRUR Int. 2002, S. 643, 648; unklar: Jakobs, NJW 2002, S. 1905, 1906.

[385] Loewenheim/v. Becker, § 29 Rdn. 99; Ory, AfP 2002, S. 93, 95; Andernach S. 100.

[386] Berger, ZUM 2003, 173, 179.

[387] So die herrschende Ansicht. Zum Streitstand: Mathis, S. 70 ff.

[388] Schricker/Rojahn, § 43 Rdn. 33; Mathis S. 75; Barthel, S. 32.

der Inhalt eines Arbeits- oder Dienstverhältnisses keinen Ausschluss begründen kann [cc)].

## bb) Ausschluss aus dem Wesen des Arbeits- oder Dienstverhältnisses?

### (1) Wesen des Arbeitsverhältnisses

Das Wesen des Arbeitsvertrages wird durch die dem Beschäftigungsverhältnis innewohnenden Eigenarten und Besonderheiten gekennzeichnet.[389] Für das Arbeitsverhältnis prägend sind vor allem der Austauschcharakter von Arbeitslohn- und Arbeitsergebnis[390] , das wirtschaftliche Interesse des Arbeitgebers an der Gewinnerzielung und die Risikoverteilung bei der Verwertung des Werkes. Darüber hinaus weist das Arbeitsverhältnis personenrechtliche Bezüge auf, die sich in Treuepflichten des Arbeitnehmers und in Fürsorgepflichten des Arbeitgebers äußern.[391]

Dem Arbeitgeber steht grundsätzlich das Arbeitsergebnis und das Recht am Arbeitsergebnis zu, ohne dass es dafür einer zusätzlichen Vergütung bedürfte.[392] Unstreitig gilt dies auch bei urheberrechtlichen Werken für die sachenrechtliche Zuordnung des Werkexemplars, d.h. der Sachsubstanz des Werkes.[393]

Strittig ist hingegen, ob mit dem Arbeitslohn auch eine Vergütung für die Einräumung von Nutzungsrechten für Pflichtwerke[394] abgegolten ist. Dies verneint die so genannte Trennungstheorie. Die Vertreter dieser Auffassung gehen davon aus, dass der Lohnanspruch und der Vergütungsanspruch für die Einräumung von Nutzungsrechten aus verschiedenen Rechtsquellen entspringen.[395] Für das Einräumen von Nutzungsrechten entsteht in der Person des Urhebers ein urheberrechtlicher Anspruch sui generis. Dieser Anspruch ist vom vertraglichen Lohnanspruch zu trennen.[396] § 43 UrhG kann folgerichtig nicht zum Ausschluss

---

[389] Dreier/Schulze/Dreier, § 43 Rdn. 16; Schricker/Rojahn, § 43 Rdn. 33.
[390] Hubmann in FS Hueck, S. 43, 45.
[391] Schricker/Rojahn, § 43 Rdn. 33.
[392] Sack in Münch HB AR Bd. 1, § 100, Rdn. 1f.
[393] Wandtke/Bullinger/Wandtke, § 43 Rdn. 37.
[394] Pflichtwerke sind Werke, die Urheber in Erfüllung seiner Verpflichtungen aus dem Arbeits- und Dienstverhältnis erbringt. Werke, die außerhalb seiner Arbeits- und Dienstverpflichtung geschaffen werden, sind Freiwerke (Dreier/Schulze/Dreier § 43 Rdn. 10).
[395] Wandtke, Rdn. 264 ff.; ders. GRUR Int. 1990, S. 843, 849 ff.; ders. GRUR 1992, S. 139, 141 ff.; ders. GRUR 1999, S. 390, 394 ff.; Wandtke/Bullinger/Wandtke, § 43 Rdn. 136 ff.; im Ergebnis auch Schwab, ArbuR 1993; S. 129,133; Sahner, UFITA 121(1956), S. 34, 38.
[396] Wandtke, GRUR 1992, S.139, 141.

spezifischer urheberrechtlicher Vergütungsansprüche führen. Die herrschende Abgeltungstheorie geht dagegen davon aus, dass mit dem Arbeitslohn auch die Vergütung für das Einräumen von Nutzungsrechten abgegolten ist.[397] Anspruchsgrundlage für den Lohnanspruch des Arbeitnehmerurhebers ist ausschließlich der Arbeitsvertrag.[398] Der Streit ist hier nicht zu entscheiden, weil auch nach richtiger Ansicht die Abgeltungstheorie zu dem Ergebnis kommt, dass eine zusätzliche Vergütung mit dem Wesen des Arbeitsverhältnisses vereinbar ist. Bedenken werden von einigen Vertretern der Abgeltungstheorie erhoben. Sie ergeben sich aus der Rolle des Lohnanspruchs im Gefüge des Arbeitsverhältnisses (α) und aus der Gesetzesbegründung (β).

### *(α) Rolle des Lohnanspruchs im Arbeitsverhältnis*

Vertreter, die den Anspruch aus dem Bestsellerparagrafen durch § 43 UrhG ausschließen, stützen sich zunächst auf das Argument der Risikoverteilung im Arbeitsverhältnis. Es ist der Arbeitgeber, der das wirtschaftliche Risiko der Verwertung trägt. Der Arbeitnehmer schuldet lediglich die Arbeitsleistung, nicht jedoch einen Erfolg. Der Arbeitnehmer behält seinen Lohnanspruch auch beim Misslingen der Werkschöpfung oder der Werkauswertung.[399] Daher sollen auch uneingeschränkt sämtliche Erträge aus der Verwertung dem Arbeitgeber zustehen. Dem ist jedoch entgegenzuhalten, dass auch im Arbeitsverhältnis Äquivalenzstörungen ausgeglichen werden. So gilt auch die Lehre vom Wegfall der Geschäftsgrundlage im Arbeitsrecht.[400] Für das Arbeitsrechtsverhältnis hat die Rechtsprechung die Lehre von der Sonderleistung entwickelt. Leistet der Arbeitnehmer höherwertige Arbeit, als er arbeitsvertraglich schuldet und bringt sie dem Arbeitgeber nicht unerhebliche Vorteile, so gebührt dem Arbeitnehmer hierfür eine höhere Vergütung nach den Grundsätzen von Treu und Glauben.[401] Dies gilt insbesondere bei Leistungen schöpferischer Art.[402] Zu Recht weist Barthel außerdem darauf hin, dass der Arbeitgeber auch nicht uneingeschränkt das Betriebs- und Wirtschaftsrisiko trägt, vielmehr auch Ausnahmen zu Lasten des Arbeitnehmers anerkannt sind.[403]

---

[397] Schricker/Rojahn, § 43 Rdn. 64; Sack in Münch HB ArbR Bd. 1, § 102, Rdn. 31 m.w.N.; Bayreuther, GRUR 2003, S. S. 570, 572; Barthel, S. 76 m.w.N.

[398] Berger, ZUM 2003, S. 173, 175.

[399] v. Gamm, § 36 Rdn. 8; Koch, ZUM 1986, S. 75, 79; Mathis, S. 155 f. Dressel, GRUR 1989, S. 320.

[400] Barthel, S. 89.

[401] BAG GRUR 1966, S. 88 f.

[402] Rehbinder, Rdn. 339; Buchner, GRUR 1985, S. 1, 10; Sack in Müch HB AR Band 1, § 102 Rdn. 41; Koch, ZUM 1986, S. 75, 78; Hubmann in FS Hueck, S. 43, 55 f.; BAG GRUR 1961, S. 491, 492; BAG GRUR 1966, S. 88, 89; BAGE 44, 113; Nr. 4.

[403] Barthel, S. 89, Fn. 306.

Genauso wenig vermag der Einwand zu überzeugen, dass die Parteien von der Äquivalenz ihrer Leistungen (Arbeitsleistung - Arbeitsentgelt) ausgehen und somit ein Nachforderungsrecht nicht gerechtfertigt sei.[404] Mit diesem Argument soll zum Ausdruck gebracht werden, dass das Nachforderungsrecht am Verhältnis Entgelt - Werknutzung anknüpft, während sich im Arbeitsverhältnis Äquivalenz von Lohn zu Arbeitsleistung im Sinne von Arbeitstätigkeit gegenüberstehen. Nur ein Missverhältnis der jeweiligen Anknüpfungspunkte könne zu einer nachträglichen Korrektur führen.[405] Dem ist aber ebenfalls die Lehre von der Sonderleistung entgegenzuhalten. Diese knüpft auch am Leistungserfolg an.[406] Es ist nicht nur das Tätigwerden, das den Anspruch auf zusätzliche Vergütung auslöst, sondern das Ergebnis der Tätigkeit. Der Ausgleich gestörter Leistungsäquivalenz ist dem Arbeitsverhältnis jedenfalls nicht fremd.[407]

Die Besonderheiten des Arbeitsrechtsverhältnisses mögen dazu führen, dass die Voraussetzungen des Nachforderungsrechts im Urheberrecht selten gegeben sind.[408] Allerdings lässt dies nicht den Schluss zu, dass die Regelung unanwendbar ist.[409]

### *(β) Gesetzgebungsverfahren und -begründung*

Weitere Bedenken gegen die Anwendung des Bestsellerparagrafen werden aus der Gesetzesbegründung zu § 43 UrhG geltend gemacht.[410] Dort heißt es, dass die Bestimmung in erster Linie zum Schutze freischaffender Urheber gedacht ist, die keinen festen Gehalt beziehen, sondern auf Erträgnisse aus der Verwertung ihrer Werke angewiesen sind. Wirtschaftlich gesicherte Arbeitnehmer oder Beamte bedürften in der Regel dieser Schutzbestimmung nicht. Die Sachlage könne jedoch je nach Art des Arbeits- oder Dienstverhältnisses verschieden sein.[411]

Aus der Gesetzesbegründung lässt sich die grundsätzliche Unanwendbarkeit nicht schließen. Gerade mit der Wahl der Worte „in erster Linie" und „in der Regel" bringt der Gesetzgeber zum Ausdruck, dass er eine Anwendung im Arbeitsverhältnis zwar nicht für den Regelfall als gegeben ansieht, sie aber auch nicht

---

404 So wohl Abel, RdV 1985, S. 27, Mathis, S. 158.
405 Mathis, S. 158.
406 Koch, ZUM 1986, S. 75, 79.
407 Fromm/Nordemann/Vinck, § 43 Rdn. 4; Hagen, S. 49, Barthel, S. 89.
408 Möhring/Nicolini/Spautz, § 43 Rdn. 11; Vinck, S. 62; Koch, ZUM 1986, 75, 78, Wimmers/Rohde, CR 2003, S. 399, 401
409 So aber Koch, ZUM 1986, S. 75, 80.
410 Mathis, S. 157, Koch, ZUM 1986, S. 75, 79.
411 Amtl. Begr. bei Haertel/Schiefler, S. 205.

ausschließen will.[412] Zudem enthält die gesetzgeberische Begründung den einschränkenden Zusatz, dass die Sachlage nach Art des Arbeits- oder Dienstverhältnisses verschieden sein könne. Auch damit verdeutlicht der Gesetzgeber, dass er das Nachforderungsrecht im Arbeitsverhältnis nicht grundsätzlich ausschließen will.

Eine gegenteilige Auffassung lässt sich auch nicht aus dem Gesetzgebungsverfahren zum Gesetz zur Stärkung der vertraglichen Stellung von Urhebern und ausübenden Künstlern begründen.[413]

Im Professoren- und im Regierungsentwurf war zunächst ein § 43 Abs. 3 UrhG geplant. Dieser sah vor, dass dem Urheber ein Anspruch aus § 32 UrhG zusteht, „soweit die Nutzung seiner Werke nicht durch Lohn und Gehalt tatsächlich abgegolten ist".[414] Der vorgesehene gesetzliche Vergütungsanspruch sollte also grundsätzlich auch in Arbeits- und Dienstverhältnisse gelten.[415] Im weiteren Gesetzgebungsverfahren wurde die Bezugnahme jedoch wieder gestrichen. Dies geschah unter dem ausdrücklichen Hinweis, dass die von der Rechtsprechung und Lehre entwickelten Grundsätze zu den Vergütungsansprüchen der Urheber in Arbeits- und Dienstverhältnissen unberührt bleiben sollen.[416] Ein Antrag der PDS-Fraktion im Rechtsausschuss, § 43 UrhG so zu ändern, dass klar zum Ausdruck komme, dass die Reform auch Arbeitsverhältnisse erfasse, wurde vom Rechtsausschuss abgelehnt.[417] Auf diese Entwicklung im Gesetzgebungsverfahren verweisen Vertreter der Gegenansicht[418] genauso wie auf das immer wieder geäußerte Anliegen der Reform, die Stellung freiberuflicher Urheber, Künstler und Kreative zu verbessern.[419]

Dagegen ist auf die Regelungen in §§ 32 Abs. 4 und 32a Abs. 4 UrhG zu verweisen, die einen tarifvertraglichen Vorrang statuieren. Darin kann der Beleg gesehen werden, dass der Gesetzgeber grundsätzlich Inhaltskontrollen von

---

412 Hauptmann, S. 109; Wimmers/Rode, CR 2003, S. 399, 401.

413 So aber Ory, AfP 2002, S. 93, 95; Wimmers/Rode, CR 2003, S. 399, 401.

414 BT-Drucks. 14/7564, S. 3.

415 Die geplante Regelung wurde u.a. auch vom Bundesrat kritisiert, der eine damit verbundene Ungleichbehandlung dieser Rechtsbeziehungen zu anderen Arbeits- und Dienstverhältnissen befürchtete. (BT-Drucks. 14/7564 S. 9).

416 BT-Drucks. 14/ 8058 S. 21.

417 BT-Drucks. 14/8058, S. 17.

418 Ory, AfP 2002, S. 93, 95; Wimmers/Rode, CR 2003, S. 399, 401.

419 Siehe dazu die Aufzählung im Einzelnen bei Ory, AfP 2002, S. 93, 95; Bayreuther, GRUR 2003, S. 570, 573.

Arbeitsverhältnissen zulassen wollte.[420] Soweit hiergegen vorgebracht wird, dass es sich bei den in §§ 32 Abs. 4 und 32a Abs. 4 UrhG genannten Tarifverträgen lediglich um solche für arbeitnehmerähnliche Personen handeln würde[421], ist auf die Gesetzesbegründung hinzuweisen. Dort heißt es ausdrücklich, dass sich die für § 43 Abs. 3 RegE vorgesehene Regelung nunmehr in §§ 32 Abs. 4 und 32a Abs. 4 UrhG befinde.[422] Zudem weist auch § 36 Abs. 1 Satz 3 UrhG auf den Tarifvorrang hin. In der Fassung des Professoren- und Regierungsentwurfs hieß es an dieser Stelle noch „in Tarifverträgen für Arbeitnehmer".[423] Der Zusatz „für Arbeitnehmer" sollte gestrichen werden, damit besser zum Ausdruck kommt, dass auch Tarifverträge arbeitnehmerähnlicher Personen Vorrang genießen.[424] Wenn die Tarifverträge der arbeitnehmerähnlichen Personen *auch* erfasst werden sollten, dann erst recht die der Arbeitnehmer.

## (2) Wesen des Dienstverhältnisses

Auch aus dem Wesen des Dienstverhältnisses ergibt sich kein Ausschluss der Ansprüche aus § 32a UrhG.[425]

Dass zwischen Dienstherr und Beamten bestehende Dienstverhältnis ist geprägt von den Grundsätzen des Berufsbeamtentums (Art. 33 Abs. 5 GG). Kennzeichnend dafür sind Treue- und Fürsorgepflichten und das Alimentationsprinzip. Der Beamte wird durch das Alimentationsprinzip materiell abgesichert. Dies rechtfertigt grundsätzlich größere Einschränkungen des Beamten gegenüber Arbeitnehmern.[426] Insbesondere auf das Alimentationsprinzip stützen sich Vertreter der Auffassung, dass dem beamteten Urheber kein Anspruch auf ein

---

420 So Dreier/Schulze/Dreier, § 43 Rdn. 30; HK/Kotthoff, § 43 Rdn. 22; Loewenheim/J.B. Nordemann/A.Nordemann, § 63 Rdn. 66; Zentek/Meinke, S. 53; Bayreuther, GRUR 2003, S. 570, 574.

421 Ory, AfP 2002, S. 93, 95.

422 Begründung und Beschlussempfehlung des Rechtsausschusses BT-Drucksache 14/8058, S. 21.

423 BT-Drucks. 14/ 6433, S. 4.

424 Begründung und Beschlussempfehlung des Rechtsausschusses BT-Drucksache 14/8058, S. 20.

425 Für das neue Recht: Dreier/Schulze/Dreier, § 43 Rdn. 16; Wandtke/ Bullinger/Wandtke, § 43 Rdn. 144; Loewenheim/J.B.Nordemann/A.Nordemann, § 69 Rdn. 69.
Für die alte Rechtslage: Möhring/Nicolini/Spautz, § 43 Rdn. 11; Sack in Münch HB AR Teil 1, § 100 Rdn. 60; Pakuscher in FS Gaedertz, S. 442, 445; Kraßer in FG Schricker, S. 77, 98; Lucas, S. 152; Leuze, S. 62 ; Hagen, S. 51; Sundermann, S. 55; Uhl, S. 111; Dünnwald, S. 108; Vinck, S. 63; Freudling/Seewald, NJW 1986, S. 2689; Troidl, BayVBl. 1972, 93,95.

426 Maunz/Dürig/Herzog/Scholz, Art. 33, Rdn. 71 ff.

Nachforderungsrecht zusteht.[427] Es ist zwar richtig, dass das Alimentationsprinzip den Dienstherrn verpflichtet, den Beamten lebenslang zu unterhalten (alimentieren). Dieser Pflicht steht jedoch als Gegenleistung die Treueverpflichtung des Beamten gegenüber, sich dem Dienst zu widmen.[428] Auch bei den Beamtenbezügen handelt es sich nicht um ein Entgelt für einen konkreten Dienst, sondern für die Tätigkeit als solche. Insofern bestehen keine Unterschiede im Wesen zwischen Arbeits- und Dienstverhältnis.[429] Aber auch erfolgsbezogene Vergütungen sind dem Dienstverhältnis nicht fremd, denn auch Beamte können leistungsbezogene Vergütungen erhalten. Dazu gehören sowohl leistungsbezogene Gehaltsabstufungen als auch Leistungsprämien und -zulagen.[430]

Auch die Tatsache, dass der Beamte über seine aktive Dienstzeit hinaus vom Dienstherrn weiter Unterhalt erhält, rechtfertigt keinen Ausschluss des Nachforderungsrechts.[431] Die fortdauernde Versorgung kann Berücksichtigung bei der Bestimmung der Gegenleistung finden und dazu führen, dass deshalb ein Nachforderungsrecht nur selten vorkommen wird.[432] Ein Wesensmerkmal des Dienstverhältnisses, dass ein Nachforderungsrecht des Urhebers bei einer besonders erfolgreichen Verwertung ausschließen soll, ist darin jedoch nicht zu erkennen. Dies wird um so deutlicher, wenn man sich vorstellt, dass das Werk vom Dienstherrn im Rahmen privatwirtschaftlicher Betätigung genutzt werden kann.[433] Schließlich wäre der Ausschluss auch eine nicht zu begründende Ungleichbehandlung zwischen Beamten und Arbeitnehmern. Auch die Rentenansprüche der Arbeitnehmer basieren auf Beiträgen, die zumindest teilweise vom Arbeitgeber erbracht werden.[434]

Gegen das Ergebnis spricht auch nicht die amtliche Begründung des Gesetzes.[435] Dort heißt es zwar, dass für die Beamten wegen ihrer besonderen Stellung und mit Rücksicht auf die Alimentationspflicht des Dienstherrn zwingende Schutzvorschriften regelmäßig nicht anwendbar seien. Er könne daher keine Beteiligung an etwaigen hohen Nutzungserträgnissen nach § 36 UrhG (a.F.) verlangen.[436] Auch hier gibt der Gesetzgeber mit dem Wort „regelmäßig" zu erkennen, dass ein Nachforderungsrecht zumindest in Ausnahmefällen nicht ausgeschlossen ist.

---

427 KG ZUM-RD 1997, S. 175, 179; Schricker/Rojahn, § 43 Rdn. 72; Ulmer S. 406.
428 Dreier/Lübbe-Wolf, Art. 33 Rdn. 80, BVerfGE 37, 167, 179.
429 In diesem Sinne wohl auch Wandtke/Bullinger/Wandtke, § 43 Rdn. 15.
430 Dreier/Lübbe-Wolf, Art. 33 Rdn. 80; v.Mangoldt/Klein/Starck/Jachmann, GG II, Art. 33 Rdn. 51.
431 So aber Schricker/Rojahn, § 43 Rdn. 72.
432 Möhring/Nicolin/Spautz, § 43 Rdn. 11.
433 Dreier/Schulze/Dreier, § 43 Rdn. 16.
434 In diesem Sinne wohl auch Wandtke/Bullinger/Wandtke, § 43 Rdn. 15.
435 So aber Schricker/Rojahn, § 43 Rdn. 72.
436 Amtl. Begr. bei Haertel/Schiefler, S. 208.

Zudem stellte der Gesetzgeber in seiner Begründung auf die besondere Stellung des Beamten ab. Das Verständnis des Beamtenverhältnisses als besonderes Gewaltverhältnis wird heute jedoch nicht mehr vertreten. Eine Ungleichbehandlung von Arbeitnehmern und Beamten wäre auch aus diesem Grunde nicht gerechtfertigt.[437]

### cc) Ausschluss aus dem Inhalt des Arbeits- oder Dienstverhältnisses?

Urheberrechtliche Regelungen können durch den Inhalt des (konkreten) Arbeits- oder Dienstverhältnisses ausgeschlossen sein (§ 43 UrhG). Gegen eine vertragliche Vereinbarung, die § 32a UrhG ausschließt spricht jedoch § 32a Abs. 3 UrhG. Auf die Ansprüche nach den Absätzen 1 und 2 kann im Voraus nicht verzichtet werden. Derartige Vereinbarungen sind unwirksam.[438]

Der Wortlaut von § 43 UrhG lässt es jedoch als möglich erscheinen, dass auch unabdingbare Regelungen des Abschnitts durch ausdrückliche Regelungen in Arbeits- oder Dienstverträgen ausgeschlossen werden können.[439] Dies wird dann auch explizit für das Nachforderungsrecht von einigen Stimmen in der Literatur vertreten.[440] Diese Ansicht übersieht jedoch, dass die unabdingbaren Vorschriften des Urheberrechts dem Schutz des Urhebers dienen. Gerade das Nachforderungsrecht des § 36 UrhG a.F. sollte auch junge, noch unerfahrene Urheber davor schützen, ihre Werke gegen geringe Vergütung zur Verwertung zu überlassen.[441] Der darin zum Ausdruck kommende Gedanke, die vertraglich schwächere Partei zu schützen, wurde nunmehr vom Gesetzgeber verstärkt. Ansprüche aus § 32a Abs. 1 UrhG bestehen auch, wenn die Parteien das Missverhältnis vorhergesehen haben (§ 32a Abs. 1 Satz 2 UrhG).

Selbst Entscheidungen, die einen Ausschluss der zwingenden Vorschrift des § 31 Abs. 4 UrhG im Arbeitsverhältnis zumindest für denkbar halten, verweisen darauf, dass das Nachforderungsrecht dem Urheber weiteren Schutz gewährt.[442] Der verfolgte Zweck, dem Urheber eine angemessene Beteiligung an den

---

[437] Leuze, S. 62; Lucas, S. 152.

[438] Wandtke/Bullinger/Wandtke, § 32a Rdn. 32; HK/Kotthoff, § 32a Rdn. 38.

[439] So Schricker/Rojahn, § 43 Rdn. 36 (§ 43 als die Nichtabdingbarkeit durchbrechende Spezialnorm); ausdrücklich offen gelassen für die Abdingbarkeit des § 31 Abs. 4 UrhG BGH GRUR 1991, 133, 135 („Videozweitauswertung"); LG München I GRUR 1991, 577, 580 („Veit Harlan Video").

[440] Holländer, S. 129, 220 f.; Schlecht, S. 127.

[441] Amtl Begr. zu § 36 Haertel/Schiefler, S. 192.

[442] Für § 36 UrhG a.F. BGH GRUR 1991, S. 133, 135 („Videozweitauswertung"); OLG München GRUR 1994, 115, 116 („Audiovisuelle Verfahren").

Erträgnissen zu sichern, wäre sonst nicht gewährleistet.[443] Urheber im Arbeitsverhältnis sind in der Regel in der vertraglich schwächeren Position. Den mit § 32a UrhG verbundenen Schutz, urheberrechtliche Ansprüche geltend zu machen, bieten arbeitsvertragliche Schutznormen nicht.[444] Die Regelung kann daher auch nicht vertraglich ausgeschlossen werden.[445] So ist eine Regelung wie § 10 Mustervertrag Grafikdesign unwirksam, die den Ausschluss von § 36 UrhG (a.F.) vorsah.[446]

### e) *Kreative in Arbeits- und Dienstverhältnissen gem. § 69b UrhG*

Der Regelungskomplex der §§ 69a bis g wurde durch das „Zweite Gesetz zur Änderung des Urheberrechtsgesetzes" vom 09.06.1993[447] in Umsetzung der Richtlinie 91/250 EWG vom 14.05.1991[448] in das Urheberrechtsgesetz übernommen. Danach genießen Computerprogramme neben dem möglichen patentrechtlichen auch urheberrechtlichen Schutz.[449] Originärer Rechtsinhaber im urheberrechtlichen Sinne ist der Urheber. Für Computerprogramme, die von Arbeitnehmern in Wahrnehmung ihrer Aufgaben oder nach Anweisung des Arbeitgebers geschaffen wurden, enthält § 69b UrhG eine gegenüber § 43 UrhG speziellere Regelung. Die Regelung wurde direkt aus Art. 2 Abs. 3 der Richtlinie übernommen.[450] Zur Ausübung der vermögensrechtlichen Befugnisse ist allein der Arbeitgeber berechtigt. Daraus wird nach herrschender Ansicht geschlossen, dass es sich um eine gesetzliche Lizenz handelt.[451] Der Arbeitgeber kann daher die vermögensrechtlichen Befugnisse ohne Zustimmung des Arbeitnehmerurhebers nutzen, das Gesetz ordnet ihm die Ergebnisse des Werkschaffens zu. Damit ist allerdings noch keine Aussage darüber getroffen, ob dem Urheber ein

---

443 Hauptmann, S. 113.

444 Im Ergebnis auch Dreier/Schulze/Dreier, 43 17; Wandtke/Bullinger/Wandtke, § 43 Rdn. 69

445 Dreier/Schulze/Dreier, § 43 Rdn. 17 (mit Verweis auf § 32b UrhG), Barthel S. 91, Hauptmann, S. 113; Rieg, GRUR 1994, 425, 428; Bollack, GRUR 1976, S. 74, 76; Sack, BB 1991, 2165, 2172.

446 Vertrag bei Barthel, S. 48 und Schlecht, Anhang III, S. 198 ff.

447 BGBl. I, 910.

448 ABl, EG Nr. L 122 v. 17.05.1991, S. 42 ff.

449 Zum Verhältnis patentrechtlicher Ansprüche und urheberrechtlicher Ansprüche BGH GRUR 2002, S. 149 ff. („Wetterführungspläne II"); A. Brandi-Dohrn, CR 2001, 285 f.

450 HK/Kotthoff, § 69b Rdn. 2; Schricker/Loewenheim, § 69b Rdn. 1. Für Dienstverhältnisse verweist § 69b Abs. 2 UrhG auf den Absatz 1. Diese Verweisung sah die Richtlinie nicht vor.

451 BGH GRUR 2002, S. 149, 151 („Wetterführungspläne II"), Schricker/Loewenheim § 69b Rdn. 11.

Nachforderungsrecht bei erfolgreicher Werkverwertung zusteht. Diese Frage ist umstritten.[452]

### aa) Argumente gegen eine Anwendung des Nachforderungsrechts

Auch § 69b UrhG setzt voraus, dass der Urheber das Werk in einem Arbeits- oder Dienstverhältnis geschaffen hat. Entsprechend begründen einige Autoren ihre Ansicht mit den gleichen Argumenten wie zu § 43 UrhG.[453]

Darüber hinaus soll aber auch die Auslegung von § 69b UrhG bzw. der zugrundeliegenden Richtlinie 91/250/EWG den Ausschluss eines Nachforderungsrechts aus § 69b UrhG begründen.

Der Wortlaut der Richtlinie und des Gesetzes sehen keine Gegenleistung vor. Daraus wird geschlussfolgert, dass Urheber keinen Anspruch auf eine Gegenleistung haben. Wenn aber schon keine Gegenleistung zustehe, so könne auch kein Missverhältnis zwischen Leistung und Gegenleistung entstehen. Ein Anspruch auf eine angemessene Vergütung oder ein Nachforderungsrecht sei daher ausgeschlossen.[454] Dieses Ergebnis erfordere auch die richtlinienkonforme Auslegung der Richtlinie 91/250/EWG, denn anderenfalls würde dies eine Einschränkung des in Art. 2 Abs. 3 der Richtlinie vorgesehenen bedingungslosen Übergangs der wirtschaftlichen Rechte bedeuten.[455]

§ 69b UrhG enthält anders als § 43 UrhG keine ausdrückliche Verweisung auf die Regelungen des Unterabschnitts der §§ 31 ff. UrhG. Nach einer Ansicht hätte

---

[452] Für die Anwendbarkeit des Nachforderungsrechts: zur alten Rechtslage im Ergebnis: BGH GRUR 2002, S. 149, 151 („Wetterführungspläne II"), OLG Düsseldorf ZUM 2004, S. 756, 758; Fromm/Nordemann/Vinck, § 43 Rdn. 4 , Lucas, S. 152; Koch Frank A., CR 1985, S. 89, 90; Ullmann, GRUR 1987, S. 14; Däubler, AuR 1985, S. 36; Bollack, GRUR 1976, S.75, Henkel, BB 1987, S. 837, Sundermann, GRUR 1988, S. 354; Dreier, GRUR 1993, S. 781, 785. Sack, BB 1991, S. 2165, 2172. A.A.: Schneider, S. 177, Buchmüller, S. 107; Koch, ZUM 1986, 79; Lehmann/Buchner Kap. XI, Rdn. 79, Brandi-Dohrn, A., CR 2002, S. 252, 253.
Zur neuen Rechtslage im Ergebnis: Dreier/Schulze/Dreier, § 69b Rdn. 20. Wandtke/Bullinger/Grützmacher, § 69b Rdn. 22; Loewenheim/J.B. Nordemann/A. Nordemann, § 63 Rdn. 69, Lejeune, ITRB 2002, 145, 146; Grobsy/ Foerstl, NZA 2002, S. 1015, 1019. A.A. Wimmers/Rohde, CR 2003 S. 399, 403.

[453] Buchmüller, S. 107; Wimmers/Rohde, CR 2003, S. 399, 403.

[454] Wimmers/Rohde, CR 2003, S. 399, 403.

[455] Czychowski in FS Nordemann, S. 157, 161.

der Gesetzgeber, wenn er eine solche Bezugnahme gewollt hätte, das im Wortlaut klarstellen müssen.[456]

Die gesetzliche Konstruktion der Zuordnung der Ausschließlichkeitsrechte im Sinne einer gesetzlichen Lizenz schließe zudem aus, dass § 32a UrhG als vertragliche Vergütungsregelung anwendbar ist.[457] Zu den Tatbestandsvoraussetzungen gehöre, dass die Vergütung für die Einräumung von Nutzungsrechten versprochen wurde. Diese Voraussetzung sei im Falle des § 69b UrhG nicht erfüllt.[458]

Letztlich könne auch aus einer gegenteiligen BGH-Entscheidung[459] nichts anderes geschlussfolgert werden. Diese Entscheidung sei auf Grundlage der alten Regelung des § 36 UrhG a.F. ergangen. Der erweiterte Anwendungsbereich des neuen § 32a UrhG schließe den ursprünglichen Ausnahmecharakter der Norm aus. Da § 32a UrhG zudem einen anderen Rechtscharakter trage (bereicherungsrechtlicher Anspruch), könne die Entscheidung nicht auf die neue Rechtslage übertragen werden.[460]

### bb) Gegenargumente und Stellungnahme

Die vorgenannten Gründe sprechen nicht gegen die Anwendung von § 32a UrhG.

Nach der hier vertretenen Auffassung ist die Anwendbarkeit von § 32a UrhG nicht durch § 43 UrhG ausgeschlossen. Wesensmerkmale des Arbeits- oder Dienstverhältnisses schließen auch bei § 69b UrhG das Nachforderungsrecht nicht aus.

Das Fehlen einer ausdrücklichen Vergütungsregelung im Gesetz und in der Richtlinie sprechen nicht gegen die Anwendung von Vergütungsregelungen im Bereich der §§ 69a ff. UrhG. Aus dem Schweigen des Gesetzgebers kann nicht der Schluss gezogen werden, dass dem Urheber keinerlei Vergütung für Schaffung der Computerprogramme zustehen soll. Richtlinien- und Gesetzgeber haben lediglich eine Regelung zur Zuordnung der Nutzungsrechte getroffen. Damit sollte die ungehinderte Verwertung der Arbeitsergebnisse durch den Arbeitgeber

---

456 Wimmers/Rohde, CR 2003, S. 399, 404.
457 Czychowski in FS Nordemann, S. 157, 161; Lehmann/Buchner, Kap. XI Rdn. 80; Wimmers/Rohde, CR 2003, S. 399, 404.
458 Lehmann/Buchner Kap. XI Rdn. 80; Wimmers/Rohde, CR 2003, S. 399, 404.
459 BGH GRUR 2002, S. 149, 151 („Wetterführungspläne II").
460 Wimmers/Rohde, CR 2003, S. 399, 403.

sichergestellt werden.[461] Von der Zuordnung ist die Frage der Gegenleistung zu unterscheiden. Die Gegenleistung war gar nicht Gegenstand der Überlegungen.[462] Von einem „bedingungslosen Übergang der wirtschaftlichen Rechte" im Sinne einer vergütungsfreien Übertragung ist den Dokumenten daher auch nichts zu entnehmen. Vielmehr gingen Richtlinien- und Gesetzgeber davon aus, dass die Werke im Arbeitsverhältnis geschaffen und die Vergütung sich aus diesem Rechtsverhältnis ergibt.[463] Dafür spricht schon, dass auch mit der Richtlinie das Schöpferprinzip anerkannt wurde.[464] In welcher Weise der Übergang der vermögenswerten Rechte in die Hand des Arbeitgebers verwirklicht wird, blieb somit den Mitgliedsstaaten überlassen. Außerdem ermächtigt § 69b UrhG, dass die Ausübung vermögensrechtlicher Befugnisse auch durch vertragliche Vereinbarung anders gestaltet werden kann. Damit kann im Kontext der Vorschrift nur die arbeitsvertragliche Vereinbarung gemeint sein. Die Rechte und Pflichten aus diesem Verhältnis werden von der Richtlinie nicht tangiert. Deshalb kann auch nicht von einer Erweiterung der Richtlinie gesprochen werden, wenn man einen Nachforderungsanspruch des Urhebers zulässt.

Um § 32a UrhG anwenden zu können, ist kein ausdrücklicher Verweis auf die Regelungen der §§ 31 ff. UrhG in § 69b UrhG notwendig. Die gegenteilige Auffassung[465] verkennt die Gesetzessystematik. Nach § 69a Abs. 4 UrhG sind die für Sprachwerke geltenden Bestimmungen anzuwenden, soweit sich aus dem folgenden Abschnitt nichts anderes ergibt. Es gilt also auch § 32a UrhG. Der Gesetzgeber hätte im folgenden Abschnitt die Unanwendbarkeit der Regelung bestimmen müssen, wenn er das Nachforderungsrecht ausschließen wollte. Gerade die Stellung im 8. Abschnitt als besondere Regelung im Verhältnis zu den sonst geltenden allgemeineren Bestimmungen hätte dies nahe gelegt. In einer vergleichbaren Konstellation hatte der Gesetzgeber dies auch getan. In § 90 Satz 2 UrhG a.F. hatte er für Filmurheber die Anwendbarkeit des § 36 a.F. ausdrücklich ausgeschlossen.[466]

Auch die gesetzliche Konstruktion des § 69b UrhG als gesetzliche Lizenz schließt das Nachforderungsrecht nicht aus. Es gilt auch hier das Schöpferprinzip, d.h. das Urheberrecht entsteht beim Programmierer als Urheber. Durch § 69b UrhG wird der Arbeitgeber nicht originärer Rechtsinhaber, vielmehr handelt es sich auch hier um einen derivaten Rechtsübergang.[467] Diesem Übergang liegt das

---

[461] Grobsy/Foerstl, NZA 2002, 1015, 1017; Czychowski in FS Nordemann, S. 157, 161.
[462] Schwab, NZA 1999, S. 1254, 1256.
[463] Grobsy/Foerstl, NZA 2002, 1015, 1017.
[464] Sie dazu Dreier: GRUR 1993, S.781, 783.
[465] Wimmers/Rohde, CR 2003, S. 399, 403.
[466] Hauptmann, S. 177.
[467] Bayreuther, GRUR 2003, S. 570, 572.

Arbeitsverhältnis zugrunde, an das die Übertragung in § 69b UrhG anknüpft.[468] Dafür spricht zudem, dass der Urheber sich vorbehalten kann, die Nutzungsrechtsübertragung vertraglich zu beschränken.[469] Eine andere Betrachtungsweise wäre auch nicht mit Art. 14 GG vereinbar. Abgesehen vom Fall des § 69b UrhG nutzt der Gesetzgeber das Instrument der gesetzlichen Lizenz im Urheberrecht ausschließlich zur Einschränkung der Rechtsstellung des Urhebers.[470] Diese Einschränkungen sind aber nur dann mit Art. 14 GG vereinbar, wenn Interessen der Allgemeinheit dies rechtfertigen. Allgemeininteressen stehen aber gerade nicht hinter der Konstruktion der gesetzlichen Lizenz in § 69b UrhG. Vielmehr dient die Regelung dem Investitionsschutz der Softwarehersteller.[471]

Die Argumente, die gegen eine Anwendung der BGH-Rechtsprechung auf die neue Rechtslage vorgebracht werden[472], überzeugen nicht. Der BGH-Entscheidung[473] ist schon nicht zu entnehmen, dass § 36 UrhG a.F. nur deshalb in Betracht gezogen wurde, weil es sich um eine Sondervorschrift des Urheberrechts handele und die Anwendung von der Rechtsnatur dieser Vorschrift abhänge. Vielmehr benennt der BGH § 36 UrhG a.F. als eine urheberrechtliche Sonderregelung und weist das Gericht, zu dem der Rechtsstreit zurückverwiesen wurde, darauf hin, dass die Regelung als Sonderfall der Lehre vom Wegfall der Geschäftsgrundlage behandelt wird. Soweit Wimmers/Rode davon ausgehen, dass die Rechtsnatur des Anspruchs nunmehr bereicherungsrechtliche Züge trägt[474], übersehen sie, dass bei einer solchen Betrachtung § 32a UrhG erst recht anzuwenden wäre.[475]

### 3. Intemporaler Anwendungsbereich

Die Frage der Anwendbarkeit von § 32a UrhG stellt sich auch im Hinblick auf Verträge die vor dem Tag des Inkrafttreten der Gesetzesänderung[476] geschlossen worden. Für derartige Altverträge regelt § 132 Abs. 3 Satz 2 UrhG die Anwendbarkeit des § 32a UrhG. § 32a UrhG findet auf Sachverhalte Anwendung, die nach dem 28.03.2002 entstanden sind. Die Anwendbarkeit von § 32a UrhG ist somit nicht davon abhängig, wann der betreffende Vertrag geschlossen wurde,

---

468 Grobsy/Foerstl, NZA 2002, S. 1015, 1017.
469 Koch, Rdn. 1943; Barthel, S. 188.
470 Siehe §§ 46 Abs. 4, 47 Abs. 2, 49 Abs. 1, 52 Abs. 1, 54 UrhG.
471 Czychowski in FS Nordemann, S. 157, 161.
472 Wimmers/Rohde, CR 2003, S. 399, 404.
473 BGH GRUR 2002, S. 149 ff. („Wetterführungspläne II“).
474 Im Anschluss an Berger, ZUM 2003 S. 173, 179.
475 Zu diesem Ergebnis kommt konsequenterweise Berger, ZUM 2003, S. 173, 179.
476 Das Gesetz zur Stärkung der vertraglichen Stellung der Urheber und ausübenden Künstler (BGBl. I S. 1155) ist am 01.07.2002 in Kraft getreten.

sondern wann die maßgeblichen Sachverhalte (für das Auftreten des auffälligen Missverhältnisses) eingetreten sind.

Problematisch könnte diese weitreichende Rückbeziehung unter Berücksichtigung des verfassungsrechtlichen Rückwirkungsverbotes sein, zumal von § 32a UrhG über § 79 Abs. 2 UrhG und § 90 UrhG nunmehr auch Verträge von ausübenden Künstlern und von Filmurhebern vom Nachforderungsrecht erfasst werden.[477] Auf eine Entscheidung kommt es hier jedoch nicht an. § 32a Abs. 4 UrhG setzt voraus, dass Vergütung und weitere Beteiligung für den Fall der Bestsellersituation in einem Kollektivvertrag geregelt sind. Derartige Verträge wurden aber vor dem maßgeblichen Geltungstag nicht geschlossen. § 32a Abs. 4 UrhG greift daher nur für Kollektivverträge, die nach dem 01.07.2002 geschlossen wurden.[478]

## 4. Abgrenzung zu § 32 UrhG

§ 32a Abs. 4 UrhG knüpft an die vergütungsrechtlichen Ansprüche der Kreativen aus § 32a Abs. 1 UrhG an. Es handelt sich aber hierbei nicht mehr um die einzige vergütungsbezogene Regelung des Urheberrechts. Für die Anwendung der Norm und somit auch für die Gestaltung von Kollektivverträgen ist es daher notwendig, die beiden Vergütungsnormen (§§ 32 und 32a UrhG) voneinander abzugrenzen.

### *a) Gemeinsamkeiten*

Beide Regelungen dienen dem gleichen Ziel. Sie sollen dem Urheber eine angemessene Vergütung für die Nutzung seines Werkes verschaffen.[479] Beide Ansprüche knüpfen an die vertraglich vereinbarte Vergütung an, deren Höhe über den Korrekturanspruch gesteuert werden soll. Die Rechtsfolgen beider

---

[477] Von einer echten Rückwirkung ausgehend : HK/Kotthoff, § 132 Rdn. 8; Schack, GRUR 2002, S. 853, 857; Ory, AfP 2002, S.93, 101). Bedenken wohl auch bei Wandtke/Bullinger/Braun, § 132 Rdn. 11; für die im Professoren- und Regierungsentwurf ähnliche Regelung zu § 32 UrhG: Gounalakis/Heinze/Dörr, S. 121; a.A. Schlink/Poschner, S. 52, Schmidt, ZUM 2002, S. 781, 788.

[478] Aus diesem Grund bedarf es auch keiner Auseinandersetzung mit der Frage, ob das Nachforderungsrecht auch auf Verträge anwendbar ist, die bis zum 02.10.1990 unter Geltung des Urheberrechtsgesetzes der DDR (URG) geschlossen worden. Dies ist ebenfalls strittig: Für eine Anwendbarkeit Wandtke/Bullinger/Wandtke, EVtr. Rdn. 48; Dreier/Schulze/Dreier, Vor EV Rdn. 10; Katzenberger, GRUR Int. 1993, S. 2, 16; Stögmüller, GRUR Int. 1993, S. 32, 38 f; a.A. KG ZUM-RD 1999, S. 848; Fromm/Nordemann/Hertin, Vor § 31 Rdn. 33.

[479] Haas, Rdn. 320.

Regelungen sind so konzipiert, dass der Anspruch des Urhebers auf eine Vertragsänderung gerichtet ist.[480]

### *b) Unterschiede*

### aa) Tatbestandliche Anknüpfungspunkte

#### (1) Grundsatz

Konzeptionell ist der Anspruch aus § 32a UrhG als Ergänzung zum Anspruch aus § 32 UrhG gedacht. Denn schon mit der Überschrift von § 32a UrhG („Weitere Beteiligung des Urhebers") soll klargestellt werden, dass bereits die angemessenen Vergütungen nach § 32 UrhG dem Beteiligungsprinzip folgt. § 32a UrhG bietet daher eine weitere Beteiligung für den Fall besonders erfolg- und ertragsreicher Werknutzung.[481]

Der Korrekturanspruch des § 32 Abs. 1 Satz 3 UrhG ist dann gegeben, wenn die Vergütung zum Zeitpunkt des Vertragsschlusses unangemessen ist. § 32 UrhG dient der Kontrolle des Verhältnisses von Leistung und Gegenleistung für die Einräumung von Nutzungsrechten. Ob die Nutzungsberechtigung dann tatsächlich ausgeübt, d.h. das Werk auch genutzt wird, spielt dabei keine Rolle.[482] Zwar geht der Gesetzgeber davon aus, dass die Angemessenheit der Vergütung sich auch im Rahmen einer Spanne bewegen kann[483], jedoch ist jede darunter liegende Vergütung unangemessen. Selbst eine verhältnismäßig kleine Diffe-renz zur Angemessenheit löst somit den Anpassungsanspruch aus.[484] Die Angemessenheit ist objektiv aus einer ex-ante-Sicht zu beurteilen.[485] Zeitlicher Bezugspunkt für die Beurteilung der Angemessenheit der vereinbarten Vergütung ist der Zeitpunkt des Vertragsschlusses (§ 32 Abs. 2 Satz 2 UrhG). Es wird daher auch von einer (Vertrags-) „Abschlusskontrolle" gesprochen.[486]

---

[480] Haas, Rdn. 320.

[481] Beschlussempfehlung und Bericht des Rechstausschusses, BT-Drucks. 14/8058, S. 19.

[482] Dreier/Schulze/Schulze, § 32 Rdn. 11; HK/Kotthoff, § 32a Rdn. 2; Berger, GRUR 2003, S. 675, 676.

[483] Beschlussempfehlung und Bericht des Rechtsausschusses, BT-Drucks. 14/8058, S. 15.; Wandtke/Bullinger/Wandtke/Grunert, § 32 Rdn. 31; Haas, Rdn. 149; Loewenheim/v. Becker, § 29 Rdn. 30; Haupt/Flisak, KUR 2003, 41, 47.

[484] Haas, Rdn. 184; Berger, Rdn. 251; Nordemann, § 29 Rdn. 7; Loewenheim/v. Becker, § 29 Rdn. 30.

[485] HK/Kotthoff, § 32, Rdn. 27; Loewenheim/v. Becker, § 29, Rdn. 31; Berger Rdn. 64; Berger, ZUM 2003, S. 521, 526; Schmidt, ZUM 2002, S. 781, 785; Nordemann, § 32, Rdn. 11; Jakobs NJW 2002, S. 1903, 1907.

[486] Mestmäcker/Schulze/Lindner, § 32a Nr. 2.

Über § 32a erfolgt auch eine Kontrolle von Leistung und Gegenleistung. Maßstab sind aber die Erträge und Vorteile aus der tatsächlichen Werknutzung.[487] Der Anspruch wird erst dann aktiviert, wenn eine deutliche Differenz, das auffällige Missverhältnis, zur angemessenen Vergütung vorliegt.[488] Der Anknüpfungspunkt für die Beurteilung des Missverhältnisses ist die tatsächliche Nutzung des Werkes. Die Beurteilung kann nur ex post erfolgen, also nach dem Zeitpunkt des Vertragsschlusses.[489] Im Gegensatz zur Abschlusskontrolle bei § 32 UrhG wird daher bei § 32a UrhG von einer „Verlaufskontrolle" gesprochen.[490]

Die unterschiedliche Anknüpfung für den Beurteilungszeitpunkt führt zu einer klaren Abgrenzung der Ansprüche. Alle Umstände, die sich nach Vertragsschluss ändern und keine Berücksichtigung im Vertrag gefunden haben, können für die Beurteilung der Angemessenheit der Vergütung im Rahmen von § 32 UrhG keine Rolle mehr spielen. Derartige Umstände finden erst in § 32a UrhG Berücksichtigung. Eine solche klare ex-ante-Betrachtung im Rahmen von § 32 UrhG wird aber teilweise abgelehnt.

### *(α) Streitstand*

Wandtke/Grunert gehen von einer so genannten eingeschränkten ex-ante-Betrachtung aus. Würden sich bei einer ex-post-Betrachtung deutliche Anzeichen dafür ergeben, dass eine ehemals übliche und redliche Vereinbarung nunmehr unangemessen sei, müsse dies bei der Ermittlung der angemessenen Vergütung berücksichtigt werden.[491]

Zur Begründung dieser Ansicht wird darauf verwiesen, dass sich bei der langen Laufzeit von Verwertungsverträgen[492] im Laufe der Zeit das Niveau der Angemessenheit verschieben kann. Entsteht trotz dieser Verschiebung kein auffälligen Missverhältnis im Sinne von § 32a UrhG, ergibt sich eine Schutzlücke für den Urheber. Die Wirkung der Norm bliebe dann hinter dem Schutzzweck und dem Anliegen der Reform des Urhebervertragsrechtes, dem Urheber eine angemessene Beteiligung für jede Werknutzung zu sichern, zurück.[493] Zur Begründung der

[487] HK/Kotthoff, § 32a Rdn. 2; Berger, Rdn. 64.
[488] Berger, Rdn. 251.
[489] Beschlussempfehlung und Bericht des Rechtsausschusses, BT-Drucks. 14/8058, S. 19.
[490] Mestmäcker/Schulze/Lindner, § 32a Nr. 2.
[491] Wandtke/Bullinger/Wandtke/Grunert, § 32 Rdn. 43, im Ergebnis wohl auch Dreier/Schulze/Schulze, § 32 Rdn. 44.
[492] Die Schutzdauer des Urheberrechts wird erst 70 Jahre nach dem Tode des Urhebers beendet (§ 64 UrhG). Bei einem 30-jährigen Urheber, der 80 Jahre alt wird, führt das zu einer Schutzfrist von 120 Jahren.
[493] Wandtke/Bullinger/Wandtke/Grunert, § 32 Rdn. 43.

Ansicht wird auch auf den Wortlaut der Vorschrift und die Gesetzesbegründung verwiesen. § 32 Abs. 2 Satz 2 UrhG sieht vor, dass für die Ermittlung der Angemessenheit der Vergütung der Zeitpunkt der Nutzung zu berücksichtigen ist.[494] Zudem ist der Begründung des Gesetzes zu entnehmen, dass der Anspruch nach § 32 Abs. 1 Satz 3 UrhG eine angemessene Vergütung für die gesamte Laufzeit des Vertrages sicherstellen soll.[495]

### *(β) Stellungnahme*

Gegen die Ansicht sprechen dogmatische Bedenken. Würde eine zunächst angemessene Vergütung im Verlaufe der Vertragslaufzeit durch § 32 UrhG in Frage gestellt, so würde § 32 selbst zum Instrument der Verlaufskontrolle. Dies war vom Gesetzgeber nicht gewollt.[496] Eine andere Betrachtung verwischt die Grenzen zwischen § 32 und § 32a UrhG.[497] Wenn bereits mit dem Instrumentarium des § 32 UrhG auf jede Veränderungen der ursprünglichen Bedingungen reagiert werden könnte, würde es eines § 32a UrhG nicht bedürfen.

Den zur Begründung der eingeschränkten ex-ante-Betrachtung vorgebrachten Argumenten ist Folgendes entgegengehalten:

Der Gesetzgeber hat zwar das Ziel verfolgt, den Beteiligungsgrundsatz, d.h. die Beteiligung des Urhebers an der Nutzung seiner Werke, durchzusetzen. Aber er ist auch ausdrücklich von dem ursprünglichen Konzept des Professoren- und Regierungsentwurfes von einem gesetzlichen Vergütungsanspruch für jede Nutzung des Werkes abgewichen. Eine solche Regelung war nicht durchsetzbar.[498] Nach der nunmehr gewählten Konstruktion zweier Korrekturansprüche bringt der Gesetzgeber zum Ausdruck, dass er in einen ursprünglich fairen Vertrag nicht bei jeder Veränderung eingreifen will. Ein Eingriff in Form eines weiteren Korrekturanspruchs ist erst dann wieder vorgesehen, wenn sich zwischen Leistung und Gegenleistung ein auffälliges Missverhältnis entwickelt hat.[499] Die damit entstehende Schutzlücke wurde vom Gesetzgeber gesehen. Es kann nicht von einer ungewollten Lücke im Gesetz gesprochen werden, die eine Auslegung des Merkmals „zum Zeitpunkt des Vertragsschlusses“ erfordert.

---

494 Wandtke/Bullinger/Wandtke/Grunert, § 32 Rdn. 42.

495 Wandtke/Bullinger/Wandtke/Grunert, § 32 Rdn. 42 unter Verweis auf BT-Drucks. 14/8058 S. 18.

496 Ory, AfP 2002, S. 93, 100; Mestmäcker/Schulze/Lindner, § 32 Ziff. 3.

497 HK/Kotthoff, § 32a Rdn. 2.

498 Beschlussempfehlung und Bericht des Rechtsausschusses, BT-Drucks. 14/8058,S. 18.

499 Ory, AfP 2002, S. 93, 100.

Die Gegenansicht ist weder mit dem Wortlaut noch mit der Begründung des Gesetzes in Einklang zu bringen. Nach § 32 Abs. 2 Satz 2 UrhG stellt der Gesetzgeber für die Beurteilung der Angemessenheit eindeutig auf den Zeitpunkt des Vertragsschlusses ab. Dies findet auch seine Entsprechung in der Begründung zu den Gesetzgebungsmaterialien.[500]

Für eine Einschränkung der ex-ante-Betrachtung spricht auch nicht, dass für die Beurteilung der Angemessenheit der Vergütung „Dauer und Zeitpunkt der Nutzung" im Normtext genannt wird (§ 32 Abs. 2 Satz 2 UrhG). Zwar ließe sich aus dieser Formulierung schließen, dass nach diesen Kriterien nicht auf die potentielle Nutzungsmöglichkeit sondern auf die tatsächliche Nutzung abzustellen ist. Jedoch ist die Formulierung im Kontext des gesamten Absatzes zu lesen. Eine Vergütung soll angemessen sein, wenn sie nach Art und Umfang der eingeräumten Nutzungs<u>möglichkeit</u> üblicher- und redlicherweise zu leisten ist. Dauer und Zeitpunkt werden beispielhaft genannt, was sich aus der Formulierung „insbesondere" ergibt. Daher ist auch bei den Kriterien „Dauer und Zeitpunkt" auf die Nutzungsmöglichkeit und nicht auf die tatsächliche Nutzung abzustellen.[501]

Wenn die Gesetzesbegründung darauf hinweist, dass der Anspruch nach § 32 Abs. 1 Satz 3 UrhG dem Urheber eine angemessene Vergütung über die gesamte Laufzeit des Vertrages sicherstellen soll, selbst wenn Vertragsschluss und Nutzungshandlung einige Zeit auseinander liegen [502], bringt der Gesetzgeber nicht zum Ausdruck, dass § 32 UrhG der Verlaufskontrolle dient.[503] Vielmehr zeigt er damit an, dass eine angemessene Vergütung nur dann vorliegt, wenn sie eine lange Vertragsdauer berücksichtigt. Ob dies in der Konsequenz bedeutet, dass auch jede nur denkbare Änderung der Umstände schon bei der Wahl der Vergütung berücksichtigt werden muss, kann hier dahingestellt bleiben.[504] Kommt man zum Ergebnis, dass zum Zeitpunkt des Vertragsschlusses die Parteien künftige Entwicklungen bei langer Vertragslaufzeit hätten erkennen müssen und nicht ausreichend bei der Vergütung berücksichtigt haben, so kann dies zu einer Korrektur über § 32 UrhG führen. Dies ändert aber nichts am Beurteilungszeitpunkt des Vertragsschlusses.

---

500 Beschlussempfehlung und Bericht des Rechtsausschusses, BT-Drs. 14/8058, S. 2.
501 Nordemann, S. 72; Loewenheim/v. Becker, § 29 Rdn. 36.
502 Beschlussempfehlung des Rechtsausschusses, BT-Drucks. 14/8058, S. 18.
503 Ory, AfP 2002, S. 91, 97.
504 Nordemann, § 32 Rdn. 14.

### (2) Besonderheiten bei Verträgen über künftige Werke

Sowohl § 32 als auch § 32a UrhG setzten voraus, dass der Kreative dem Verwerter Nutzungsrechte am Werk eingeräumt hat. Der Regelfall geht davon aus, dass zum Zeitpunkt des Vertragsschlusses das Werk bereits erstellt ist. Die Vertragsparteien können aber auch Verträge über künftige Werke schließen (§ 40 UrhG). Der Verwerter kann sich die erst entstehenden Nutzungsrechte im Wege der Vorausverfügung einräumen lassen. Diese Möglichkeit wird von § 40 Abs. 3 UrhG vorausgesetzt.[505] Auch hier ist für die Beurteilung der Angemessenheit der Vergütung nach § 32 UrhG auf den Zeitpunkt des Vertragsschlusses abzustellen. Der Gesetzgeber hat bei § 32 UrhG deshalb auf den Zeitpunkt des Vertragsschlusses abgestellt, weil sich nur zu diesem Zeitpunkt das zu korrigierende Vertragsungleichgewicht auswirken kann.[506] Haben sich die Verwertungsmöglichkeiten zwischenzeitlich geändert, so hat dies keine Auswirkung auf die ursprünglich angemessene Vergütung. Die Veränderungen der Umstände können dann nur im Rahmen von § 32a UrhG Berücksichtigung finden.[507]

Zu einem Vertragsschluss kommt es, wenn die Parteien durch übereinstimmende Willenserklärungen (Angebot und Annahme) über die wesentlichen Vertragsbestandteile (essentialia negotii) ihren gemeinsamen Rechtsfolgenwillen zum Ausdruck gebracht haben.[508] Entscheidender Beurteilungszeitpunkt für die Angemessenheit ist hier der Vertragsschluss, in dem sich der Kreative zur Vorausverfügung verpflichtet.

Die Frage des entscheidenden Beurteilungszeitpunktes für die Angemessenheit nach § 32 UrhG wird für Options- und Rahmenverträge jedoch unterschiedlich beantwortet.

#### *(α) Optionsverträge*

Für Optionsverträge wird die Ansicht vertreten, dass es für die Beurteilung der Angemessenheit der Vergütung nicht auf den Zeitpunkt des Vertragsschlusses, sondern auf den Zeitpunkt der Optionsausübung durch den Verwerter

---

[505] Wandtke/Bullinger/Wandtke, Vor §§ 31 ff. Rdn. 28 f.; ders. § 40 Rdn. 3; Schricker/Schricker, § 40 Rdn. 3, Vor §§ 28 ff. Rdn. 46, Schricker, VerlagsG § 9 Rdn. 5.

[506] Berger, Rdn. 142.

[507] Berger, Rdn. 142.

[508] Palandt/Heinrichs, Einf. v § 145 Rdn. 2 f.

ankommt.[509] Wer die Wirkungen eines Vertrages bewusst in die Zukunft verlege, müsse auch mit veränderten Bedingungen zu diesem späteren Zeitpunkt rechnen. Die damit einhergehende Unsicherheit für den Verwerter sei dadurch zu rechtfertigen, dass auf der anderen Seite der Urheber auch nicht sicher sein könne, dass der Vertrag in Kraft trete. Dem Verwerter stehe außerdem frei, die Option nicht auszuüben, wenn sie ihm zum entsprechenden Zeitpunkt wirtschaftlich nicht sinnvoll erscheint.[510]

Hier ist jedoch zu unterscheiden, ob ein Optionsvertrag im engeren oder im weiteren Sinne vorliegt.

Von Optionsverträgen im engeren Sinne (oder von qualifizierten Optionsverträgen) spricht man, wenn dem Optionsberechtigten das Recht zusteht, durch einseitige Erklärung einen Vertrag zustande zu bringen.[511] Das Optionsrecht ist ein Gestaltungsrecht. Der Optionsvertrag ist ein aufschiebend bedingter Vertrag, der durch die Optionserklärung unbedingt wird.[512] Die Bedingungen derartiger Nutzungsverträge sind bereits in allen Einzelheiten geregelt.[513] Derartige Verträge sind insbesondere im Verlagsbereich anzutreffen.[514] Entscheidend für die Fragestellung ist, dass diese Optionsverträge als bedingte Rechtsgeschäfte tatbestandlich vollendet sind. Lediglich die Rechtswirkungen sind bis zum Eintritt der Bedingung in der Schwebe.[515] Der Vertrag über die Nutzungsrechte ist mit einem Optionsvertrag also bereits geschlossen, auf den Bedingungseintritt (Ausüben der Option) kommt es nicht an. Bei Optionsverträgen im engeren Sinne ist für die Beurteilung der Angemessenheit der vereinbarten Vergütung auf den Zeitpunkt des Abschlusses des Optionsvertrages abzustellen.

Anders stellt sich die Situation beim Optionsvertrag im weiteren Sinne (oder einfacher Optionsvertrag)[516] dar. Hier unterliegt der Urheber lediglich einer Erstanbietungspflicht. Ein Vertrag über die Einräumung von Nutzungsrechten wird erst dann geschlossen, wenn der Verwerter das Angebot annimmt.[517] Je nach Vertragsgestaltung kann der Urheber dann den Vertrag mit demjenigen abschließen, der ihm die günstigsten Bedingungen bietet[518] oder aber er ist verpflichtet, mit

---

509 D. Berger, ZUM 2003, S. 521, 526; a.A. Dreier/Schulze/Schulze, § 32 Rdn. 12; Schricker, Quellen, S. 16.
510 D. Berger, ZUM 2003, S. 521, 526.
511 Palandt/Heinrichs, Einf. v. § 145 Rdn. 23; Schricker/Schricker, § 40 Rdn. 5.
512 Palandt/Heinrichs, Einf. v. § 145 Rdn. 23.
513 Dreier/Schulze/Schulze, Vor 31 Rdn. 154.
514 Dreier/Schulze/Schulze, § 40 Rdn. 3.
515 Palandt/Heinrichs, Einf. v. § 158 Rdn. 3.
516 Schricker/Schricker, § 40 Rdn. 6.
517 Schricker/Schricker, § 40 Rdn. 6.
518 BGH GRUR 1957, 387, 388 („Clemens Laar“).

dem Verwerter den Vertrag zu angemessenen Bedingungen abzuschließen.[519] Ein verbindlicher Vertrag liegt bei dieser Optionsvariante noch nicht vor. Ob die Vergütung angemessen ist, ist zu dem Zeitpunkt zu beurteilen, wenn der Verwerter das Angebot annimmt.

### *(β) Rahmenverträge*

Für Rahmenverträge wird die Auffassung vertreten, dass eine Korrektur der vereinbarten Vergütung in bestimmten Zeitintervallen erfolgen soll. Dieses Zeitintervall soll sich an der Wertung von § 40 Abs. 1 Satz 2 UrhG orientieren und somit 5 Jahre betragen.[520] Zur Begründung wird angeführt, dass es vor dem Hintergrund dieser Fallkonstellation zur Einfügung der Wendung „nach Dauer und Zeitpunkt der Nutzung“ in § 32 Abs. 2 Satz 2 UrhG gekommen sei.[521] Dies gelte auch für die Begründung des Gesetzes, dass bei Dauerschuldverhältnissen die angemessene Vergütung über die gesamte Laufzeit des Vertrages sichergestellt werden soll, auch wenn Vertragsschluss und Nutzungshandlung einige Zeit auseinander liegen.[522]

Auch hier ist zu unterscheiden. Rahmenverträge werden für dauerhaft angelegte Geschäftsbeziehungen genutzt.[523] Im Rahmenvertrag werden die Bedingungen für eine unbestimmte Anzahl von Geschäften der Zukunft geregelt, wozu auch die Vereinbarung der Gegenleistung gehören kann. Der Rahmenvertrag ist also ein Modell, nachdem alle anderen Verträge in der Zukunft geschlossen werden sollen.[524] Derartige Vereinbarungen werden zum Beispiel bei Zeitungsunternehmen über die Anlieferung von Texten und Fotos geschlossen.[525] Wenn der Rahmenvertrag so ausgestaltet ist, dass er einem Optionsvertrag im engeren Sinne entspricht, dann ist die Angemessenheit der Vergütung zum Zeitpunkt des Abschlusses des Rahmenvertrages zu beurteilen.[526] In der Regel werden aber jeweils im Einzelfall neue Verträge geschlossen werden, d.h. das neue Werk wird im Einzelfall angeboten, gekauft und verwertet.[527] Dann kommt es auch jeweils zu einem neuen Vertragsschluss. Die Angemessenheit der Vergütung ist dann zum Zeitpunkt des jeweiligen Vertragsschlusses neu zu prüfen.

---

[519] Schricker/Schricker, § 40 Rdn. 6.
[520] Ory, AfP 2002, S. 93, 97.
[521] Ory, AfP 2002, S. 93, 97.
[522] Beschlussempfehlung und Bericht des Rechtsausschusses, BT-Drucks. 14/8058 S. 18.
[523] Palandt/Heinrichs, Einf. v. § 145 BGB Rdn. 19.
[524] Dreier/Schulze/Schulze, Vor § 31 Rdn.154: „...wenn die Parteien vereinbaren, dass für zahlreiche Werke dasselbe Vertragsmuster verwendet werden soll und bei einem Neuabschluss z.B. nur der Werktitel des neuen Werkes einzusetzen ist“.
[525] Ory, AfP 2002, S. 93, 97.
[526] So wohl Dreier/Schulze/Schulze, Vor § 31 Rdn. 154.
[527] Ory, AfP 2002, S. 93, 97.

Rahmenverträge bergen somit das Risiko in sich, dass sie jederzeit einer Preiskontrolle unterliegen. Dies widerspricht aber nicht dem gesetzgeberischen Willen. Der Vertragsschluss als Beurteilungszeitpunkt für die Angemessenheit der Vergütung ist für die Fälle vorgesehen, bei denen der Urheber seine Nutzungsrechte aus der Hand gibt. Eine solche Entscheidung trifft der Kreative beim Rahmenvertrag regelmäßig noch nicht. Es erfolgt daher auch keine Verlaufskontrolle der Verträge, die auf Grundlage der Rahmenvereinbarung getroffen werden. Die Rahmenvereinbarung selbst ist nicht der entscheidende Vertragsschluss. Für eine besondere Behandlung derartiger Verträge ist den Dokumenten zum Gesetzgebungsverfahren nichts zu entnehmen.

### bb) Ansprüche gegen Dritte

Während § 32a Abs. 2 UrhG einen Anspruch des Urhebers auch gegen Dritte (weitere Lizenznehmer in der Kette) vorsieht, kann der Vertragsanpassungsanspruch des § 32 Abs. 1 Satz 3 UrhG nur gegen den Vertragspartner des Urhebers gerichtet werden.[528] Zu beachten ist jedoch, dass bei beiden Ansprüchen auch die gesamtschuldnerische Haftung des Dritten gemäß § 34 Abs. 4 UrhG eintreten kann.

### cc) Verjähren der Ansprüche

Für beide Normen bestehen keine besonderen Verjährungsregelungen. Anzuwenden ist daher § 195 ff. BGB. Die Verjährungsfrist beträgt regelmäßig drei Jahre. Sie beginnt mit dem Schluss des Jahres, in dem der Anspruch entstanden ist und der Gläubiger (Kreativer) von den maßgeblichen Umständen und der Person des Schuldners Kenntnis erlangt hat oder ohne grobe Fahrlässigkeit hätte erlangen können. Die Verjährung tritt jedoch spätestens 10 Jahre nach Entstehen des Anspruchs ein. Für die Verjährung der Ansprüche aus § 32 und § 32a UrhG bedeutet dies, dass sie regelmäßig unterschiedlich verjähren werden.

Der Anspruch auf Vertragsänderung entsteht bereits zum Zeitpunkt des Vertragsschlusses.[529] Der Kreative hat zu diesem Zeitpunkt Kenntnis vom Schuldner. Der Beginn der dreijährigen Verjährungsfrist hängt davon ab, ob der Kreative

---

[528] Haas, Rdn. 320, Ory, AfP 2002, S. 93, 99.

[529] Berger, Rdn. 95; a.A. Dreier/Schulze/Schulze, § 32 Rdn. 89. Zeitpunkt der Nutzungshandlung lässt den Anspruch entstehen. Der Verweis auf Nordemann (§ 32 Rdn. 57) ist insofern missverständlich, da dieser diese Aussage lediglich für die Verjährung des Anspruchs nach § 32 Abs. 1 Satz 2 UrhG getroffen hat.

Kenntnis von der Unangemessenheit der Vergütung hatte oder hätte haben können. Geht man davon aus, dass die Kreativen häufig Kenntnis von der Unangemessenheit der Vergütung haben, so verjähren die Ansprüche aus § 32 Abs. 1 Satz 3 UrhG regelmäßig in der 3-Jahresfrist nach Abschluss des Vertrages.[530]

Ansprüche aus § 32a UrhG entstehen erst, wenn die vereinbarte Vergütung gemessen an den tatsächlich erlangten Erträgen in einem auffälligen Missverhältnis steht. Vorraussetzung für den Beginn der Verjährungsfrist ist somit das Entstehen des Missverhältnisses sowie die Kenntnis des Kreativen vom Bestehen des Missverhältnisses und vom Anspruchsgegner. Letzteres kann insbesondere bei Ansprüchen gegen Dritte nach § 32a Abs. 2 UrhG Bedeutung erlangen.

### *c) Konkurrenz*

Es ist nicht ausgeschlossen, dass die Tatbestandsvoraussetzungen beider Ansprüche gleichzeitig geben sind. So können besonders hohe Erträge aus der Nutzung des Werkes vorhergesehen und eingetreten sein, ohne dass dies bei der Bemessung der Vergütung Berücksichtigung gefunden hätte. Dann sind sowohl die Voraussetzungen des § 32 Abs. 1 Satz 3 UrhG als auch des § 32a Abs. 1 UrhG gegeben. Auf diese Weise können beide Ansprüche gleichzeitig geltend gemacht werden.[531]

Hat sich der Urheber „sehenden Auges“ in einen ungünstigen Vertrag eingelassen, so stehen ihm zwei Anspruchsgrundlagen zur Korrektur zu. Problematisch erscheint das, wenn der Korrekturanspruch nach § 32 Abs. 1 UrhG bereits verjährt ist. Der auf diese Norm gestützte Anspruch kann dann über § 32a Abs. 1 UrhG geltend gemacht werden. Auf diese Weise wird jedoch die Verjährungsregelung des § 32 UrhG unterlaufen.[532] Wortlaut und Zweck der Regelung gestatten dies jedoch. Gerade der Fall, dass ein Kreativer den wirtschaftlichen Erfolg seines Werkes vorhersehen kann und sich trotzdem auf einen ungünstigen Vertrag einlässt, spricht dafür, dass hier die Vertragsparität gestört war. Das Ziel der Reform, die Rechtsstellung der Urheber zu verbessern, wäre nicht erreicht, wenn gerade diese Fallkonstellation keinen Korrekturanspruch auslösen würde. Praktisch wird § 32 UrhG kein wirksames Instrument zur Lösung solcher Problemfälle sein. Ein Kreativer, der sich in den ungünstigen Vertrag einlassen musste, wird nicht kurz nach dem Vertragsschluss den Verwerter mit einem

---

530 Nordemann, § 32 Rdn. 38.

531 Wandtke/Bullinger/Wandtke/Grunert, § 32 Rdn. 47 ff.; Haas, Rdn. 321; Schmidt, ZUM 2002, S. 781, 786.

532 Auf diese Problematik weist Schmidt, ZUM 2002, S. 781, 786 hin.

Korrekturanspruch konfrontieren und auf Anpassung des Vertrages klagen. Insbesondere in engen Anbietermärkten muss er damit rechnen, überhaupt keine Verträge mehr zu bekommen.[533] Hier bietet § 32a Abs. 1 UrhG dem Kreativen eine zweite Chance zur Korrektur, wenn sich der wirtschaftliche Erfolg des Werkes tatsächlich realisiert hat.

## 5. Kollisionsrecht

### *a) Problemstellung*

Die Verwertung urheberrechtlich geschützter Werke erfolgt häufig nicht allein auf nationaler Ebene. So kann der Vertragspartner des Kreativen Ausländer sein oder die Verwertung selbst findet im Ausland statt. Inwieweit die Kreativen Ansprüche aus § 32a UrhG geltend machen können, hängt davon ab, welche Rechtsordnung im konkreten Fall anzuwenden ist.

Zunächst ist das richtige Kollisionsrecht zu ermitteln. Dazu ist das Wesen des Anknüpfungsgegenstandes zu qualifizieren[534] und damit zu bestimmen, ob die Ansprüche dem internationalen Urheberrecht (Urheberrechtsstatut) oder dem internationalen Urhebervertragsrecht (Urhebervertragsstatut) zuzuordnen sind.[535]

Ist das Urheberrechtsstatut anzuwenden, so bestimmen sich die kollisionsrechtlichen Folgen nach dem auf dem Territorialprinzip beruhenden Schutzlandprinzip.[536] Nach dem Schutzlandprinzip beurteilt sich das anzuwenden Recht nach dem Recht des Landes, für dessen Gebiet Schutz begehrt wird.[537] Werden die urheberrechtsrelevanten Handlungen im Ausland vorgenommen, richten sich die Beurteilung und die Folgen der Handlung nach der entsprechenden ausländischen Rechtsordnung.[538] Als Sachverhalte nach dem Urheberrechtsstatut werden beispielsweise das Entstehen, der Inhalt und Umfang, die Beendigung sowie die Verletzung des Urheberrechts qualifiziert.[539] Nach dem Urheberrechtsstatut gelöst werden auch Konfliktfragen über urheberpersönlichkeitsrechtliche und

---

533 Siehe dazu die Ausführungen bei OLG München ZUM 2001, S. 994, 999 („Der Diamant des Salomon").

534 Bar, IPR Bd. 1, § 7 Rdn. 138.

535 Hilty/Peukert, GRUR Int. 2002, S. 643, 644.

536 H.M. Dreier/Schulze/Schulze, Vor §§ 120, Rdn. 28 m.w.N.; Schricker/Katzenberger, Vorb. §§ 120 ff.; Hilty/Peukert, GRUR Int. 2002, S. 643, 644; Obergfell, S. 224; a.A. Wandtke/Bullinger/v. Welser, Vor § 120 Rdn. 11; Schack, Rdn. 806 (Universalprinzip).

537 Dreier/Schulze/Schulze, Vor §§ 120 Rdn. 28; Schricker/Katzenberger, Vor §§ 120 ff.; Hilty/Peukert, GRUR Int. S. 643, 645 m.w.N.

538 Obergfell, K & R 2002, S. 118, 121.

539 Hilty/Peukert, GRUR Int. 2002, S. 643, 644.

vermögensrechtliche Befugnisse sowie zu gesetzlichen Vergütungsansprüchen.[540] Sind die Ansprüche auf weitere Beteiligung gem. § 32a UrhG nach dem Urheberrechtsstatut zu qualifizieren, kann der Kreative sie nur geltend machen, wenn die Nutzungshandlungen auf deutschem Gebiet stattfinden. Im Übrigen richten sich Ansprüche auf weitere Beteiligung danach, ob die andere Rechtsordnung ebenfalls derartige Ansprüche vorsieht.

Soweit das Urhebervertragsstatut anwendbar ist, gelten hingegen die Regeln des internationalen Schuldvertragsrechts, Art. 27 ff EGBGB. [541] Anwendung findet dann das Vertragsstatut des Staates, das die Parteien durch Rechtswahl bestimmt haben (Art. 27 EGBGB) oder das bei fehlender Rechtswahl mit dem Vertrag die engste Verbindung aufweist (Art. 28 EGBGB). Art. 27, 28 EGBGB finden keine Anwendung, wenn ein Sonderanknüpfungstatbestand der Art. 29 ff. EGBGB vorliegt.[542] Hier ist insbesondere Art. 34 EGBGB zu beachten. Danach erlangen unabhängig vom sonst anzuwendenden Vertragsstatut zwingende deutsche Vorschriften bei der Rechtsanwendung Geltung.[543] Solche zwingenden Normen werden auch Eingriffsnormen genannt.[544] Eine solche Eingriffsnorm ist mit § 32b UrhG vorgesehen.[545]

Das Urhebervertragsstatut ist anwendbar, wenn die zu qualifizierende Norm vertraglicher Natur ist. Im Einzelnen kann die Qualifikation aber schwierig sein, da vertragsrechtliche Regelungen auch eng mit der inhaltlich-sachlichen Ausgestaltung des Urheberrechts (Urheberrechtsstatut) zusammenhängen.[546]

### *b) Qualifizierung und Rechtsnatur der Ansprüche*

Ansprüche aus § 36 UrhG (a.F.) wurden dem Urhebervertragsstatut unterstellt.[547] § 36 UrhG (a.F.) wurde von der h.M. als vertragsrechtliche Regelung

---

540 Dreier/Schulze/Schulze, Vor §§ 120 Rdn. 28
541 Dreier/Schulze/Schulze, Vor §§ 120 Rdn. 28 ff.
542 Hilty/Peukert, GRUR Int. 2002, S. 644, 645.
543 Wandtke/Bullinger/v. Welser, § 32b Rdn. 2; Obergfell, K&R 2003, S. 119, 121.
544 Obergfell, K&R 2003, S. 119, 121.
545 Beschlussempfehlung und Bericht des Rechtsausschusses, BT-Drucks. 14/8058, S. 20.
546 Loewenheim/Walter, § 57 Rdn. 192 ff.
547 Fromm/Nordemann/Nordemann, Vorb. § 120 Rdn. 8; Schricker/Katzenberger, Vorb. 120, Rdn. 166 ff.; Möhring/Nicolini/Hartmann, Vorb. 120 Rdn. 120 ff.; Katzenberger in FG Schricker, S. 225, 256; Loewenheim, ZUM 1999, 923, 926; Ulmer, Immaterialgüterrechte, S. 57 ff.; Schack, Rdn. 1148; Hoeren, CR 1993, S. 132; Mäger, St., Der Schutz, S. 69 ff.

verstanden.[548] Dies gilt für die neugestaltete Norm des § 32a UrhG nicht mehr uneingeschränkt.

Der h.M., wonach es sich bei § 32a UrhG weiterhin um eine vertragsrechtliche Regelung handele[549], steht eine Auffassung entgegen, wonach der Anspruch aus § 32a UrhG bereicherungsrechtliche Züge trägt.[550] Tatbestand und Rechtsfolge erinnerten an bereicherungsrechtliche Wertungen. Auszugehen sei von einem Fall der Eingriffskondiktion (§ 812 Abs. 1, 2.Variante BGB). Der Beteiligungsgrundsatz rechtfertige es, dem Vertragspartner nicht alle erzielten Erträge zuzuweisen. Vielmehr gebühren ihm die Erträge nur soweit, bis die Grenze des „Missverhältnisses" erreicht sei. In den Zuweisungsgehalt des Urheberrechts greift der Verwerter dann ein, wenn er über diese Grenze hinausgehende Erträge erwirtschaftet und behält.[551] Damit wären die Ansprüche aus § 32a UrhG aber nicht mehr dem Urhebervertragsstatut, sondern dem Urheberrechtsstatut zuzuordnen.[552]

Für die Qualifikation ist zwischen den Ansprüchen aus Absatz 1 und Absatz 2 zu unterscheiden.

Beim Korrekturanspruch aus § 32a Abs. 1 UrhG handelt es sich um einen vertraglichen Anspruch. Der Anspruch ist auf Vertragsanpassung gerichtet und setzt eine Vergütungsvereinbarung voraus. Mit den Instrumenten des § 32a Abs. 1 UrhG wird die Äquivalenz von Leistung und Gegenleistung beurteilt. Die Regelung dient wie § 32 Abs. 1 Satz 3 UrhG der vertraglichen Inhaltskontrolle, nur am geänderten Maßstab.[553] Der Anspruch unterscheidet sich von seiner Zielstellung

---

548 BGH GRUR 1998, S. 680, 683 („Comic-Übersetzungen"); GRUR 2002, S. 602, 604 („Musikfragmente"); Schricker/Schricker, § 36 Rd. 3 m.w.N.; a.A. Hegemann, S. 117 (vermögenswerter Bestandteil des subjektiven Urheberrechts).

549 Im Sinne einer gesetzlich geregelten Form der vertraglichen Inhaltskontrolle: Dreier/Schulze/Schulze, § 32a Rd. 8; Schack, GRUR 2002, 853, 856; Haas, Rd. 283 und 300; Schmidt, ZUM 2002, 781, 786, Spindler, MMR 2003 (Beilage 2) S. 10; Bayreuther, UFITA 2002 (Bd. II), S. 623, 645; als Sonderform des § 313 BGB: Hucko, S. 14; Schaub, R., ZUM 2005, S. 212, 218; Schricker, Quellen S. 16; Palandt/Heinrichs § 313, Rdn. 13

550 Berger, GRUR 2003, S. 675, 677; ders. Rd. 255 ff; HK/Kotthoff, § 32a Rdn. 1; Wimmers/Rohde, CR 2003, S. 399, 404.

551 Berger, GRUR 2003, S. 675, 677.

552 HK/Kotthoff, § 120 Rdn. 21; auf die Konsequenz weisen auch Hilty/Peukert, GRUR Int. 2002, S. 643, 645 hin.

553 H.M. Dreier/Schulze/Schulze, § 32a Rd. 8; Schack, GRUR 2002, 853, 856; Haas, Rd. 283 und 300; Schmidt, ZUM 2002, 781, 786, Spindler, MMR 2003 (Beilage 2) S. 10; Bayreuther, UFITA 2002 (Bd. II), S. 623, 645.; a.A. geht weiterhin von einem Anwendungsfall des § 313 BGB aus: Hucko, S. 14; Schaub, R. ZUM 2005, S. 212, 218; Schricker, Quellen, S. 16; wohl auch Palandt/Heinrichs, § 313, Rdn. 13.

und seiner Struktur nicht vom Korrekturanspruch des § 32 Abs. 1 Satz 3 UrhG. Bei diesem Anspruch gehen auch die Vertreter der gegenteiligen Ansicht von einem vertraglichen Charakter aus.[554]

Für die Einordnung als vertraglicher Anspruch spricht auch die systematische Stellung des Anspruchs im Fünften Abschnitt des Gesetzes, der Rechtsverkehr im Urheberrecht überschrieben ist.[555]

Für die hier vertretene Ansicht kann zudem auf den gesetzgeberischen Willen verwiesen werden. Bereits der Vorgängeranspruch des § 36 UrhG (a.F.) wurde im Gesetzgebungsverfahren von einem gesetzlichen Zahlungsanspruch in einen vertraglichen Anspruch geändert, um damit besser zum Ausdruck zu bringen, dass es sich um einen Sonderfall der Lehre vom Wegfall der Geschäftsgrundlage handelt.[556] An der Struktur als vertraglicher Anspruch wurde auch im Gesetzgebungsverlauf zu § 32a UrhG nichts geändert. Durch die Einfügung von § 32a Abs. 1 Satz 2 UrhG wird zwar zum Ausdruck gebracht, dass es sich nicht mehr um einen Fall des § 313 BGB handelt.[557] Am vertraglichen Charakter der Norm sollte jedoch nichts geändert werden. Dafür spricht, dass die Regelung von § 32b UrhG auch für den Anspruch auf weitere Beteiligung gelten soll. Die Einordnung als Eingriffsnorm im Sinne des Art. 34 EGBGB ist aber nur sinnvoll, wenn der Gesetzgeber davon ausgegangen ist, dass es sich bei § 32a Abs. 1 UrhG um einen urhebervertragsrechtlichen Anspruch handelt.[558]

Für einen gesetzlichen Anspruch kann auch nicht streiten, dass der Kreative nicht erst auf Vertragsänderung, sondern sogleich auf Zahlung klagen kann.[559] Konstruktiv erinnert die Regelung an die Systematik des früheren Wandlungs- bzw. Minderungsanspruchs im Kaufrecht (§ 465 BGB a.F.). Die Wandlung war erst vollzogen, wenn der Verkäufer eingewilligt hatte. Die Rechtsprechung gestattet aber, dass der Käufer sofort auf Zahlung klagt. Dem lag die Theorie des richterlichen Gestaltungsaktes zugrunde.[560] Durch den Richterspruch wurde die Wandlung vollzogen und bereitete damit die Grundlage für den

[554] Hilfsanspruch (Berger, Rdn. 62), der Inhaltskontrolle ermöglicht (Berger GRUR 2003, 675, 676.

[555] Rossbach, S. 12.

[556] Amtl. Begr. bei Haertel/Schiefler S. 194.

[557] Wandtke/Bullinger/Wandtke/Grunert, § 32a Rd. 15; HK/Kotthoff, § 32a Rdn. 1; Berger, Urheberecht, Rd. 255; Schmidt, ZUM 2002, 781; Schack, GRUR 2002, 853, 856; Erdmann, GRUR 2002, 923, 925; Bayreuther, UFITA 2002 (Band II), S. 623, 646.

[558] Siehe oben Teil 3/A/I, S. 84 ff.

[559] Bericht und Beschlussempfehlung des Rechtsausschusses BT-Drucks. 14/8058 S. 19. Dieses Argument aber Berger, GRUR 2003, S. 675, 677.

[560] Palandt/Putzo, (60. Auflage, 2001), § 465 BGB Rdn. 3 ff.

Rückforderungsanspruch. Der Anspruch wurde auf diese Weise nicht zum gesetzlichen Anspruch.[561]

Gegen die Annahme eines vertraglichen Anspruchs spricht auch nicht die Regelung von § 32a Abs. 2 UrhG.[562] Aus § 32a Abs. 2 UrhG ergibt sich kein vertraglicher Anspruch.[563] Es fehlt dafür schon an der vertraglichen Beziehung zwischen dem Anspruchsberechtigten (Kreativen) und dem Anspruchsverpflichteten (Dritter in der Verwertungskette).[564] Der Anspruch gegen den Dritten lässt sich nicht als vertraglicher Anspruch begründen. Zwischen dem Urheber und dem Dritten besteht kein rechtsgeschäftliches Vertragsverhältnis.[565] Daraus lässt sich jedoch nichts für den Anspruch aus § 32a Abs. 1 UrhG folgern. Es besteht aber kein zwingender Grund, die Ansprüche aus beiden Absätzen in gleicher Weise zu beurteilen.

### *c) Anwendung des § 32b UrhG*

Das heißt, dass für Ansprüche aus § 32a Abs. 2 UrhG das Urheberrechtsstatut anzuwenden ist[566] und für Ansprüche aus § 32a Abs. 1 UrhG das Urhebervertragsstatut.

Für die Ansprüche aus § 32a Abs. 1 UrhG gilt somit § 32b UrhG. Die Norm ordnet die zwingende Geltung von §§ 32 und 32a UrhGan, wenn auf den Nutzungsvertrag mangels anderer Rechtswahl deutsches Recht anzuwenden wäre (Nr. 1) oder der Gegenstand des Vertrages maßgebliche Nutzungshandlungen im räumlichen Geltungsbereich des Gesetzes sind (Nr. 2). Mit der ausdrücklichen Regelung in § 32b UrhG ist der Streit zur alten Rechtslage, ob es sich bei § 36 a.F. UrhG um eine Eingriffsnorm handelt[567], geklärt worden.

---

561 Palandt/Putzo, (60. Auflage, 2001), § 465 BGB Rdn. 6.
562 Berger, GRUR 2003, S. 675, 677.
563 Schaub,R., ZUM 2005, S. 212, 219.
564 Wandtke/Bullinger/Wandtke/Grunert, § 32a Rdn. 26, 19; Obergfell, K&R 2003, S. 118, 124, Ory, AfP 2002, S. 93, 100; a.A. Hilty/Peukert, GRUR Int. 2002, S. 643, die vom vertraglichen Charakter der Norm ausgehen.
565 Etwas anderes ergibt sich auch nicht aus einer Auffassung, die den Durchgriff auf den Dritten durch eine Konstruktion über §§ 413, 404 BGB rechtfertigt (Katzenberger, GRUR Int. 1983, S. 419; dagegen Hagen S. 82 f. und Hegemann S. 105 ff.).
566 Obergfell, K&R 2003, S. 118, 124.
567 Einordnung als Eingriffsnorm: Fromm/Nordemann/Nordemann, Vorb. § 120 Rdn. 8; Schricker/Katzenberger, Vorb. 120, Rdn. 166 ff.; Möhring/Nicolini/Hartmann, Vorb. 120 Rdn. 120 ff.; Katzenberger in FG Schricker, 225, 256; Loewenheim, ZUM 1999, S. 923, 926; Ulmer Immaterialgüterrechte, S. 57 ff.; a.A. Schack, Rdn. 1148; Obergfell, S. 321; Hilty/Peukert, GRUR Int. 2002, S. 643, 649 f.

Für Verträge bedeutet das: Nach § 32b Nr. 1 UrhG ist zu prüfen, ob ohne die Rechtswahlklausel deutsches Recht anzuwenden wäre. Obwohl die Parteien eine ausdrückliche Regelung im Hinblick auf die Rechtswahl getroffen haben, wird die Anwendung einer objektiven Anknüpfung nach Art. 28 ff. EGBGB fingiert. Über die fingierte objektive Anknüpfung wird der notwendige Inlandsbezug hergestellt.[568] Gemeint sind Fälle, bei denen inländische Verwerter von einem ausländischen Urhebern Nutzungsrechte eingeräumt werden und das ausländische Vertragsstatut bestimmt wird. § 32b UrhG verhindert in diesem Fall den Ausschluss von §§ 32, 32a UrhG. Nach Art. 28 Abs. 2 EGBGB wäre ohne die Rechtswahl nach objektiver Anknüpfung die Rechtsordnung maßgeblich, die für denjenigen gilt, der die charakteristische Leistung erbringt. Beim Verlagsvertrag ist dies das Versprechen des Verlegers, das Werk zu vervielfältigen und zu verbreiten. Es gilt dann das Recht des Sitzstaates des Verlegers.[569] Im Beispielsfall also deutsches Recht. Die zwingenden Regelungen der §§ 32, 32a UrhG erfordern, dass bei der Beurteilung der Angemessenheit der vertraglichen Vergütung auch Nutzungshandlungen im Ausland zu berücksichtigen sind.[570]

Über die zweite Tatbestandsalternative in Nr. 2 wird der notwendige Inlandsbezug für Art. 34 EGBGB durch die vertraglich vorgesehene bzw. tatsächliche Nutzung im Inland hergestellt. Mit der Regelung soll vermieden werden, dass Verwerter (Verleger) ihren Sitz ins Ausland verlegen, um §§ 32 und 32a UrhG zu umgehen.[571] Die Gesetzesbegründung gibt keinen Aufschluss darüber, was unter der Maßgeblichkeit der Nutzungshandlung zu verstehen ist. Als Bezugspunkt könnte die Gesamtheit der eingeräumten Nutzungsrechte gelten. Dies würde dazu führen, dass bei der Einräumung weltweiter Nutzungsrechte die zwingende Regelung nur dann greift, wenn die eingeräumten Nutzungsrechte für Deutschland, gemessen an sämtlichen Nutzungsrechten, nicht unmaßgeblich im Sinne von bedeutungslos sind.[572] Der gesetzgeberische Wille spricht hingegen dafür, dass die Betrachtung allein auf die in Deutschland eingeräumten Nutzungsrechte zu richten ist.[573]

Für ausübende Künstler verweist § 79 Abs. 2 UrhG ausdrücklich auf § 32b UrhG. Da es sich bei §§ 32, 32a UrhG auch um zwingende Vorschriften im Sinne des

---

568 Haas Rdn. 474; Obergfell, K&R 2003, S. 118, 124.

569 Schricker, Einl. VerlG Rdn. 43; Wandtke/Grunert/v. Welser, § 32b Rdn. 3; Haas, Rdn. 475.

570 Dreier/Schulze/Schulze, § 32b Rdn. 7; HK/Kotthoff, § 32b Rdn. 6; Obergfell, K&R 2003, S. 118, 125; a.A. Wandtke/Bullinger/v. Welser, § 32b Rdn. 4.

571 Obergfell K&R, 2003, S. 118, 124; Hilty/Peukert, GRUR Int. 2002, S. 643, 651.

572 Obergfell, K&R 2003, S. 118, 125. Sie begründet dies damit, dass eine derartige Sonderkollisionsnorm nur dann gerechtfertigt ist, wenn ein hinreichender Inlandsbezug besteht.

573 Wandtke/Bullinger/v. Welser, § 32b Rdn. 4.

Art. 30 EGBGB handelt, können daher auch bei Verträgen mit Arbeitnehmerurhebern keine abweichenden Rechtswahlvereinbarungen getroffen werden.[574]

## II. Bestimmen der Vergütung nach Kollektivvereinbarungen

Zunächst setzt § 32a Abs. 4 UrhG voraus, dass die Vergütung des Urhebers nach einem Tarifvertrag oder einer gemeinsamen Vergütungsregelung bestimmt worden ist. Ausgeschlossen ist auf diese Weise, dass Kollektivregelungen lediglich Bestimmungen für den Fall der Bestsellersituation vorsehen. Derartige Regelungen genügen nicht.

Allein aus dem Wortlaut von § 32a Abs. 4 UrhG lässt sich nicht erkennen, welche Vergütung bestimmt sein soll. Das ergibt sich aus dem Sinn der Vorschrift. Neben der Vergütung soll die Kollektivregelung gleichzeitig eine weitere Beteiligung für den Fall des § 32a Abs. 1 UrhG (Bestsellersituation) treffen. Die Bestsellerposition besteht, wenn zwischen der vereinbarten Gegenleistung und einer gedachten angemessenen Vergütung, die bei Berücksichtigung der tatsächlich gezogenen Erträge und Vorteile aus der Werknutzung zu ermitteln ist, ein auffälliges Missverhältnis vorliegt. Zur Bestimmung eines Missverhältnisses werden die vereinbarte und eine fiktive angemessene Gegenleistung ins Verhältnis gesetzt.[575] Aus der Vergütungsvereinbarung ergibt sich somit die „vereinbarte Gegenleistung" im Sinne des § 32a Abs. 1 UrhG. Es handelt sich um die Gegenleistung für das Einräumen von Nutzungsrechten.

Voraussetzung ist die Existenz einer wirksamen Kollektivvereinbarung, die im konkreten Einzelfall die Vergütung des Kreativen bestimmt. Zu unterscheiden ist zwischen Vergütungen, die nach Tarifverträgen und solchen die nach gemeinsamen Vergütungsregeln bestimmt sind [dazu unten 1.) und 2.)]. Die inhaltlichen Anforderungen an eine solche kollektive Vergütungsregelung sollen unter 3.) untersucht werden.

### 1. Bestimmen der Vergütung nach Tarifverträgen

Tarifvertraglich bestimmt kann die Vergütung nur dann sein, wenn ein wirksamer Tarifvertrag vorhanden war, der Wirkung auf das konkrete Einzelvertragsverhältnis entfaltet. Der Gesetzgeber geht ohne weiteres davon aus, dass

---

[574] Wandtke/Bullinger/v. Welser, § 32b Rdn. 6; Dreier/Schulze/Schulze, § 32b Rdn. 5; Haas, Rdn. 483; Hilty/Peukert, GRUR Int. 2002, S. 643, 648.

[575] Siehe dazu im Einzelnen unten Teil 3/B/III/1, S. 174 ff.

urheberrechtliche Regelungen in Tarifverträgen zulässig sind. Dies stimmt mit der allgemeinen Auffassung in Literatur[576] und Rechtsprechung[577] überein.

### *a) Bestehen eines wirksamen Tarifvertrages*

Voraussetzung ist das Bestehen eines wirksamen Tarifvertrages, der zwischen Tarifvertragsparteien zustande gekommen ist und zumindest eine urheberrechtliche Vergütungsregelung zum Gegenstand hat.

#### aa) Vertragsbeteiligte

Vertragsschließend können nur tariffähige Parteien sein. Tarifvertragsfähige Parteien können Gewerkschaften, einzelne Arbeitgeber, Vereinigungen von Arbeitgebern (§ 2 Abs. 1 TVG) oder Zusammenschlüsse von Gewerkschaften und von Vereinigungen von Arbeitgebern sein (§ 2 Abs. 2 TVG). Unter welchen Voraussetzungen eine Gewerkschaft oder ein Arbeitgeberverband tariffähig ist, ist nicht gesetzlich geregelt. Es genügt nicht, dass die Organisationen sich für tariffähig halten, die Tariffähigkeit ist vielmehr an Hand objektiver Kriterien zu prüfen.[578] Zu den Kriterien gehören die freie Bildung der Koalition, ihr privatrechtlicher Charakter, demokratische Organisation, Tarifwilligkeit, Dauerhaftigkeit der Organisation, Gegnerfreiheit und -unabhängigkeit, Anerkennung des staatlichen Tarif- und Schlichtungswesens und staatliche Unabhängigkeit.[579]

Um wirksame Tarifverträge zu schließen, müssen die Tarifvertragsparteien zudem tarifzuständig sein, d.h. sie müssen fähig sein, Tarifverträge in einem bestimmten Geltungsbereich abzuschließen.[580] Damit soll eine sachnahe Tarifregelung ermöglicht und Streit zwischen gleichrangigen Organisationen vermieden werden.[581] Die Tarifzuständigkeit bestimmt sich nach der Satzung des Verbandes. Ein bundesweites Wirken ist nicht vorausgesetzt. Tarifverträge können auch auf Betriebsebenen (Haustarifverträge) oder auf regionaler Ebene abgeschlossen werden.

---

[576] Wandtke/Bullinger/Wandtke, § 43 Rdn. 121; Fromm/Nordemann/Vinck, § 43 Rdn. 7; Barthel, S. 98 m.w.N.

[577] OLG Hamburg GRUR 1977, S. 556, 558 („Zwischen Marx und Rothschild").

[578] Lieb, Rdn. 554.

[579] Lieb, Rdn. 556.

[580] BAG AP Nr. 95 zu Nr. § 1 TVG („Tarifverträge: Bau"); AP Nr. 5 zu § 2 TVG („Tarifzuständigkeit").

[581] Wiedemann/Stumpf, § 2 TVG, Rdn. 26; Hromadka/Maschmann, § 13 Rdn. 66.

Tarifvertragsparteien können nur einzelne Arbeitgeber oder Arbeitgeberverbände und auf der anderen Seite Verbände von Arbeitnehmer oder von arbeitnehmerähnlichen Personen sein (§ 12a TVG).[582] Aus urheberrechtlicher Sicht kommen auf Arbeitgeberseite beispielsweise die einzelnen Rundfunkanstalten und die Verlegerverbände (z.B. BDZV, VDZ) in Betracht. Zu den Gewerkschaften, die Urheberinteressen wahrnehmen, gehören u.a. die Dienstleistungsgewerkschaft ver.di und der Deutsche Journalistenverband (DJV).

### bb) Wirksamer Vertragsschluss

Zwischen den Tarifvertragsparteien muss ein Vertrag zustande gekommen sein. Das Zustandekommen des Vertrages richtet sich nach den allgemeinen Vorschriften des BGB (§ 145 ff. BGB).[583] Konnten sich die Parteien zunächst nicht einigen und wird der Inhalt des Vertrages durch einen Schlichtungsspruch festgelegt, so entfaltet dieser erst mit der Zustimmung beider Parteien seine Wirkung.[584]

Gemäß § 1 Abs. 2 TVG bedürfen wirksame Tarifverträge der Schriftform. Fehlende Schriftform bewirkt die Nichtigkeit des Vertrages.[585] Die Kundgabe (Veröffentlichung) des Tarifvertrages ist keine Wirksamkeitsvoraussetzung, deren Fehlen ist lediglich über Ordnungsvorschriften sanktioniert (§§ 6 ff TVG).

### cc) Gegenstand des Tarifvertrages

Gemäß § 1 Abs. 1 und § 4 Abs. 1 TVG können Rechtsnormen Gegenstand des Vertrages sein, die u.a. den Inhalt von Arbeitsverhältnissen ordnen (Inhaltsnormen).[586] Über Arbeitsverhältnisse hinaus können durch Tarifverträge auch die Vertragsverhältnisse arbeitnehmerähnlicher Personen (§ 12a TVG) inhaltlich bestimmt werden.

Regelungsgegenstand einer solchen Inhaltsnorm kann grundsätzlich alles sein, was in einem Arbeitsvertrag geregelt werden kann.[587] Dazu gehören sämtliche Rechte und Pflichten des Arbeitsverhältnisses, wie Entgelt, Entgeltformen, Ent-

---

582 Arbeitnehmerähnliche Personen sind Personen, die wirtschaftlich abhängig und vergleichbar einem Arbeitnehmer sozial schutzbedürftig sind (§ 12a Abs. 1 TVG).

583 Hromadka/Maschmann, § 13 Rdn. 53.

584 Hromadka/Maschmann, § 13 Rdn. 53.

585 Hromadka/Maschmann, § 13 Rdn. 58.

586 Hromadka/Maschmann, Rdn. 21.

587 Hromadka/Maschmann, Rdn. 21; BAG GS AP Nr. 17 zu § 77 BetrVG 1972.

geltzahlung im Krankheitsfall, Zuschläge, Arbeitszeit und Urlaubsregelungen.[588] Für das Urheberrecht ist grundsätzlich unstrittig, dass schuldrechtliche Vereinbarungen über die Übertragung von Nutzungsrechten oder schuldrechtliche Überlassungen in Tarifverträgen getroffen werden können.[589] Gegen die Regelung von Urhebervergütungen in Tarifverträgen wurden bisher keine Bedenken geltend gemacht, durch §§ 32 und 32a UrhG werden solche Regelungen ohnehin als möglich vorausgesetzt.[590] Die Streitfrage, ob in Tarifverträgen Verfügungen über die Nutzungsrechte vorgenommen werden können[591], ist hier nicht zu vertiefen. Die Vergütung ist Gegenstand des Verpflichtungsgeschäfts, das unstreitig durch Tarifverträge geregelt werden kann.

### dd) Vereinbarkeit mit höherrangigem Recht

Die Betätigungs- und somit Regelungsfreiheit der Koalitionen ist aber nicht grenzenlos. Einerseits wird der Schutzumfang durch Art. 9 Abs. 3 GG selbst begrenzt, indem der Schutzbereich mit dem Tätigwerden zur Wahrung und Förderung der Arbeits- und Wirtschaftsbedingungen umschrieben wird. Unzulässig sind daher Tarifbestimmungen, die die Arbeitsverhältnisse von Außenseitern zu regeln suchen.[592]

Unabhängig davon dürfen Tarifnormen nicht gegen zwingendes höherrangiges Recht verstoßen.[593] Zu beachten sind daher insbesondere die Grundrechte Dritter.[594] Tarifvertragliche Vereinbarungen verstoßen zudem nicht gegen das Kartellverbot des § 1 GWB. Eine ausdrückliche Freistellung im Gesetz erfolgte nicht. Aus der Gesetzesbegründung ist aber zu entnehmen, dass der Arbeitsmarkt nicht vom Anwendungsbereich erfasst sein soll.[595]

---

588 Schaub/Schaub, § 200 Rdn. 2; Hromadka/Maschmann, § 13 Rdn. 21.

589 Wandtke/Bullinger/Wandtke, § 43 Rdn. 127.

590 Zur Frage, ob auch die Regelungen der §§ 32, 32a UrhG Anwendung im Arbeits- und Dienstverhältnis finden; siehe unten Teil 3/B/I/2, S. 58 ff.

591 Zum Meinungsstreit Wandtke/Bullinger/Wandtke, § 43 Rdn. 127; Barthel, S. 101 ff. jeweils m.w.N.

592 Hromadka/Maschmann, § 13 Rdn. 151.

593 BAG AP Nr. 49 zu § 611 BGB (Dienstordnungs-Angestellte). Hromadka/Maschmann, § 13 Rdn. 152.

594 Steinberg, S. 70 ff.

595 Begründung zum Regierungsentwurf zum GWB, BT-Drucks. II/1158, S. 30; Löwisch/Rieble in Münch HB AR, § 247 Rdn. 13 ff.; Wiedemann/Wank, § 12a Rdn. 28; Ritgen, JZ 2002, S. 114, 115.

Tarifverträge verstoßen auch nicht gegen die europäischen Kartellvorschriften (Art. 81 ff. EGV). Das hat der EuGH bereits bestätigt.[596] Die EU-weit anerkannte Tarifautonomie löse die wettbewerbsbeschränkenden Wirkungen zwangsläufig aus. Eine Kartellkontrolle würde die sozialpolitische Kompetenz der Tarifpartner in Frage stellen.[597]

### *b) Wirkung von Tarifverträgen*

### aa) Normative Wirkung von Tarifverträgen

Tarifverträge werden unterschieden nach ihrem schuldrechtlichen und ihrem normativen Teil. Dabei regelt der schuldrechtliche Teil die Beziehungen der Tarifvertragsparteien.[598] Der normative Teil enthält Regelungen zu den Arbeitsverhältnissen. Dieser Teil wirkt wie ein Gesetz, d.h. die dort aufgestellten Regelungen wirken unmittelbar und zwingend zwischen den tarifgebundenen Parteien (§ 4 Abs. 1 TVG). Die Geltung des Tarifvertrages zwischen tarifgebundenen Arbeitsvertragsparteien muss nicht eigens vereinbart werden. Der Tarifvertrag wirkt unmittelbar in das Arbeitsverhältnis.[599] Ist eine Vergütung für die Einräumung von Nutzungsrechten im Tarifvertrag bestimmt, so wirkt diese Regelung unmittelbar als Anspruchsgrundlage.[600]

Damit die normative Wirkung eintritt müssen folgende Bedingungen erfüllt sein:

### bb) Persönlicher Anwendungsbereich

Unmittelbare Wirkung entfalten Tarifverträge nur dann, wenn beide Parteien des Arbeitsverhältnisses tarifgebunden sind (§ 3 Abs. 1 TVG).[601] Im Tarifvertrag ist zudem geregelt, für welchen Arbeitnehmer der Tarifvertrag gilt. Hier kann eine

---

[596] EuGH C-67/96, Slg. 1999 I- 5751, 5812 („Albany“); Schwarze/Bringer, Art. 81 EGV Rdn. 56; Dittrich/Schammel in Dittrich: Beiträge VII, S. 169, 191.

[597] EuGH C-67/96, Slg. 1999 I- 5751, 5812 („Albany“).

[598] Hromodka/Maschmann, § 13 Rdn. 3 ff. (dazu gehören beispielsweise Regelungen des Inkrafttretens, Laufzeit und Kündigung des Vertrages, Friedens- und Durchführungspflicht ).

[599] BVerfGE 28, S. 295, 304 f.; Schaub/Schaub, § 204 Rdn. 2; Hromodka/Maschmann, § 13 Rdn. 8 ff.; Wandtke/Bullinger/Wandtke,.§ 43 Rdn. 124.

[600] Die dogmatische Begründung für die zwingende Wirkung des Tarifvertrages ist umstritten, die h.M. vertritt jedoch die Delegationstheorie, wonach die Tarifvertragsparteien aufgrund staatlicher Delegation zur Rechtssetzung ermächtigt sind. Zum Streitstand Hromodka/Maschmann, § 13 Rdn. 13.

[601] Hromodka/Maschmann, § 13 Rdn. 237.

Differenzierung zwischen einzelnen Arbeitnehmern erfolgen, die beispielsweise an die Art der geleisteten Tätigkeit oder die Zeitdauer der Tätigkeit anknüpft.[602]

### cc) Sachlicher Anwendungsbereich

Die Tarifvertragsparteien einigen sich auch auf den anzuwendenden Sachbereich der Regelung. Der ergibt sich in der Regel schon aus der Tarifzuständigkeit der Tarifvertragsparteien. Damit eine Vergütung nach einem Tarifvertrag bestimmt ist, muss der Tarifvertrag auch konkrete Werknutzungen erfassen.[603]

Im urheberrechtlichen Bereich können unterschiedliche Tarifvertragsparteien in unterschiedlichen Verwertungsbranchen agieren und Tarifverträge schließen. Damit ist nicht ausgeschlossen, dass auch Tarifvertragsparteien urheberrechtliche Regelungen treffen, die keiner spezifischen Verwertungsbranche angehören. So könnten auch in Tarifverträgen des öffentlichen Dienstes urheberrechtliche Regelungen enthalten sein. Schwierigkeiten können dort auftreten, wo verschiedene Tarifverträge anwendbar wären. Diese Frage ist nach den Regeln der Tarifkonkurrenz zu klären.[604]

### dd) Räumlicher Anwendungsbereich

Aus dem Tarifvertrag ergibt sich, für welchen räumlichen Geltungsbereich, d.h. in welchen geografischen Grenzen, der Vertrag gelten soll. Der Vertrag kann demnach für das gesamte Bundesgebiet, aber auch nur für einzelnen Bundesländer oder kleinere Verwaltungseinheiten geschlossen werden.[605]

Die den Tarifvertragsparteien durch das TVG gegebene Tarifmacht findet ihre räumlichen Grenzen auf dem Territorium Deutschlands. Dies können die Tarifvertragsparteien nicht ändern.[606] Bisher besteht auch noch keine Möglichkeit,

---

[602] So beispielsweise im Entgelttarifvertrag für Arbeitnehmerinnen und Arbeitnehmer im privatrechtlichen Rundfunk (www.connexx-av.de): Der Vertrag findet beispielsweise keine Anwendung für lediglich auf Produktionsdauer Beschäftigte und Aushilfen, im Übrigen unterscheidet er zwischen verschiedenen Tarifgruppen, die sich durch die Art ihrer Tätigkeit und die dazu notwendigen Kenntnisse unterscheiden.

[603] Wandtke/Bullinger/Wandtke/Grunert, § 32 Rdn. 46.

[604] Siehe unten Teil 3/II/ 1, S. 100.

[605] Hromodka/ Maschmann, § 13 Rdn. 215.

[606] Löwisch/Rieble in Münch HB AR, § 254 Rdn. 2.

europäische Tarifverträge abzuschließen, und den Sozialpartnervereinbarungen nach Art. 139 EGV fehlt die normative Wirkung von Tarifverträgen.[607]

Keine Voraussetzung ist jedoch, dass die Tarifvertragsparteien Deutsche sind. Ausländische Tarifvertragsparteien müssen jedoch den Anforderungen des TVG an die Tariffähigkeit entsprechen.[608]

### ee) Zeitlicher Anwendungsbereich

Die Tarifvertragsparteien haben es in der Hand, den zeitlichen Rahmen des Vertrages abzustecken. Dies gilt sowohl für den Beginn als auch für das Ende des Tarifvertrages.

Festgelegt werden kann, ab wann die Tarifnormen Wirkung entfalten sollen. Dies kann zum Zeitpunkt des Abschlusses oder aber auch zu einem festgesetzten späteren Zeitpunkt sein.[609] Denkbar ist, Tarifnormen Rückwirkung zukommen zu lassen. Da die Normen wie Gesetze im materiellen Sinne behandelt werden, sind die für die Rückwirkung von Gesetzen entwickelten Grundsätze auch hier anzuwenden.[610] Daher ist zwischen echten und unechten Rückwirkungen zu unterscheiden. Normen, die in bereits abgeschlossene Tatbestände eingreifen (echte Rück-wirkung) sind grundsätzlich unzulässig.[611] Zulässig ist hingegen die Anknüpfung an in der Vergangenheit begonnene, aber noch nicht abgeschlossene Sachverhalte mit einer Wirkung für die Vergangenheit (unechte Rückwirkung).[612] Eine Vergütung kann also auch nach einem Tarifvertrag bestimmt sein, der erst rückwirkend in Kraft gesetzt wird.

Der Tarifvertrag endet, wenn ein Beendigungstatbestand erfüllt ist. Dies kann einerseits die Folge einer vertraglich vereinbarten Befristung oder Bedingung sein, auf der Ausübung eines Gestaltungsrechts (z.B. Kündigung) beruhen oder sich aus Gründen ergeben, die den Vertrag gegenstandslos machen (z.B. Auflösung des Betriebes oder der Tarifvertragspartei).[613]

---

607 Löwisch/Rieble in Münch HB AR, § 257 Rdn. 31.
608 Löwisch/Rieble in Münch HB AR, § 254 Rdn. 9 f.
609 Hromodka/Maschmann, § 13 Rdn. 82.
610 BAG AP Nr. 1, 12 zu § 1 TVG („Rückwirkung").
611 Hromadka/Maschmann, § 13 Rdn. 84. Ausnahmen bei unklarer Rechtslage oder wenn die Betroffenen mit der Regelung rechnen mussten.
612 Hromadka/Maschmann, § 13 Rdn. 86.
613 Hromadka/Maschmann, § 13 Rdn. 98.

Nach Beendigung des Tarifvertrages gelten dessen Rechtsnormen weiter, bis sie durch eine andere Abmachung ersetzt werden (§ 4 Abs. 5 TVG). Sie bleiben weiterhin Rechtsnormen, die unmittelbar gelten. Allerdings entfällt ihre zwingende Wirkung.[614] D.h., die tariflichen Normen können von den Parteien des Arbeitsvertrages abgedungen werden.[615] In diesem Fall ist die Vergütung nicht mehr nach einem Tarifvertrag bestimmt.

### *c) Vergütungsbestimmung bei konkurrierenden Vereinbarungen*

Die unmittelbare und zwingende Wirkung der normativen Regelungen des Tarifvertrages gilt nur für die Arbeitsvertragsparteien, die auch tarifgebunden sind (§ 4 Abs. 1 TVG). Tarifverträge können aber auch in anderer Weise in Individualverträge einwirken.

### aa) Einzelvertrag

Dort wo der Tarifvertrag normative Wirkung entfaltet, bestimmt sich das Verhältnis zum Arbeitsvertrag nach §§ 4 Abs.1 und Abs. 3 bis 5 TVG. Abweichende Vereinbarungen sind nur zulässig, wenn sie vom Tarifvertrag gestattet werden oder für den Arbeitnehmer günstiger sind (Günstigkeitsprinzip).[616] Diese Vergütung ist dann Maßstab für § 32a Abs. 1 UrhG. Jedoch ist die Vergütung nicht nach einem Tarifvertrag bestimmt. § 32a Abs. 4 UrhG findet dann keine Anwendung.

Tarifverträge können für die einzelvertragliche Vergütung aber auch in anderer Weise bestimmend sein.

### (1) Allgemeinverbindlicherklärung

§ 5 TVG sieht die Möglichkeit vor, dass Tarifverträge unter bestimmten Voraussetzungen für allgemeinverbindlich erklärt werden. Zu den Voraussetzungen gehören das Einvernehmen eines Ausschusses, der aus je drei Vertretern der Spitzenorganisationen besteht. Die tarifgebundenen Arbeitgeber müssen mindestens 50 % der unter den Tarifvertrag fallenden Arbeitnehmer beschäftigen. Schließlich muss die Allgemeinverbindlichkeitserklärung im öffentlichen Interesse geboten erscheinen (§ 5 Abs. 1 TVG).

---

[614] BAG AP Nr. 8, 16 zu § 4 TVG („Nachwirkung").
[615] Löwisch/Rieble, in Münch HB AR, § 270 Rdn. 21; Schaub/Schaub, § 204 Rdn. 15.
[616] Wandtke/Bullinger/Wandtke, § 43 Rdn. 126.

Damit gelten die Rechtsnormen auch für Arbeitsvertragsparteien, die bisher nicht tarifgebunden waren (§ 5 Abs. 4 TVG). Zweck einer solchen Allgemeinverbindlichkeitserklärung ist es, innerhalb eines Tarifgebietes gleiche Arbeitsbedingungen zu schaffen und einen Wettbewerb nach unten zu vermeiden.[617] Werden entsprechende Tarifverträge für allgemeinverbindlich erklärt, so wäre auch die Vergütung eines Außenseiters nach diesen Regelungen bestimmt. § 32a Abs. 4 UrhG ist anwendbar.

### (2) Bezugnahme

Aus dem verfassungsrechtlich geschützten Grundsatz der Vertragsfreiheit (Art. 2 Abs. 1 GG) ergibt sich auch die Möglichkeit, dass nicht tarifgebundene Parteien eines Arbeitsverhältnisses bestehende Tarifverträge ganz oder teilweise durch Bezugnahme zum Inhalt des Arbeitsvertrages machen.[618]

Die Bezugnahme kann ausdrücklich oder konkludent erfolgen, den gesamten Tarifvertrag einbeziehen oder nur einzelne Regelungen, auf den Tarifvertrag in der gerade geltenden Fassung (statische Bezugnahmeklausel) oder auf den jeweiligen Tarifvertrag (dynamische Bezugnahmeklausel) verweisen.[619]

Anders als bei tarifgebundenen Parteien wirken die normativen Regelungen des Tarifvertrages aber nur schuldrechtlich. Die Vergütungsansprüche ergeben sich daher nicht aus dem Tarifvertrag unmittelbar, sondern aus dem Arbeitsvertrag.[620] Den Parteien steht es dabei frei, jederzeit den Vertrag zu ändern, ohne Rücksicht auf die Wirkung des Tarifvertrages nehmen zu müssen.[621]

Umstritten ist, ob bei der Bezugnahme auf einen Tarifvertrag die Vergütung tarifvertraglich im Sinne des § 32a Abs. 4 UrhG bestimmt ist.

Während die h.M. begründungslos davon ausgeht, dass auch die Bezugnahme von Tarifverträgen zur Anwendung der §§ 32 Abs. 4, 32a Abs. 4 UrhG führt[622], geht eine andere Auffassung davon aus, dass die Parteien tarifgebunden sein

---

[617] Hromodka/Maschmann, § 13 Rdn. 250.
[618] Wandtke/Bullinger/Wandtke, § 43 Rdn. 126; Hromodka/Maschmann, § 13 Rdn. 253.
[619] Hromodka/Maschmann, § 13 Rdn. 254 f.
[620] Hromadka/Maschmann, § 13 Rdn. 254.
[621] Schaub/Schaub, § 208 Rdn. 8.
[622] HK/Kotthoff, § 32 Rdn. 13; Haas, Rdn. 221; Ory, AfP 2002, 93, 96.

müssen.[623] Nichttarifgebundenen Urhebern stehen die Korrekturansprüche aus §§ 32, 32a UrhG zu, die nur bei Vorliegen anwendbarer gemeinsamer Vergütungsregelungen ausgeschlossen sind.[624]

Argumentiert wird mit dem Regelungszweck der Norm und mit dem Wortlaut von §§ 32 Abs. 4, 32a Abs. 4 UrhG. Regelungszweck des Tarifvorrangs sei, dass gemeinsame Vergütungsvereinbarungen nicht in Konkurrenz zu Koalitionen treten, die davor durch Art. 9 Abs. 3 GG geschützt seien. Koalitionen haben aber keinen Vertretungsanspruch für und gegen Außenseiter. Diese haben keinen verfassungsrechtlichen Anspruch auf diesen Schutz. [625] Zudem verlange der Wortlaut von §§ 32 Abs. 4, 32a Abs. 4 UrhG, dass die Vergütung für die Nutzung *seiner* Werke tarifvertraglich bestimmt ist. Daraus sei zu schließen, dass der Tarifvertrag auf den jeweiligen Arbeitnehmerurheber Anwendung finden müsse.[626]

Dieser Ansicht ist entgegenzuhalten, dass § 32 Abs. 4 UrhG und § 32a Abs. 4 UrhG nicht nur eine Vorrangregelung gegenüber gemeinsamen Vergütungsregelungen enthalten. Vielmehr wird auch die Freistellung von gerichtlichen Inhaltskontrollen zum Ausdruck gebracht.[627] Diese Freistellung ist damit zu begründen, dass das erzielte Ergebnis (Tarifvertrag) vertragsparitätisch zustande gekommen ist.[628] Die Tarifvereinbarung trägt eine „Richtigkeitsgewähr" in sich.[629] Verträge, die durch Bezugnahme auf einen Tarifvertrag die Tarifnormen zum Vertragsgegenstand gemacht haben, nehmen an der „Richtigkeitsgewähr" des Tarifvertrages teil.[630] Dies gilt allerdings nur, wenn auf den gesamten Tarifvertrag Bezug genommen wurde, da nur so der von den Tarifvertragsparteien gedachte gerechte Sachzusammenhang hergestellt werden kann. Auf diese Weise ist aber eine vertragsgerechte Lösung auch für den Einzelfall hergestellt, so dass der Urheber keinen Schutz über die Inhaltskontrolle der Gerichte bedarf.[631] Zudem würde man anderenfalls auch dem gesetzgeberischen Anliegen nicht gerecht, möglichst viele Tarifverträge in den einzelnen Branchen zu erreichen.[632] Der Verwerter könnte nur Tarifverträge abschließen, die für ebenfalls tarifgebundene Arbeitnehmer Geltung hätten. Im Übrigen wäre er dem Risiko dauerhafter

---

[623] Bayreuther, GRUR 2003, S. 570, 575; so wohl auch Wandtke/ Bullinger/Wandtke, § 32 Rdn. 46; Dreier/Schulze/Schulze, § 32 Rdn. 82.

[624] Bayreuther, GRUR 2003, S. 570, 575.

[625] Bayreuther, GRUR 2003, S. 570.

[626] Bayreuther, GRUR 2003, S. 570, 576.

[627] Siehe unten Teil 3/III/ C, S. 217.

[628] Dreier/Schulze/Schulze, § 32 Rdn. 82.

[629] Löwisch/Rieble in Münch HB AR, § 246 Rdn. 91.

[630] Löwisch/Rieble in Münch HB AR, § 269 Rdn. 17.

[631] Löwisch/Rieble in Münch HB AR, § 269 Rdn. 17.

[632] RegE. BT-Drucks. 14/6433, S. 11; Regelungsdefizit der bisherigen Rechtslage sei auch dadurch gekennzeichnet, dass nicht in allen Bereichen, in denen Tarifverträge geschlossen werden könnten, auch Tarifverträge geschlossen werden.

Vertragskontrollansprüchen der anderen Arbeitnehmer ausgesetzt. Ein Motiv zum Abschluss eines Tarifvertrages wäre aber nur dann gegeben, wenn der Arbeitgeber durch die Bezugnahme alle Arbeitnehmer im Unternehmen in die Regelung einbeziehen kann und auf diese Weise Rechtssicherheit erlangt.

Eine Vergütung ist auch nach einem Tarifvertrag bestimmt, wenn der Tarifvertrag durch eine Bezugnahme Vertragsgegenstand wird.[633]

### bb) Betriebsvereinbarungen

Das Verhältnis von Tarifverträgen zu kollektivvertraglichen Betriebsvereinbarungen ist im Betriebsverfassungsgesetz geregelt. Nach § 77 Abs. 3 BetrVG können Regelungen zum Arbeitsentgelt nicht zum Gegenstand einer Betriebsvereinbarung gemacht werden. Etwas anderes gilt nur, soweit der Tarifvertrag dies ausdrücklich zulässt. Diese Vergütungsregelung würde dann auch einem Tarifvertrag vorgehen.[634]

Soweit die Anwendung von Betriebsvereinbarungen im Vergütungsbereich möglich ist, wird auch deren Vorrang vor gemeinsamen Vergütungsregeln in analoger Anwendung von § 36 Abs. 1 Satz 3 UrhG angenommen.[635] Dem Gesetz könne der Gedanke entnommen werden, dass § 36 UrhG überall dort seine Grenze findet, wo bereits kollektivvertragliche Vereinbarungen existieren.[636]

Nach dieser Ansicht müsste konsequenterweise auch die Inhaltskontrolle nach §§ 32, 32a UrhG in analoger Anwendung der jeweiligen Absätze 4 ausgeschlossen sein. Dagegen spricht aber, dass die Betriebsvereinbarungen nicht ausdrücklich im Gesetz genannt sind. Zwar könnte man aus § 36 Abs. 1 Satz 3 UrhG den Schluss ziehen, dass der Vorrang auch für andere Normen des kollektiven Arbeitsrechts gilt. Dies lässt aber unberücksichtigt, dass Betriebsvereinbarungen nach der Rechtsprechung des BAG der Billigkeitskontrolle unterliegen.[637] Das BAG begründet dies damit, dass keine Vertragsparität zwischen Betriebsrat und

---

[633] HK/Kotthoff, § 32 Rdn. 13; Haas, Rdn. 221; Ory, AfP 2002, 93, 96.

[634] Nach der sog. Trennungstheorie wäre die Vergütung für das Einräumen von Nutzungsrechten schon kein Bestandteil des Arbeitsentgeltes. § 77 Abs. 3 BetrVG stände einer Vergütungsregelung ohnehin nicht entgegen (Wandtke/Bullinger/Wandtke, § 36 Rdn. 9). Dazu unten Teil 3/B/II/3., S. 169 ff.

[635] Wandtke/Bullinger/Wandtke, § 36 Rdn. 9.

[636] Wandtke/Bullinger/Wandtke, § 36 Rdn. 9.

[637] BAG GS AP 17 zu § 77 BetrVG 1972; BAG AP 1 zu § 57 BetrVG; zu § 77 BetrVG 1972 (Auslegung). In der Literatur aber umstritten, siehe dazu Mattes in MünchHB AR, § 328 Rdn. 84; Schaub/Koch, § 231 Rdn. 10.

Arbeitgeber bestehe, so dass nicht von einem billigen Ausgleich der Interessen wie bei einem Tarifvertrag ausgegangen werden könne.[638] Betriebsvereinbarungen können daher auch nicht der Angemessenheitsvermutung eines Tarifvertrages folgen. Bestimmungen in Betriebsvereinbarungen können somit nicht als tarifvertragliche Bestimmung der Vergütung im Sinne des § 32a UrhG gelten.

### cc) Andere Tarifverträge

Mehrere Tarifverträge können die Vergütung ergänzend festlegen, ohne dass ein Konflikt zwischen einzelnen Tarifverträgen entsteht.[639] Nach dem jeweils anwendbaren Tarifvertrag mit Vergütungsregelung ist die Vergütung dann bestimmt.

Zu Konkurrenzsituationen kann es jedoch kommen, wenn die Arbeitsvertragsparteien zugleich an verschiedene kollidierende Tarifverträge gebunden sind. Hier ist der Tarifvertrag zu ermitteln, nach dem sich die Vergütung im Einzelfall bestimmt. Zu unterscheiden ist zwischen Tarifkonkurrenz und Tarifpluralität.

Sind beide Arbeitsvertragsparteien gleichzeitig an zwei kollidierende Tarifverträge gebunden, spricht man von Tarifkonkurrenz. Da aber nur ein Tarifvertrag das Arbeitsverhältnis gestalten kann (Grundsatz der Tarifeinheit)[640], muss die Tarifkonkurrenz aufgelöst werden. Ist nicht schon in den Tarifverträgen das Kollisionsproblem gelöst (Selbstbeschränkungsklausel) gilt der Grundsatz der Spezialität. [641] Es gilt, der sachnähere Tarifvertrag, d.h. derjenige, der dem Betrieb räumlich, fachlich und persönlich am nächsten steht. Dieser wird den Erfordernissen und Eigenarten des Betriebes und den Bedürfnissen der darin tätigen Arbeitnehmer am besten gerecht.[642] Firmentarifverträge gehen daher anderen Tarifverträgen vor.[643] Bei kollidierenden Verbandstarifverträgen ist derjenige der speziellere, der die wenigsten unterschiedlichen Tätigkeiten (hier wohl Nutzungsrechte) erfasst.[644] Regionale Tarifverträge gehen bundesweiten Tarifverträgen vor.[645]

---

[638] BAG AP Nr. 142 zu § 242 BGB („Ruhegehalt").
[639] Hromadka/Maschmann, § 13 Rdn. 261 (Bestehen von Mantel- oder Rahmentarifverträgen, die durch Entgelttarifverträge ergänzt werden).
[640] Hromadka/Maschmann, § 13 Rdn. 265
[641] BAG AP Nr. 2, 22 zu § 4 TVG („Tarifkonkurrenz").
[642] BAG AP Nr. 11, 20 zu § 4 TVG („Tarifkonkurrenz").
[643] BAG AP Nr. 20 zu § 4 TVG („Tarifkonkurrenz").
[644] Hromadka/Maschmann, § 13 Rdn. 267.
[645] BAG AP Nr. 22 zu § 4 („Tarifkonkurrenz").

Die Lösung im Falle der Tarifpluralität (nur der Arbeitgeber ist an mindestens zwei miteinander kollidierende Tarifverträge gebunden) ist umstritten. Das BAG geht wie bei der Tarifkonkurrenz vom Grundsatz der Tarifeinheit aus.[646] Dabei nimmt es in Kauf, dass es die Tarifautonomie der Gewerkschaft verletzt, deren Tarifvertrag aus dem Betrieb verdrängt wird.[647] Daher ist vorzugswürdig, in diesem Fall von mehreren nebeneinander bestehenden Tarifverträgen auszugehen.[648]

### dd) Gemeinsame Vergütungsregelungen

In § 36 Abs. 1 Satz 3 UrhG ist eine ausdrückliche Regelungen zu potentiellen Konkurrenzsituationen getroffen worden. Tarifverträge gehen gemeinsamen Vergütungsregelungen vor.[649]

### *d) Kontrolle durch Gerichte*

Tarifverträge unterliegen keiner Inhaltskontrolle durch Gerichte, d.h. Angemessenheit und Ausgewogenheit der Regelung werden nicht in Frage gestellt. Vor einer solchen Kontrolle schützt Art. 9 Abs. 3 GG, der die Tarifzensur ausschließt.[650]

Den Gerichten obliegt jedoch eine Rechtskontrolle der Verträge. Diese umfasst die Prüfung über das wirksame Zustandekommen, die Vereinbarkeit mit höherrangigem Recht, mit zwingendem Gesetzesrecht, den guten Sitten und tragenden Grundsätzen des Arbeitsrechts.[651]

Die Wirkung von Tarifverträgen wird durch § 32 Abs. 4 UrhG und § 32a Abs. 4 UrhG lediglich bestätigt.[652] An der Wirkung nehmen auch die Verträge teil, bei denen auf einen Tarifvertrag bezug genommen wurde.[653]

---

[646] BAG AP Nr. 2, 22 zu § 4 TVG („Tarifkonkurrenz"); AP Nr. 4 zu § 4 TVG („Tarifkonkurrenz").
[647] Schaub/Schaub, § 203 Rdn. 65; Hromadka/Maschmann, § 13 Rdn. 270.
[648] Schaub/Schaub, § 203 Rdn. 66: Ausnahme: Tarifpluralität beruht auf gesetzichen Gründen: dann ist der Grundsatz der Tarifeinheit anzunehmen.
[649] Wandtke/Bullinger/Wandtke, § 36 Rdn. 8; HK/Kotthoff, § 32 Rdn. 17; Loewenheim/v.Becker, § 29 Rdn. 82; Nordemann, § 32 Rdn. 42; Haase, Rdn. 430; Berger, Rdn. 156 ff.
[650] Löwisch/Rieble in MünchHB AR, § 253 Rdn. 4.
[651] Schaub/Schaub § 200 Rdn. 14; Löwisch/Rieble in MünchHB AR, § 246 Rdn. 96.
[652] Loewenheim/v.Becker, § 29 Rdn. 56
[653] Lieb, Rdn. 116.

### *e) Praxis urheberrechtlicher Tarifverträge*

Tarifverträge im Bereich des Urheberrechts waren bereits vor der Reform des Urhebervertragsrechts in einigen Bereichen vertreten. Insbesondere im Bereich des öffentlich-rechtlichen Rundfunks und in den Printmedien werden auf diese Weise eine Vielzahl kreativ Beschäftigter erfasst.[654] Weitere Tarifverträge mit urheberrechtlichen Klauseln bestehen für ausübende Künstler[655] und für Design-Leistungen.[656]

Soweit diese Tarifverträge neben Regelungen zum Einräumen von Nutzungsrechten auch Vergütungsregeln enthalten, sind bisher aber keine Regelungen über eine weitere Beteiligung im Sinne des § 32a UrhG getroffen worden.

## 2. Bestimmen der Vergütung nach gemeinsamen Vergütungsregeln

Alternativ zur tarifvertraglichen Bestimmung der Vergütung sieht § 32a Abs. 4 UrhG die Möglichkeit vor, dass die Vergütung nach einer gemeinsamen Vergütungsregel (§ 36 UrhG) bestimmt worden ist. § 36 UrhG bestimmt, dass Vereinigungen von Urhebern mit Vereinigungen von Werknutzern bzw. einzelnen Werknutzern gemeinsame Vergütungsregeln zur Bestimmung der Angemessenheit von Vergütungen nach § 32 UrhG aufstellen. Zweck solcher gemeinsamen Vergütungsregeln ist also die Bestimmung der Angemessenheit der Vergütung. Die Verknüpfung der Kollektivregelung mit dem Korrekturanspruch aus § 32 Abs. 1 Satz 3 UrhG wird in § 32 Abs. 2 Satz 1 UrhG hergestellt. Dort wird die unwiderlegliche Vermutung einer Vergütung angeordnet, die nach gemeinsamen Vergütungsregeln ermittelt worden ist.[657] Die gemeinsame Vergütungsregel, die für die Vergütung für die Einräumung von Nutzungsrechten bestimmend war, soll darüber hinaus für den Fall des § 32a Abs. 1 UrhG eine weitere Beteiligung vorsehen.[658] Voraussetzung ist somit das Vorhandensein einer wirksamen gemeinsamen Vergütungsregel, die für die Vergütung im Einzelfall bestimmend ist.

---

[654] Wandtke/Bullinger/Wandtke, § 43 Rdn. 122; Steinberg, S. 41; Barthel, S. 91 ff.; teilweise abgedruckt in Bolwin/Sponer; Hillig und bei Olenhusen: Freie Mitarbeit in den Medien.
[655] Normalvertrag Solo, Normalvertrag Tanz (bei Bolwin/Sponer).
[656] Vergütungstarifvertrag Design, abgedruckt bei Hillig Nr. 10 f.
[657] Dreier/Schulze/Schulze, § 36 Rdn. 5; Wandtke/Bullinger/Wandtke/Grunert, § 36 Rdn. 20.
[658] Dreier/Schulze/Schulze, § 32 Rdn. 60.

### *a) Bestehen einer wirksamen gemeinsamen Vergütungsregel*

Zunächst muss überhaupt eine wirksame gemeinsame Vergütungsregel vorhanden sein. Voraussetzungen für das Zustandekommen solcher Regeln sind in §§ 36 f. UrhG genannt. § 36 Abs. 1 UrhG verweist lediglich auf die Bestimmung der Angemessenheit der Vergütung nach § 32 UrhG. Aus dieser Tatsache wird geschlussfolgert, dass die Voraussetzungen dieser Norm für gemeinsame Vergütungsregeln nach § 32a Abs. 4 UrhG nicht erfüllt sein müssen.[659] Dagegen spricht aber schon die umgekehrte Verweisung in § 32a Abs. 4 UrhG, die eine „Vergütung nach einer gemeinsamen Vergütungsregel (§ 36)" voraussetzt.

#### aa) Beteiligte

Gemeinsame Vergütungsregeln sollen Urheber und Verwerter aufstellen (§ 36 UrhG). Für die Beteiligtenfähigkeit unterscheidet das Gesetz jedoch. Auf Verwerterseite können entweder einzelne Werknutzer (Verwerter)[660] oder Vereinigungen von Werknutzern beteiligt sein. Auf Seiten der Urheber und ausübenden Künstler können nur Vereinigungen Abschlüsse im Sinne des § 36 UrhG tätigen.

#### bb) Besondere Anforderungen an Vereinigungen

#### (1) Rechtsform

Das Gesetz stellt keine Anforderungen an die Struktur oder Rechtsform der einzelnen Beteiligten. Es spricht lediglich von Vereinigungen. Grundsätzlich können somit Vereine oder jegliche Gesellschaftsformen von den Beteiligten gewählt werden.[661] Auf die Rechtsfähigkeit der gewählten Rechtsform kommt es nicht an.[662] Da die Vereinigungen der Interessenwahrung dienen, ist eine mitgliedschaftliche Organisationsform zu verlangen.[663]

---

659 HK/Kotthoff, § 36 Rdn. 19.

660 Einzelne Werknutzer können dabei beispielsweise einzelne Verlage oder Rundfunkanstalten sein. Schulze nennt zudem auch das Beispiel, dass eine Gemeinde, die im Selbstverlag die von einem Historiker verfasste Gemeindechronik herausgeben will. (Dreier/Schulze/Schulze, § 36 Rdn. 8)

661 Dreier/Schulze/Schulze, § 36 Rdn. 7; Berger, Rdn. 171; Der Börsenverein des Deutschen Buchhandels hat beispielsweise für die Gespräche mit den Vertretern der bei verdi organisierten Autoren und Übersetzer für verschiedene Sparten GbR's gegründet (HK/Kotthoff, § 36 Rdn. 21); KG ZUM 2005, S. 229, 230.

662 Berger, Rdn. 172.

663 Dreier/Schulze/Schulze, § 36 Rdn. 7; Berger, Rdn. 171: Daher scheiden auch Stiftungen als Form der Vereinigung aus.

### (2) Repräsentativ, unabhängig und ermächtigt

Während Rechtsform und Struktur vom Gesetzgeber nicht vorgeben sind, ergeben sich aus § 36 Abs. 2 UrhG weitere Voraussetzungen. Die Vereinigungen müssen repräsentativ, unabhängig und zur Aufstellung gemeinsamer Vergütungsregelungen ermächtigt sein. Diese Anforderungen waren im Professorenentwurf noch nicht enthalten, sondern wurden erstmals im Entwurf des BMJ aufgenommen.[664] Welche konkreten Vorstellungen der Gesetzgeber mit diesen Merkmalen verbindet, wurde aber in keiner der Begründungen ausgeführt. Allein ein Hinweis auf die Folgen des Fehlens der Voraussetzungen wird gegeben. Nur Vereinigungen, die diese Voraussetzungen erfüllen, können gemeinsame Vergütungsregelungen aushandeln. Nur für diesen Fall ist die Vermutung der Angemessenheit gegeben.[665] Da der Gesetzgeber die Merkmale nicht näher erläutert, muss zur Auslegung der Normzweck des § 36 UrhG herangezogen werden.[666] In der Literatur wird zudem auf vergleichbare Regelungen in § 13 Abs. 2 Nr. 2 UWG (a.F.) und § 3 Abs. 1 Satz 1 Nr. 2 UKlaG aufmerksam gemacht. Gesetzesbegründungen[667], Rechtsprechung und Lehre zu diesen Normen kann herangezogen werden.[668]

#### *(α) Repräsentativ*

Auszugehen ist von der Funktion der Vereinigungen für den Abschluss von gemeinsamen Vergütungsregeln. Die Vergütungsregeln sollen die Angemessenheit einer Vergütung in einer bestimmten Branche feststellen.[669] Dementsprechend müssen die Verbände repräsentativ im Hinblick auf die Akteure der jeweiligen

---

[664] RegE BT-Drucks. 14/6433 S. 4.

[665] RegE BT-Drucks. 14/6433 S. 17. Die Auffassung von Wandtke/Bullinger/ Wandtke/Grunert (§ 36 Rdn. 10), die Regelung sei bei Fehlen dieser Voraussetzungen weniger angemessen, kann nicht mit der Folge der Angemessenheitsvermutung in Einklang gebracht werden. Eine gemeinsame Vergütungsregelung kann nicht mehr oder weniger angemessen sein. Sie kann nur eine unwiderlegliche Vermutungswirkung erzeugen. Gelingt dies nicht, dann ist die Angemessenheit der Vergütung nach § 32 Abs. 2 Satz 2 UrhG zu bestimmen.

[666] Wandtke/Bullinger/Wandtke/Grunert, § 36 Rdn. 11.

[667] So insbesondere die amtliche Begründung zu § 13 UWG (a.F.) zum Merkmal „repräsentativ" (BT-Drucks. 12/7345 S. 11).

[668] Wandtke/Bullinger/Wandtke/Grunert, § 36 Rdn. 11; HK/Kotthoff, § 36 Rdn. 18; Nordemann, § 36 Rdn. 7.

[669] RegE BT-Drucks. 14/6433, S. 16.

Branche und deren typischen Verwertungshandlungen sein.[670] Repräsentativität muss sowohl in personeller, sachlicher und räumlicher Hinsicht gegeben sein.[671]

Darüber hinaus enthält das Merkmal Repräsentativität auch ein quantitatives Element. Die Anzahl der Mitglieder muss, in Anlehnung an die Rechtsprechung zu § 13 Abs. 2 UWG (a.F.)[672] gewährleisten, dass ein Missbrauch ausgeschlossen ist.[673] Dies setzt keine bestimmte Anzahl voraus und auch nicht eine Mindestanzahl im Verhältnis zur in der Branche Agierenden. Insbesondere ist nicht zu fordern, dass die Mehrheit der in der Branche Tätigen vertreten wird.[674] Anderenfalls könnten selbst die in Gewerkschaften organisierten Urheber kaum von Gewerkschaften vertreten werden.[675]

Gefordert wird zudem, dass die Vereinigung auf Dauer angelegt sein muss. Damit sollen ad-hoc-Vereinigungen verhindert werden, die sich lediglich kurzzeitig zur Bildung von gemeinsamen Vergütungsregelungen bilden.[676] Diese Forderungen wird nach h.M. grundsätzlich auch Koalitionen gestellt[677], wobei jedoch nach der Rechtsprechung auch ein „Kampfbündnis eines Außenseiters mit einem tariffähigen Verband" eine Vereinigung im Sinne des Art. 9 Abs. 3 GG sein kann.[678]

### *(β) Unabhängig*

Das Merkmal der Unabhängigkeit wird als Gegnerfreiheit und -unabhänigkeit verstanden.[679] Diese Belange sind für Koalitionen konstitutive Voraussetzungen[680] und sollen gewährleisten, dass die Vereinigungen die Belange ihrer

---

670 Dreier/Schulze/Schulze, § 36 Rdn. 18; Berger Rdn. 173; Ory, AfP 2002 S. 93, 102; Thüsing, GRUR 2002, S. 203, 209 (kritisch im Hinblick auf die Abgrenzbarkeit).
671 HK/Kotthoff, § 36 Rdn. 7; Thüsing, GRUR 2002, S. 203, 209.
672 Jetzt § 8 Abs. 3 UWG n.F., Gesetz vom 03.07.2004 BGBl. I, S. 1414.
673 HK/Kotthoff, § 36 Rdn. 18; Berger, Rdn. 174.
674 HK/Kotthoff, § 36 Rdn.18; Berger, Rdn. 174; Loewenheim/v. Becker, §29 Rdn. 72: einerseits groß genug, um eine unüberschaubare Anzahl von Vergütungsregelungen zu vermeiden, andererseits überschaubar genug, um differenziert den Umständen des Regelungsbereichs gerecht zu werden.
675 So vertrat im Februar 2003 die Gewerkschaft verdi 4.000 Autoren und Übersetzer, während allein die Verlegervereinigung Belletristik mit ihren 76 Mitgliedsverlagen 30.000 Autoren unter Vertrag hatte (Quelle: Schmitt GRUR 2003, S. 294).
676 HK/Kotthoff, § 36 Rdn. 18; Thüsing, GRUR 2002, S. 202, 209.
677 Sachs/Höflinig, Art. 9 GG Rdn. 53.
678 BVerfGE 84, S. 212, 225.
679 Dreier/Schulze/Schulze, § 36 Rdn. 21; HK/Kotthoff, § 36 Rdn. 19; Berger, Rdn. 197; Thüsing, GRUR 2002 S. 202, 209; Ory, S. 93, 102 in Anlehnung zur Notwendigkeit bei Koalitionen; a.A. ohne Begründung Flechsig/Hendricks, ZUM 2002, S. 423, 425.
680 BVerfGE 18, S. 18, 28; 100; S 214, 223.

Mitglieder nachhaltig vertreten, die Gefahr von Interessenkonflikten also ausgeschlossen ist.[681] Die Vereinigungen dürfen daher entweder nur aus Verwertern oder nur aus Urhebern bestehen.[682] Daher können Verwertungsgesellschaften und Interessenverbände einzelner Branchen (Spitzenorganisation der Deutschen Filmwirtschaft e.V.), in denen teilweise beide Seiten Mitglieder sind, keine Partei gemeinsamer Vergütungsregeln sein.[683] Die Gegnerfreiheit setzt nicht nur die personelle Trennung voraus, sondern auch wirtschaftliche Unabhängigkeit vom anderen Beteiligten.[684]

Das Gesetz geht beim Merkmal der Unabhängigkeit davon aus, dass Parteien gemeinsamer Vergütungsregeln entweder nur Urheber oder nur Verwerter sein können.[685] Deshalb kann Abschlüssen von Verbänden, die dieser Rollenverteilung nicht gerecht werden, nicht der Charakter gemeinsamer Vergütungsregeln zugesprochen werden.[686] Gemeint ist hier beispielsweise das Wirken des Verbandes Deutscher Bühnenverleger e.V., der selbst eine Vereinigung von Werknutzer ist, bei seinen Abschlüssen mit dem Deutschen Bühnenverein als Treuhänder (auch) die Interessen der Urheber wahrnimmt.[687]

### *(χ) Ermächtigt*

Die Vereinigungen sollen durch ihre Mitglieder zur Bildung gemeinsamer Vergütungsregelungen ermächtigt sein. Die Ermächtigung kann sich aus der Satzung der Vereinigung selbst ergeben oder aber auch aus einer entsprechenden konkreten Ermächtigung im Einzelfall durch die Mitglieder erfolgten.[688] Dies kann insbesondere bei bereits bestehenden Vereinigungen eine Rolle spielen. Hier ist auch nicht ausgeschlossen, dass diese Vereinigungen von ihren Mitgliedern nicht ermächtigt werden. Dies kann dazu führen, dass aus dem Kreise dieser

[681] Dreier/Bauer, Art. 9 GG Rdn. 77.
[682] A.A. Flechsig/Hendriks, ZUM 2002, S. 423, 425 ohne Begründung; unklar Wandtke/Bullinger/Wandtke/Grunert, § 36 Rdn. 11.
[683] Wandtke/Bullinger/Wandtke/Grunert, § 36 Rdn. 13; Dreier/Schulze/Schulze, § 36 Rdn. 26.
[684] Haas, Rdn. 226; Nordemann, § 36 Rdn. 8; für die Koalitionen Dreier/Bauer, Art. 9 GG Rdn. 78.
[685] Wandtke/Bullinger/Wandtke/Grunert, § 36 Rdn. 15.
[686] Dreier/Schulze/Schulze, § 36 Rdn. 22; Wandtke/Bullinger/Wandtke/Grunert, § 36 Rdn. 15.
[687] Dreier/Schulze/Schulze, § 36 Rdn. 22; Wandtke/Bullinger/Wandtke/Grunert § 36 Rdn. 15.
[688] Dreier/Schulze/Schulze, § 36 Rdn. 23; Nordemann § 36 Rdn.9; Loewenheim/v. Becker, § 29 Rdn. 71; Berger, Rdn. 180.

Vereinigungen neue Vereinigungen entstehen, die das Ziel verfolgen, gemeinsame Vergütungsregelungen abzuschließen.[689]

### *(δ) Sonstige Anforderungen*

Weitere Anforderungen an die Vereinigungen nach § 36 UrhG könnten sich über die ausdrücklich genannten Kriterien ergeben, wenn die Vereinigungen als Koalitionen im Sinne des Art. 9 Abs. 3 GG verstanden werden sollen. Davon ging der Gesetzgeber zumindest in den Entwürfen aus. Hier wurde erwähnt, dass die Regelung des § 36 UrhG den in Art. 9 GG enthaltenen Grundgedanken der negativen Koalitionsfreiheit Rechnung trage.[690] Im Gesetzgebungsverfahren war aber umstritten, ob es sich bei den Beteiligten einer gemeinsamen Vergütungsregelung um Koalitionen im Sinne des Art. 9 Abs. 3 GG handelt.[691] Eine mögliche Klarstellung hat der Gesetzgeber unterlassen. Die Frage ist daher weiterhin umstritten.[692]

Hält man Vereinigungen nach § 36 UrhG für Koalitionen, könnte sich die Frage stellen, ob von ihnen das Merkmal der sozialen Mächtigkeit[693] gefordert werden müsste.[694] Diese Frage ist bereits für die Koalitionseigenschaft von Gewerkschaften umstritten. Während die arbeitsrechtliche Literatur die soziale Mächtigkeit für Gewerkschaften fordert, wird dies in der verfassungsrechtlichen Literatur als Anforderung an Koalitionen jedoch vorwiegend abgelehnt.[695] Durchsetzungsfähigkeit und Kampfbereitschaft mögen typische Instrumente der arbeitsrechtlichen Auseinandersetzung sein, ein zwingendes verfassungsrechtliches Charakteristikum der Koalition ergibt sich daraus jedoch nicht.[696] Noch viel weniger ist diese

---

689 Der Börsenverein des Deutschen Buchhandels gründete für einzelne Verlegersparten GbR's, die Verhandlungen mit dem Schriftstellerverband führen sollten (HK/Kotthoff, § 36 Rdn. 21). Zum Fortgang siehe unten Teil 3 II 2. S. 134; KG ZUM 2005, S. 229 f.

690 RegE. BT-Drucks. 14/6433 S. 12.

691 Dazu insbesondere das Gutachten von Gounalakis/Heinze/Dörr, S. 195 ff. und Schlink/Poschner, S. 12 ff.

692 Von der Koalitionseigenschaft gehen aus: Heinze in Gounalakis/Heinze/Dörr, S. 195 ff.; zweifelnd Thüsing, GRUR 2002, S. 203, 204; Bayreuther, UFITA 2002 (Band II), S. 623 ff.; keine Koalitionen Schlink/Poscher, S. 15.

693 Mit sozialer Mächtigkeit wird die Durchsetzungsfähigkeit der Arbeitnehmervereinigungen gegenüber der Arbeitgeberseite verstanden, die Arbeitgeberseite soll ihren Gegenspieler ernst nehmen müssen, sonst bestehe die Gefahr einseitiger Abschlüsse. Anzeichen der Mächtigkeit können die Mitgliederzahl und die Finanzkraft sein (Hromadka/Maschmann, § 19 Rdn. 25).

694 Dazu Thüsing, GRUR 2002, S. 203, 204.

695 BVerfG NJW 1995, S. 3377; Dreier/Bauer, Art. 9 GG Rdn. 80; Sachs/Höfling, Art. 9 GG Rdn. 58 ff. (zu unterscheiden sind die Anforderungen an Gewerkschaften, die sich aus § 2 Abs. 1 TVG ergeben und die Anforderungen, die Art. 9 Abs. 3 GG an Koalitionen stellt.

696 Dreier/Bauer, Art. 9 GG Rdn. 80.

Voraussetzung für urheberrechtliche Vereinigungen zum Abschluss gemeinsamer Vergütungsregeln zu fordern. Unklar ist ohnehin, ob eine typische Arbeitskampfauseinandersetzung wie der Streik für freie Urheber als sinnvolles Instrument in Betracht käme.[697] Soziale Mächtigkeit der Vereinigungen kann nicht gefordert werden, auf eine Entscheidung über die Koalitionseigenschaft der Vereinigungen kommt es nicht an.

### *(ε) Maßgeblicher Zeitpunkt*

Soweit die oben genannten Anforderungen an die Vereinigungen Wirksamkeitsvoraussetzung für gemeinsame Vergütungsregelungen sind[698], müssen die Voraussetzungen zum Zeitpunkt der Aufstellung der Regelung vorliegen. Dies gilt auch, wenn eine Vereinbarung zur Verlängerung oder Änderung der Regelung getroffen wird. Unerheblich ist, ob sie vorher fehlen oder anschließend wegfallen.[699]

### (3) Potentielle Beteiligte

Auf Seiten der Urheber kommen als Beteiligte bereits bestehende Vereinigungen in Betracht. So der Deutscher Komponistenverband e.V., verschiedene Designerverbände (Bund Deutscher Grafik-Designer e.V. BFF; AGD), Dramatiker Union e.V., Freier Deutscher Autorenverband e.V., Verband Deutscher Schriftsteller, Verband Deutscher Drehbuchautoren e.V., Deutscher Komponistenverband und Verbände der Filmschaffenden (Bundesverband Regie, BVK, SFK, Bundesverband Filmschnitt)[700]

Auf Verwerterseite kommen in Betracht: Bundesverband Deutscher Zeitungsverleger, Verband Deutscher Zeitschriftenverleger e.V., Bundesverband der Pressebildagenturen (BVPA), Verband Privater Rundfunk und Telekommunikation e.V.; Arbeitsgemeinschaft neuer deutscher Spielfilmproduzenten, Verbände der Sendeanstalten (VPRT, APR), Börsenverein des Deutschen Buchhandels e.V., Deutscher Bühnenverein e.V.

---

[697] Beispiele der starken actors-guilds in den USA und organisierter Kreativer in Frankreich zeigen allerdings, dass bei entsprechendem Organisationsgrad auch Streikaktionen Wirkungen zeigen können.

[698] RegE BT-Drucks. 14/6433 S. 17.

[699] HK/Kotthoff, § 36 Rdn. 16; KG ZUM 2005, S. 229, 230.

[700] Aufzählung bei Wandtke/Bullinger/Wandtke/Grunert, § 36 Rdn. 12; Dreier/Schulze/ Schulze, § 36 Rdn. 19.

### cc) Regelungsgegenstand

Gesetzgeberische Mindestforderung an den Inhalt der gemeinsamen Vergütungsregelung ist die Bestimmung der angemessenen Vergütungen nach § 32 UrhG. Der Professorenentwurf, der noch Gesamtverträge vorsah, hatte hingegen die Bestimmung von Mindestbedingungen und -vergütungen vorgesehen.[701] Die Regelungen sollten also umfassender sein. Ob die Regel nach § 36 UrhG nunmehr neben Vergütungsvereinbarungen noch andere Regelungen aufnehmen kann und welche Wirkungen damit verbunden sind, kann hier jedoch offen bleiben. Bezugspunkt für die Fragestellung der Arbeit ist allein die Vergütungsvereinbarung. [702]

### dd) Zustandekommen und Verfahren

Bei den gemeinsamen Vergütungsregeln handelt es sich um privatrechtliche Verträge.[703] Soweit sich aus den Regelungen des UrhG nichts anderes ergibt, gelten für das Zustandekommen, die Auslegung, Wirksamkeit, Anfechtung und Kündbarkeit die Regelungen des BGB.[704]

Verfahrensvorschriften für das Zustandekommen von gemeinsamen Vergütungsregelungen ergeben sich aus § 36 und 36a UrhG. Die Regelungen bilden dabei nur einen Rahmen, im Übrigen steht die Verfahrensausgestaltung den Beteiligten frei.[705] Keine Anforderungen sehen die Verfahrensregelungen vor, wenn die Parteien freiwillig verhandeln und zu einem einvernehmlichen Ergebnis gelangen. Den Verfahrensverlauf bei verweigertem Verhandlungsbeginn oder bei fehlendem Ergebnis bestimmen im Übrigen aus § 36 Abs. 3, 4 und § 36a UrhG.[706]

Ist eine Partei trotz Aufforderung nicht bereit, in Verhandlungen einzutreten, so kann von der anderen Seite ein Schlichtungsverfahren nach § 36a UrhG in Gang gesetzt werden (§ 36 Abs. 3 Satz 2 Nr. 1). Das gleiche gilt, wenn die Verhandlungen ohne Ergebnis bleiben oder eine Partei die Verhandlungen für gescheitert erklärt (§ 36 Abs. 3 Satz 2 Nr. 2 und Nr. 3 UrhG). Die Parteien können aber auch ohne vorherige Verhandlung in ein Schlichtungsverfahren eintreten (§ 36 Abs. 3

---

[701] ProfE GRUR 2001, S. 670 ff.

[702] Siehe dazu unten Teil 3/B/II/3, S. 136 ff.

[703] H.M. Loewenheim/v.Becker, § 29 Rdn. 79; Nordemann, § 32 Rdn. 10; a.A. Schlink/Poschner, S. 67 (handelt sich um unverbindliche Selbstauskunft der Branche).

[704] Loewenheim/v.Becker, § 29 Rdn. 79; Nordemann, § 32 Rdn. 10.

[705] Wandtke/Bullinger/Wandtke/Grunert, § 36 Rdn 25; Dreier/Schulze/Schulze, § 36 Rdn. 27

[706] KG ZUM 2005, S. 229.

Satz 1 UrhG). Die Schlichtungsstelle (Zusammensetzung und Verfahren sind in § 36a UrhG geregelt) unterbreitet einen Einigungsvorschlag, der eine gemeinsame Vergütungsregel enthält. Der Vorschlag gilt als angenommen, wenn ihm nicht von einer Partei innerhalb von drei Monaten nach Empfang des Vorschlags widersprochen wird (§ 36 Abs. 4 UrhG). Widerspricht eine Partei, so ist das Verfahren beendet. Anders als in den Entwürfen vorgesehen, gibt es dagegen keinen Rechtsbehelf. Eine Vergütungsvereinbarung kann nicht erzwungen werden. Es kann dahingestellt bleiben, ob und in welchem Umfang der Vorschlag der Schiedsstelle Indizwirkung bei der Beurteilung nach § 32 Abs. 2 Satz 2 UrhG haben kann.[707] Die Vergütung kann jedenfalls nicht nach einer gemeinsamen Vergütungsregelung bestimmt worden sein.[708]

Das Gesetz stellt keine Anforderungen an die Form der Verträge. Denkbar wäre also sogar eine mündliche Vereinbarung. Allerdings ist es wohl ausgeschlossen, dass lange Verhandlungen zwischen Verbänden ohne schriftliche Dokumentation beendet würden.[709] Voraussetzung ist jedoch nicht, insbesondere bliebe ohne Folge, wenn die Anforderungen des § 126 BGB nicht eingehalten werden. Es fehlt auch an einer Regelung, dass gemeinsame Vergütungsregelungen der Kundgabe bedürfen, wie es für Tarifverträge vorgesehen ist.[710]

### ee) Vereinbarkeit mit höherrangigem Recht

Zu den umstrittensten Themen der Reform gehörte die Frage nach der Vereinbarkeit der Neuregelungen mit höherrangigem Recht.[711] Durch die Änderungen der Entwürfe im Laufe des Gesetzgebungsverfahrens, insbesondere dem Entfallen der Zwangsschlichtung, sind eine Reihe von Streitpunkten beseitigt worden.[712] Im Bezug auf § 36 UrhG werden aber auch zur aktuellen Gesetzesfassung weiterhin Bedenken geäußert.[713] Diese sind unberechtigt, soweit sie sich auf eine Verletzung von Art. 9 GG berufen [unten (1)].[714] Gemeinsame Vergütungsregeln verstoßen auch nicht zwingend gegen Art. 81 Abs. 1 EGV [unten (2)].

---

[707] Beschlussempfehlung und Bericht des Rechtsausschusses, BT-Drucks. 14/8058, S. 20; dazu HK/Kotthoff, § 32 Rdn. 22.

[708] Dreier/Schulze/Schulze, § 36 Rdn. 34, 37; Nordemann, § 36 Rdn. 15.

[709] HK/Kotthoff, § 36 Rdn. 9.

[710] HK/Kotthoff, § 36 Rdn. 9, kritisch dazu Thüsing, GRUR 2002, S. 203, 211; Hertin, MMR 2003, S. 16, 17.

[711] Ausführlich: Gounalakis/Heinze/Dörr, S. 1 ff.; Schlink/Poschner, S. 1 ff.

[712] HK/Kotthoff, § 36 Rdn. 4; Schulze/Dreier/Schulze, § 36 Rdn. 3.

[713] HK/Kotthoff, § 36 Rdn. 4, 5; Loewenheim/v. Becker, § 29 Rdn. 87; Thüsing, GRUR 2002, S. 203, 204 ff.; Schmidt, ZUM 2002, S. 781, 788; Schmitt, GRUR 2003, S. 294 ff.

[714] So Thüsing, GRUR 2002, S. 203 ff.

### (1) Vereinbarkeit mit Art. 9 Abs. 3 GG

Ein Verstoß gegen Art. 9 Abs. 3 GG wird darin gesehen, dass gemeinsame Vergütungsregelungen im potentiellen Anwendungsbereich von Tarifverträgen vereinbart werden können. Darin läge eine Beeinträchtigung der verfassungsrechtlich geschützten Koalitionstätigkeit von Tarifvertragsparteien.[715] Verletzt würden sowohl die positive kollektive Koalitionsfreiheit (α)[716] als auch die positive individuelle Koalitionsfreiheit (β).[717]

Der Gesetzgeber geht also davon aus, dass gemeinsame Vergütungsregelungen auch im Anwendungsbereich von Tarifverträgen geschlossen werden können. Für den Fall existierender Tarifverträge löst § 36 Abs. 1 Satz 3 UrhG einen möglichen Konflikt durch eine Vorrangregelung. Tarifverträge gehen danach den Regelungen gemeinsamer Vergütungsregelungen vor. Neben bereits bestehenden Tarifverträgen soll dies auch für Tarifverträge gelten, die erst später in Kraft treten.[718] Der verfassungsrechtliche Konflikt soll sich aber daraus ergeben, dass Vereinigungen nach § 36 UrhG überhaupt ein Agieren im Anwendungsbereich von Tarifverträgen ermöglicht wird.

#### *(α) Schutz der positiven Koalitionsfreiheit*

Koalitionen werden durch Art. 9 Abs. 3 GG davor geschützt, dass der Staat konkurrierende Institutionen und Systeme zur Wahrung und Förderung der Arbeits- und Wirtschaftsbedingungen durch einfach gesetzliche Regelungen schafft und damit Koalitionen in ihren Betätigungsmöglichkeiten beeinträchtigt.[719] Das Grundrecht vermittelt den Koalitionen eine Betätigungsgarantie zur Gestaltung von Arbeits- und Wirtschaftsbedingungen. Deren Beeinträchtigung wäre eine Verletzung der positiven kollektiven Koalitionsfreiheit.[720]

Ein Eingriff kann nur dort vorliegen, wo der sachliche Schutzbereich bestehender Koalitionen durch das Aufeinandertreffen von Tarifverträgen und gemeinsamen Vergütungsregelungen betroffen ist. Art. 9 Abs. 3 GG schützt nur Aktivitäten von Vereinigungen auf dem Betätigungsfeld der Wahrung und Förderung von Arbeits- und Wirtschaftsbedingungen.[721] Gegenstand der Vereinbarung müssen

---

[715] Thüsing, GRUR 2002, S. 203, 205; Heinze in Gounalakis/Heinze/Dörr, S. 195, 198 ff.
[716] Thüsing, GRUR 2002, S. 203, 205.
[717] Thüsing, GRUR 2002, S. 203, 205; Heinze in Gounalakis/Heinze/Dörr, S. 195, 204.
[718] Wandtke/Bullinger/Wandtke/Grunert, § 36 Rdn. 8.
[719] Bayreuther, UFITA 2002 (Band II), S. 623,.658.
[720] Thüsing, GRUR 2002, S. 203, 205.
[721] Dreier/Bauer, Art. 9 GG Rdn. 66.

sowohl Arbeits-[722] als auch Wirtschaftsbedingungen[723] sein, d.h. beide Tatbestandsmerkmale müssen kumulativ vorliegen.[724] Werden Vereinbarungen getroffen, die nicht das Verhältnis von Arbeitgeber und Arbeitnehmer betreffen, so unterfallen derartige Aktivitäten von Vereinigungen nicht dem Schutz von Art. 9 Abs. 3 GG. Daran ändert sich auch nichts, wenn zumindest auf einer Seite koalitionsfähige Vereinigungen auftreten (z.B. Gewerkschaften).[725] Die Regelungen zugunsten freier Urheber und ausübender Künstler unterfallen daher nicht dem Schutz von Art. 9 Abs. 3 GG.[726]

Ein Eingriff kann jedenfalls dann vorliegen, wenn gemeinsame Vergütungsregelungen im Bereich von Arbeits- und Dienstverträgen geschlossen werden.[727] Umstritten ist hingegen, ob die Möglichkeit für arbeitnehmerähnliche Personen Tarifverträge abzuschließen (§ 12a TVG) auch zum Schutz der Akteure nach Art. 9 Abs. 3 GG führt.[728] Nimmt man dies an, so können gemeinsame Vergütungsregelungen auch die Bereiche tangieren, die auch von Tarifvertragsparteien nach § 12a TVG geregelt werden können. Ein verfassungsrechtlicher Eingriff in Art. 9 Abs. 3 GG liegt darin jedoch nicht, gleichgültig, ob man die Parteien gemeinsamer Vergütungsregeln als Koalitionen betrachtet oder nicht.[729]

(αα) Annahme: Koalitionseigenschaft der Parteien

Nimmt man an, dass die Parteien gemeinsamer Vergütungsregelungen auch Koalitionen sein könnten, so liegt ein verfassungswidriger Eingriff in Art. 9 Abs. 3 GG nur dann vor, wenn bestehende Koalitionen vor Aktivitäten anderer Koalitionen geschützt sind.

---

722 Arbeitsbedingungen betreffen das Arbeitsverhältnis selbst. Geregelt werden können Lohn, Arbeitszeit, Urlaub, Arbeitsschutz (Sachs/Höfling, Art. 9 GG Rdn. 54).

723 Wirtschaftsbedingungen erfassen Fragen wirtschafts- und sozialpolitischen Charakters, also das Umfeld konkreter Arbeitsverhältnisse, z.B. Bekämpfung der Arbeitslosigkeit, Einführung neuer Techniken, Vermögensbildung (Sachs/Höfling Art. 9 GG Rdn. 54).

724 Bayreuther, UFITA 2002 (Band II), S. 623, 663.

725 Dreier/Bauer, Art. 9 GG Rdn. 66, Bayreuther, UFITA 2002 (Band II), S. 623, 663

726 Bayreuther, UFITA 2002 (Band II), S. 623, 663.

727 Bayreuther, UFITA 2002 (Band II), S. 623, 663; Dagegen wenden Schlink/Poschner ein, dass die Regelung von Vergütungsregelungen für die Einräumung von Nutzungsrechten kein Arbeitsverhältnis voraussetze und deshalb nicht in den Schutzbereich des Art. 9 GG fallen könnte (Schlink/Poschner, S. 11). Dies verkürzt aber den Schutzbereich des Art. 9 Abs. 3 GG zu lasten der Koalitionen (dazu auch Thüsing, GRUR 2002, S. 203, 205).

728 Dagegen Maunz/Dürig/Scholz, Art. 9 Rdn. 182. Dafür und für eine Erweiterung des Anwendungsbereichs: Bayreuther, UFITA 2002 (Band II), S. 623, 665, im Übrigen: Wiedemann/Wank, § 12a TVG Rdn. 24; Löwisch/Rieble, § 258, Rdn. 57.

729 Zum Streit siehe oben Teil 3/B/II/2., S. 107 f.

Einen grundsätzlichen Schutz von Koalitionen gegen Konkurrenz anderer Koalitionen bietet Art. 9 GG nicht.[730] Eine Ausnahme besteht nur dann, wenn die Gründung der anderen Koalition staatlich veranlasst oder eine bestimmte Koalition bevorzugt wurde.[731] Vereinigungen nach § 36 UrhG werden jedoch nicht vom Staat geschaffen. Die mittelbare Veranlassung der Gründung von Vereinigungen von Werknutzern und Kreativen genügt nicht, einen Eingriff zu begründen.[732]

Fraglich könnte sein, ob eine Bevorzugung von Vereinigungen nach § 36 UrhG gesehen werden kann, weil diesen vom Gesetzgeber ein Schlichtungsverfahren zur Konfliktbewältigung (§ 36a UrhG) zur Verfügung gestellt wurde, während Tarifvertragsparteien auf den Streik als Arbeitskampfmittel angewiesen sind.[733] Eine Beeinträchtigung der Tarifvertragsparteien ist darin jedoch nicht zu sehen. Die Tarifvertragsparteien selbst werden nicht daran gehindert, selbst gemeinsame Vergütungsregelungen aufzustellen und somit eventuelle Vorteile des § 36 UrhG in Anspruch zu nehmen.[734] Auch eine befürchtete Einschränkung der Gewerkschaftstätigkeit ist nicht zu erkennen, die darin bestehen soll, dass es erheblich schwerer sei, für einen Tarifvertrag zu kämpfen, wenn bereits eine gemeinsame Vergütungsvereinbarung vorhanden ist.[735] Die Wirkung gemeinsamer Vergütungsregelungen ist gerade beschränkt auf die Vereinbarung von Vergütungen, während Tarifverträge einen viel weitergehenderen Schutz für die Beteiligten vermitteln können. Gemeinsame Vergütungsregelungen könnten zwar auch eine Lohnvereinbarung für Arbeitnehmer enthalten, diese hätte jedoch nicht die verbindliche Wirkung eines Tarifvertrages.[736] Aus Sicht der Arbeitnehmer (und somit auch der Gewerkschaften) können gemeinsame Vergütungsregelungen keinen Ersatz von Tarifverträgen bedeuten.

In der Zulassung gemeinsamer Vergütungsregeln im Anwendungsbereich von Tarifverträgen läge somit kein verfassungswidriger Eingriff, wenn die Parteien Koalitionen im Sinne des Art. 9 Abs. 3 GG wären.

(ββ) Annahme: Keine Koalitionseigenschaft der Parteien

Zu einer Verschiebung der Betrachtungsweise kommt es dann, wenn die Parteien gemeinsamer Vergütungsregelungen keine Koalitionen im Sinne des Art. 9 Abs.

---

730 Bayreuther, UFITA 2002 (Band II) S. 623, 666.
731 Bayreuther, UFITA 2002 (Band II) S. 623, 667.
732 Bayreuther, UFITA 2002 (Band II) S. 623, 666.
733 Thüsing, GRUR 2002, S. 203, 205.
734 Bayreuther, UFITA 2002 (Band II) S. 623, 668.
735 Thüsing, GRUR 2002 S. 203, 205.
736 Siehe oben Teil 3/B/II/1., S. 101.

3 GG sind. Koalitionen, denen verfassungsrechtlich ein Normsetzungsrecht garantiert ist, kommt gegenüber Konkurrenzorganisationen mit staatlich vermittelter Normsetzungsmacht eine Normsetzungsprärogative zu.[737] Allerdings ist dies kein uneingeschränkter Vorrang, wie von der Rechtsprechung des BVerfG bestätigt wurde.[738] Die Grenze staatlich geschaffener Konkurrenz ergibt sich jedoch dort, wo der Bestand von Koalitionen gefährdet wird.[739] Dies wäre dann gegeben, wenn bestehende gemeinsame Vergütungsregelungen den Einzelnen abhalten würden, Koalitionen (insbesondere Gewerkschaften) beizutreten.

Diese Gefahr besteht für Arbeitnehmer nicht, da die Wirkung von gemeinsamen Vergütungsregelungen keinen Ersatz von Tarifverträgen bedeuten kann.[740] Dies gilt auch für arbeitnehmerähnliche Personen. Der weitergehende Schutzumfang von Tarifverträgen ist durch gemeinsame Vergütungsregelungen nicht zu erreichen.[741] Bestandsgefährdende Wirkungen für Koalitionen werden durch gemeinsame Vergütungsregelungen nicht erreicht.

Etwas anderes ergibt sich auch nicht aus dem Gedanken des § 77 Abs. 3 BetrVG.[742]

Nach § 77 Abs. 3 BetrVG sind Betriebsvereinbarungen unzulässig, wenn die dort geregelte Frage bereits in einem Tarifvertrag geregelt ist oder aber üblicherweise geregelt wird. Auf diese Weise wird die potenzielle Koalitionstätigkeit von Tarifvertragsparteien geschützt. Die Regelung dient dem Schutz von Koalitionen, denen die Arbeit nicht dadurch erschwert werden soll, dass die Möglichkeit zum Ausweichen auf andere Regelungsträger besteht.[743] Es ist bereits strittig, ob diese Regelung nach Art. 9 Abs. 3 GG erforderlich ist.[744]

Selbst wenn dem so wäre und eine vergleichbare Situation zwischen Betriebsparteien und Tarifparteien einerseits und Kreativenverbänden und Verwerterverbänden andererseits bestehen würde, so wäre daraus jedoch nicht der Schluss einer grundsätzlich unwirksamen gemeinsame Vergütungsregel zu ziehen.

---

[737] Bayreuther, UFITA 2002 (Band II) S. 623, 669.
[738] Bayreuther, UFITA 2002 (Band II) S. 623, 669.
[739] Bayreuther, UFITA 2002 (Band II) S. 623, 669.
[740] Bayreuther, UFITA 2002 (Band II) S. 623, 672.
[741] Siehe bereits oben Teil B/II/2, S. 113.
[742] Dies schlussfolgern aber Thüsing, GRUR 2002, S.203, 205; Heinze in Gounalakis/Heinze/Dörr, S. 187.
[743] Thüsing, GRUR 2002, S. 203, 205; Bayreuther, UFITA 2002 (Band II) S. 623, 671; Fitting, BetrVG § 77 Rdn. 67.
[744] Thüsing, GRUR 2002 S. 203, 205 m.w.N.; a.A. Bayreuther, UFITA 2002 (Band II) S. 623, 673 m.w.N.

§ 77 Abs. 3 GG greift nämlich erst dann, wenn entweder bereits Tarifverträge bestehen oder die Vergütungsfrage üblicherweise geregelt wird. Letzteres ist dann der Fall, wenn die Angelegenheit in der Vergangenheit mehrfach oder in einem besonders lange geltenden Tarifvertrag geregelt war und auch zukünftig damit gerechnet werden kann, dass die Tarifvertragsparteien dies wieder regeln.[745] Zudem könnte der Regelungsbereich des § 36 Abs. 1 Satz 3 UrhG verfassungsgemäß ausgelegt werden, so dass nicht nur bestehenden Tarifverträgen Vorrang gebührt, sondern auch Tarifvertragsverhandlungen ein gleichzeitiges Verfahren nach § 36, 36a UrhG sperren und dies auch gilt, wenn Tarifvertragsparteien die Vergütungsregelung ausdrücklich nicht regeln wollten.[746]

Eine Verletzung der positiven kollektiven Koalitionsfreiheit liegt also nicht vor.

### *(β) Schutz der positiven Koalitionsfreiheit einzelner Koalitionsmitglieder*

Diskutiert wird ebenfalls ein möglicher Verstoß gegen die positive individuelle Koalitionsfreiheit des einzelnen Werknutzers. Die Stellung des Verwerters, der einer Koalition beigetreten ist, die sich zum Ziel gesetzt hat, keine Tarifverträge abzuschließen, würde unterhöhlt, wenn er auf dem Wege der einzelnen Inanspruchnahme nach § 36, 36a UrhG zum Abschluss einer gemeinsamen Vergütungsregelung gezwungen werden könnte.[747] Gemeinsame Vergütungsregelungen seien als Tarifsurrogat zu verstehen. Wo aber Tarifverträge nicht erzwungen werden können, so wäre es sinnwidrig, wenn deren Surrogate erzwungen werden könnten.[748] Dem ist aber bereits entgegenzuhalten, dass ein derartiger Eingriff durch § 36, 36a UrhG gar nicht eintritt. Gemeinsame Vergütungsregelungen sind auch nicht im Wege des Schlichtungsverfahrens gegen den einzelnen Werknutzer durchsetzbar. Der einzelne Werknutzer kann somit auch nicht zum Abschluss einer gemeinsamen Vergütungsregelung gezwungen werden.

---

[745] Ricardi, § 77 BetrVG Rdn. 257; teilweise wird eine einmalige Regelung in der Vergangenheit für ausreichend erachtet Thüsing, GRUR 2002, S. 203, 205 m.w.N.

[746] Bayreuther, UFITA 2002 (Band II) S. 623, 674, Ory, AfP 2002, S. 93, 102.

[747] Heinze in Gounalakis/Heinze/Dörr, S. 187, 204; Thüsing, GRUR 2002, S. 203, 206.

[748] Thüsing, GRUR 2002, S. 203, 206.

### (2) Kartellrechtliche Bewertung

#### *(α) Problemstellung*

Es wurde festgestellt, dass tarifvertragliche Vereinbarungen vom deutschen und europäischen Kartellverbot freigestellt sind.[749] Kartellrechtliche Bedeutsamkeit können tarifvertragliche Lohnabschlüsse deshalb erlangen, weil sie den Wettbewerb zwischen den Arbeitnehmern einschränken. Der Abschluss bindet die Vertragsparteien, so dass die Arbeitnehmer ihre Arbeitskraft nicht unter dem vereinbarten Minimum anbieten können.[750]

Für das deutsche Kartellrecht ist der Ausschluss in den Gesetzesmaterialien festgehalten. Tarifverträge der Arbeitgeber und der Arbeitnehmer über die Gestaltung der Lohn- und Arbeitsbedingungen sollen nicht unter das GWB fallen.[751] Tarifverträge sind auch vom Kartellverbot des Art. 81 Abs. 1 EGV freigestellt. Zur Begründung verweist der EuGH auf die im EGV formulierten sozialpolitischen Zielstellungen der Gemeinschaft und die Tatsache, dass der EGV an einigen Stellen Vereinbarungen zwischen Sozialpartner als zulässig voraussetzt (z.B. in Art. 2, 3, 4 EGV).[752] Vereinbarungen der Tarifpartner dienen sozialpolitischen Zielstellungen, die die Gemeinschaft fördern will. Art. 81 EGV ist daher bei Tarifverträgen über Arbeitsbeziehungen nicht anzuwenden.[753]

Umstritten ist, ob eine solche Freistellung in gleicher Weise für gemeinsame Vergütungsregeln zutrifft. Der Gesetzgeber ging davon aus, dass es sich bei den Vergütungsregeln um wettbewerbsbeschränkende Vereinbarungen handelt. Mit der Regelung im Gesetz (§ 36 UrhG) wurde jedoch eine lex specialis-Regelung gegenüber den Kartellvorschriften geschaffen, so dass gemeinsame Vergütungsregelungen nicht gegen das Kartellrecht verstoßen.[754] Die Regelungsmacht des deutschen Gesetzgebers reicht jedoch nicht aus, um auch eine Spezialregelung für das Europäische Kartellverbot nach § 81 EGV zu schaffen. Sobald Wettbewerbsbeschränkungen den gemeinsamen Markt betreffen, gilt der Vorrang des Gemeinschaftsrechts.[755]

---

749 Siehe oben Teil 3/B/II/1., S. 92.

750 EuGH, Rs. C 67/96, Slg. 1999, I-5751, 5796 ("Albany").

751 Amt. Begr., BT-Drucks. 2/1158.

752 EuGH, Rs. C 67/96, Slg. 1999, I-5751, 5794 ("Albany").

753 EuGH, Rs. C 67/96 ("Albany"), Slg. 1999, I-5751, 5796; EuGH, C-222/98 Slg. 2000, I-7111, 7140 ("Van der Woude").

754 RegE BT-Drucks. 14/6433, S. 12 f.

755 EuGH, Rs. C 344/98, NJW 2001, S. 1265, 1266 („Masterfoods"); Art. 3 Abs. 2 VO 1/2003 vom 16.12.2002, ABl. Nr. L 1 vom 04.01.2003; dazu Schütz in GemKtr., 5.Aufl., 9. Lieferung, Art. 3 VO 1/2003 Rdn. 11.

Deshalb wird bezweifelt, ob gemeinsame Vergütungsregelungen mit dem Europäischen Recht vereinbar sind.[756] Art. 81 EGV verbietet alle wettbewerbsbeschränkenden Maßnahmen zwischen Unternehmen, die eine Wettbewerbsbeschränkung bewirken oder bezwecken und geeignet sind, den Handel zwischen den Mitgliedsstaaten zu beeinträchtigen. [757]

Es ist davon auszugehen, dass die Parteien gemeinsamer Vergütungsregeln keine verbindlichen Regelungen über die Anwendung der dort genannten Honorare treffen.[758] Sie einigen sich darüber, was in der jeweiligen Branche als angemessene Vergütung gelten soll.[759] Es handelt sich dabei jedoch nicht nur um die Feststellungen dessen, was am Markt üblicherweise an Vergütungen gezahlt wird. Die Parteien von Vergütungsregeln gehen darüber hinaus. Sie verhandeln über das, was als redlich gelten soll. Insoweit unterscheiden sich die Regeln auch von einem Mietspiegel, in dem ortsübliche Mieten zusammengetragen werden. Gemeinsame Vergütungsregeln und der Mietspiegel sind daher für die kartellrechtliche Bewertung nicht vergleichbar.[760]

Als Anknüpfungspunkt für eine kartellrechtliche Beurteilung kommen die Vereinbarung zwischen den Urheberverbänden und den Verwerter(-verbänden) selbst in Betracht. Anknüpfungspunkt kann aber auch das verbandsinterne Verhalten der einzelnen Verbände sein. Selbst wenn die Vereinbarung für die Verbandsmitglieder nicht verbindlich ist[761], können diese Regeln eine Selbstverpflichtung enthalten, die Mitglieder zur Einhaltung der Regel auffordert.[762] Zudem müssen die Verbände berechtigt sein, derartige Vereinbarungen

---

[756] HK/Kotthoff, § 36 Rdn. 6; Loewenheim/v. Becker, § 29 Rdn. 87; Andernach, S. 117; Schack, GRUR 2002, S. 853, 857; Ory, AfP 2002, S. 93, 104; Schmitt, GRUR 2003, S. 294; Flechsig/Hendriks, ZUM 2002, S. 423, 425; a.A. Schlink/Poschner, S. 68; Dreier/Schulze/Schulze, § 36 Rdn. 3.

[757] Art. 81 ff. EGV ist anwendbar. Unanwendbar wären die Regelungen nur dann, wenn ein wettbewerbswidriges Verhalten durch nationale Rechtsvorschriften vorgeschrieben wäre (EuGH, Rs. 13/77 („GB-Inno-BM“), Slg. 1977, I-2115). Dies ist aber nicht der Fall, da es keinen Zwang zum Abschluss von Kollektivregeln gibt. Inwieweit durch die gesetzlichen Regelungen jedoch ein wettbewerbswidriges Verhalten gefördert und somit der Gesetzgeber gegen seine vertraglichen Verpflichtungen zum gemeinschaftstreuen Verhalten (Art. 3 Abs. 1 lit. g und Art. 10 EGV) verstoßen würde, soll hier nicht diskutiert werden (dazu ausführlich Dörr/Schiedermair/Haus, K&R 2001, S. 608, 613 f.; Schlink/Poschner S. 54 ff.). Es käme hier eine akzessorische Haftung der Bundesrepublik in Betracht (Dörr/Schiedermair/Haus, K&R 2001, S. 608, 617).

[758] Siehe unten Teil 3/B/II/2., S. 131 ff.

[759] So auch Schlink/Poschner, S. 67, Haupt/Flisak, KUR 2003, S. 41, 43.

[760] So aber Schlink/Poschner, S. 68

[761] Siehe unten Teil 3/B/II/2., S. 131 ff.

[762] So bisher auch die Praxis der Normverträge.

abzuschließen. Dies setzt einen satzungsrechtlichen Akt und so die Zustimmung der Mitglieder voraus.

### *(β) Vereinbarkeit mit Art. 81 Abs. 1 EGV*

#### (αα) Regelungsadressaten

Adressat der Norm sind Unternehmen und Unternehmensvereinigungen. Unternehmen ist jede Person oder organisatorische Einheit, die sich am Markt wirtschaftlich betätigt.[763]

Die Verwerter sind zweifellos Unternehmen. Art. 81 EGV erfasst als Unternehmen aber auch die Künstler, die ihre Leistungen gewerblich verwerten.[764] Unternehmensvereinigungen sind Organisationen von Unternehmen jeder Form, unabhängig von der Frage der Rechtsfähigkeit. Damit sind auch Verwerter- und Urheberorganisationen Regelungsadressaten.[765]

#### (ββ) Verhaltensweise

Das Kartellverbot gilt für Vereinbarungen zwischen Unternehmen, Beschlüsse von Unternehmensvereinigungen und aufeinander abgestimmte Verhaltensweisen.[766]

Die gemeinsamen Vergütungsregeln sind Vereinbarungen im Sinne des Art. 81 EGV, selbst wenn sie keine den Tarifverträgen vergleichbare Verbindlichkeit für die Vertragspartner bewirken. Die Vereinbarung muss keinen konkreten Fall betreffen. Vereinbarung im Sinne des Art. 81 EGV können auch Musterverträge sein.[767]

---

763 Langen/Bunte/Bunte Art. 81 (Generelle Prinzipien) Rdn. 5

764 Langen/Bunte/Bunte Art. 81 (Generelle Prinzipien) Rdn. 6; Immenga/ Mestmäcker/Emmerich, Art. 85 Rdn. 25.

765 Immenga/Mestmäcker/Emmerich, Art. 85 Rdn. 27.

766 Kein Verbot liegt vor, wenn die Kooperation durch eine gesetzliche Bestimmung vorgeschrieben ist (Dörr/Haus JUS 2001, S. 312, 314). Durch § 36 UrhG wird aber die Aufstellung gemeinsamer Vergütungsregeln nicht vorgeschrieben. Es erlaubt lediglich solche Regeln und setzt die Rahmenbedingungen.

767 Schwarze/Brinker, Art. 81 Rdn. 30

Selbst wenn man die gemeinsamen Vergütungsregeln wegen ihrer fehlenden unmittelbaren Verbindlichkeit nicht als Vereinbarungen im Sinne des Art. 81 EGV betrachten will, so handelt es sich doch um ein aufeinander abgestimmtes Verhalten. Dieses Tatbestandsmerkmal soll die Verhaltensweisen erfassen, die nicht als Beschlüsse subsumiert werden können, die jedoch erkennbar auf eine Abstimmung des Wettbewerbs-verhaltens der beteiligten Unternehmen abzielen.[768] Die Parteien bringen durch das Aufstellen der Regel ihren Willen zum Ausdruck, sich auf dem Markt in einer bestimmten Weise verhalten zu wollen. Eine als angemessen festgestellte Vergütung soll auch regelmäßig vereinbart werden. Auf das tatsächliche Ausüben des Willens kommt es nicht an.[769]

Auch das verbandsinterne Verhalten wird von Art. 81 Abs. 1 EGV erfasst. Selbst inhaltlich unverbindliche Äußerungen von Unternehmensvereinigungen fallen unter das allgemeine Kartellverbot, wenn sie auf Vereinbarungen oder abgestimmten Verhaltensweisen beruhen oder zu abgestimmtem Verhalten führen.[770] Gemeinsame Vergütungsregeln sollen gerade bewirken, dass möglichst alle Verwerter die Vergütung zahlen.[771]

(χχ) Wettbewerbsbeschränkung

Das Verbot erfasst die genannten Verhaltensweisen, wenn sie zum Verhindern, Einschränken oder Verfälschen des Wettbewerbs geeignet sind oder dies bezwecken.

Das Kartellrecht schützt nur den fairen und redlichen Wettbewerb.[772] Aus dieser Einschränkung wird geschlussfolgert, dass die Vereinbarung von gemeinsamen Vergütungsregeln schon keinen Verstoß gegen kartellrechtliche Vorschriften darstellen kann. Es solle gerade das Ergebnis eines unredlichen Wettbewerbsverhaltens korrigiert werden.[773] Dieser Auffassung ist jedoch Folgendes entgegenzuhalten:

Der Schutz des ausschließlich fairen und redlichen Wettbewerbs knüpft an die Verbindung zum Lauterkeitsrecht an. Während das Kartellrecht dem Erhalt des Wettbewerbs als solchem dient, gibt das Lauterkeitsrecht den Rahmen vor, in

---

[768] Schwarze/Brinker, Art. 81 Rdn. 33

[769] EuGH, Rs. T-15/89 („Chemie Linz“), Slg. 1992, II- 1275 f.; Langen/Bunte/Bunte, Art. 81 (Generelle Prinzipien) Rdn. 17.

[770] Langen/Bunte/Bunte, Art. 81 (Generelle Prinzipien) Rdn. 34

[771] Beschlussempfehlung und Bericht des Rechtsausschusses, BT-Drucks. 14/8058, S. 20.

[772] Langen/Bunte/Bunte, Art. 81 (Generelle Prinzipien) Rdn. 44.

[773] Schlink/Poschner, S. 66.

dem von einem fairen Wettbewerb gesprochen werden kann.[774] Mangels eigener Regelungen im EGV bestimmt sich die Lauterkeit des Wettbewerbs nach den Vorschriften des nationalen Rechts.[775] Die Vorschriften sind gemeinschaftsrechtskonform zu interpretieren.[776]

Auch das UWG missbilligt die Ausnutzung einer marktmächtigen Stellung zum Nachteil der anderen Wettbewerber und Verbraucher. Eine spezielle UWG-Regelung hatte der Gesetzgeber bei Einführung der §§ 32 ff. UrhG jedoch nicht vor Augen. Eine solche Zielstellung ist den Gesetzesmaterialien nicht zu entnehmen. Die Regelungen der §§ 32 ff. UrhG wären auch nicht mit der Rechtsfolgensystematik des UWG (Unterlassungs- und Schadensersatzansprüche) in Einklang zu bringen. Ohnehin können sich die Maßnahmen zur Abwehr des unlauteren und nicht leistungsgerechten Wettbewerbs nur auf das unerlässliche Maß beschränken. Der freie Warenverkehr und der Wettbewerb dürfen nicht beeinträchtigt werden.[777] Zu einer solchen Beeinträchtigung führen jedoch gemeinsame Vergütungsregeln. Die Regeln werden auch den fairen Wettbewerb beeinträchtigen. Art. 81 EGV schützt auch den potentiellen Wettbewerb und somit auch die Möglichkeit zum Marktzugang.[778]

Das Ergebnis gemeinsamer Vergütungsregeln ist eine bestimmte Vergütung, die von den Beteiligten für die Einräumung eines Nutzungsrechts als angemessen betrachtet wird. Obwohl allein das Aufstellen solcher Regeln noch keine Verbindlichkeit für die konkreten Einzelverträge erzeugt[779], wird die Wirkung solcher Regeln sehr weitgehend sein. Verbindlichkeit erlangen die Regeln für den, der sich daran hält, d.h. die Vergütung dem Nutzungsvertrag zugrunde legt. Auf diese Weise kann der Verwerter der Gefahr entgehen, Korrekturansprüchen ausgesetzt zu werden, selbst wenn im Einzelfall eine geringere Vergütung ebenfalls angemessen gewesen wäre.[780] Im Interesse seiner Kalkulationssicherheit wird er die Vergütung zahlen. Dieser Mechanismus wird durch § 32 Abs. 2 Satz 1 UrhG angestrebt.[781] Darüber hinaus wird gemeinsamen Vergütungsregeln mittelbare Wirkung zukommen.[782]

---

[774] Köhler/Pieper/Köhler, Einf. Rdn. 46.
[775] Schröter/Jacob/Mederer/Schröter, Art. 81 Abs. 1 Rdn. 116.
[776] Lenz/Borchardt, Art. 81 Rdn. 13.
[777] Schröter/Jakob/Mederer/Schröter, Art. 81 Abs. 1, Rdn. 119.
[778] Langen/Bunte/Bunte, Art. 81 Rdn. 52.
[779] Siehe unten Teil 3/B/II/2., S. 131 ff.
[780] Siehe unten Teil 3/B/II/2., S. 131 ff.
[781] Begr. RegE BT-Drucks. 14/6433, S. 16 („Vergütungspraxis der Branche prägen").
[782] So die ausdrückliche Erwartungshaltung des Gesetzgebers selbst bezogen auf gescheiterte Vergütungsregeln: sie könnten im Rechtsstreit als Indiz zur Bestimmung der Angemessenheit herangezogen werden (Beschlussempfehlung und Bericht des Rechtsausschusses BT-Drucks. 14/8058 S. 20).

Damit entsteht faktisch eine Vergütungsuntergrenze, an die sich die Marktteilnehmer halten werden. Das Unterschreiten der Grenzen stellt für den Verwerter ein Risiko dar, was er regelmäßig scheuen wird. Damit wird aber der Teil der Kreativen der Preiswettbewerb ausgeschaltet oder zumindest erheblich erschwert. Auch zwischen den Kreativen besteht Wettbewerb. Dabei ist der Preiswettbewerb für die Wettbewerber untereinander ein elementares Wettbewerbsinstrument. Dies trifft insbesondere auf Newcomer zu, die im Einzelfall bereit wären, sich unterhalb der Grenze vertraglich zu binden. Auf diese Weise können sie sich häufig überhaupt nur Marktzugang verschaffen. § 32 Abs. 3 UrhG verhindert, dass der Kreative auf seinen Korrekturanspruch wirksam verzichten kann. Dabei hilft es auch nicht, dass die Regeln Spannen vorsehen können.[783] Auch diese Spanne hat einen unteren Wert, der jedenfalls die Grenze zu einer unangemessenen Vergütung darstellen soll.

Vergütungsgrenzen behindern das Wettbewerbsverhalten dieser Wettbewerber. Gemeinsame Vergütungsregeln treffen somit auch den redlichen Wettbewerb. Die Anwendung der Wettbewerbsregeln ist nicht ausgeschlossen.

Das Ergebnis deckt sich mit den in Art. 81 Abs. 1 lit. a) EGV enthaltenen Regelbeispielen. Bei Vorliegen eines Regelbeispiels ist der Verbotstatbestand regelmäßig erfüllt.[784] Verboten sind die unmittelbare oder mittelbare Festsetzung der An- oder Verkaufspreise oder sonstige Geschäftsbedingungen. Darunter fällt jede Form der Preisabsprache.[785] Verboten sind die Absprachen von Preisrahmen, von Richt- oder Mindestpreisen oder die Anwendungen eines einheitlichen Kalkulationsschemas.[786] Selbst die Mitteilung eigener Preise kann den Verstoß begründen.[787] Gemessen an diesen weiten Verbotstatbeständen liegt in den Vorgaben der gemeinsamen Vergütungsregeln ein wettbewerbsbeschränkendes Verhalten.[788]

(δδ) Beeinträchtigung des Handels zwischen den Mitgliedsstaaten

Das wettbewerbswidrige Handeln muss geeignet sein, die Freiheit des Handels zwischen den Mitgliedsstaaten in einer Weise zu gefährden, die die Verwirklichung der Ziele eines einheitlichen zwischenstaatlichen Marktes

---

783 Beschlussempfehlung und Bericht des Rechtsausschusses, BT-Drucks. 14/8058, S. 18; Schlink/Poschner, S. 69.

784 Schröter/Jakob/Mederer/Schröter, Art. 81 Abs. 1, Rdn. 157.

785 Immenga/Mestmäcker/Emmerich, Art. 85 Abs. 1 Rdn. 8.

786 Langen/Bunte/Bunte, Art. 81 (Generelle Prinzipien), Rdn. 79 ff; Callies/Ruffer/Weiß, Art. 81 Rdn. 134.

787 Langen/Bunte/Bunte, Art. 81 (Generelle Prinzipien), Rdn. 81

788 So auch Dörr in Gounolakis/Heinze/Dörr, S. 231, 261; Ory, AfP 2002, S. 93, 104; Schmitt, GRUR 2003, S. 294.

nachteilig betrifft.[789] Grundsätzlich geeignet sind dazu Verhaltensweisen, die sich nur auf dem Gebiet eines Mitgliedsstaates auswirken. Der EuGH geht davon aus, dass Kartelle, die sich auf das gesamte Hoheitsgebiet eines Mitgliedstaates erstrecken, ihrem Wesen nach den zwischenstaatlichen Markt beeinträchtigen.[790]

Aber selbst wenn die Regeln nicht auf dem gesamten Gebiet der Bundesrepublik wirken, kann der Handel zwischen den Mitgliedsstaaten beeinträchtigt sein. Abzustellen ist auf den Marktanteil der an der betreffenden Vereinbarung beteiligten Unternehmen. Dieser Anteil muss die sogenannte Spürbarkeitsschwelle überschreiten.[791] Bei horizontalen Vereinbarungen geht die Kommission grundsätzlich davon aus, dass die beteiligten Unternehmen über einen Marktanteil von mindestens 10 % (Vereinbarung zwischen Wettbewerbern) und 15 % (Vereinbarung zwischen Nichtwettbewerbern) auf dem relevanten Markt verfügen.[792] Daran wären die verbandsinternen Absprachen zu messen. Im Fall vertikaler Vereinbarungen, also bei Vereinbarungen zwischen Unternehmen unterschiedlicher Wirtschaftsstufen (hier zwischen Kreativen und Verwertern), wird die Spürbarkeitsschwelle angenommen, wenn die beteiligten Unternehmen auf dem jeweiligen Markt einen Anteil von mindestens 5 % erreichen.

### *(χ) Ausnahmen vom Kartellverbot*

Obwohl die Voraussetzungen des Art. 81 Abs. 3 EGV vorliegen, können bestimmte Verhaltensweisen vom Verbotstatbestand ausgenommen sein. Urheberrechtliche Vereinbarungen sind nicht grundsätzlich dem Verbot des Art. 81 EGV entzogen.[793] Ausnahmen können sich aber aus Art. 81 Abs. 3 EGV ergeben oder aus anderen Gründen gerechtfertigt sein. Während der Ausnahmetatbestand des Art. 81 Abs. 3 EGV nicht einschlägig ist, sind gemeinsame Vergütungsregeln jedoch aus anderen Gründen gegenüber dem Verbot des Art. 81 Abs. 1 EGV gerechtfertigt.

---

789 EuGH, Rs. 56 und 58/64, Slg. 1966, 321, 324 („Grundig/Consten").

790 EuGH, Rs. 8/72, Slg. 1972, 977, 998 („Cementhandelaren/Kommission"), Schütz in: Gem.Ktr., 9. Lieferung 2004, Art. 3 VO 1/2003 Rdn. 10.

791 Die Kommission hat das Merkmal der Spürbarkeit durch eine Bekanntmachung konkretisiert (ABl. 1997 Nr. C 372/13).

792 Bekanntmachung der Kommission über Vereinbarungen von geringer Bedeutung, die den Wettbewerb gemäß Art. 81 Abs. 1 des Vertrages zur Gründung der Europäischen Gemeinschaft nicht spürbar beschränken (de minimis) vom 22.12.2001 (ABl. 2001 C 368/13).

793 EuGH, Rs. C- 127/73, Slg. 1973, 313, 323 („SABAM"); Dörr/Schiedermair/Haus, K&R 2001, S. 608, 613.

(αα) Art. 81 Abs. 3 EGV

Das EGV sieht in Art. 81 Abs. 3 EGV Freistellungsmöglichkeiten vor. Bisher konnten wettbewerbsbeschränkende Vereinbarungen Wirksamkeit entfalten, wenn sie im Wege der Einzel- oder Gruppenfreistellung als Ausnahme vom Verbot des Art. 81 Abs. 1 EGV zugelassen waren. Entsprechende Vereinbarungen waren bei der Kommission anzumelden, wurden geprüft und dann gegebenenfalls freigestellt.

Dieses System der grundsätzlichen Anmelde- und Genehmigungspflicht wurde nunmehr durch die EG-Durchführungsverordnung VO 1/2003 zu Art. 81 EGV geändert.[794] Durch die VO ist ab dem 01.05.2004 ein Übergang zum System der Legalausnahme geschaffen worden.[795] Wettbewerbsbeschränkende Vereinbarungen gelten automatisch als freigestellt, wenn sie die Freistellungsvoraussetzungen des Art. 81 Abs. 3 EGV bzw. die auf dieser Grundlage erlassenen Gruppenfreistellungsverordnungen erfüllen.[796] Die Konsequenz des Systemwechsels besteht darin, dass entsprechende Vereinbarungen nicht einer ausdrücklichen Freistellung bedürfen. Vielmehr müssen die Parteien im Wege einer „Selbstveranlagung"[797] das Risiko eines Verstoßes selbst einschätzen. Die Freistellungsvoraussetzungen liegen jedoch nicht vor.

Eine Gruppenfreistellungsverordnung für Vergütungen von urheberrechtlichen Nutzungsrechten gibt es nicht. In der VO (EG) Nr. 2790/1999 der Kommission über die Anwendung von Artikel 81 Abs. 3 EG auf Gruppen von vertikalen Vereinbarungen und aufeinander abgestimmten Verhaltensweisen [798] werden Vereinbarungen, deren Hauptgegenstand geistige Eigentumsrechte[799] sind, ausdrücklich aus dem Anwendungsbereich der VO ausgeschlossen (Art. 2 Abs. 3 VO).

Im Übrigen sind auch die materiellen Freistellungsvoraussetzungen des Art. 81 Abs. 3 EGV nicht erfüllt. Die dort genannten vier Tatbestandsmerkmale müssen kumulativ erfüllt sein.[800] Liegt eine Voraussetzung nicht vor, so ist das Verhalten nicht freistellungsfähig.[801] Schon die Voraussetzungen des ersten Merkmals sind

---

794 ABl. Nr. L 1 vom 04.01.2003

795 Koenigs, DB 2003, S. 755; Weitbrecht, EuZW 2003, S. 69, 70; Ehricke/Blask, JZ 2003, S. 722, 723.

796 Bahr, WuW 2004, S. 259, 260.

797 Zu diesem Begriff Schütze in Gemeinschaftskommentar, Einführung Rdn. 12.

798 VO (EG) Nr. 2790/1999 vom 22.12.1999 (ABl. 1999 L 336/21)

799 Unter geistigen Eigentumsrechten versteht die VO auch Urheberrechte.

800 Schröter/Jacob/Mederer/Schröter, Art. 81 Abs. 3, Rdn. 340.

801 EuGH, Rs. 56 und 58/64, Slg. 1966, 281, 396 ("Grundig/Consten"); Kommission 12.12.1988, ABl. 1989, L 22/12, 23 („Buchpreisbindung")

nicht erfüllt. Das wettbewerbswidrige Verhalten müsste zur Verbesserung der Warenerzeugung oder -verteilung oder zur Förderung des technischen oder wirtschaftlichen Fortschritts beitragen. Zumindest eines der geforderten Verbesserungen bzw. geförderten Ziele muss erfüllt werden. Für die Beurteilung maßgebend ist dabei der Grundsatz, „wonach es der redliche und unverfälschte Wettbewerb ist, der die wirtschaftlichst günstigste Versorgung des Marktes gewährleistet.“[802] Es ist nur schwer vorzustellen, welche Verbesserung der Warenerzeugung oder -verteilung durch die Vergütungsregeln erfolgen soll. Auch technischer oder wirtschaftlicher Fortschritt sind nicht erkennbare Folge einer solchen Regelung.

(ββ) Keine Freistellung nach „rule of reason“

Die Unbedenklichkeit einer an sich gegen Art. 81 EGV verstoßenden Regelung könnte sich aus den Grundsätzen eines „rule of reason“ ergeben. Mit den „rule of reason“ wird im amerikanischen Antitrustrecht eine Abwägung der Vor- und Nachteile einer Wettbewerbsbeschränkung vorgenommen.[803] Entsprechend sollen Bestimmungen, die für das Funktionieren eines als legitim erachteten Vertragstypus vernünftigerweise notwendig sind, nicht unter Art. 81 Abs. 1 EGV fallen, selbst wenn sie bei isolierter Betrachtung einen Verstoß begründen würden.[804]

Strittig ist hier zunächst schon, ob diese Doktrin dem Art. 81 EGV überhaupt immanent und daher bei der Auslegung des Tatbestands zu berücksichtigen ist.[805] Einzelne Entscheidungen des EuGH lassen jedoch den Schluss zu, dass das Gericht bereit ist den Grundsatz zu berücksichtigen.[806] Verallgemeinerungsfähig und auf die vorliegende Problemstellung übertragbar sind die bisherigen Entscheidungen jedoch nicht. Insbesondere ist nicht ersichtlich, warum gemeinsame Vergütungsregeln für das Funktionieren von Verträgen über urheberrechtliche Nutzungsrechte notwendig sein sollen.

---

802 Kommission, ABl. 1994, L 131/15 („Stichting/ Baksteen“)

803 Immenga/Mestmäcker/Emmerich, Art. 85 I A, Rdn. 258.

804 Schütz in Gem. Ktr., 5. Auflagen, 9. Lieferung, Art. 1 VO 1/2003, Rdn. 10. Im deutschen Kartellrecht spielt im Rahmen des Tatbestandes des § 1 GWB das ungeschriebene Merkmal des anzuerkennenden Interesses eine vergleichbare Rolle (dazu Bahr, WuW 2004, S. 259, 261ff.)

805 Zum Streitstand siehe Immenga/Mestmäcker/Emmerich, Art. 85 I A, Rdn. 257; EuGH, Rs. C- 309/99, Slg. 2002 I-1577, 1610 („Wouters“)

806 In Einzelfällen geschehen, z.B. bei Handelsvertretern EuGH, Rs. 56 und 58/ 64, Slg. 1966, 281, 396 („Grundig/Constens“), Rs. C- 266/93; Slg. 1995, I-3477 Rdn. 17 („VAG“); für Wettbewerbsbeschränkende Vereinbarungen in Unternehmensveräußerungsverträgen (dazu Immenga/Mestmäcker/ Emmerich Art. 85 I A, Rdn. 275).

(χχ) Rechtfertigung aus anderen Gründen

Art. 3 Abs. 3 VO 1/2003 schließt die Anwendung von Art. 81 ff. EGV dann aus, wenn es um die Anwendung von Bestimmungen des einzelstaatlichen Rechts geht, die überwiegend ein von den Artikeln 81 und 82 EGV des Vertrages abweichendes Ziel verfolgen. Soweit einzelstaatliche Regelungen einen Ausschluss des Art. 81 EGV rechtfertigen würden, muss dass auch auf die konkrete Vereinbarung zutreffen, die dem selben Ziel dient.[807] Welche Ziele den Ausschluss rechtfertigen und in welchem Umfang, ist der Regelung nicht zu entnehmen. Dies kann aber durch eine Auslegung anderer Bestimmungen und der Rechtsprechung des EuGH in anderem Zusammenhang entnommen werden.

Im Gemeinschaftsrecht sind auf verschiedenen Ebenen legitime Zwecke anerkannt, die eine Einschränkung der Kartellverbote rechtfertigen können. Die Einschränkung der Wettbewerbsfreiheit muss jedoch verhält-nismäßig sein.[808]

Im EGV selbst werden Gründe genannt, die eine Beschränkung der Gemeinschaftsziele rechtfertigen können (z.B. Art. 30 EGV) oder die als Ziele der Gemeinschaft mit dem Verbot der Wettbewerbsbeschränkungen des Art. 81 EGV kollidieren können.[809] Es handelt sich jedoch immer um Zielsetzungen, die dem Allgemeininteresse dienen.[810] Dazu gehört auch die sozialpolitische Zielstellung des Vertrages, die eine Freistellung von Tarifverträgen vom Verbot des Art. 81 EGV rechtfertigen.[811] Die Zielstellung der §§ 32, 36 UrhG, die Verbesserung der vertraglichen Stellung der Urheber, ist damit nicht vergleichbar. Gleichwohl kann davon ausgegangen werden, dass EuGH bisher das Verhalten von Interessenvereinigungen von Kreativen stets als „rechtmäßiges Ziel" im Sinne des EGV anerkannt hat.[812]

Die vom Gesetz vorgesehenen gemeinsamen Vergütungsregeln müssen gemessen am verfolgten Zweck verhältnismäßig, d.h. geeignet, erforderlich und angemessen sein.[813]

---

[807] In diesem Sinne Dörr/Schiedermair/Haus, K&R 2001, S. 608, 617.

[808] EuGH, Rs. C – 309/99,Slg. 2002- I, 1572, 1611 („Wouters"), Mitteilung der Kommission KOM (2004) 83, Rdn. 74 ff.; Dörr/Schiedermair/Haus K&R 2001, S. 608, 617

[809] Ausführlich zu den Rechtfertigungsgründen im Rahmen der Prüfung des Merkmals Gewinn bei Art. 81 Abs. 3 EGV: Immenga/Mestmäcker/Sauter Art. 85 Abs. 3, Rdn. 19 ff; Schröter/Jakob/Mederer/Schröter, Art. 81 Abs. 3, Rdn. 353 ff.

[810] Mitteilung der Kommission KOM (2004) 83, Rdn. 75.

[811] EuGH, Rs. C 67/96, Slg. 1999, I- 5751, 5880 („Albany")

[812] EuGH, Rs. C- 127/73, Slg. 1974, 313, 138 („SABAM"); Rs. C- 395/87, Slg. 1989, 2521, 2575 ("Staatsanwaltschaft/Tournier").

[813] Dörr/Schiedermair/Haus, K&R 2001, S. 608, 617; Schlink/Poschner, S. 68.

Die Bestimmung der angemessenen Vergütung ist geeignet, die vertragliche Stellung von Kreativen zu verbessern.[814] Sie ist auch erforderlich, d.h. es gibt kein milderes geeignetes Mittel. Auch die nachträgliche Kontrolle von Verträgen durch Gerichte stellt kein milderes Mittel dar.[815] An der Stelle der betroffenen Branchenbeteiligten müsste ein Gericht die angemessene Vergütung bestimmen. Zur Bestimmung müsste das Gericht letztlich doch auf die Kompetenz der Branchenbeteiligten (Gutachter) zurückgreifen. Soweit sich eine stabile Rechtsprechung herausgebildet hätte, würde diese Rechtsprechung das gleichförmige Verhalten bestimmen. Parteien urheberrechtlicher Nutzungsverträge würden sich an der Regelung orientieren, um auf diese Weise Rechtssicherheit zu erhalten. Die wettbewerbsbeschränkende Wirkung wäre die gleiche.

Die Bestimmung der angemessenen Vergütung in gemeinsamen Vergütungsregeln muss auch verhältnismäßig sein, d.h. die wettbewerbsbeschränkenden Wirkungen dürfen nicht über das hinausgehen, was erforderlich ist, um den verfolgten Zweck sicherzustellen.[816] Abzuwägen ist der Schutz der Urheber und der Schutz des Wettbewerbs, letzteres insbesondere unter dem Aspekt der Zugangsfreiheit zum Markt. Der Schutz des freien Wettbewerbs ist genauso ein gemeinschaftspolitisches Anliegen, wie die Sicherung einer angemessenen Vergütung für Urheber. Letzteres findet seinen Ausdruck in Erwägungsgrund 10 der Richtlinie 2001/29/EG.[817] Dort heißt es, dass die Kreativen, wenn sie weiter schöpferisch und künstlerisch tätig sein sollen, für die Nutzung ihrer Werke eine angemessene Vergütung erhalten müssen.

Allerdings bewirken die Vergütungsregeln auch, dass einem Teil der Kreativen der Marktzugang zumindest erschwert wird. Der Urheber, der sich über den Preiswettbewerb Marktzugang verschaffen oder am Markt etablieren will, muss einen Verwerter finden, der bereit ist das Risiko fehlender Rechtssicherheit auf sich zu nehmen.[818] Damit ist nicht nur die Institution Wettbewerb betroffen. Betroffen ist auch die Vielfalt und die Entwicklung kreativer Tätigkeit, die das Urheberrecht ebenfalls schützen will.[819] In diesen Konflikt gerät man aber auch bei Berücksichtigung gemeinschaftspolitischer Zielstellungen.

---

[814] Dörr/Schiedermair/Haus, K&R 2001, S. 608, 617.

[815] So aber Dörr/Schiedermair/Haus, K&R 2001, S. 608, 617.

[816] Mitteilung der Kommission KOM (2004) 83, Rdn. 75.

[817] Richtlinie 2001/29/EG des Europäischen Parlaments und des Rates zur Harmonisierung bestimmter Aspekte des Urheberrechts und der verwandten Schutzrechte in der Informationsgesellschaft vom 22.05.2001, ABl. Nr. L 167, S. 10 ff.).

[818] Siehe oben S. 119, dieses Problem übersieht Andernach, S. 116.

[819] Richtlinie 2001/29/EG, Erwägungsgrund 9, siehe auch oben Teil 2/B/IV/ S. 6.

Die Sicherung einer angemessenen Vergütung ist ebenfalls als Politikziel formuliert.[820] Eine solche Vergütung muss auch ermittelt werden und hat die bereits beschriebenen Mechanismen der Preisorientierung und somit der Einschränkung des Preiswettbewerbs zur Folge. Ein Ausgleich des Konflikts, der eine Beschränkung beider Zielstellungen bewirkt, ohne eine der Zielstellungen gänzlich zurücktreten zu lassen, ist aber möglich. Eine verhältnismäßige gemeinsame Vergütungsregel darf keine starre Vergütung vorsehen, sondern muss den Beteiligten Korrekturmöglichkeiten nach unten für Verträge mit Newcomern ermöglichen. Die damit verbleibende Beschränkung der Wettbewerbsfreiheit ist verhältnismäßig.

### *b) Wirkung gemeinsamer Vergütungsregeln*

#### aa) Problemstellung

Es wurde bereits festgestellt, unter welchen Voraussetzungen eine Vergütung tarifvertraglich bestimmt ist.[821] Durch die normative Wirkung des Tarifvertrages ergibt sich für Tarifvertragsparteien die Vergütung unmittelbar aus dem Tarifvertrag. Im Übrigen kann die Wirkung durch eine Allgemeinverbindlichkeitserklärung hergestellt werden oder durch eine Bezugnahme der Vertragsparteien im konkreten Einzelvertrag. Dieses System ist für die Wirkung gemeinsamer Vergütungsregeln nicht ohne weiteres übertragbar. Hätte der Gesetzgeber die gleiche Wirkung gewollt, so hätte er dies regeln können. Dagegen spricht zudem die sprachliche Fassung der Voraussetzung. Die Vergütung muss nach einer gemeinsamen Vergütungsregel bestimmt sein.[822]

Welche Wirkung von gemeinsamen Vergütungsregeln ausgeht und wie sie auf den Einzelvertrag einwirken, ist umstritten. Nach einer Ansicht bewirkt die Existenz einer gemeinsamen Vergütungsregel, dass sich die Angemessenheit der Vergütung für alle Verträge, die im sachlichen und räumlichen Anwendungsbereich der Regel liegen, nach dieser Vergütungsregel richten. Die Existenz einer Vergütungsregel bewirkt also die Anwendung auf alle passenden Rechtsverhältnisse, egal ob die Parteien an der Aufstellung der Regelung beteiligt waren oder

---

[820] Erwägungsgrund 10, Richtlinie 2001/29/EG.

[821] Siehe oben Teil 3/B//II/1., S. 89 ff.

[822] Hier wird zum Teil in der Literatur vertreten, dass eine nach einer gemeinsamen Vergütungsregel bestimmte Vergütung anders zu verstehen sei, als die nach einer gemeinsamen Vergütungsregel ermittelte Vergütung i.S. von § 32 Abs. 2 Satz 1 UrhG (D. Berger, ZUM 2003 S. 173, 175). Aus den Ergebnissen des folgenden Abschnitts wird aber deutlich, dass sich aus den verschiedenen Begriffen keine unterschiedlichen Wertungen ergeben.

nicht.[823] Man könnte hier von einer absoluten Wirkung der gemeinsamen Vergütungsregel sprechen. Nach einer anderen Ansicht ist die Vergütung nach einer gemeinsamen Vergütungsregel bestimmt, wenn die Parteien ausdrücklich auf die Vereinbarung Bezug nehmen.[824] Dies könnte man als relative Wirkung gemeinsamer Vergütungsregeln bezeichnen.

### bb) Keine absolute Wirkung

#### (1) Argumente für eine absolute Wirkung

Für diese Auslegung spricht vor allem der Regelungszweck und auch der Wille des Gesetzgebers. Die Verbände sollen, so der Wortlaut des § 36 Abs. 1 UrhG, „zur Bestimmung der Angemessenheit von Vergütungen nach § 32 ... gemeinsame Vergütungsregeln aufstellen". Die Regelungen sind auf Außenwirkung angelegt.[825] Die Auslegung erscheint auch folgerichtig, denn gerade das Erfordernis der Repräsentativität einer Vereinigung macht nur Sinn, wenn die Regelung tatsächlich für die gesamte, repräsentierte Branche anwendbar ist.

#### (2) Unvereinbarkeit mit Verfassungsrecht

Die Auslegung lässt unberücksichtigt, dass dabei Grundrechte Dritter verletzt werden, nämlich jener Kreativen oder Verwerter, die nicht an der Aufstellung der Regelungen beteiligt waren. In Betracht käme ein Verstoß gegen die negative Koalitionsfreiheit der Außenstehenden nach Art. 9 Abs. 3 GG (α). Dies setzt voraus, dass beim Abschluss einer gemeinsamen Vergütungsregelung Koalitionen beteiligt sind. Das ist aber umstritten.[826] Auf eine Streitentscheidung kommt es aber nicht an, weil ein Eingriff auch nach anderen Grundrechtsnormen in Frage kommt. Als entgegenstehendes Grundsrecht bei Nichtkoalitionen kommt hier die aus Art. 2, 12, 14 GG hergeleitete Vertragsfreiheit in Betracht (β).

---

[823] Dreier/Schulze/Schulze, § 36 Rdn. 5; Schricker, S. 21; Andernach, S. 116 (allgemeinverbindlich) Berger, Rdn. 145, 159, Hertin, MMR 2003, S. 16; 17;unklar D. Berger, ZUM 2003, S. 521, 528.

[824] Im Ergebnis Wandtke/Bullinger/Wandtke/Grunert, § 36 Rdn. 20; HK/Kotthoff, § 32 Rdn. 21; Erdmann, GRUR 2002, S. 922, 925; Haupt/Flisak, KUR 2003 S. 41, 42.

[825] Dreier/Schulze/Schulze, § 36 Rdn. 5;Bayreuther, UFITA 2002 (II) S. 623, 649 ff.

[826] Siehe oben Teil 3/B/II/2. S. 107 f.

### *(α) Negative Koalitionsfreiheit des Art. 9 Abs. 3 GG*

Die negative Koalitionsfreiheit umfasst das Recht eines Einzelnen, sich keinem Verband anzuschließen oder aus ihm auszutreten.[827] In diese Rechtsposition wird eingegriffen, wenn auf den Einzelnen ein solcher, auch mittelbarer Druck ausgeübt wird, dass er sich veranlasst sieht, einer Vereinigung beizutreten.[828] Besonders für den einzelnen Verwerter könnte ein Zwang zum Beitritt zu einer Vereinigung bestehen, wenn er anderenfalls der Wirkung einer Entscheidung ausgesetzt wäre, die durch diese Vereinigung veranlasst wird, ohne selbst darauf Einfluss nehmen zu können.[829] Allerdings hat das BVerfG angenommen, dass bei der Erstreckung eines Tarifvertrages der damit verbundene mittelbare Druck auf den Außenseiter zum Koalitionsbeitritt nicht so erheblich ist, dass darin eine Verletzung der Koalitionsfreiheit liegt.[830]

Diese Rechtsprechung kann aber nicht für die absolute Wirkung gemeinsamer Vergütungsregeln streiten. Es wurde aber bereits gezeigt, dass die Erstreckung des Tarifvertrages (§ 5 TVG) an eine Vielzahl von Voraussetzungen geknüpft ist und der unmittelbaren Beteiligung des Staates sowie eines bestimmten Verfahrens bedarf.[831]

Zudem sind Tarifvertragsparteien gesetzlich mit Rechtssetzungsmacht ausgestattet (§ 4 TVG). Eine solche ausdrückliche Regelung fehlt für die Beteiligten gemeinsamer Vergütungsregeln. Aber selbst wenn man in § 36 UrhG eine Normsetzungsbefugnis erblicken könnte, bedarf es für die Erstreckung der Regel auf andere einer besonderen Rechtfertigung. Für Tarifverträge hat das BVerfG gefordert, dass die wesentlichen Punkte der Regelung bereits aus einer gesetzlichen Regelung ersichtlich sein müssen.[832] Der Bürger soll nicht schrankenlos normsetzender Gewalt von Tarifvertragsparteien ausgesetzt sein, die ihm gegenüber nicht legitimiert sind.[833]

Diesen Anforderungen entspricht § 32 i.V.m. § 36 UrhG nicht. Der Gesetzgeber überlässt gerade den Beteiligten die Regelung, die er selbst nicht treffen will. Aus Sicht des betroffenen Dritten macht es dabei keinen Unterschied, ob die Vereinbarung unmittelbar auf ihn einwirkt[834] oder erst durch Anwendung des Gerichts.

---

[827] Sachs/Höflinig, Art. 9 GG Rdn. 65; Dreier/Bauer, Art. 9 GG Rdn. 81 m.w.N.
[828] Sachs/Höflinig, Art. 9 GG Rdn. 65.
[829] BVerfG NJW 2000, S. 3704 f.(„Mindestlohnverordnung im Baugewerbe").
[830] BVerfG NJW 2000, S. 3704 f.(„Mindestlohnverordnung im Baugewerbe").
[831] Siehe oben Teil 3/B/II/1., S. 96.
[832] BVerfGE 164, S. 208 („Bergmannversorgungsschein").
[833] BVerfGE 164, S. 208 („Bergmannversorgungsschein").
[834] So wohl Thüsing, GRUR 2002, S. 203, 206.

Entscheidend ist, dass der Dritte bei unmittelbarer Anwendung der gemeinsamen Vergütungsregel nicht die Möglichkeit hat, die Angemessenheit der individuell vereinbarten Vergütung nachzuweisen, da das Gericht bei der hier angenommenen Auslegung des Gesetzes nicht auf diese Regelung ausweichen könnte. Dem einzelnen Verwerter bliebe somit nur die Möglichkeit, sich selbst an der Aufstellung gemeinsamer Vergütungsregeln zu beteiligen. Nur so kann er seinen Interessen Geltung verschaffen. Mit diesem mittelbaren Zwang würde die Regelung aber gegen Art. 9 III GG verstoßen.

### *(β) Vertragsfreiheit (Art. 2, 12, 14 GG)*

Geht man davon aus, dass die Beteiligten keine Koalitionen sind, so liegt ein Eingriff in die verfassungsrechtlich geschützte Vertragsfreiheit (Art. 2, 12, 14 GG) der Außenseiter vor. Diesen wäre bei undifferenzierter Anwendung gemeinsamer Vergütungsregeln auf den konkreten Vertrag verwehrt, sich auf die Angemessenheit der individuell vereinbarten Vergütung zu berufen.[835] Ein Gericht, das die von anderen aufgestellten Vergütungsregelungen auf den Dritten anwendet, greift in die geschützte Rechtsposition des Dritten, Preise selbst zu vereinbaren, ein. Die Anwendung der Norm wäre durch das Gesetz vorgegeben. Die Anwendung einer Norm, die Dritte vereinbart haben, bedarf einer besonderen Rechtfertigung.

Geht man davon aus, dass den Beteiligten gemeinsamer Vergütungsregeln kein Koalitionsstatus zukommt, so fehlt bereits der verfassungsrechtliche Anknüpfungspunkt, der eine Übertragung der Rechtssetzung-smacht erlaubt.[836] Aber selbst wenn man den Beteiligten Rechtssetzungsmacht zuerkennen würde, müsste die Erstreckung der Wirkung ihrer Vereinbarung auf Dritte gerechtfertigt sein. Wenn diese Rechtfertigung aber schon bei der Annahme normsetzender Koalitionen scheitert[837], so gilt das erst recht für rein zivilrechtlich handelnde Rechtssubjekte.

Dagegen lassen sich auch nicht die vom Gesetzgeber als Beispiel vorgebrachten Honorarordnungen freier Berufe (von Rechtsanwälten, Ärzte, Architekten) anführen.[838] Diese Ordnungen sind mit dem gewählten Modell nicht vergleichbar. Der Gesetzgeber legt diese Regelungen selbst fest. Sie sind somit staatliches Recht. Sie verfolgen zudem nicht das Ziel, die angemessene Vergütung der

835 Siehe bereits oben Teil 3/B/II/2., S. 128 f.
836 Bayreuther, UFITA 2002 (Band II), S. 623, 655.
837 Siehe oben Teil 3/II/B/2., S. 129.
838 Beschlussempfehlung und Bericht des Rechtsausschusses, BT-Drucks. 14/8058, S. 16.

betroffenen Berufsgruppen zu sichern. Die Zielstellung sind auf die Unabhängigkeit der Rechtspflege, die Kostenkontrolle im Gesundheitswesen und die Verhinderung von schädlich empfundenem Preiswettbewerb gerichtet.[839] Auch die von Bayreuther genannte Verdingungsordnung Bau ist nicht mit den gemeinsamen Vergütungsregeln vergleichbar.[840] Die Gemeinsamkeit besteht lediglich darin, dass beide nicht staatlich gesetztes Recht darstellen. Inhaltlich unterscheiden sie sich aber erheblich. In der Verdingungsordnung werden zwar Rahmenbedingungen für Bauverträge vereinbart und Regelungen für die Rückzahlungen, Minderungen etc. vorgenommen, aber keine Preise festgelegt.

Eine absolute Geltung der gemeinsamen Vergütungsregelungen auch für jene Vertragspartner, die nicht an der Aufstellung gemeinsamer Vergütungsregelungen mitgewirkt haben, verstieße gegen Grundrechte Dritter. Die aufgezeigten Bedenken sind auch nicht dadurch zu beseitigen, dass besonders strenge Anforderungen an die Vereinigungen nach § 36 Abs. 2 UrhG und das Zustandekommen der Regeln gestellt werden.[841]

Die Annahme einer absoluten Wirkung wäre auch nicht mit der vom Gesetz vorgesehenen Möglichkeit vereinbar, dass gemeinsame Vergütungsregeln mit einzelnen Werknutzern geschlossen werden können. Nicht ausgeschlossen werden kann zudem, dass im Geltungsbereich einer Branche mehrere unterschiedliche Vergütungsregelungen zustande kommen.[842] Das Problem ließe sich über Konkurrenzregelungen lösen, absolute Wirkung für eine Branche käme den jeweiligen Regelungen dann aber nicht zu. Das genannte Problem würde zudem dadurch potenziert, dass gemeinsame Vergütungsregelungen nicht publiziert werden müssen. Im Einzelfall wären die Vertragsparteien der Rechtsunsicherheit ausgesetzt, sich nicht für die „richtige" Vergütungsregelung entschieden zu haben.

### cc) Relative Wirksamkeit

Die oben genannten verfassungsrechtlichen und tatsächlichen Probleme können vermieden werden, wenn das Merkmal „bestimmen" bzw. „ermitteln" so ausgelegt wird, dass die Parteien auf die Vergütungsregelung ausdrücklich Bezug genommen haben. Die Vergütung ist nur dann nach einer gemeinsamen

---

[839] Bayreuther, UFITA 2002 (Band II) S. 623, 657, Stickelbrock, GRUR 2001, S. 1087, 1090, Gounalakis in Gounalakis/Heinze/Dörr, S. 11, 110 ff.

[840] Bayreuther, UFITA 2002, Band II, S. 623, 657.

[841] So aber Dreier/Schulze/Schulze, § 36 Rdn. 8 und § 32 Rdn. 6; Schricker, Quellen, S. 21.

[842] Darauf verweisen Erdmann, GRUR 2002, S. 923, 926.

Vergütungsregel bestimmt, wenn sie die Parteien durch Bezugnahme zum Vertragsinhalt gemacht haben.[843]

Dies gilt auch für die Parteien des Individualvertrages, die gleichzeitig an der Aufstellung gemeinsamer Vergütungsregeln beteiligt waren. Auch für diese Parteien hat die gemeinsame Vergütungsregel noch keine unmittelbar bindende Wirkung.[844] Diese Wirkung wird bei Tarifverträgen durch die Anordnung des § 4 Abs. 1 TVG erzielt. Eine vergleichbare Regelung enthalten §§ 32 ff UrhG jedoch nicht. Die Regelung wirkt also auch für die beteiligten Parteien nicht normativ, sondern bedarf der Umsetzung im Individualvertrag. Die Wirkung gemeinsamer Vergütungsregelungen beschränkt sich daher darauf, dass der Kreative, dem vertraglich die Vergütung nach einer gemeinsamen Vergütungsregelung zugestanden wird, nicht einwenden kann, die Vergütung sei unangemessen. Er kann keine Einzelfallkontrolle nach § 32 Abs. 2 Satz 2 UrhG erreichen.[845]

Eine Vergütung ist nach einer gemeinsamen Vergütungsregelung daher nur dann bestimmt, wenn die Vertragsparteien auf die Regelung im konkreten Einzelvertrag Bezug genommen haben. Es genügt nicht, dass die Parteien die Vergütung vereinbaren, die im Ergebnis mit der Regelung übereinstimmt (zufällige Übereinstimmung).[846]

### (1) Persönlicher Anwendungsbereich

Es wurde gerade festgestellt, dass gemeinsame Vergütungsregeln die konkrete Bezugnahme im Individualvertrag erfordern. Es ist dabei unerheblich, ob die Parteien an der Aufstellung der gemeinsamen Vergütungsregel beteiligt waren.

### (2) Sachlicher Anwendungsbereich

Wenn Parteien vereinbaren auf eine bestimmte Vergütungsregelung Bezug zu nehmen, so muss die Regelung tatsächlich auch zur Branche und zur spezifischen Verwertungssituation der Vertragsparteien passen. Anderenfalls kann die Regelung keine Vermutungswirkung entfalten.[847] Auf eine Vergütungsregel, die über

---

[843] Wandtke/Bullinger/Wandtke/Grunert, § 36 Rdn. 20; HK/Kotthoff, § 32 Rdn. 21; Erdmann, GRUR 2002, S. 922, 925; Haupt/Flisak, KUR 2003 S. 41, 42.

[844] So aber wohl HK/Kotthoff, § 36 Rdn. 21; Ory, AfP 2002, S. 93, 96; D. Berger ZUM 2003, S. 521, 528.

[845] Im Ergebnis Haas, Rdn. 222; Haupt /Flisak, KUR 2003, S. 41, 42.

[846] Loewenheim/v. Becker, § 29 Rdn. 57.

[847] Dreier/Schulze/Schulze, § 36 Rdn. 10; Schricker, Quellen, S. 21.

die Vergütung hinaus Vertragsregeln enthält, muss jedoch nicht im Ganzen Bezug genommen werden.[848]

### (3) Räumlicher Anwendungsbereich

Ist die Vergütungsvereinbarung nur regional begrenzt, kann sie auch durch Bezugnahme keine weitergehende Wirkung erzielen. Mit der Entscheidung der räumlichen Begrenzung bringen die Parteien der gemeinsamen Vergütungsvereinbarung zum Ausdruck, dass die Vermutungswirkung nicht uneingeschränkt gilt

### (4) Zeitlicher Anwendungsbereich

Vergütungsregeln werden erst durch ihre Entstehung wirksam. Aufgrund des spezifischen Verfahrens, dass für die Aufstellung von gemeinsamen Vergütungsregelungen vorgesehen wurde, können auch Regelungen, die im Übrigen den Anforderungen an gemeinsame Vergütungsrege-lungen entsprächen, nicht rückwirkend umgewidmet werden.[849] Es gibt keine Regelung, wie lange die Vereinbarung gelten soll. Dies kann problematisch werden, wenn sich die Verwertungsbedingungen im Laufe der Zeit verändert haben, die Regelung aber nicht.[850] Ist die Regelung befristet, so entfaltet sie keine Nachwirkung.[851] Dafür fehlt es an einer dem § 4 Abs. 5 TVG vergleichbaren Norm. Vereinbarungen, die auf eine nicht mehr geltende Norm verweisen, bestimmen nicht die Vergütung nach einer Vergütungsvereinbarung im Sinne des § 32a Abs. 4 UrhG.

## dd) Bestimmen beim Vorliegen anderer Regelungen

### (1) Tarifvertrag

Aus § 36 Abs. 1 Satz 4 UrhG ergibt sich der Vorrang von Tarifverträgen vor gemeinsamen Vergütungsregeln. Soweit ein Tarifvertrag für die Vertragsparteien anzuwenden ist und dieser Vertrag Vergütungsvereinbarungen enthält, ist die Vergütung nach dem Tarifvertrag bestimmt.

---

[848] Schricker, Quellen, S. 21.
[849] Wandtke/Bullinger/Wandtke/Grunert, § 36 Rdn. 22; Haupt/Flisak, KUR 2003, S. 41, 42.
[850] Berger, Rdn. 146 f.
[851] Ory, AfP 2002, S. 93, 96.

### (2) Betriebsvereinbarungen

Betriebsvereinbarungen kommt kein Vorrang vor gemeinsamen Vergütungsregelungen zu.[852] Eine entsprechende Vorrangsregelung ist im Gesetz nicht enthalten. Im Übrigen sprechen die gleichen Gründe gegen einen Vorrang, wie sie bereits im Abschnitt zu Tarifverträgen dargestellt wurden.[853]

### (3) Andere gemeinsame Vergütungsregeln

Bei der Existenz verschiedener gemeinsamer Vergütungsregeln wird für die Anwendung der richtigen Regel eine vergleichbare Konkurrenzlösung vorgeschlagen, wie sie bei Tarifkonkurrenz praktiziert wird.[854] Nach der hier vertretenen Auffassung entscheiden die Parteien des Individualvertrages aber allein über die Anwendung einer bestimmten gemeinsamen Vergütungsregel. Zu einer Konkurrenz kommt es dabei nicht.

### *c) Kontrolle durch Gerichte*

Die gemeinsamen Vergütungsregelungen sind für Gerichte keiner Inhaltskontrolle zugänglich. Die Kontrolle beschränkt sich auf das wirksame Zustandekommen und die Wirksamkeit nach allgemeinen Regelungen (§§ 138, 242 BGB).[855] Für die Vergütung gilt im Übrigen die unwiderlegliche Vermutungswirkung des § 32 Abs. 1 Satz 2 UrhG. Der Kreative kann sich nicht auf die Unangemessenheit der konkreten Vergütung berufen.[856]

### *d) Praxis gemeinsamer Vergütungsregeln*

Bis Dezember 2004 waren sind keine gemeinsamen Vergütungsregelungen zustande gekommen. Auf eine kleine Anfrage der FDP-Fraktion im Deutschen Bundestag[857] teilte die Bundesregierung mit, dass es noch keine derartigen Regelungen gibt. Als Ursache werden die unterschiedlichen Vorstellungen von der Angemessenheit der Vergütung genannt, die mangelnde Bereitschaft, in wirschaftlich schwierigen Zeiten höhere Honorare zu zahlen, sowie die Schwierigkeiten bei der Feststellung, ob die Voraussetzungen des § 36 Abs. 2 UrhG jeweils

[852] A.A. Wandtke/Bullinger/Wandtke/Grunert, § 36 Rdn. 9.
[853] Siehe oben Teil 3/B/II/1., S. 99.
[854] Thüsing, GRUR 2002, S. 203, 210.
[855] Nordemann, § 36 Rdn. 4; Berger, Rdn. 186.
[856] Berger, Rdn. 186; Ory, AfP 2002, S. 93, 96 (negatives Tatbestandsmerkmal).
[857] BT-Drucks. 15/2883.

vorliegen. Hingewiesen wird zudem auf die Vielzahl der Faktoren, die in den unterschiedlichen Branchen die Vergütung beeinflussen und so die Aufstellung der Regelwerke kompliziert gestalten.[858]

Aufschluss über die bisherigen Versuche zum Abschluss gemeinsamer Vergütungsregelungen gibt die Anhörung der Enquete – Kommission „Kultur in Deutschland" vom Mai 2004.[859] So hatten einzelne in der Gewerkschaft ver.di organisierte Urheberverbände zunächst Verhandlungen mit verschiedenen Verwerterbänden angestrebt. Dazu gehörten zunächst die Vorschläge gegenüber dem Börsenverein des Deutschen Buchhandels zum Abschluss von Gesamtverträgen mit Belletristikautoren und für die Literarischen Übersetzer. Der Börsenverein ging jedoch davon aus, kein Mandat seiner Mitglieder zu besitzen. Er gründete entsprechende Verlegervereinigungen in verschiedenen Sparten.[860] Es kam jedoch keine Einigung zustande. Die Verlegervereinigungen lösten sich wieder auf.[861]

Verhandlungen wurden mittlerweile zwischen Verbänden von Filmproduzenten und ver.di aufgenommen. Bisher wurden dort nur Vorschläge entwickelt, die noch nicht veröffentlicht wurden.[862] Angebote der Gewerkschaft ver.di über konkrete Vertragsverhandlungen wurden auch gegenüber dem Verband Deutscher Zeitungsverleger[863] und dem Verband Deutscher Zeitschriftenverleger ausgesprochen.[864]

Im Januar 2005 wurde nunmehr eine erste gemeinsame Vergütungsregel (GVR) für Autoren belletristische Werke in deutscher Sprache aufgestellt. Beteiligt sind 9 Verlage und der Verband deutscher Schriftsteller (VS) in den vereinigten Dienstleistungsgewerkschaft (ver.di). Die Regel ist nur für selbständig zu veröffentlichende belletristische Werke anzuwenden. Sie findet in anderen Verlagsbereichen (z.B. Sachbuch, Fachbuch, Kinder- und Jugendbuch) keine Anwendung (§ 1 GVR). Das regelmäßige Honorar für Hardcoverausgaben soll

---

858 BT-Drucks. 15/2937.

859 KDS 15/14.

860 In der Rechtsform einer GbR.

861 Dies führte zu einem Rechtsstreit beim KG Berlin. Es soll über die Frage entschieden, ob die Auflösung rechtmäßig war, weil dadurch die Verlegervereinigungen dem Schlichtungsverfahren entgehen. Zu dieser Frage entschied das Gericht aber nicht (KG ZUM 2005, S. 229 f.).

862 Auskunft von Wolfgang Schimmel von ver.di.

863 Der Verband ist nicht mandandiert von den Regionalverbänden Hessens, der neuen Bundesländer und Berlin. (Auskunft Wolfgang Schimmel).

864 Diese Kontakte sollen aber noch keine Verhandlungen über gemeinsame Vergütungsregelungen darstellen (Auskunft Wolfgang Schimmel).

10% vom Nettoladenverkaufspreis betragen (§ 3 Abs. 1 GVR). Aus im einzelnen genannten Gründen kann auch eine Beteiligungsspanne zwischen 8 und 10% angemessen sein (§ 3 Abs. 2 GVR). In außergewöhnlichen Ausnahmefällen soll auch eine Vergütung von weniger als 8% nicht unangemessen sein (§ 3 Abs. 3 GVR). Für den Fall eines außergewöhnlichen Verkaufserfolges sieht § 3 Abs. 5 GVR vor, dass der Vertrag die Ausgangsvergütung mit einer ansteigenden Vergütungsstaffel verknüpfen wird. Eine Festlegung, wann ein „großer Verkaufserfolg“ vorliegt, sieht die Regel nicht vor.

### 3. Inhalt der Vergütungsvereinbarung- die vereinbarte Gegenleistung

Es wurde unter 1.) und 2.) festgestellt, wann eine Vergütung tarifvertraglich oder nach einer gemeinsamen Vergütungsregel bestimmt ist. Nunmehr soll untersucht werden, welche Anforderungen § 32a Abs. 4 UrhG an den Inhalt einer solchen kollektiven Vergütungsvereinbarung für das Einräumen von Nutzungsrechten stellt. Soweit nicht anders erforderlich werden Tarifverträge und gemeinsame Vergütungsregeln gemeinsam behandelt.

Bei der Vergütung im Sinne des § 32a Abs. 4 UrhG handelt es sich um die „vereinbarte Gegenleistung“ im Sinne des § 32a Abs. 1 UrhG.[865] Wenn die Kollektivvereinbarung den Fall des § 32a Abs. 1 UrhG ausschließen soll, muss die vereinbarte Vergütung die Maßstäbe berücksichtigen, die ein Gericht bei der Prüfung des Korrekturanspruches im Rahmen des Merkmals „vereinbarte Gegenleistung“ anlegen würde. Diese Maßstäbe werden im Folgenden herausgearbeitet.

#### *a) Zu vergütende Leistung des Kreativen*

Verschiedenste urheberrechtlich relevante Nutzungshandlungen können Vergütungsansprüche der Kreativen auslösen.[866] Nicht alle dieser Vergütungsansprüche können auch ein Nachforderungsrecht aus § 32a UrhG begründen. Das Merkmal „vereinbarte Gegenleistung“ dient zunächst der Abgrenzung zu den Tatbeständen, deren Gegenstand die rechtswidrige Werkverwertung ist (§§ 97 ff. UrhG).[867] Anwendbar ist die Regelung somit grundsätzlich nur für rechtsgeschäftliche Vereinbarungen. Betroffen sind aber nicht alle denkbaren Ansprüche aus vertraglichen Vereinbarungen.

---

[865] Siehe oben Teil 3/B/II., S. 89.
[866] Siehe unten Teil 2/D, S. 15 ff.
[867] Wandtke/Bullinger/Wandtke/Grunert, § 32a Rdn. 2; Hegemann, S. 72.

## aa) Vertragsgegenstand

### (1) Einräumen von Nutzungsrechten

Der Wortlaut von § 32a Abs. 1 UrhG sieht die Anwendung der Norm vor, wenn der Urheber dem anderen Nutzungsrechte einräumt. Nutzungsrechte können nach § 31 Abs. 1 Satz 2 UrhG als einfache oder ausschließliche, räumlich, zeitlich oder inhaltlich beschränkte Nutzungsrechte eingeräumt werden. Für die Anwendbarkeit des § 32a UrhG spielt diese Unterscheidung keine Rolle. Jede Art von Nutzungsrechten wird von § 32a UrhG erfasst.[868] Zur alten Rechtslage wurde abweichend dazu vertreten, dass dem einfachen Nutzungsrecht die Ausschließlichkeitswirkung fehlt und dem Urheber somit die Möglichkeit zur eigenen Werkverwertung verbleibt. Ansprüche aus § 36 a.F. gegen Inhaber eines einfachen Nutzungsrechts sollten daher ausgeschlossen sein.[869] Dagegen spricht jedoch, dass § 32a UrhG auf das Verhältnis zwischen vereinbartem Honorar und erzielten Erträgnissen aus der „Nutzung" abzielt.[870] Daher kommt es gar nicht darauf an, ob dem Urheber selbst noch Möglichkeiten zur eigenen Nutzung bleiben.[871]

Anders stellt sich die Situation dar, wenn der Urheber Nutzungsrechte zur Wahrnehmung einer Verwertungsgesellschaft einräumt. Hier findet § 32a UrhG keine Anwendung[872], da die Verwertungsgesellschaften nicht gewinnorientiert arbeiten und die Ausschüttung der Erträgnisse keine Gegenleistung im Sinne der Norm darstellt.[873]

### (2) Schuldrechtliche Rechtspositionen

#### *(α) Erlaubnis zur Werknutzung und schuldrechtliche Nutzungsvereinbarungen*

Der Wortlaut von § 32 a UrhG erhebt, anders als § 32 UrhG, allein die Einräumung eines Nutzungsrechts zur Tatbestandsvoraussetzung. Daraus wird geschlossen, dass Ansprüche aus § 32a UrhG bei der Erlaubnis zur Werknutzung

---

868 BGH ZUM 1997, S. 497, 501 („Comic-Übersetzung I"); Dreier/Schulze/Schulze, § 32a Rdn. 24; Schricker, Quellen, S. 34.

869 v. Gamm, § 36 Rdn. 5.

870 Hegemann S. 74.

871 So im Ergebnis auch Dreier/Schulze/Schulze § 32a Rdn. 24.

872 Wandtke/Bullinger/Wandtke/Grunert, § 32a Rdn. 2; Dreier/Schulze/Schulze, § 32a Rdn. 17; Schricker, Quellen, S. 35.;a.A. zum alten Recht: Hegemann, S. 80.

873 Schricker/Schricker, § 36 Rdn. 7.

nicht geltend gemacht werden können.[874] Es ist anerkannt, das § 32 UrhG für sämtliche Nutzungsverhältnisse auf rechtsgeschäftlicher Basis gilt, an denen der Urheber unmittelbar beteiligt ist.[875] Der Anspruch erfasst neben der Einräumung von Nutzungsrechten auch die Erlaubnis zur Werknutzung, womit rein schuldrechtliche Nutzungsvereinbarungen und die schuldrechtliche Einwilligungen gemeint sind.[876]

Es ist kein Grund erkennbar, warum die schuldrechtliche Erlaubnis zur Werknutzung und schuldrechtliche Nutzungsvereinbarungen in § 32a UrhG anders behandelt werden sollen. Mit der schuldrechtlichen Erlaubnis zur Nutzung des Werkes ist der Nutzer in gleicher Weise in der Lage, Erträge und Vorteile aus der Nutzung zu ziehen, wie bei einer Nutzungsrechtseinräumung. Dem hat der Gesetzgeber letztlich Rechnung getragen, indem er auch für diese urheberrechtlich relevanten Handlungen einen Anspruch auf angemessene Vergütung vorsieht.[877] Wenn aber schon die Erlaubnis zur Nutzung einen Anspruch auf Vergütung auslösen kann, so ist nicht verständlich, warum der Urheber an den tatsächlich gezogenen Erträgnissen und Vorteilen im Rahmen von § 32a UrhG nicht weiter beteiligt werden soll. Aus der Entstehung des Gesetzes ergibt sich vielmehr, dass der Gesetzgeber die Problematik bei § 32a UrhG übersehen hat. Die Formulierung von § 32a Abs. 1 Formulierungshilfen vom 19.11.2001 stellte zunächst nur auf die „aus der Verwertung des Werkes erzielten Erträge und Vorteile“ ab.[878] Auf welcher (berechtigten) Grundlage die Verwertung erfolgte war für den Anspruch nicht ausschlaggebend. Erst durch die Formulierungshilfen vom 14.01.2002 wurde die Formulierung der ursprünglichen Version des Bestsellerparagrafen wieder angepasst. Es sollte die Grundstruktur des bisher geltenden § 36 Abs. 1 UrhG (a.F.) erhalten bleiben. Hier ist aber offenbar übersehen worden, dass bei einer konsequenten Anwendung des Wortlautes eine unterschiedliche Behandlung wesentlich gleicher Sachverhalte die Folge wäre. Für die Erlaubnis zur Werknutzung ist daher § 32a UrhG zumindest analog anzuwenden.[879]

---

[874] Haas, Rdn. 286; zur alten Rechtslage umstritten: für Einbeziehung Hagen, S. 63; a.A. Schricker/Schricker, § 36 Rdn. 6.

[875] Dreier/Schulze/Schulze, § 32 Rdn. 7; HK/Kotthoff, § 32 Rdn. 5; Schricker, GRUR Int. 2002, S. 797, 801; ders. Quellen, S. 13; Berger, ZUM 2002, S. 521, 522.

[876] Schricker, GRUR Int. 2002, S. 797, 802.

[877] Dreier/Schulze/Schulze, § 32 Rdn. 7.

[878] Formulierungshilfen vom 19.11.2001, S. 6.

[879] So im Ergebnis auch Schricker, Quellen, S. 34; für unmittelbare Anwendung: Wandtke/Bullinger/Wandtke/Grunert, § 32a Rdn. 7; Dreier/Schulze/Schulze, § 32a Rdn. 24

### (β) *Geschäfte über Urheberpersönlichkeitsrechte*

Schuldrechtliche Vereinbarungen können auch über die Ausübung von Urheberpersönlichkeitsrechten getroffen werden.[880] Für den Verzicht auf die Ausübung von Persönlichkeitsrechten kann eine Vergütung vereinbart werden.[881] Eine solche Vereinbarung löst aber keine vergütungsrechtlichen Ansprüche der §§ 32 ff. UrhG aus.[882] Diese Schutznormen sollen den Urhebern die Beteiligung an den Erträgnissen aus der Nutzung des Werkes sichern. Das Beteiligungsprinzip knüpft dabei an die eigentumsrechtlich geschützte Vermögensposition des Urhebers an. Auch wenn mit Hilfe von Urheberpersönlichkeitsrechten Vermögensinteressen durchgesetzt werden können,[883] handelt es sich nicht um eine Vermögensposition. Dagegen spricht auch nicht, dass die Verletzung von Urheberpersönlichkeitsrechten Schadensersatzansprüche nach § 97 Abs. 2 UrhG auslösen kann.[884] Der Ersatzanspruch bezweckt den Schutz der ideellen Interessen des Urhebers, weil andernfalls das Persönlichkeitsrecht gegenüber schwerwiegenden Beeinträchtigungen ungeschützt bliebe.[885] Es soll für immaterielle Schäden Ersatz geschaffen werden. Diese sind von den Vermögensschäden zu unterscheiden, die nach § 97 Abs. 1 UrhG zu beurteilen sind.[886]

### (χ) *Rechtsgeschäfte mit gesetzlichen Vergütungsansprüchen*

Gesetzliche Vergütungsansprüche konnten (mit Ausnahme der Ansprüche aus § 20b Abs. 2 und § 27 Abs. 1 UrhG) nach den allgemeinen Regeln (§§ 398 ff. BGB) im vollen Umfang und auch als künftige Ansprüche im voraus abgetreten werden.[887]

---

[880] Dreier/Schulze/Schulze, § 29 Rdn. 20;Wandtke/Bullinger/Block, § 29 Rdn. 17; HK/Kotthoff, § 39 Rdn. 6; Schricker/Dietz, Vor §§ 12 ff. Rdn. 28. Eine ausdrückliche Regelung war noch in § 39 ProfE/RegE vorgesehen (RegE BT-Drucks. 14/6433 S. 6), die dann aber wieder fallen gelassen wurde. Der Beschlussempfehlung und dem Bericht des Rechtsausschusses (BT-Drucks. 14/8058, S. 21) ist dazu keine Begründung zu entnehmen. Dort heißt es lediglich: „§ 39 wird in der derzeit geltenden Fassung beibehalten."

[881] Schricker Quellen S. 15.

[882] A.A. Schricker, Quellen, S. 15.

[883] Siehe oben Teil 2/C/2., S. 8.

[884] So aber das Argument von Schricker, Quellen, S. 15.

[885] BGH GRUR 1970, S. 370, 373 („Nachtigall").

[886] Dreier/Schulze/Dreier, § 97 Rdn. 73, Wandtke/Bullinger/v. Wolff, § 97 Rdn. 75

[887] Schricker/Schricker, Vor § 28 ff. Rdn. 29; Fromm/Nordemann/Hertin, Vor § 28 Rdn. 4; Mäger, S. 31 ff.; Rossbach, S. 113 ff.

Vor der Reform war nicht eindeutig geklärt, ob bei der Vorausabtretung dieser Ansprüche auch § 36 UrhG (a.F.) anwendbar ist.[888] Diese Rechte wurden häufig vom Urheber mit übertragen, ohne dass dies bei der Bemessung des Entgelts Berücksichtigung gefunden hätte.[889] Aus wirtschaftlicher Sicht ergab sich für den Urheber die selbe Situation wie bei der Einräumung von Nutzungsrechten. Daraus wurde geschlussfolgert, dass § 36 UrhG zumindest analog anzuwenden sei.[890]

Mit der Neueinführung von § 63a UrhG gibt es aber keinen Anlass mehr für eine analoge Anwendung von § 32a UrhG. Es besteht keine Regelungslücke. Der Urheber ist insoweit vor einem Ausverkauf seiner Rechte geschützt, als er auf die Ansprüche nicht verzichten und im Voraus nur an eine Verwertungsgesellschaft abtreten kann.[891] Die gesetzlichen Vergütungsansprüche sind dem Urheber (und dessen Rechtsnachfolger) zugedacht und sollen ihm als Teil seiner angemessenen Vergütung verbleiben. Dagegen benötigt sie der Werknutzer nicht zur Ausübung seines Nutzungsrechts.[892] Der Urheber ist durch die Vorschrift ausreichend geschützt. Deshalb ist eine Anwendung auf die gesetzlichen Vergütungsansprüche abzulehnen.[893]

### (3) Bearbeitungsrecht

Die Bearbeitung oder eine andere Umgestaltung des Werkes bedürfen gemäß § 23 UrhG der Einwilligung des Urhebers. Mit dieser Einwilligung wird dem Bearbeiter nach h.M. ein Nutzungsrecht eingeräumt.[894] Selbst eine Ansicht, die die Einwilligung lediglich als Zustimmungsrecht betrachtet, geht davon aus, dass ein Nutzungsvertrag zustande kommt.[895] Daher sind §§ 31 ff. UrhG und somit § 32a UrhG auch bei einer Einwilligung in das Bearbeitungsrecht anwendbar.[896]

### bb) Art und Umfang der Rechtseinräumung

§ 32a UrhG ist nur soweit anwendbar, als auch tatsächlich urheberrechtliche Befugnisse und Rechte eingeräumt wurden. Anderenfalls liegt eine rechtswidrige

[888] So Hubmann, S. 203; Hagen, S. 64, Küfner, S.177 für eine analoge Anwendung.
[889] Haas, Rdn. 79.
[890] Hagen, S. 65, Hubmann, S. 203.
[891] RegE BT-Drucks. 14/6433, S. 14; Haas, Rdn. 79.
[892] RegE BT-Drucks. 14/6433; S. 14.
[893] Berger, Rd. 38; Schricker, GRUR Int. 2002, 797, 803.
[894] Dreier/Schulze/Dreier, § 23 Rdn. 10, Wandtke/Bullinger/Bullinger, § 23 Rdn. 8; Schricker/Loewenheim, § 23 Rdn. 19; Möhring/Nicolini, § 23 Rdn 5
[895] HK/Kotthoff, § 23 Rdn. 24; Fromm/Nordemann/Vinck, § 23 Rdn. 2; Möhring/Nicolini/Ahlenberg, § 23 Rdn. 10.
[896] Dreier/Schulze/Schulze, 32a Rdn. 24; Wandtke/Bullinger/Bullinger, § 23 Rdn. 8.

Nutzungshandlung vor und der Kreative muss seine Ansprüche aus §§ 97 ff. UrhG geltend machen. Als Vorfrage ist daher zunächst Art und Umfang der vertraglich eingeräumten Rechte zu klären.[897]

Grundlage dafür ist das schuldrechtliche Verpflichtungsgeschäft. Die rechtliche Beurteilung dieser Nutzungsverträge richtet sich nach den allgemeinen Regeln des BGB, die teilweise von Sondervorschriften des UrhG überlagert werden.[898] Zu den Besonderheiten im Urhebervertragsrecht gehört die Regelung des § 31 Abs. 4 UrhG, wonach die Verpflichtungs- und Verfügungsgeschäfte für die Einräumung von Nutzungsrechten für noch nicht bekannte Nutzungsarten unwirksam sind. Die Regelung soll verhindern, dass der Urheber zu unangemessenen Bedingungen Nutzungsrechte einräumt, deren wirtschaftlichen Wert er noch nicht erkennen kann.[899] Verträge über die Einräumung von Nutzungsrechen sind nicht formbedürftig. Allerdings setzt § 40 Abs. 1 Satz 1 UrhG für die Verpflichtungsgeschäfte, mit denen der Urheber sich zur Einräumung von Nutzungsrechten an künftigen Werken verpflichtet, die nicht näher oder nur der Gattung nach bestimmt sind, die Schriftform voraus. Es handelt sich um ein gesetzliches Schriftformerfordernis gem. § 126 BGB.[900] Fehlende Schriftform führt zur Unwirksamkeit der Regelung.[901]

Nutzungsrechte können dem Verwerter räumlich, zeitlich und inhaltlich unbeschränkt als einfache oder ausschließliche Nutzungsrechte eingeräumt werden (§ 31 Abs. 1 UrhG). Diesbezüglich ausdrückliche Vereinbarungen sind bis an die Grenzen der §§ 138, 242 BGB möglich.[902]

Fehlt es an ausdrücklichen Regelungen, so kann der Umfang der eingeräumten Rechte auch durch Vertragsauslegung ermittelt werden. Geprägt wird die Auslegung durch die Zweckübertragungsregelung des § 31 Abs. 5 UrhG.[903] Art und Umfang der Nutzungsrechtseinräumung bestimmen sich daher im Zweifel am Zweck der Nutzungsrechtseinräumung, wobei dabei der Grundgedanke leitend

---

897 Siehe dazu BGH GRUR 2004, S. 938 ff („Comic-Übersetzungen II“).

898 HK/Kotthoff, § 31 Rdn. 31.

899 Wandtke/Bullinger/Wandtke/Grunert, § 31 Rdn. 38. Die Regelung wird im Rahmen des gegenwärtigen Gesetzgebungsverfahrens des Zweiten Gesetzes zur Regelung des Urheberrechts in der Informationsgesellschaft zur Disposition gestellt. § 31 Abs. 4 UrhG soll aufgehoben werden. Dem Urheber soll nach § 32c RegE ein Anspruch auf angemessene Vergütung zustehen, wenn der Vertragspartner mit der Nutzung der neuen Nutzungsart beginnt. Zum Diskussionstand: Wandtke/Holzapfel, GRUR 2004, S. 284 ff.

900 HK/Kotthoff, § 40 Rdn. 10.

901 Schricker/Schricker, § 40 Rdn. 14.

902 BGH GRUR 1989 S. 198 („Künstlerverträge“).

903 Wandtke/Bullinger/Wandtke/Grunert, § 31 Rdn. 70 ff.; Donle, S. 49.

ist, dass der Urheber keine weitergehenden Nutzungsrechte einräumt, als für den Vertragszweck erforderlich.[904] Die Vertragspraxis ist daher dazu übergegangen, alle nur erdenklichen Nutzungsarten ausdrücklich vertraglich zu erwähnen.[905] Um einen Streit über Art und Umfang der eingeräumten Nutzungsrechte zu vermeiden, sollten daher im Vertragswerk die Nutzungsrechte, die eingeräumt und vergütet werden sollen, konkret aufgezählt werden.

Auch Kollektivverträge sind der Auslegung zugänglich. Gemeinsame Vergütungsregeln als zivilrechtliche Rechtsgeschäfte folgen den Auslegungsregeln des BGB (§§ 133, 157 BGB).[906] Als urheberrechtsspezifische Regelung ist auch hier § 31 Abs. 5 UrhG zu beachten. Die Auslegung des normativen Teils von Tarifverträgen erfolgt hingegen nach den Grundsätzen der Gesetzesauslegung, also nach objektiven Kriterien.[907] Dazu zählen neben dem Tarifwortlaut der Tarifzusammenhang, -geschichte und –übung sowie die Anschauung der beteiligten Berufskreise zur Zeit der Entstehung des konkreten Tarifvertrages.[908] Auch bei der Auslegung von Tarifverträgen ist zudem § 31 Abs. 5 UrhG zu beachten.[909]

### *b) Die Gegenleistung*

Für die Feststellung der maßgeblichen Gegenleistung im Sinne des § 32a Abs. 1 UrhG ist Folgendes zu beachten:

### aa) Vereinbarte oder angemessene Gegenleistung?

Nach dem Wortlaut von § 32a Abs. 1 UrhG besteht der Korrekturanspruch dann, wenn zwischen der vereinbarten Gegenleistung und den Erträgnissen und Vorteilen aus der Nutzung des Werkes ein auffälliges Missverhältnis besteht. Im Bezug auf das Merkmal „vereinbarte Gegenleistung" ist der Wortlaut identisch mit der Vorgängerregelung des § 36 UrhG (a.F.). Die vereinbarte Vergütung wird daher

---

904 Wandtke/Bullinger/Wandtke/Grunert, § 31 Rdn. 70.

905 RegE BT-Drucks. 14/6433, S. 11; Am wirksamsten wird dieser Praxis über den Korrekturanspruch des § 32 Abs. 1 Satz 3 UrhG beizukommen sein. Denn der umfänglichen Nutzungsrechtseinräumung muss eine entsprechende (angemessene) Vergütung gegenüberstehen. Anderenfalls greift der Korrekturanspruch des § 32 Abs. 1 UrhG.

906 Loewenheim/v.Becker, § 29 Rdn. 79; Nordemann, § 32 Rdn. 10.

907 Barthel, S. 63.

908 BAG AP Nr. 117, zu § 1 TVG („Auslegung").

909 OLG Hamburg, GRUR 1977, S. 556, 558 („Zwischen Marx und Rothschild"), Barthel, S. 64.

von der h.M. zum Bezugspunkt genommen.[910] Nach einer anderen Ansicht ist der Wortlaut einschränkend auszulegen. Bezugspunkt soll nur die vertragliche Vergütung sein, die auch angemessen ist. Anderenfalls bliebe unberücksichtigt, dass eine bereits zum Vertragsschluss unangemessene Vergütung nach § 32 UrhG ausgeglichen werden könne. Die Grenze zwischen beiden Normen bliebe nicht gewahrt, wenn auch § 32a UrhG an die vereinbarte Vergütung anknüpft.[911] Auf eine Streitentscheidung kommt es hier jedoch nicht an, denn eine wirksame kollektivvertraglich vereinbarte Vergütung gilt als angemessen (§§ 32 Abs. 2 Satz 1, 32 Abs. 4 UrhG).[912]

### bb) Art der Gegenleistung

Als Gegenleistung kommen grundsätzlich alle vermögenswerten Leistungen in Betracht.[913] Im Mittelpunkt steht dabei jedoch das Honorar in Form einer Geldleistung. Typischerweise werden zwei Grundformen der Vergütung praktiziert, einerseits Beteiligungshonorare und andererseits Pauschalhonorare. Während beim Beteiligungshonorar dem Urheber ein bestimmter (meist prozentualer) Anteil an den Ergebnissen aus Werknutzung zustehen soll, werden mit einer Pauschalvergütung alle vertraglich eingeräumten Nutzungsrechte einmalig abgegolten. Darüber hinaus sind Mischformen zwischen diesen Modellen ebenso üblich.[914]

---

[910] Wandtke/Bullinger/Wandtke/Grunert, § 32a Rdn. 8; Dreier/Schulze/Schulze, § 32a Rdn. 26; Haas, Rdn. 293; Schricker, Quellen, S. 35; Schaub, R., ZUM 2005, S. 212, 219.

[911] HK/Kotthoff, § 32a Rdn. 10; Berger, GRUR 2003, S. 675, 679.

[912] Siehe dazu unten Teil 3 B/II, S. 101 und S. 134. Im Übrigen sprechen die besseren Gründe für ein Abstellen auf die vertraglich vereinbarte Vergütung: § 32 UrhG verlangt keine Einschränkung des Wortlauts. Der Urheber kann seine Ansprüche auf beide Normen stützen. Macht er zunächst einen Anspruch nach § 32 UrhG geltend, so wird die vertraglich vereinbarte Vergütung entsprechend korrigiert und ist als solche Anknüpfungspunkt für einen Anspruch aus § 32a UrhG (U. Schmidt, ZUM 2002, S. 781, 786). Dies ist auch unproblematisch, wenn der Anspruch nach § 32 UrhG bereits verjährt ist. Mit Hilfe von § 32a UrhG kann er den Anspruch auf Vertragsanpassung weiter durchsetzen. Darin liegt auch kein Umgehen der Verjährungsregeln, weil konkurrierende Ansprüche unterschiedliche Verjährungsregelungen haben können. Der mit der Verjährung bezweckte Rechtsfrieden könnte ohnehin nicht hergestellt werden, wenn im Rahmen des Nachvergütungsanspruchs über die angemessene Vergütung nach § 32 UrhG gestritten werden müsste (U. Schmidt, ZUM 2002, S. 781, 786). Gegen die hier vertretene Ansicht spricht auch nicht § 32a Abs. 2 UrhG (so aber Berger, GRUR 2003, S. 675, 678). Der Lizenznehmer muss nicht für den Differenzbetrag zwischen vertraglicher und angemessener Vergütung mithaften (so aber HK/Kotthoff, § 32a Rdn. 10, Berger, GRUR 2003, S. 675, 679). Der Dritte haftet nur für das Missverhältnis, dass zwischen Leistung und Gegenleistung zu seinem Lizenzgeber entsteht (siehe dazu unten Teil 3/E, S. 219 f.).

[913] Wandtke/Bullinger/Wandtke/Grunert, § 32a Rdn. 8; Hagen, S. 99.

[914] Dreier/Schulze/Schulze, § 32 Rdn. 54 ff.

Die Gefahr eines auffälligen Missverhältnisses zwischen Werknutzungserträgen und Gegenleistung ist bei einer Pauschalvergütung größer, als bei einem Beteiligungshonorar, da der Urheber selbst bei jahrelang erfolgreicher Nutzung keine weitere Beteiligung an den Nutzungserträgen erhält.[915] Dies bestätigen die in der Rechtsprechung bekannt gewordenen Fälle.[916] Gleichwohl ist der Anspruch aus § 32a UrhG nicht auf Pauschalvergütungen beschränkt.[917] Dies wurde bereits in den Gesetzesmaterialien zum § 36 UrhG (a.F.) betont. Damit sollte die Möglichkeit der Vereinbarung von geringfügigen und völlig unzureichenden Beteiligungshonoraren verhindert werden.[918] Gleiches gilt nach neuer Rechtslage, zumal eine Pauschalvergütung für die Einräumung von Nutzungsrechten nicht grundsätzlich als unangemessen im Sinne von § 32 UrhG angesehen werden kann.[919]

### cc) Fehlende Vereinbarung oder vereinbarte Gegenleistung „Null“

Nach der Vorstellung des Gesetzgebers soll es möglich sein, dass in Kollektivverträgen eine unentgeltliche Nutzungsrechtsübertragung geregelt wird.[920] Bei Vereinbarungen, die keine Gegenleistung vorsehen, ist zunächst zu unterscheiden, ob die Parteien die Vereinbarung lediglich vergessen haben oder ob die Parteien wollten, dass der Nutzungsrechtseinräumung keine Gegenleistung gegenüberstehen soll.

Ergibt die Vertragsauslegung, dass die Vereinbarung über die Gegenleistung lediglich fehlte, so ist § 32 Abs. 1 Satz 2 UrhG anwendbar. Es gilt eine angemessene Vergütung als vereinbart. Bei einem solchen Vertrag ist die Vergütung aber gerade nicht (kollektiv-) vertraglich bestimmt, so dass die Regelung des § 32a Abs. 4 UrhG keine Anwendung findet.

Haben die Parteien vereinbart, dass der Urheber die Nutzungsrechte einräumt, ohne dass dafür eine Vergütung gezahlt werden soll, ist weiter zu unterscheiden:

---

[915] Wandtke/Bullinger/Wandtke/Grunert, § 32a Rdn. 8; HK/Kotthoff, § 32a Rdn. 8; Haas, Rdn. 294.

[916] BGH GRUR 1991, S. 901 („Horoskop-Kalender“); ZUM 1998, S. 497 („Comic-Übersetzung I“); GRUR 2002, S. 153 („Kinderhörspiele“); GRUR 2002, S. 602 („Musikfragmente“).

[917] Wandtke/Bullinger/Wandtke/Grunert, § 32a Rdn. 8; Dreier/Schulze/Schulze, § 32a Rdn. 26; HK/Kotthoff, § 32a Rdn. 8.

[918] Bericht des Rechtsausschusses bei Haertel/Schiefler, S. 194.

[919] Beschlussempfehlung und Bericht des Rechtsausschusses BT-Drucks. 14/8058, S. 18; Wandtke/Bullinger/Wandtke/Grunert, § 32 Rdn. 38; HK/ Kotthoff, § 32a Rdn. 8; Nordemann, § 32 Rdn. 26; Haas, Rdn. 143; D. Berger, ZUM 2003, S. 521, 525; Hertin, MMR 2003, S. 16, 17; Schricker, Quellen S. 35.

[920] Beschlussempfehlung und Bericht des Rechtsausschusses BT-Drucks. 14/8058, S. 19.

handelt es sich um eine Vergütungsvereinbarung, bei der die Gegenleistung Null beträgt oder sollte die Nutzungsrechtsübertragung schenkungsweise erfolgen.

Bei Vertragsschluss können die Parteien im Einzelfall davon ausgehen, dass bei der Werkverwertung keinerlei Gewinne für den Verwerter zu erwarten sind. Als Beispiel nannte der Regierungsentwurf noch die Veröffentlichung von Dissertationen, deren Verlegen angesichts von Kosten und Absatzmöglichkeiten sogar nur mit Hilfe von Druckkostenzuschüssen bewerkstelligt werden könne. Hier kann die angemessene Vergütung auf Null schrumpfen.[921] Die vereinbarte Vergütung im Sinne des § 32 UrhG beträgt hier dann zwar Null, das schließt jedoch nicht aus, dass im Falle besonders erfolgreicher Verwertung eine Korrektur am Maßstab des § 32a UrhG erfolgen kann.[922] Die Gegenleistung besteht dann nicht in einer Vergütung, sondern in der vom Urheber erstrebten Nutzungshandlung des Verwerters, also beispielsweise in der Vervielfältigung und Verbreitung der Dissertation.[923] Sollten derartige Regelungen im Kollektivvertrag erfolgen, kann die Regelung eine (weitere) Beteiligung für den Fall des § 32a Abs. 1 UrhG enthalten.

Auch die Nutzungsrechtseinräumung durch Schenkung ist möglich. Dies war bereits nach der alten Rechtslage anerkannt[924] und ist auch durch die neue Rechtslage nicht grundsätzlich ausgeschlossen.[925] Weder ein Ausschluss noch eine Beschränkung der Schenkungsmöglichkeiten ergeben sich aus § 32 Abs. 3 Satz 1 und 2 UrhG. Eine derartige Vereinbarung verstößt weder gegen das

---

[921] RegE. BT-Drucks. 14/6433, S. 15; andere Beispiele bei Nordemann § 32 Rdn. 34. § 1 gemeinsame Vergütungsregel für Autoren belletristischer Werke (siehe Anhang) schließt Werke aus dem Anwendungsbereich der Regel aus, bei denen kein verlegerisches Interesse im Vordergrund steht. § 1 gemeinsame Vergütungsregeln für Autoren beletristischer Werke (Anhang) schließt Werke aus dem Anwendungsbereich der Regel aus, bei deren Druck kein verlegerisches Interesse im Vordergrund steht. A.A. wohl Wandtke/Bullinger/Wandtke/Grunert, § 32 Rdn. 11, die davon ausgehen, dass lediglich in den Ausnahmefällen der Schenkung oder des Falles von § 32 Abs. 3 Satz 3 UrhG die unentgeltliche Nutzungsrechtseinräumung möglich sei. Diese Verallgemeinerung übersieht jedoch, dass auch die genannten Fälle der vertraglich vereinbarten Vergütung Null nach § 32 UrhG angemessen sein können und somit keine Umgehung im Sinne des § 32 Abs. 3 UrhG darstellen. Gegebenenfalls muss der Urheber die Vertragskontrolle nach § 32 UrhG vornehmen lassen.

[922] Dreier/Schulze/Schulze, § 32a Rdn. 26; Schricker, Quellen, S. 35; zum früheren Recht Schricker/Schricker, § 36 Rdn. 9; v.Gamm, § 36 Rdn. 6; Hagen, S. 101.

[923] Dreier/Schulze/Schulze, § 32a Rdn. 26, Haas, Rdn. 293; Schricker, Quellen S. 35; zum alten Recht bereits Schricker/Schricker, § 36 Rdn. 9; Fromm/Nordemann/Hertin, § 36 Rdn. 1.

[924] Schricker/Schricker, § 36 Rdn. 9; Hagen, S. 101

[925] HK/Kotthoff, § 32 Rdn. 43; Dreier/Schulze/Schulze, § 32a Rdn. 26; Haas, Rdn. 195 ff.; Berger, Rdn. 55; Schricker, Quellen, S. 35; einschränkend Wandtke/Bullinger/Wandtke/Grunert, § 32 Rdn. 11 und § 32a Rdn. 10.

Unabdingbarkeitsgebot noch handelt es sich um eine Umgehung von § 32 Abs. 1 UrhG.[926] § 32 Abs. 1 UrhG knüpft an eine vertraglich vereinbarte Vergütung an, statuiert aber keinen Anspruch auf eine Vergütung.[927] Eine Einschränkung der schenkungsweisen Übertragung von Nutzungsrechten ergibt sich auch nicht aus § 32 Abs. 3 Satz 3 UrhG.[928] Die Tatsache, dass das Gesetz die unentgeltliche Einräumung einfacher Nutzungsrechte für jedermann ausdrücklich ermöglicht, lässt nicht den Umkehrschluss zu, dass die unentgeltliche Einräumung an Einzelne nicht möglich sein soll.[929] Die Regelung ist mit Blick auf den Verlauf des Gesetzgebungsverfahrens zu verstehen. Sie war schon Bestandteil des § 32 RegE.[930] Der dort vorgesehene gesetzliche Vergütungsanspruch gegenüber jedem Nutzer des Werkes sollte im Voraus nicht abtretbar sein. Mit der sogenannten Linux-Klausel[931] sollte aber klargestellt werden, dass dieses Verbot für Open-Source-Programme[932] nicht gilt. Die Gefahr des Missbrauchs zulasten des Urhebers war nicht gegeben.[933] Diese Regelung ist nunmehr auch in § 32 Abs. 3 Satz 3 UrhG eingefügt, ohne dass der geänderte Rechtsrahmen berücksichtigt wurde.[934]

Anhaltspunkte, dass die Schenkung im Einzelfall auch erlaubt sein soll, ergeben sich auch aus den Gesetzesmaterialien. Hier wird auf die Er-bringung urheberrechtlich geschützter Leistungen als gemeinnützige Tätigkeit oder auf das denkbare Interesse von Erben hingewiesen, die das nachgelassene Werk der Öffentlichkeit zugänglich machen wollen. In beiden Fällen kann davon ausgegangen werden, dass die Berechtigten keine Vergütung erwarten.[935]

---

926 So wohl von einigen Ausnahmefällen abgesehen Wandtke/Bullinger/ Wandtke/Grunert, § 32 Rdn. 11

927 Berger, Rdn. 55; Haas, Rdn. 140, 192.

928 Eine entsprechende Klarstellung sieht der Referentenentwurf für das 2. Gesetz zur Regelung des Urheberrechts in der Informationsgesellschaft (veröffentlicht unter www.medienrecht.org) in § 32a Abs. 3 Satz 3 vor: „Der Urheber kann aber unentgeltlich ein einfaches Nutzungsrecht für jedermann einräumen."

929 HK/Kotthoff, § 32 Rdn. 43; Haas, Rdn. 195, Berger, Rdn. 56.

930 § 32 Abs. 4 Satz 1 Regierungsentwurf BT-Drucks. 14/6433, S. 3.

931 So genannt in der Beschlussempfehlung und Bericht des Rechtsausschusses, BT-Drucks. 14/8058, S. 19.

932 Open-Source-Programme sind Programme, die den Quellcode des Programms offen legen und von jedermann unentgeltlich genutzt und bearbeitet werden können. Zu unterscheiden ist der im Gesetz genannte Fall aber von den Fällen, in denen der Programmierer einem Verwerter die Nutzungsrechte am Programm übertragen hat und der Verwerter das Programm als Open-Source-Programm verbreitet. Hier bleibt es bei der Anwendbarkeit des § 32a UrhG im Verhältnis Urheber - Verwerter.

933 Regierungsentwurf BT-Drucks. 14/6433 S. 15.

934 Haas, Rdn. 198.

935 Beschlussempfehlung und Bericht des Rechtsausschusses, BT-Drucks. 14/8058, S. 19.

Auf diese Situation bezieht sich auf die oben erwähnte Aussage des Gesetzgebers zur unentgeltlichen Einräumung von Nutzungsrechten in gemeinsamen Vergütungsregeln.[936] Verständlich ist die Aussage jedoch nicht. Die Schenkung ist eine höchstpersönliche Entscheidung des Schenkers und regelmäßig individuell motiviert. Mit dem generell abstrakten Charakter gemeinsamer Vergütungsregeln ist die Schenkung nicht vereinbar. Sollte es tatsächlich aber eine solche Regelung geben und diese Regelung auf den Individualvertrag einwirken, dann ist der Schenker auch an seinen Willen gebunden. Der Schenker kann sich dann nicht auf § 32a UrhG berufen, wenn sich das Werk als besonders erfolgreich herausstellen sollte.[937] § 32a UrhG räumt dem Urheber kein nachträgliches Reuerecht ein.[938]

Will der Urheber sich vor dieser Konsequenz schützen, so muss er dies vertraglich tun. Der Vorbehalt einer Gegenleistung im Erfolgsfall führt allerdings dazu, dass es sich nicht mehr um einen Schenkungsvertrag handelt. Rechtstechnisch würde es sich um eine Vereinbarung mit der Gegenleistung „Null" handeln, die aber ab einem genau zu bestimmenden Punkt eine Vergütungserhöhung vorsieht.

#### dd) Erfüllte oder fällige Gegenleistung

Zeitpunkt für die Beurteilung des auffälligen Missverhältnisses ist der Zeitpunkt, in dem die Erträgnisse aus Verwertung erzielt wurden und mit der vereinbarten (angemessenen) Vergütung verglichen werden können. Dabei kommt es nicht darauf an, ob der Vertragspartner die Gegenleistung erfüllt hat. Entscheidend ist der Zeitpunkt, ab dem der Urheber berechtigt ist, die Leistung zu fordern.[939]

### *c) Kausalität Nutzungsrechtseinräumung - Gegenleistung*

§ 32a Abs. 1 UrhG setzt voraus, dass das Nutzungsrecht zu Bedingungen eingeräumt wurde, die in einem auffälligen Missverhältnis zwischen vereinbarter Gegenleistung und den Erträgen und Vorteilen aus der Werknutzung stehen. Mit der Wortwahl „zu Bedingungen" sind nicht Bedingungen im Sinne von § 158 BGB

---

936 Beschlussempfehlung und Bericht des Rechtsausschusses, BT-Drucks. 14/8058; S. 19.

937 Dreier/Schulze/Schulze, § 32a Rdn. 26; HK/Kotthoff, § 32a Rdn. 11; Schricker, Quellen, S. 36; auf die Auslegung des Vertrages bezüglich des Umfangs der eingeräumten Nutzungsrechte weisen hin: Wandtke/Bullinger/Wandtke/Grunert, § 32a Rdn. 10, Fromm/Nordemann/Hertin, § 36 Rdn. 4.

938 Hagen, S. 101.

939 Hagen, S. 93.

gemeint.[940] Vielmehr wird damit verdeutlicht, dass ein Kausalzusammenhang zwischen der Nutzungsrechtseinräumung und der Gegenleistung bestehen muss. Die Gegenleistung muss also für die Einräumung der Nutzungsrechte erbracht worden sein, aus denen gerade die fraglichen Nutzungen gezogen wurden.[941] Die Bestimmung dieser Gegenleistung kann Schwierigkeiten bereiten, wenn die Vergütung nicht einem konkreten Nutzungsrecht zugeordnet ist. Gegebenenfalls müssen hier die Verträge zunächst ausgelegt werden.

Problematisch stellt sich die Bestimmung der Gegenleistung zum einen dort dar, wo Kreative für eine Vielzahl von Nutzungsarten Nutzungsrechte eingeräumt haben und dafür lediglich ein Pauschalhonorar vereinbart wird, das sämtliche Rechte abgelten soll. Hier stellt sich die Frage, welchem Nutzungsrecht welcher Vergütungsanteil gegenüberstehen soll. Die Feststellung ist nur über eine Vertragsauslegung möglich.

Gleichfalls auslegungsbedürftig ist eine Vereinbarung zwischen Kreativen und Verwertern, die neben der Nutzungsrechtseinräumung weitere Verpflichtungen enthalten. Dies könnten weitere Dienstleistungen sein, wie Korrekturlesen, Redigieren nach Verlagsvorgaben, Übermittlung eines Werkexemplars, die Teilnahme an Werbemaßnahmen des Verwerters[942] aber auch Recherchen für die Werkerstellung[943] und die Werkerstellung selbst.

Diese Leistungsverpflichtungen sind von der Nutzungsrechtseinräumung zu unterscheiden.[944] Ansprüche die aus der Beauftragung entstehen haben einen anderen Rechtsgrund, sie ergeben sich bei einem Werkvertrag aus §§ 631 ff. BGB. Ist nicht ausdrücklich vereinbart, steht dem Urheber ein Anspruch aus § 632 BGB auf eine taxmäßige oder eine übliche Vergütung zu. Nach werkvertraglichen Regelungen richten sich beispielsweise die Kosten für Material, Recherche und Arbeitszeit.[945] Daher sind damit verbundene Vergütungen oder Vergünstigungen nicht als Gegenleistung für die Einräumung von Nutzungsrechten zu verstehen.[946] Auch der ausübende Künstler kann seine urhebrechtlichen Ansprüche nur auf die Rechte stützen, die ihm das Gesetz einräumt (§§ 77, 78 UrhG). Die Vergütung für Proben und Aufführungen richten sich nach den entsprechenden Werk- und

940 Berger, Rdn. 273.

941 Wandtke/Bullinger/Wandtke/Grunert, § 32a Rdn. 8; Haase, Rdn. 293; Schricker/Schricker, § 36 Rdn. 11; Fromm/Nordemann/Hertin, § 36 Rdn. 4; Hagen, S. 91.

942 Beispiele bei Berger, Rdn. 69.

943 Hagen, S. 92.

944 BGH GRUR 1984, 528, 529 („Bestellvertrag"); Dreier/Schulze/Schulze, Vor § 31 Rdn. 32, 159 ff; Wandtke/Bullinger/Wandtke/Grunert, Vor § 31 Rdn. 57; dies. § 32 Rdn. 35.

945 Jani, S. 150.

946 Wandtke/Bullinger/Wandtke/Grunert, § 32 Rdn. 35.

Dienstverträgen. Die Unterscheidung zwischen werkvertraglicher und urhebervertraglicher Vergütung entspricht der Risikoverteilung beim Werkvertrag. Aus Sicht des Leistungserbringers ist es nicht verständlich, warum er am Risiko der Werkverwertung teilnehmen soll. Ihm steht auch ein Anspruch auf werkvertragliche Vergütung zu, wenn sich der Verwerter entschließt, das Werk nicht zu verwerten.[947]

In der Vertragspraxis wurden diese Unterscheidungen bisher wohl nicht getroffen.[948] In der Regel wird das Honorar für die Tätigkeit und die Einräumung von Nutzungsrechten gewährt.[949] Auch die juristische Literatur hält die Trennung nicht konsequent durch.[950] Aus wirtschaftlicher Sicht ist die Unterscheidung für die Beteiligten in der Regel auch unerheblich. Der im Auftrag handelnde Urheber will insgesamt ausreichend vergütet sein und der Verwerter will eine kalkulierbare Position „Honorare". Rechtlich unterscheiden sich die Positionen jedoch beträchtlich. Sie basieren einerseits auf unterschiedlichen Anspruchsgrundlagen. Zum anderen richtet sich der Anspruch auf angemessene Vergütung (§ 32 UrhG) und das Nachforderungsrecht aus § 32a UrhG nur auf die Vergütung, die für die Einräumung von Nutzungsrechten geschuldet wird. Die vom Gesetzgeber bereitgestellten Kontrollinstrumente beziehen sich nur auf diese Vergütungen. Eine für unangemessen gehaltene Vergütung für die Werkerstellung ist nicht am Maßstab des § 32 UrhG sondern an §§ 138, 242, 315 BGB zu messen.

Für die Bestimmung der Gegenleistung im Sinne des § 32a Abs. 1 UrhG ist die Gegenleistung für die Einräumung von Nutzungsrechten von anderen Vergütungselementen daher zu trennen.[951]

---

[947] Hier zeigt sich allerdings auch ein Unterschied zum Autor, der nicht auf Bestellung ein Werk erstellt. Für den Arbeitsaufwand stehen ihm keine gesonderten Anspruchsgrundlagen zu. Die Amortisation seiner Aufwendungen kann er nur über die urheberrechtliche Vergütung erreichen. Diese richtet sich nach dem Beteiligungsprinzip, bei dem es keinen Unterschied macht, ob er das Werk in 10 Minuten oder in 10 Jahren geschaffen hat.

[948] So auch Wandtke/Bullinger/Wandtke/Grunert, § 32 Rdn. 35.

[949] So zum Beispiel der Normenvertrag für den Abschluss von Übersetzungsverträgen (§ 6), bei Hillig Nr. 7a; Vergütungstarifvertrag Design SDSt/AGD vom 1. Februar 2002, § 7.4. (Hillig Nr. 10 f) bezieht den Zeitaufwand für die Berechnung der Vergütung für Nutzungsrechtseinräumung als Faktor mit ein.

[950] So z.B. bei Dreier/Schulze/Schulze, § 32a Rdn. 26, wenn von der Unterstützung im Hinblick auf das Werk (freie Kost und Logis für einen längeren Zeitraum, um das Werk zu schaffen, Übernahme von Reisekosten) gesprochen wird. Auf dieses Problem weist auch Hoeren hin (MMR 2000, S. 449, 450).

[951] Hier bleibt dann noch zu entscheiden, ob sie im Rahmen des Prüfungspunktes „unter Berücksichtigung der gesamten Beziehungen" in die Abwägung einzubeziehen sind (siehe unten Teil 3/B/III/1., S. 192 f.)

### *d) Zusammenfassung*

Ansprüche aus § 32a UrhG können dann entstehen, wenn eine Vereinbarung über die Einräumung von Nutzungsrechten getroffen wurde, eine schuldrechtliche Nutzung vereinbart oder die Erlaubnis zur Werknutzung vom Kreativen erteilt wurde oder wenn der Urheber in die Bearbeitung des Werkes eingewilligt hat. Aus dem Nutzungsvertrag muss sich Art und Umfang der eingeräumten Nutzungsrechte ergeben. Das ist gegebenenfalls durch Vertragsauslegung zu ermitteln. Dabei sind die Schutzvorschriften des Urheberrechts (§§ 31 Abs. 4 und 5, 40 Abs. 1 UrhG) zu berücksichtigen. Die vereinbarte Gegenleistung ist ebenfalls konkret festzustellen. Sie muss für die konkrete Nutzungshandlung bestimmbar sein. Die Gegenleistung ist daher von Vergütungen für die Einräumung anderer Nutzungsrechte oder für sonstige Verpflichtungen des Kreativen zu trennen. Die vereinbarte Vergütung kann auch „Null" betragen.

### *e) Besonderheiten in Arbeits- und Dienstverhältnissen*

Das Schöpferprinzip gilt auch für Urheber, die ihre Werke im Rahmen von Arbeits- und Dienstverhältnissen geschaffen haben.[952] Will der Arbeitgeber oder Dienstherr das Werk nutzen, so muss er sich die entsprechenden Nutzungsrechte einräumen lassen. Bei der Bestimmung von Art und Umfang der eingeräumten Nutzungsrechte und der Bestimmung der Gegenleistung ist jedoch die Sonderregelung des § 43 UrhG zu beachten. Hier ergeben sich teilweise Besonderheiten für Arbeitnehmerurheber gegenüber freien Kreativen.

### aa) Einräumen von Nutzungsrechten

#### (1) Verpflichtung zum Einräumen des Nutzungsrechts

Um Werke rechtmäßig nutzen zu können, muss der Arbeitgeber sich die Nutzungsrechte zunächst einräumen lassen. Die Verpflichtung ergibt sich aus dem Arbeitsvertrag. Aus dem Wesen des Arbeitsverhältnisses (§ 43 UrhG) ergibt sich jedoch eine Pflicht des Arbeitnehmers, dem Arbeitgeber die Nutzungsrechte anzubieten, auch wenn keine ausdrückliche Vereinbarung getroffen wurde.[953] Der Umfang der Anbietungspflicht bestimmt somit über den Umfang der vom Arbeitgeber nutzbaren Werke.

---

[952] Dreier/Schulze/Dreier, § 43 Rdn. 1; Wandtke/Bullinger/Wandtke, § 43 Rdn. 4.

[953] Dreier/Schulze/Dreier, § 43 Rdn. 19, Wandtke/Bullinger/Wandtke, § 43 Rdn. 30; Schricker/Rojahn, § 43 Rdn. 40.

Die Anbietungspflicht betrifft unstreitig die Pflichtwerke. Bei Pflichtwerken handelt es sich um solche Werke, die der Arbeitnehmer in Erfüllung seiner Verpflichtungen aus dem Arbeits- oder Dienstverhältnis erbracht hat (§ 43 UrhG).[954] Welche Arbeitsleistung der Arbeitnehmer schuldet, ergibt sich aus den vertraglichen Grundlage seiner Tätigkeit.[955] Weitere Kriterien für die Feststellung seiner Arbeitsverpflichtungen können sich aus der betrieblichen Funktion des Arbeitnehmers, dem konkreten Betätigungsfeld, dem Berufsbild oder der Branchenübung ergeben.[956] Dabei ist zu berücksichtigen, dass sich Art und Umfang der arbeitsvertraglichen Verpflichtungen im Laufe der Vertragszeit verändern können. Allein die Veränderung der äußeren Umstände bewirkt jedoch nicht die Änderung der Vertragspflichten. Die Änderung der Leistungsverpflichtung ist vom Willen der Parteien abhängig.[957]

Von den Pflichtwerken sind die sogenannten Freiwerke abzugrenzen. Für diese besteht keine Anbietungspflicht aus § 43 UrhG.[958] Als Freiwerke werden solche Werke bezeichnet, die der Arbeitnehmer außerhalb seiner vertraglichen Verpflichtungen geschaffen hat (beispielsweise in seiner Freizeit). Bei diesen Werken fehlt jeglicher Bezug zum Arbeitsverhältnis. § 43 UrhG ist nicht anwendbar. Der Arbeitgeber muss einen Nutzungsvertrag wie mit einem freien Urheber schließen, um die Werke nutzen zu können. Hat der Arbeitnehmer das Werk außerhalb der vertraglichen Verpflichtungen erbracht, so steht ihm eine Vergütung für die Einräumung von Nutzungsrechten zu. Dafür gelten die allgemeinen Grundsätze des Urhebervertragsrechts.[959] § 32a UrhG findet Anwendung wie bei den freien Kreativen.

Da aber auch an solchen freien Werken ein Verwertungsinteresse des Arbeitgebers bestehen kann, wird in der Literatur über eine Anbietungspflicht für diese Werke diskutiert. Zur Begründung werden dabei verschiedene Rechtsgrundlagen herangezogen. So soll sich die Anbietungspflicht je nach Ansicht aus einer Analogie zu §§ 18, 19 ArbnErfG[960]; aus der Treuepflicht des Arbeitnehmers (§§ 611,

---

[954] Dreier/Schulze/Dreier, § 43 Rdn. 10; Wandtke/Bullinger/Wandtke, § 43 Rdn. 17; Barthel, S. 18.

[955] In Betracht kommen neben dem Arbeitsvertrag auch Tarifverträge, Betriebsvereinbarungen, dienstliche Weisungen oder betriebliche Übungen.

[956] Dreier/Schulze/Dreier, § 43 Rdn. 10; Wandtke/Bullinger/Wandtke, § 43 Rdn. 18.

[957] Wandtke/Bullinger/Wandtke, § 43 Rdn. 28.

[958] Dreier/Schulze/Dreier, § 43 Rdn. 23; Wandtke/Bullinger/Wandtke, § 43 Rdn. 35; Zirkel, WRP 2003, S. 59, 62.

[959] BAG GRUR 1961, S. 491, 492 („Nahverkehrschronik"); GRUR 1966, S. 88, 89 („Abdampfverwertung"); Wandtke/Bullinger/Wandtke, § 43 Rdn. 143; Barthel, S. 84.

[960] LG München I ZUM 1997, S. 659; Scholz, S. 33 f.; Schmieder, GRUR 1963, S. 297, 299; Henkel, BB 1987 S. 833, 836.

242 BGB)[961] oder aus dem arbeitsvertraglichen Wettbewerbsverbot[962] herleiten. Soweit aus diesen Gründen eine Anbietungspflicht überhaupt anzuer-kennen ist, wird diese nicht auf §§ 43 oder 69b UrhG gestützt. Die Vergütung für die Einräumung solcher Nutzungsrechte ist neben dem Arbeitslohn zu vereinbaren. Es gelten auch hier die Regeln der freien Urheber.

Mit Blick auf das Interesse des Arbeitgebers an einer möglichst umfangreichen Verwertung von Nutzungsrechten, die im Zusammenhang mit seiner Betriebstätigkeit entstanden sind, werden in der Literatur weitere Fallgruppen unter der Bezeichnung gebundene Freiwerke oder nichtpflichtgebunden Werke diskutiert, bei denen ebenfalls eine Anbietungspflicht des Arbeitgebers bestehen soll.[963]

So soll die Verpflichtung zur Nutzungsrechtseinräumung dann bestehen, wenn ein enger innerer Zusammenhang zwischen Werkschöpfung und arbeitsvertraglicher Pflichterfüllung besteht.[964] Ausreichend sei, wenn der Arbeitnehmer mit Billigung und auf Kosten des Arbeitgebers das Werk geschaffen hat, auch wenn dies nicht zu seinen arbeitsvertraglichen Verpflichtungen gehörte.[965] Nicht ausreichend ist es, wenn das Werk lediglich bei Gelegenheit der Erfüllung arbeitsvertraglicher Verpflichtungen geschaffen wurde.[966] Aber auch Vertreter einer solchen Auffassung stützen eine solche Anbietungspflicht nicht auf § 43 UrhG, denn die Werkschöpfung erfolgte gerade nicht in Erfüllung einer arbeitsvertraglichen Verpflichtung.[967] Diese Werke sind wie Freiwerke zu behandeln. Die Vergütung für die Einräumung von Nutzungsrechten erfolgt nach den allgemeinen Regeln.[968]

---

961 BGH GRUR 1991, 523, 528 („Grabungsmaterialien"); Loewenheim/A. Nordemann/J.B. Nordemann, § 63 Rdn. 26; Rehbinder, Rdn. 331.

962 Krasser in FG Schricker, S. 77, 104; Ullmann ,GRUR 1987, S. 6, 9.

963 Zirkel, WRP 2003, S. 59, 61.

964 OLG München CR 2000, S. 429, 430; Ullmann, GRUR 1987, S. 6, 8.

965 KG NJW-RR 1997, 1405.

966 Dreier/Schulze/Dreier, § 43 Rdn. 13; Wandtke/Bullinger/Wandtke, § 43 Rdn. 23.

967 BAG GRUR 1984, S. 429, 430 („Statikprogramme"); Fromm/Nordemann/ Vinck, § 43 Rdn. 2. A.A. Zirkel, WRP 2003, S. 59, 64 f.: Er geht davon aus, dass in diesen Fällen eine konkludente Einräumung der Nutzungsrechte angenommen werden kann. Dem Urheber entstehe dadurch kein Nachteil, da über § 32 UrhG eine angemessene Vergütung sichergestellt ist. Gerade für diese Fälle wäre der Anwendungsbereich des § 32 Abs. 1 Satz 3 UrhG eröffnet. Der Ansicht ist entgegenzuhalten, dass keine Notwendigkeit besteht, den sachlichen Anwendungsbereich des § 43 UrhG auszudehnen, nur um einen Anwendungsbereich für § 32 UrhG im Arbeitsverhältnis zu finden.

968 HK/Kotthoff, § 43 Rdn. 23.

### (2) Art und Umfang der Nutzungsrechtseinräumung

Dem Arbeitsvertrag ist Art und Umfang der eingeräumten Nutzungsrechte zu entnehmen.[969] Vertraglich nicht eingeräumt werden können dem Arbeitgeber Nutzungsrechte an unbekannten Nutzungsarten. Hier gilt auch § 31 Abs. 4 UrhG.[970] Für die Verpflichtung zur Nutzungsrechtseinräumung an künftigen Werken bedarf es nach herrschender Ansicht nicht der Schriftform des § 40 UrhG.[971] Im Übrigen sind die Grenzen ausdrücklicher Vereinbarungen durch §§ 138, 242 BGB gesetzt.[972]

Soweit der Arbeitnehmer verpflichtet ist, Nutzungsrechte einzuräumen, kann der Arbeitgeber die Werke auch nutzen, selbst wenn keine ausdrückliche Regelung im Vertrag vorhanden ist.[973] Bei der Auslegung von Verträgen gilt auch im Arbeitsverhältnis die Regelung der Zweckübertragungslehre (§ 31 Abs. 5 UrhG).[974] Im Anwendungsbereich des § 43 UrhG erfährt diese eine Konkretisierung. Im Zweifel räumt der Urheber dem Arbeitgeber nur Nutzungsrechte nur in der Art und in dem Umfang ein, wie sie der Arbeitgeber für die betrieblichen Zwecke benötigt.[975] Der Betriebszweck bestimmt sich wiederum durch Auslegung, wenn keine ausdrücklichen Regelungen den Vertragsgrundlagen zu entnehmen sind.[976] Maßgebend ist der Betrieb, in dem der Arbeitnehmer angestellt und für den er tätig ist[977] und der Zeitpunkt der Übergabe des Werkes.[978] Im Zweifel kann davon ausgegangen werden, dass dem Arbeitgeber ausschließliche und örtlich unbeschränkte Nutzungsrechte im Rahmen des Betriebszwecks eingeräumt worden

---

969 Wandtke/Bullinger/Wandtke, § 43 Rdn. 54.

970 Dreier/Schulze/Dreier, § 43 Rdn. 20; Wandtke/Bullinger/Wandtke, § 43 Rdn. 54; 67 ff.; HK/Kotthoff, § 43 Rdn. 15, Fromm/Nordemann/Vinck, § 43 Rdn. 3, Barthel S. 73; a.A. Schricker/Rojahn, § 43 Rdn. 55a. Zum Vorschlag, auf die Regelung zu verzichten und deren Auswirkungen auf das Arbeitsverhältnis Zirkel, ZUM 2004, S. 626 f.

971 Dreier/Schulze/Dreier, § 43 Rdn. 19; Loewenheim/A.Nordemann/J.B. Nordemann, § 63 Rdn. 36; Schricker/Rojahn, § 43 Rdn. 44; a.A. Wandtke/ Bullinger/Wandtke, § 43 Rdn. 48.

972 Barthel, S. 61.

973 Schricker/Rojahn, § 43 Rdn. 40.

974 H.M. Wandtke/Bullinger/Wandtke, § 43 Rdn. 55; HK/Kotthoff, § 43 Rdn. 12; Schricker/Rojahn, § 43 Rdn. 48; a.A. Zöller in FS Hubmann, S. 523, 531.

975 Wandtke/Bullinger/Wandtke, 43 Rdn. 55; 59; Dreier/Schulze/Dreier, § 43 Rdn. 20; HK/Kotthoff, § 43 Rdn. 12; Schricker/Rojahn, § 43 Rdn. 54; OLG Hamburg GRUR 1977, S. 556, 558 („Zwischen Marx und Rothschild“).

976 Wandtke/Bullinger/Wandtke, § 43 Rdn. 59, Schricker/Rojahn, § 43 Rdn. 52 f.

977 Dreier/Schulze/Dreier, § 43 Rdn. 20; Schricker/Rojahn, § 43 Rdn. 55.

978 BGH GRUR 1974, S. 480, 483 („Hummelrechte“); Schricker/Rojahn, § 43 Rdn. 41; Fromm/Nordemann/Vinck, § 43 Rdn. 3; Zirkel, WRP 2003, S. 59, 62; a.A. Barthel, S. 75 (Zeitpunkt des Vertragsschlusses).

sind.[979] Der Arbeitgeber kann sich jedoch bereits vorher vertraglich Rechte für die Nutzung außerhalb des Betriebszwecks einräumen lassen.[980]

Die Berechtigung zur Werknutzung endet nicht mit der Beendigung des Arbeitsverhältnisses. Nach einer Gegenansicht sei durch Beendigung des Arbeitsverhältnisses auch der rechtliche Boden für die Werknutzung entzogen, denn der Arbeitgeber würde das Nutzungsrecht erst durch das den Arbeitsvertrag begleitende Verfügungsgeschäft erwerben.[981] Dem ist entgegenzuhalten, dass die Nutzungsrechtseinräumung (also die Verfügung) bereits zum Zeitpunkt des Vertragsschlusses erfolgt.[982] Diese Vereinbarung kann auch die Nutzungsrechtseinräumung über das Vertragsende hinaus ausdrücklich regeln.[983] Die Wirkung der erfolgten Verfügung ist somit nicht vom Bestand des Arbeitsverhältnisses abhängig. Unter diesen Umständen steht aber auch einer Auslegung nichts entgegen, wonach im Zweifel der Arbeitgeber das Werk auch nach Beendigung des Arbeitsverhältnisses weiter nutzen kann.[984]

### (3) Besonderheiten bei § 69b UrhG

Besonderheiten können sich bei der Herstellung von Computerprogrammen durch Arbeitnehmer gemäß § 69b UrhG ergeben. Grundsätzlich gleich zu behandeln sind die Arbeitnehmer im Hinblick darauf, dass die einschränkenden Normen nur für Werke gelten, die in Erfüllung von Arbeits- oder Dienstverpflichtungen erbracht wurden.[985] Auch § 69b UrhG findet bei außervertraglichen Werken keine Anwendung.[986]

---

979 Wandtke/Bullinger/Wandtke, § 43 Rdn. 73; Barthel, S. 66 und 69; Zirkel, WRP 2003, S. 59, 62; a.A. Grobys/Foerstl, NZA 2002, S. 1015, 1016 (im Zweifel nur einfaches Nutzungsrecht).

980 Dreier/Schulze/Dreier, § 43 Rdn. 20. Ändert sich der Betriebszweck, so muss sich der Arbeitgeber Nutzungsrechte für die Nutzung entsprechend des geänderten Betriebszwecks neu einräumen lassen, wenn die Werke bereits vor der Änderung geschaffen waren. Bei neugeschaffenen Werken kann von einer Änderung des Vertrages ausgegangen werden, wenn der Arbeitnehmer in Kenntnis der Änderung des Betriebszwecks das Werk anbietet (Barthel, S. 73).

981 Wandtke/Bullinger/Wandtke, § 43 Rdn. 76.

982 Dreier/Schulze/Dreier, § 43 Rdn. 19; Wandtke/Bullinger/Wandtke, § 43 Rdn. 50.

983 So wohl auch Wandtke selbst in Wandtke/Bullinger/Wandtke, § 43 Rdn. 76, 77.

984 Dreier/Schulze/Dreier, § 43 Rdn. 20; im Ergebnis auch BAG GRUR 1984, S. 429, 432 („Statikprogramme"); BAG NJW 1997, S. 1026; Grobys/Foerstl, NZA 2002, S. 1015, 1016; Mathis, S. 122; Barthel, S. 67 m.w.N.

985 Mit dem unterschiedlichen Wortlaut sind keine inhaltlichen Abweichungen beabsichtigt. Vielmehr wird in § 69b UrhG der Wortlaut der zugrundeliegenden Richtlinie (91/250/EWG) umgesetzt (Dreier/Schulze/Dreier § 69b Rdn. 8).

986 Begründung Gesetz BT-Drucks. 12/4022, S. 11.

Anders als bei § 43 UrhG setzt § 69 UrhG aber keine Einräumung der Nutzungsrechte durch den Arbeitnehmer voraus. Die Übertragung der Nutzungsrechte erfolgt in Form einer gesetzlichen Lizenz.[987] Deshalb muss der Vertrag auch nicht ausgelegt werden und die Zweckübertragungsregel (§ 31 Abs. 5 UrhG), findet keine Anwendung.[988]

Dem Arbeitgeber werden die Nutzungsrechte im vollen Umfang eingeräumt. Er erhält alle Nutzungsrechte als ausschließliche Nutzungsrechte im zeitlich und räumlich unbeschränkten Umfang. Selbst die Regelung des § 31 Abs. 4 UrhG, die die Beschränkung vertraglicher Einräumung von Nutzungsrechten vorsieht findet keine Anwendung.[989]

Im Einzelfall kann sich für Freiwerke eine konkludente Einräumung von Nutzungsrechten ergeben. Dies kann der Fall sein, wenn diese Werke ohne ausdrückliche Vereinbarung aber mit Billigung des Arbeitgebers eingesetzt werden.[990] Hier handelt es sich jedoch nicht um einen Anwendungsfall des § 69b UrhG. Es gelten die allgemeinen Regeln, so dass auch §§ 31 Abs. 4 und 5 UrhG zur Geltung kommen.

### bb) Die vereinbarte Gegenleistung

Bei Freiwerken und bei nichtpflichtgebundenen Werken besteht nach herrschender Ansicht keine Verpflichtung des Arbeitnehmers zur Nutzungsrechtseinräumung aus § 43 UrhG. Räumt der Urheber das Nutzungsrecht dem Arbeitgeber trotzdem ein, so hat er einen Anspruch auf eine gesonderte, d.h. neben dem Arbeitslohn bestehende, Vergütung.[991] Dies gilt auch dann, wenn der Arbeitnehmer das Nutzungsrecht eingeräumt hat und die Parteien nicht

---

987 H.M. BGH GRUR 2002, S. 149, 151 („Wetterführungspläne"); Wandtke/Bullinger/Grützmacher, § 69b Rdn. 1 m.w.N.; a.A.: Loewenheim/A. Nordemann/J .B. Nordemann, § 63 Rdn. 54; Fromm/Nordemann/ Nordemann/Vinck, § 69b Rdn. 1 (Auslegungsregel).

988 Dreier/Schulze/Dreier, § 69b Rdn. 9; HK/Kotthoff, § 69b Rdn. 11; Loewenheim/ A. Nordemann/J .B. Nordemann, § 63 Rdn. 55; Bayreuther, GRUR 2003, S. 570, 572. Verfassungsrechtliche Bedenken äußern Wandtke, Rdn. 314; Barthel, S. 193 ff.

989 Dreier/Schulze/Dreier, § 69b Rdn. 9; Wandtke/Bullinger/Grützmacher, § 69b Rdn. 18 ff.; Loewenheim/A. Nordemann/J .B. Nordemann, § 63 Rdn. 56; Fromm/ Nordemann/Nordemann/Vinck, § 69b Rdn. 1; Schricker/Loewenheim, § 69b Rdn.12.

990 BAG GRUR 1984, S. 429, 431 f.; Wandtke/Bullinger/Grützmacher, § 69b Rdn. 27; Dreier/Schulze/Dreier, § 69b Rdn. 8.

991 BGH GRUR 1985, S. 129, 130 („Elektrodenfabrik"); GRUR 1978, S. 243, 244 („Ratgeber Tierheilkunde"); Wandtke/Bullinger/Wandtke, § 43 Rdn. 135; Schricker/Rojahn, § 43 Rdn. 65.

ausdrücklich vereinbart haben, dass diese Einräumung auch mit dem Arbeitslohn ausgeglichen worden sein soll.[992] Es ist nicht ersichtlich, warum der Urheber auf einen gesonderten Vergütungsanspruch verzichten soll.[993] Anspruchsgrundlage für diese Vergütung ist dann der schuldrechtliche Vertrag, mit dem sich der Urheber zur Einräumung des Nutzungsrechts verpflichtet. Die Höhe der Vergütung ist am Maßstab des § 32 Abs. 1 Satz 2 UrhG zu messen.

Soweit es sich bei den Werken um Pflichtwerke handelt und der Arbeitgeber jedenfalls nach Auslegung des Vertrages nach Art und Umfang zur Werkverwertung berechtigt ist, stellt sich die Frage, welche Gegenleistung der Urheber für die Einräumung von Nutzungsrechten erhält. Diese Frage ist umstritten.

### (1) Abgeltungstheorie

Nach der vorherrschenden Abgeltungstheorie ist mit dem Arbeitsentgelt zugleich auch die Einräumung von Nutzungsrechten für Pflichtwerke, soweit sie der Arbeitgeber für betriebliche Zwecke benötigt, abgegolten.[994] Anspruchsgrundlage für den Lohnanspruch des Arbeitnehmerurhebers ist somit ausschließlich der Arbeitsvertrag.[995]

Für die Rechtfertigung der grundsätzlichen Zuordnung der Arbeitsergebnisse an den Arbeitgeber sprechen eine Reihe von Gründen. Als zentrales Argument gilt dabei der Austauschgedanke, der dem Arbeitsverhältnis zugrunde liegt.[996] Im Austauschverhältnis stehen Arbeitsleistung gegen Arbeitslohn. Der Arbeitgeber ist nur bereit den Arbeitslohn zu entrichten, wenn er das Arbeitsergebnis zur freien Verfügung erhält und somit auch seinen Kunden übertragen kann.[997] Er leistet dieses Entgelt nicht für die Erbringung der Arbeitsleistung selbst, sondern weil er das Arbeitsergebnis im Rahmen unternehmerischer Tätigkeit zur Gewinnerzielung einsetzen und wirtschaftlich verwerten will.[998] Zugleich trägt er einseitig das Betriebs- und Wirtschaftsrisiko der Verwertung.[999] Selbst wenn das Arbeitsergebnis keinen wirtschaftlichen Erfolg abwirft, so steht dem Arbeitnehmer das Arbeitsentgelt zu. Grundsätzlich gehen die Parteien jedoch von einem

[992] Wandtke/Bullinger/Wandtke, § 43 Rdn. 135.
[993] So aber im Ergebnis BGH GRUR 1984, S. 429, 432 („Statikprogramme"),
[994] OLG Düsseldorf, ZUM 2004, S. 756, 758; Schricker/Rojahn, § 43 Rdn. 64; Sack in Münch HB AR Bd. 1, § 102, Rdn. 31 m.w.N.; Bayreuther, GRUR 2003, S. 570, 572; Barthel, S. 76 m.w.N, Ruzman, S. 126.
[995] Berger, ZUM 2003, S. 173, 175
[996] Sack in Münch HB AR Bd. 1, § 100, Rdn. 1f.
[997] Hubmann in FS Hueck, S 43, 45.
[998] Buchner GRUR 1985, S. 10.
[999] Koch, ZUM 1986, S. 78; Buchner, GRUR 1985, S. 7; Vinck, S. 62; Barthel, S. 6.

wirtschaftlich verwertbaren Arbeitsergebnis aus.[1000] Dies soll dem Arbeitgeber im Rahmen des Betriebszweckes zur freien Verfügung stehen. [1001]

### (2) Sonderleistung in Analogie zum ArbnErfG

Nach einer anderen Ansicht steht dem Kreativen ein Sondervergütungsanspruch für die Einräumung von Nutzungsrechten in analoger Anwendung der §§ 9, 20 ArbnErfG zu. Eine analoge Anwendung der Regelung käme wegen der bestehenden Regelungslücke und der Vergleichbarkeit der Sachverhalte in Betracht.[1002]

### (3) Trennungstheorie

Der vorherrschenden Ansicht, wonach mit dem Arbeitslohn auch die Einräumung von Nutzungsrechten abgegolten ist, steht die Trennungstheorie entgegen.[1003] Nach dieser Ansicht basiert die Vergütung für die Einräumung von Nutzungsrechten auf einem anderen Rechtsgrund als die Vergütung für die Arbeitsleistung. Mit der Einräumung der Nutzungsrechte entstehe in der Person des Urhebers ein urheberrechtlicher Anspruch sui generis.[1004] Ausgangspunkt dieser Ansicht ist die Überlegung, dass das Wesen von Lohnanspruch und urheberrechtlichem Vergütungsanspruch nicht übereinstimmen. Während der Lohnanspruch die Tätigkeit des Arbeitnehmers erfasst und Mittel zur Reproduktion der Arbeitskraft sei[1005], knüpfe der urheberrechtliche Vergütungsanspruch an der Nutzungsrechtseinräumung und Werknutzung an. Quelle dieses Anspruchs sei das Ausschließlichkeitsrecht des Urhebers.[1006] Die Vertreter dieser Theorie halten es jedoch auch für möglich, dass das urheberrechtliche Nutzungsentgelt bei entsprechender Vereinbarung tatsächlich Lohn oder Gehalt enthalten ist, aber nicht rechtlich.[1007] Die Konsequenz dieser Auffassung zeigt sich dann, wenn die Nutzungsrechte nicht ausdrücklich eingeräumt wurden. Im Zweifel sei davon auszugehen, dass das Gehalt die Rechtseinräumung nicht erfasse.[1008]

---

1000 Kraßer in FG Schricker, S. 77, 96 f., 108; Lucas S. 22; Buchner GRUR 1985, S. 10.
1001 Schricker/Rojahn § 43 Rdn. 64.
1002 Schwab ArbuR 1993, S. 129; 134; Lucas, S. 167 ff.
1003 Wandtke, Rdn. 264 ff.; ders. GRUR Int. 1990, S. 843, 849 ff.; ders. GRUR 1992, S. 139, 141 ff.; ders. GRUR 1999, S. 390, 394 ff.; Wandtke/ Bullinger/Wandtke, § 43 Rdn. 136 ff.
1004 Wandtke, GRUR 1992, S.139, 141.
1005 Wandtke, GRUR 1992, S. 139, 141.
1006 Wandtke, GRUR 1992, S. 139, 141; so auch Barthel, S. 87.
1007 Wandtke/Bullinger/Wandtke, § 43 Rdn. 139.
1008 Wandtke, GRUR 1992, S. 139, 142.

### (4) Stellungnahme

Der Ansatz, den Kreativen einen Sondervergütungsanspruch in analoger Anwendung zum Arbeitnehmererfindungsgesetz zuzusprechen, ist zu Recht überwiegend auf Ablehnung gestoßen.[1009] Es fehlt bereits an einer regelungsbedürftigen Lücke, die eine analoge Anwendung rechtfertigen würde.[1010] Darüber hinaus ist die Situation, die zusätzliche Vergütungsansprüche beim Arbeitnehmererfinder rechtfertigt, nicht mit der des Arbeitnehmerurhebers zu vergleichen.[1011] Der Arbeitnehmererfinder wird mit der Lösung eines technischen Problems beauftragt. Ob diese Lösung auch eine schutzfähige Erfindung darstellen wird, ist zu diesem Zeitpunkt nicht vorhersehbar. Der Erfolg ist nicht allein vom Willen der Vertragsparteien abhängig.[1012] Stellt die Lösung trotzdem eine Erfindung dar, so rechtfertigt dies eine Sondervergütung.[1013] Diese Situation ist nicht mit der des Arbeitnehmerurhebers vergleichbar. Er kann zur Schaffung eines Werkes beauftragt werden, die Erstellung eines schutzfähigen Werkes ist allein vom Arbeitnehmer und nicht von äußeren Umständen abhängig.[1014]

Der Trennungstheorie ist insoweit zuzustimmen, als im Arbeitslohn zwei unterschiedliche Vergütungsbestandteile enthalten sind. Der Arbeits- oder Dienstvertrag ist ein gemischter Vertrag, in dem Arbeitnehmer sich nicht nur zur Dienstleistung verpflichten, sondern auch zur Einräumung urheberrechtlicher Rechtspositionen. Diesem Ansatz müssten auch die Vertreter der Abgeltungslehre folgen, denn sonst ließe sich das auf § 32a UrhG basierende und von den meisten dieser Vertreter auch anerkannte Nachforderungsrecht dogmatisch nicht begründen.[1015]

Damit ist aber nicht ausgeschlossen, dass die Einräumung von Nutzungsrechten mit dem Arbeitslohn abgegolten ist. Bei ausdrücklicher Vereinbarung kommen sowohl die Vertreter der Abgeltungs- als auch der Trennungstheorie zu diesem Ergebnis.[1016] Soweit auch bei fehlender ausdrücklicher Vereinbarung eine

---

1009 Wandtke/Bullinger/Wandtke, § 43 Rdn. 143; Schricker/Rojahn, § 43 Rdn. 64 m.w.N.; Sack in Münch HB AR Bd. 1, § 102, Rdn. 31; Rehbinder, Rdn. 339.

1010 Schricker/Rojahn, § 43 Rdn. 64 m.w.N.

1011 Schricker/Rojahn, § 43 Rdn. 64; Rehbinder, Rdn. 339.

1012 Schricker/Rojahn, § 43 Rdn. 64; Barthel, S. 79 m.w.N.

1013 Rehbinder, Rdn. 339.

1014 Barthel, S. 80.

1015 Für eine dogmatische Trennung der Ansprüche Barthel, S. 87. Wohl auch Hagen, (S. 97) und Sundermann, Zeitschrift für Recht und Verwaltung, S. 52, 61. Sie unterscheiden zwischen zwei Verträgen: dem Vertrag über die Nutzungsrechtseinräumung und dem Arbeitsvertrag. Dabei wird vereinbart, dass die Vergütung aus dem Arbeitsverhältnis auch die Nutzungsrechtseinräumung abgelten soll.

1016 Für die Trennungstheorie Wandtke/Bullinger/Wandtke, § 43 Rdn. 139.

Verpflichtung zur Nutzungsrechtseinräumung angenommen werden kann[1017], sprechen die besseren Gründe der Abgeltungstheorie dafür, dass diese Rechte auch vom Arbeitslohn mit abgegolten sind.[1018] Es bedarf keiner zusätzlichen Regelung. Anspruchsgrundlage für den Entgeltanspruch ist der Arbeits- bzw. Dienstvertrag.[1019] Lässt sich durch § 43 UrhG eine Verpflichtung zur Einräumung von Nutzungsrechten begründen, so ist damit auch die Abgeltung der Rechte durch den Arbeitslohn zu rechtfertigen. Dies entspricht auch der Interessenlage des Urhebers. Wollte man mit der Trennungstheorie einen separat entstehenden Anspruch auf urheberrechtliche Vergütung befürworten, würde der urheberrechtliche Vergütungsanspruch nicht an vergütungsbezogenen Arbeitnehmerschutzbestimmungen teilhaben.[1020]

Gegen die Begründung der Trennungstheorie sprechen zudem dogmatische Bedenken. Dem Arbeitnehmerurheber steht kein von diesem Vertrag unabhängig entstehender urhebervertraglich entstehender Anspruch sui generis zu.[1021] Auch außerhalb des Arbeitsverhältnisses entsteht der Vergütungsanspruch für die Einräumung von Nutzungsrechten bereits mit dem Verpflichtungsgeschäft und nicht erst mit der Einräumung der Nutzungsrechte oder gar mit der Nutzung durch den Verwerter. Ein gesetzlicher Anspruch, der an der tatsächlichen Werknutzung anknüpft, konnte im Gesetzgebungsverfahren nicht durchgesetzt werden.[1022] Der Vergütungsanspruch für die Einräumung von Nutzungsrechten entspringt somit nicht einem besonderen Vertragsverhältnis, sondern dem Vertrag, in dem der Arbeitnehmer die entsprechende Verpflichtung eingegangen ist. Dies ist regelmäßig der Arbeits- oder Dienstvertrag.

### cc) Kausalität

Trennen Arbeits- oder Dienstverträge Lohnansprüche von urheberrechtlichen Ansprüchen, dann ist die Ermittlung der Gegenleistung unproblematisch. In der Regel wird dies aber nicht geschehen, denn der Arbeitgeber kann davon ausgehen, dass mit dem Lohn/Gehalt die Vergütung für die Rechtsnutzung mit abgegolten ist.[1023]

---

[1017] Siehe oben Teil 3/B/II/3., S. 150 f.

[1018] Siehe oben Teil 3 B/II/3. S. 155 ff.

[1019] So auch Berger, ZUM 2003, S. 173, 175.

[1020] Dazu gehören z.B. die Lohnpfändungsbeschränkungen der § 850 ff. ZPO oder die Höhe des Insolvenzgeldes, die vom Nettoeinkommen abhängig ist (Berger, ZUM 2003, S. 173, 175).

[1021] So aber wohl Wandtke/Bullinger/Wandtke/Grunert, Vor § 31 Rdn. 55, dagegen Berger, ZUM 2003, S. 173, 175; Bayreuther, GRUR 2003, S. 570, 571 (Fn. 6).

[1022] Siehe dazu § 32 RegE (BT-Drucks. 14/6433, S. 3).

[1023] Gegen eine solche Aufspaltung daher auch Bayreuther, GRUR 2003, S. 570, 574.

Für die Ermittlung eines Missverhältnisses im Sinne des § 32a Abs. 1 UrhG muss aber festgestellt werden, welche konkrete Gegenleistung für die Einräumung von Nutzungsrechten ins Verhältnis zu den Erträgen und Vorteilen aus der Werknutzung zu setzen ist.

Einfach wäre dies nur, wenn der Urheber während der Zeit eines befristeten Arbeitsverhältnisse nur ein Werk herzustellen und keine weiteren Aufgaben hatte. Hier kann der Lohn als Gegenleistung für die Nutzungsrechtseinräumung angesehen werden.[1024]

Ist der Arbeitnehmer aber eine längere Zeit tätig geworden und hat mehrere Werke hergestellt, so ist die Bestimmung der konkreten Gegenleistung für die Einräumung des fraglichen Nutzungsrechts schwierig.

Nimmt man sämtlichen Lohn, den der Arbeitnehmer während seiner Vertragszeit erhalten hat, als Gegenleistung an[1025], so bleibt unberück-sichtigt, dass der Arbeitnehmer möglicherweise mehrere Werke während seiner Dienstzeit geschaffen hat. Für jedes weitere Werk, für das Ansprüche aus § 32a UrhG geltend gemacht werden, müsste dann ja wieder der gesamte Lohn herangezogen werden. Benachteiligt würden bei dieser Betrachtung länger beschäftigte Kreative gegenüber nur kurz angestellten Arbeitnehmern. Bei letzteren würde die Gegenleistung wesentlich geringer ausfallen und somit das Missverhältnis viel früher entstehen.[1026] Dem urheberrechtlichen Beteiligungsgedanken würde dies nicht gerecht.

Bleibt man damit beim Anknüpfungspunkt Arbeitslohn und will nicht den gesamten Arbeitslohn für die Gegenleistung heranziehen, kommt als sachlicher Bezug nur eine Gegenleistung in Betracht, die in Beziehung zur konkreten Werkerstellung steht. Vorgeschlagen wurde, eine Vergütung zugrunde zu legen, die an den Arbeitsstunden eines freien Urhebers zu messen ist.[1027] Ein vergleichbarer Maßstab sind die Aufwendungen eines freien Urhebers jedoch nicht, denn es fehlt schon an einer vergleichbaren Kalkulationsgrundlage.[1028] Abzustellen ist vielmehr auf das Gehalt des Arbeitnehmerurhebers. Es kann aber keine willkürliche Anzahl von Monatsgehältern zugrundegelegt werden, sondern die Monatsgehälter, die der Arbeitnehmer für die Erstellung des Werkes erhielt.[1029] Abzustellen ist dabei auf das Nettomonatsgehalt. Dass der Urheber auch für Werke

1024 Hagen, S. 96; Vinck, S. 62.
1025 So Rehbinder, RdA 1968, S. 315.
1026 Hagen, S. 96.
1027 Sundermann, Zeitschrift für Recht und Verwaltung, S. 52, 61.
1028 Hagen, S. 97.
1029 Hagen, S. 97.

Arbeitslohn erhielt, die für den Arbeitgeber nicht oder nur unterdurchschnittlich verwertbar waren, ist im Rahmen der Beurteilung des Vorliegens eines auffälligen Missverhältnisses zu berücksichtigen.[1030]

### *f) Konsequenzen für die Gestaltung eines Kollektivvertrages*

Verlangt wird von Kollektivverträgen, dass aus Ihnen die Vergütung für die Einräumung von Nutzungsrechten zu bestimmen ist. Die Regelung muss also mindestens Leistung und Gegenleistung enthalten.[1031] Für die Beteiligten soll erkennbar sein, für welche Leistung welche Vergütung vorgesehen ist. Insbesondere bei gemeinsamen Vergütungsregeln kann man davon ausgehen, dass auf diese Weise Vergütungstabellen entstehen.[1032] Weitergehende inhaltliche Anforderungen stellt der Gesetzgeber an die Kollektivverträge nicht. Diskutiert wird zwar die Frage, ob bei der Festlegung der Vergütung in gemeinsamen Vergütungsregeln strukturelle Unterschiede der Verwerter einer Branche zu berücksichtigen sind. Darauf deutet § 36 Abs. 1 Satz 2 UrhG hin.[1033] Da es sich aber um eine Soll-Bestimmung handelt, käme einer Nichtbeachtung keine Konsequenz zu.[1034]

Die Parteien der Kollektivregelung sind also frei darüber zu entscheiden, welche Nutzungsrechte in welchem räumlichen, zeitlichen und inhaltlichen Umfang geregelt werden sollen. Die Gestaltung der Vergütung unterliegt ebenfalls keinen Restriktionen. Es können sowohl Beteiligungs- und Pauschalvergütungen vereinbart werden.[1035] Bei gemeinsamen Vergütungsregeln soll es auch möglich sein, dass die Regelung eine Bandbreite vorsieht, die eine Anpassung im Einzelfall ermöglicht.[1036] Bei einem Individualvertrag, der auf eine solche gemeinsame Vergütungsregel Bezug nimmt und das Honorar im Rahmen der Bandbreite wählt, ist die Vergütung nach einer solchen Regel bestimmt. Es ist nicht ausgeschlossen, dass auch andere Inhalte Bestandteil der Vergütungsvereinbarung

---

[1030] Hagen, S. 98; Barthel S. 90. Im Ergebnis meint dies auch OLG Düsseldorf, ZUM 2004, S. 756, 759.

[1031] Dreier/Schulze/Schulze, § 36 Rdn. 9; Wandtke/Bullinger/Wandtke/Grunert, § 36 Rdn. 5.

[1032] Dreier/Schulze/Schulze, § 36 Rdn 10.

[1033] Loewenheim/v.Becker, § 29 Rdn. 77; a.A. Dreier/Schulze/Schulze, § 36 Rdn. 12; Wandtke/Bullinger/Wandtke/Grunert, § 36 Rdn. 7; Nordemann, § 36 Rdn. 8; Haas, Rdn. 219.

[1034] HK/Kotthoff, § 36 Rdn. 8; § 3 Abs. 2 gemeinsame Vergütungsregel für Autoren belletristischer Werke (siehe Anlage) nennt die Struktur und Größe der Verwerter als Rechtfertigungsgrund dafür, dass von der 10%igen Vergütung abgewichen werden darf.

[1035] Dreier/Schulze/Schulze, § 36 Rdn 9.

[1036] Wandtke/Bullinger/Wandtke/Grunert, § 36 Rdn 6; Nordemann, § 36 Rdn. 2.

sind.[1037] Die Parteien können Zahlungsmodalitäten einbeziehen oder andere Vertragsumstände regeln.

Sowohl Tarifverträge als auch gemeinsame Vergütungsregeln sind der Auslegung zugänglich.[1038] Art und Umfang der Nutzungsrechtseinräumung sowie die Gegenleistung können bei fehlender ausdrücklicher oder unklaren Formulierung durch Auslegung der Regelungen ermittelt werden.

Wenn die Kollektivregelungen nach §§ 32 Abs. 2 Satz 2, 32 Abs. 4 und 32a Abs. 4 UrhG aber gerade Rechtssicherheit bieten sollen und somit ein Instrument der Streitvermeidung, wäre es angezeigt, die Regelungen so konkret wie möglich zu fassen. Diese Anforderung ergibt sich nicht aus rechtlicher Sicht, sondern aus praktischen Erwägungen. Je ungenauer eine Regelung, desto mehr Streit entsteht über ihren Inhalt. Rechtssicherheit wird dann nicht erreicht. Dabei ist nicht zu übersehen, dass Kollektivvereinbarungen, die nicht mit einem Unternehmen, sondern für eine Vielzahl von Akteuren der Branche abgeschlossen werden, nicht auf alle erdenklichen spezifischen Interessen Rücksicht nehmen können.[1039] Die Vertragsparteien der Kollektivverträge müssen also versuchen, eine Vielzahl von vergleichbaren Sachverhalten zu erfassen.[1040] Anderenfalls sind solche Regelungen für die Einzelvertragsparteien nicht interessant. Geeignet sind Kollektivregelungen daher vor allem dort, wo sich ein Massengeschäft mit gleichförmigen Nutzungshandlungen und somit Standards in der Verwertung herausgebildet haben.[1041]

## III. Vorsehen einer weiteren angemessenen Beteiligung für den Fall des § 32a Abs. 1 UrhG

Um die Wirkungen des § 32a Abs. 4 UrhG auszulösen, muss die Vergütung nach einem Kollektivvertrag bestimmt worden sein[1042] und dieser Kollektivvertrag muss zugleich eine weitere angemessene Beteiligung für den Fall des Absatzes 1 vorsehen. Mit der kollektivvertraglichen Regelung soll also im vorab eine Regelung gefunden werden, die die Bestsellersituation nach § 32a Abs. 1 UrhG

---

1037 Wandtke/Bullinger/Wandtke/Grunert, § 36 Rdn 6; HK/Kotthoff, § 36 Rdn 7, Berger, Rdn. 188

1038 Siehe oben Teil 3/B/II/3., S. 141.

1039 Wandtke/Bullinger/Wandtke/Grunert, § 36 Rdn 6.

1040 Dreier/Schulze/Schulze, § 36 Rdn 11.

1041 HK/Kotthoff, § 36 Rdn. 7.

1042 Siehe oben Teil 3/B/II, S. 89 ff.

erfasst.[1043] Beim Vorliegen der Beststellersituation hat der Kreative einen Anspruch auf Vertragsänderung. Die Vertragsänderung soll darauf gerichtet sein, dem Kreativen eine weitere angemessene Beteiligung zu gewähren. Dieser Anspruch besteht nicht mehr, wenn sich seine weitere Beteiligung bereits aus dem Kollektivvertrag ergibt.

Um den Fall des Absatzes 1 und die weitere angemessene Beteiligung überhaupt wirksam regeln zu können, muss bei den Parteien Klarheit über Tatbestand und Rechtsfolge von § 32a Abs. 1 UrhG herrschen (dazu im Folgenden 1. und 2.). Schließlich ist noch herauszuarbeiten, wie Parteien eine solche Regelung in einem Kollektivvertrag erfassen könnten (unten 3.).

## 1. Tatbestandsvoraussetzungen des 32a Abs. 1 UrhG

### *a) Nutzungsvertrag mit einem anderen*

Voraussetzung ist zunächst, dass der Urheber dem anderen ein Nutzungsrecht zu Bedingungen eingeräumt hat, die zu einem auffälligen Missverhältnis von Leistung und Gegenleistung führen. Das Merkmal „Einräumen des Nutzungsrechts zu Bedingungen" umschreibt die Voraussetzung, dass zwischen Kreativen und dem anderen ein Nutzungsrechtsvertrag besteht. Dass dieser Vertrag nicht nur die Einräumung von Nutzungsrechten, sondern auch andere Vertragsgegenstände zum Inhalt haben kann, wurde bereits dargestellt.[1044] „Einem anderen" heißt, dass der Anspruch aus § 32a Abs. 1 UrhG gegen den Vertragspartner des Kreativen gerichtet ist. Anders als die Vorgängerregelung (§ 36 UrhG a.F.) ist im Gesetz nunmehr ausdrücklich eine Regelung für den Fall vorgesehen, dass der Vertragspartner des Kreativen die Nutzungsrechte an Dritte weiter übertragen hat (§ 32a Abs. 2 UrhG). Wegen der damit verbundenen Probleme und Besonderheiten wird die Regelung eigenständig dargestellt.[1045]

Für den weiteren Gang der Untersuchung kann davon ausgegangen werden, dass es bereits eine Kollektivvertragsregelung gibt, die für den Individualvertrag bestimmend ist und aus der Art und Umfang der Nutzungsrechtseinräumung abzulesen ist.[1046]

---

1043 So ausdrücklich Beschlussempfehlung und Bericht des Rechtsausschusses, BT-Drucks. 14/8058, S. 19.

1044 Siehe oben Teil 3/B/II/3., S. 137 ff.

1045 Siehe unten Teil 3 E, S. 219 ff.

1046 Zu den einzelnen Voraussetzungen bereits oben Teil 3/B/II., S. 89 ff.

### *b) Auffälliges Missverhältnis*

Nach dem Wortlaut der Norm entstehen die Ansprüche aus § 32a UrhG dann, wenn die vereinbarte Gegenleistung in einem auffälligen Missverhältnis zu den Erträgen und Vorteilen steht, die der andere aus der Nutzung des Werkes gezogen hat. Bei der Feststellung des auffälligen Missverhältnisses sind die gesamten Beziehungen des Urhebers zum anderen zu berücksichtigen. Mit Ausnahme der Formulierung „Erträge und Vorteile“ ist der Wortlaut gegenüber § 36 UrhG (a.F.) unverändert geblieben.[1047]

Bliebe man beim Wortlaut des § 32a Abs. 1 UrhG, so wäre die vertragliche Gegenleistung zu den Erträgen und Vorteilen in Beziehung zu setzen und daraus das Missverhältnis festzustellen. Ein Missverhältnis kann aber nur zwischen vergleichbaren Elementen festgestellt werden, denen vergleichbare Kriterien zugrunde liegen.[1048] Zu vergleichen sind daher nicht die vertragliche vereinbarte Gegenleistung mit den tatsächlich gezogenen Erträgen und Vorteilen[1049], sondern die vertraglich vereinbarte Gegenleistung mit einer Gegenleistung, die gemessen an den tatsächlich gezogenen Erträgen und Vorteilen angemessen wäre. Um diese Vergütung von der vertraglich vereinbarten Vergütung unterscheiden zu können, soll sie fiktive angemessene Vergütung genannt werden. Vergleichbar sind nur Gegenleistungen. Der vertraglich vereinbarten Gegenleistung ist eine fiktive angemessene Gegenleistung gegenüberzustellen, die sich an den tatsächlichen Erträgen und Vorteilen aus der Nutzung des Werkes orientiert.[1050] Von diesem Bezugspunkt ging bisher auch die Rechtsprechung aus. Der BGH meinte, dass eine tatsächliche Vermutung für das Vorliegen eines Missverhältnisses dann vorliege, wenn die vereinbarte Vergütung krass von derjenigen abweicht, die sich bei einem an der unteren Grenze orientierten angemessenen Honorar ergeben hätte.[1051]

---

1047 In § 36 UrhG a.F. wurde von „Erträgnissen“ gesprochen.

1048 HK/Kotthoff, § 32a Rdn. 9; Haas, Rdn. 299.

1049 Dass hier deutlich zu unterscheiden ist, zeigt ein missverständliches Beispiel bei Berger, GRUR 2003, S. 675, 679: „Beträgt die vereinbarte Vergütung beispielsweise 20, die angemessene Vergütung 100 und liegen die Erträge des Verwerters bei 150, so ist für die Berechnung der weiteren Beteiligung das Verhältnis der angemessenen Vergütung zur weiteren angemessenen Beteiligung (im Beispiel 100:150) maßgeblich...“. Hier wird eine weitere angemessene Beteiligung mit den Erträgen gleichgestellt. Aus den weiteren Ausführungen ist aber erkennbar, dass Berger von einem Beteiligungsanspruch des Urhebers von den 150 ausgehen will. Im Vergleich sollen also nicht die 100 (Vergütung) zu den Erträgnissen (150) stehen, sondern die 100 zu einer angemessenen Beteiligung an den 150.

1050 Wandtke/Bullinger/Wandtke/Grunert, § 32a Rdn. 17; HK/Kotthoff, § 32a Rdn. 16;Fromm/Nordemann/Hertin, § 36 Rdn. 3; Haas, Rdn. 299; Hagen, S. 128.

1051 BGH GRUR 1991, S. 901, 903 („Horoskop-Kalender“); BGH GRUR 2002, S. 153, 154 („Kinderhörspiele“); BGH GRUR 2002, S. 602, 604 („Musikfragmente“).

Bleibt die vertraglich vereinbarte Vergütung hinter der fiktiven angemessenen Vergütung zurück, so liegt ein Missverhältnis vor. Um Ansprüche aus § 32a Abs. 1 UrhG auslösen zu können, muss es sich um ein qualifiziertes, ein auffälliges Missverhältnis handeln.[1052] Soll festgestellt werden, wann ein auffälliges Missverhältnis vorliegt, müssen zunächst die Erträge und Vorteile aus der Werknutzung ermittelt werden. Diese bilden den Maßstab für die Bestimmung einer fiktiven angemessenen Gegenleistung. Diese fiktive Gegenleistung ist mit der vertraglich vereinbarten Gegenleistung zu vergleichen, um daraus zu schließen, ob ein auffälliges Missverhältnis im Sinne des § 32a Abs. 1 UrhG vorliegt.[1053]

### aa) Vorteile und Erträgnisse aus der Nutzung des Werkes

Im Folgenden soll festgehalten werden, was unter Erträgen und Vorteilen zu verstehen ist, wie sie ermittelt und beziffert werden können.

#### (1) Erträge und Vorteile

Soweit das Gesetz nunmehr nicht mehr von Erträgnissen[1054] sondern von Erträgen spricht, ist keine inhaltliche Änderung gegenüber der Vorgängerregelung gemeint. Es handelt sich vielmehr um eine redaktionelle Modernisierung.[1055] Erträge sind alle in einer Geldsumme ausdrückbaren Einkünfte, die der Verwerter aus der Nutzung des Werkes gezogen hat.[1056]

Der Nachforderungsanspruch soll aber nicht dort stehen bleiben, wo lediglich erkennbare Einkünfte aus der Nutzung erzielt werden. Dem Kreativen soll auch eine Beteiligung an anderen Vorteilen zustehen, die der andere in sonstiger Weise aus der Nutzung des Werkes gezogen hat. Dies war von der h.M. bereits unter Anwendung des § 36 UrhG a.F. anerkannt. Dort wurde der Wortlaut „Erträgnisse“ entsprechend weit ausgelegt und erfasste alle Vermögensvorteile. Darunter fielen auch alle nach-weisbaren Nutzungsvorteile, selbst wenn sie sich nicht in

---

1052 Dazu unten Teil 3/B/III/1, S. 196 ff.

1053 Ähnlich HK/Kotthoff, § 32a Rdn. 9, der allerdings nicht von der vertraglich vereinbarten, ondern von einer angemessenen Vergütung zum Zeitpunkt des Vertragsschlusses ausgeht. Dass dies bei der Bestimmung der Vergütung nach Kollektivverträgen aber keine Rolle spielt, wurde bereits gezeigt (siehe oben Teil 3/B/II/ S. 101 und 128 ff.)

1054 So noch bei § 36 UrhG a.F.

1055 Nordemann, § 32a Rdn. 8; Haas, Rdn. 291. Allerdings wird in Absatz 2 weiter von „Erträgnissen“ gesprochen. Inhaltliche Unterschiede ergeben sich daraus nicht.

1056 Nordemann, § 32a Rdn. 8.

einer finanziellen Gegenleistung niederschlagen.[1057] Als Vorteil sind somit alle vermögenswerten Positionen zu sehen, die sich aus der Nutzungsmöglichkeit des Werkes ergeben.[1058]

Dem Anspruch aus § 32a UrhG kann nicht entgegengehalten werden, dass keine unmittelbaren finanziellen Einnahmen aus der Werknutzung erzielt wurden oder einzelne Erträge einzelnen Nutzungshandlungen nicht bzw. nur schwer zuzuordnen sind. Ansprüche aus § 32a UrhG lösen so die Nutzung von Werken im Rundfunk und Fernsehen aus, selbst wenn die Einnahmen aus dem Gebührenaufkommen oder der Werbung nicht einzelnen Werken zugeordnet werden. Dies gilt erst recht für den im öffentlich-rechtlichen Rundfunk praktizierte Programmaustausch. Hier entstehen Vorteile dadurch, dass die Sender den Erwerb von Programmen ersparen.[1059] Auch beim Austausch von wissenschaftlichen Ergebnissen zwischen Forschungseinrichtungen kann eine Ersparnis entstehen, wenn auf diese Weise der Erwerb eigener Nutzungsrechte überflüssig wird.[1060]

Vorteile können sich auch bei der betriebsinternen Nutzung[1061] oder bei der Nutzung des Werkes zu Werbezwecken ergeben.[1062] In diesem Sinne ist die Gesetzesbegründung zu verstehen. Dort heißt es, dass mit „Vorteil" auch Verwertungshandlungen erfasst werden sollen, die nicht unmittelbar auf das Umsatzgeschäft mit der Nutzung selbst zielen. Beispielhaft wird die Werbung genannt.[1063]

Auf eine Abgrenzung zwischen Erträgen und Vorteilen kommt es nicht an. Erfasst werden sollen alle wirtschaftlichen Vorteile des Verwerters.[1064] Zu den Erträgen und Vorteilen sind auch die Einnahmen des Verwerters hinzuzurechnen, die er in anderer Weise dafür erhalten hat, dass er das Werk nutzt oder genutzt

---

1057 Fromm/Nordemann/Hertin, § 36 Rdn. 5; Schricker/Schricker, § 36 Rdn. 19; Hagen, S. 105, 114 ff.; unklar Möhring/Nicolini/Spautz, § 36 Rdn. 9.

1058 Wandtke/Bullinger/Wandtke/Grunert, § 32a Rdn. 13.

1059 Hagen, S. 105.

1060 Hagen, S. 105 gegen Sundermann, S. 58 ff.

1061 Dreier/Schulze/Schulze, § 32a Rdn. 29; Wandtke/Bullinger/Wandtke/Grunert, § 32a Rdn.13; Berger, Rdn. 267; Schricker, Quellen, S. 36; BGH GRUR 1985, S. 1041 ff. („Inkassoprogramme"), Die Anwendung von § 36 UrhG war hier jedoch strittig, dazu Hagen S. 106 m.w.N. Siehe dazu auch oben Teil B/III/1., S. 170.

1062 BGH GRUR 1986 S. 885 f. („METAXA"); OLG München FuR 1982, S. 586 ff. („Bestellvertrag")- die dazu ergangene Entscheidung des BGH GRUR 1986, S. 528 f. setzte sich mit § 36 UrhG a.F. nicht mehr auseinander.

1063 Beschlussempfehlung und Bericht des Rechtsausschusses BT-Drucks. 14/8058; S. 19.

1064 Dreier/Schulze/Schulze, § 32a Rdn. 29.

hat. Hierzu zählen vor allem Fördermittel, Zuschüsse[1065] und Sponsorengelder.[1066]

Die Erträge müssen beim Verwerter auch tatsächlich angefallen sein. § 32a UrhG erfasst keine Beteiligung an Erträgen, die der Verwerter nach Ansicht des Kreativen bei besserer Verwertung hätte erwirtschaften können. Fiktive Erträge können nicht geltend gemacht werden.[1067] Ansprüche aus § 32a UrhG kann der Urheber auch dann nicht durchsetzen, wenn sich nach Vertragsschluss eine günstigere Ertragsaussicht abzeichnet, die Erträge aber noch nicht angefallen sind.[1068] Nicht notwendig ist jedoch, dass die Erträge oder Vorteile noch im Vermögen des Verwerters vorhanden sind.[1069]

### (2) Aus der Nutzung des Werkes

#### *(α) Kausalität Werknutzung - Ertrag*

Die Gesetzesformulierung „aus der Nutzung des Werkes" verdeutlicht, dass ein Kausalzusammenhang zwischen der Werknutzung und den daraus erlangten Erträgen oder Vorteilen bestehen muss.[1070] Deshalb ist zu ermitteln, welcher Ertrag welcher Nutzungshandlung zuzurechnen ist. Nur an diesen Erträgen muss sich die Gegenleistung des Verwerters messen lassen. Ausgeschlossen sind damit alle Erträge und Vorteile des Verwerters, die er zwar im Zusammenhang mit der Verwertung von Werken des Urhebers erlangt hat, die jedoch nicht auf der maßgeblichen Nutzungshandlung beruhen. So beispielsweise wenn ein Verleger Nebenrechte erworben und auch daraus Erträge erwirtschaftet hat, der Urheber aber seinen Anspruch aus der Hauptnutzung des Werkes stützt.[1071]

---

1065 BGH GRUR 1990, S. 1005 („Salome"); Wandtke/Bullinger/Wandtke/Grunert, § 32a Rdn. 12.

1066 Dreier/Schulze/Schulze, § 13 WahrnG Rdn. 16.

1067 Berger, Rdn. 134.

1068 Berger, Rdn. 269.

1069 Berger, Rdn. 270.

1070 Hagen, S. 110.

1071 So auch OLG München ZUM 2003, S. 970, 974. In einem solchen Fall kann der Anspruch aber wegen der ebenfalls zu berücksichtigenden gesamten Beziehungen entfallen. (siehe dazu unten Teil 3/B/III/1., S. 192 ff.).

### *(β) Zu berücksichtigende Werknutzungen*

#### (αα) Grundsatz

Was eine Nutzung des Werkes im Sinne des § 32a UrhG ist, hat der Gesetzgeber nicht definiert. Der Begriff ist jedoch durch systematische Auslegung bestimmbar. Das Urheberrecht soll die geistigen und persönlichen Beziehungen des Urhebers in der Nutzung des Werkes schützen und der Sicherung einer angemessenen Vergütung für die Nutzung des Werkes dienen (§ 11 UrhG).

Das System der Sicherung materieller Urheberinteressen wird im Gesetz dadurch gewährleistet, dass dem Werkschöpfer Verwertungsrechte als Verbotsrechte eingeräumt werden. Von diesen Verwertungsrechten kann der Urheber Nutzungsrechte abspalten und somit anderen gestatten, das Werk auf die so erlaubte Weise zu nutzen. Die Nutzungsrechte leiten sich aus den Verbotsrechten des Urhebers ab. Das System der Verwertungs- und Nutzungsrechte knüpft dabei nicht an die Benutzung durch den Werkrezipienten (Werkgenuss) an, sondern an davor gelagerten Nutzungshandlungen, die in der Regel der Werkvermittlung dienen.[1072]

Erfasste Nutzungen sind jedenfalls alle Verwertungshandlungen des Urhebers im Sinne des § 31 Abs. 1 UrhG i.v.m. § 15 ff. UrhG. Werknutzungen können beispielsweise die Vervielfältigung, Verbreitung, Ausstellung, öffentliche Wiedergabe oder die öffentliche Zugänglichmachung in der Gestalt der jeweils eingeräumten (eigenständigen) Nutzungsart sein.

Zu den Werknutzungen gehören auch die Lizenzierung von Nutzungsrechten und die betriebsinterne Werknutzung. Nicht als urheberrechtlich relevante Nutzungshandlung ist jedoch der schlichte Werkgenuss zu erfassen. Diese Fragen sind aber umstritten.

#### (ββ) Lizenzierung

Mit Lizenzierung überträgt der Verwerter einem Dritten die Nutzungsrechte (§ 34 UrhG) oder räumt als Inhaber eines ausschließlichen Nutzungsrechts weitere Nutzungsrechte an Dritte ein (§ 35 UrhG). Auch aus dieser Rechtsübertragung entstehen dem Verwerter regelmäßig Einnahmen. Abhängig von der

---

[1072] Schack, Rdn. 373.

Vertragsgestaltung können dies Pauschalzahlungen oder Beteiligungen sein.[1073] Auch Erträge aus der Lizenzerteilung werden von § 32a UrhG erfasst.[1074]

Nach einer anderen Ansicht soll dies nicht gelten, wenn bei (translativer) Übertragung der Nutzungsrechte die Gegenleistung unabhängig von den einzelnen Nutzungshandlungen des Lizenznehmers gewährt wird. [1075] Dieser Ansicht ist aber entgegenzuhalten, dass der Gesetzgeber mit der Regelung des § 32a Abs. 2 UrhG zum Ausdruck gebracht hat, dass die Lizenzerteilung eine Nutzungshandlung im Sinne des § 32a Abs. 1 UrhG ist.[1076] § 32a Abs. 2 UrhG stellt klar, dass Kreative auch gegen Dritte Ansprüche geltend machen können, wenn bei diesen besondere Erträge und Vorteile angefallen sind. Der Dritte soll dem Urheber die Kosten für den Lizenzerwerb entgegenhalten können. Nur so kann verhindert werden, dass der Lizenznehmer doppelt für die Honorarzahlung des Urhe-bers aufkommen muss.[1077] Mit dem Beteiligungsprinzip ist dies aber nur vereinbar, wenn der Urheber diese Kosten als Erträge bzw. Vorteile beim Lizenzgeber geltend machen kann.

Dafür spricht noch eine weitere Überlegung. Die Rechtfertigung eines Anspruchs auf angemessene Vergütung, der durch das System der Verbotsrechte gesichert wird, liegt im Werkgenuss des Rezipienten, auch wenn die Verwertungsrechte nicht daran anknüpfen.[1078] Diese Verbotsrechte sind aber nicht zwingend schon die unmittelbare Vorstufe zum Werkgenuss. Sie können diesem auch in mehreren Stufen vorgeschaltet sein, ohne dass dies etwas am Charakter dieser Verwertungsrechte ändern würde.[1079] Demnach kommt es für die Rechtfertigung von Verbotsrechten nicht darauf an, dass diese dem Werkgenuss unmittelbar vorangehen. Trotzdem sind es urheberrechtlich relevante Nutzungshandlungen, die Verbotsrechte des Urhebers begründen. Auch auf diesen Vorstufen können Erträge erwirtschaftet werden, an denen der Kreative zu beteiligen ist.

---

1073 Dreier/Schulze/Schulze, § 32a Rdn. 51; HK/Kotthoff, § 32a Rdn. 30 ff.

1074 Für eine Anwendung des Bestsellerparagrafen: Hagen, S. 104 f.

1075 Hegemann, S. 83.

1076 Im Ergebnis wohl auch herrschende Meinung: Wandtke/Bullinger/ Wandtke/Grunert, § 32a Rdn. 12; Berger, Rdn. 267; Schricker, Quellen S. 36; Hagen, S. 105.

1077 Dreier/Schulze/Schulze, § 32a Rdn. 52; Haas, Rdn. 312.

1078 BVerfGE 31, S. 264, 278 („Tonbandvervielfältigung"); BGHZ 17, 266, 278 („Grundig-Reporter").

1079 Wandtke/Bullinger/Heerma, § 15 Rdn. 4; Schricker/v. Unger-Sternberg, § 15 Rdn. 9.

### (χχ) Betriebsinterne Benutzung des Werkes

Unstreitig können betriebsinterne Nutzungshandlungen im Sinne der §§ 31, 15 ff. UrhG Vorteile erbringen, die von § 32a UrhG erfasst werden.[1080] Es handelt sich um Nutzungshandlungen, die an die Verwertungsrechte des Urhebers anknüpfen. Zu denken ist an die Nutzung durch Vervielfältigung eines Werkes, um allen Mitarbeitern die Arbeit mit dem Werk zu ermöglichen. Es könnte die Vervielfältigung und Verbreitung einer Graphik sein, die auf Briefbögen, Gebrauchsanweisungen oder in internen Papieren genutzt wird.[1081] Auch die (öffentliche) Wiedergabe von Musik in Kaufhäusern, Restaurants oder Hotels soll den Umsatz anderer Produkte und Dienstleistungen erhöhen und bewirkt somit einen Vorteil des Verwerters.

Davon zu unterscheiden ist jedoch die einfache Benutzung eines Werkes, also Handlungen, die nicht an die urheberrechtlich geschützten Nutzungsrechte anknüpfen. Ob die Erträge und Vorteile aus einer solchen Handlung von § 32a UrhG erfasst werden, ist umstritten. Die Frage wurde vom BGH in der Entscheidung „Inkassoprogramme“ aufgeworfen.[1082] Ein Urheber hatte für ein Inkassounternehmen ein Computerprogramm entworfen, mit dem das Unternehmen die Beitreibung von Verbindlichkeiten wesentlich vereinfachen konnte. Der Urheber des Programms hatte u.a. einen Anspruch aus § 36 UrhG a.F. geltend gemacht, weil das Unternehmen durch die Benutzung des Programms im eigenen Betrieb in der Lage war, nunmehr statt der bereits vorher vorhanden 46.000 Mandanten noch weitere 150.000 Mandate zu bearbeiten. Der BGH hatte die Beantwortung der Frage offen gelassen, ob zu den Erträgen auch die Einnahmen gehören, die aus einer bestimmten Benutzung des Werkes im eigenen Betrieb herrühren oder ob nur Erträge erfasst werden, die aus der Vermarktung des Werkes stammen.[1083]

In der Literatur wird unter Bezugnahme auf diese Entscheidung die Zurechnung von Erträgen und Vorteilen aus betriebsinterner Benutzung bejaht.[1084] Zur Begründung wird darauf verwiesen, dass es keinen Unterschied mache, ob die Vermarktung durch Dritte oder durch Nutzungshandlungen des Nutzungsberechtigten im eigenen Unternehmen herrühre.[1085] Die Benutzung könne ebenfalls eine

---

[1080] Dreier/Schulze/Schulze, § 32a Rdn. 29; Hagen, S. 107; Schricker, Quellen, S. 36.

[1081] Beispiele bei Dreier/Schulze/Schulze, § 32a Rdn. 29.

[1082] BGH GRUR 1985, S. 1041 ff.(„Inkassoprogramme“).

[1083] BGH GRUR 1985, S. 1041, 1043; der BGH ließ die Frage offen, weil nicht ersichtlich war, ob gerade der Einsatz des Programms oder andere Faktoren waren für die Zunahme der Aufträge ursächlich waren.

[1084] Dreier/Schulze/Schulze, § 32a Rdn. 29; Wandtke/Bullinger/Wandtke/Grunert, § 32a Rdn. 13; Schricker/Schricker, § 36 Rdn. 10; Fromm/Nordemann/Hertin, § 36 Rdn. 5; Hagen, S. 108.

[1085] Wandtke/Bullinger/Wandtke/Grunert, § 32a Rdn. 13.

wirtschaftliche Qualität erlangen. Das Beteiligungsprinzip erfordere, dass auch diese Vorteile vom Nachforderungsrecht erfasst werden.[1086]

Dies kann aber nur gelten, soweit urheberrechtlich relevante Nutzungshandlungen betroffen sind. Nicht erfasst werden können davon Vorteile, die sich aus der Benutzung des Werkes im Sinne des Werkgenusses ergeben. Der Begriff der Werknutzung wird im Gesetz zur Erfassung urheberrechtlich relevanter Nutzungsvorgänge benutzt. Diese knüpfen an die Verwertungsbefugnisse des Urhebers an. Davon schließt die h.M. die Benutzung des Werkes als solches jedoch aus. [1087] Das Lesen eines Buches, die Betrachtung eines Bildes, das Anhören einer CD oder die Benutzung eines Computerprogramms sind keine urheberrechtlich relevanten Vorgänge.[1088]

Davon ging auch der Gesetzgeber während der Gesetzgebungsarbeiten zur Novelle des Urhebervertragsrechts aus. Der geplante gesetzliche Vergütungsanspruch des § 32 RegE sah einen Anspruch auf angemessen Vergütung gegen jeden vor, der eine urheberrechtlich relevante Nutzung, die in das ausschließliche Nutzungsrecht des Urhebers eingreift, vornimmt.[1089] Handlungen, die nicht an das Ausschließlichkeitsrecht des Urhebers anknüpfen, waren daher nicht vom geplanten Vergütungsanspruch erfasst. Der Korrekturanspruch des § 36 UrhG a.F. sollte gestrichen werden. Vorteile und Erträge aus der Benutzung des Werkes wären also auch bei dieser Regelung nicht erfasst gewesen.

Auch das Beteiligungsprinzip erfordert keine Einbeziehungen derartiger Handlungen in § 32a UrhG. Der Beteiligungsgrundsatz verlangt nicht, dass dem Urheber jede nur denkbare wirtschaftliche Verwertungsmöglichkeit zuzuordnen wäre. Dies ist auch im Hinblick auf Art. 14 GG nicht geboten.[1090]

### (3) Bestimmen der Höhe der Erträge und Vorteile

Um die angemessene Vergütung am Maßstab der tatsächlich erzielten Erträge und Vorteile bestimmen zu können, müssen die Erträge und Vorteile auch

---

1086 Dreier/Schulze/Schulze, § 32a Rdn. 29; Hagen, S. 107 f.

1087 BGH GRUR 1991, S. 449, 453 („Betriebssystem"); GRUR 1994, S. 363, 364 („Holzhandelsprogramm"); Wandtke/Bullinger/Heerma, § 15 Rdn. 3; HK/Kotthoff, § 15 Rdn. 6; Schricker/v. Unger-Sternberg, § 15 Rdn. 8. A.A. Dreier/Schulze/Schulze: sind urheberrechtlich relevante Nutzungen, die der Gesetzgeber freigestellt hat.

1088 BGH GRUR 1991, S. 449, 453 („Betriebssystem").

1089 RegE. BT-Drucks. 14/6433, S. 15.

1090 BVerfG GRUR 1988, S. 687, 689 („Zeitschriftenauslage"); BGH GRUR 1985 S. 131, 132 („Zeitschriftenauslage beim Friseur").

zahlenmäßig bestimmt werden. Wenn die Parteien einer Kollektivvertragsregelung keine konkreten Vorstellungen über die Erträge oder Vorteile entwickeln können, so können sie im voraus auch keine Regelung für den Fall des Absatzes 1 finden. Das Missverhältnis wäre nicht darstellbar.

### *(α) Bestimmen der Erträge*

Die Erträge lassen sich regelmäßig zahlenmäßig als geldwerter Vorteil bestimmen. Zur Bestimmung der angemessenen Beteiligung sind die Bruttoerträge heranzuziehen. Davon ging bereits die Rechtsprechung zu § 36 UrhG (a.F.)[1091] aus und dies wird auch von der herrschenden Literaturansicht vertreten.[1092] Auch für § 32 UrhG und § 13 WahrnG soll der Bruttoertrag Maßstab der Beurteilung einer angemessenen Beteiligung sein.[1093] Die Bruttoeinnahmen umfassen die vollständigen Einnahmen ohne Abzug von Herstellungskosten, Vertriebskosten und sonstigen Aufwendungen.[1094]

Eine andere Ansicht geht hingegen vom Maßstab der Nettoerträge (Gewinn) aus.[1095] Vom Gewinn war auch in der amtlichen Begründung zu § 36 UrhG (a.F.) die Rede.[1096] Auf diese Begründung lässt sich die Auffassung allerdings nicht mehr stützen. Der Gesetzgeber der Urheberrechtsnovelle 2002 hat bei der Neugestaltung des Bestsellerparagrafen zum Ausdruck gebracht, dass er die Struktur der Norm deshalb beibehalten will, um auf die bereits ergangene Rechtsprechung zu § 36 UrhG a.F. zurückgreifen zu können.[1097] Die Rechtsprechung ging regelmäßig von den Bruttoerträgen aus.[1098] Das war dem Gesetzgeber bekannt. In der Gesetzesbegründung wird eine Entscheidung genannt, in der ausdrücklich auf Bruttoerlöse abgestellt wird.[1099]

---

1091 Ständige Rechtsprechung BGH GRUR 1991, S. 901, 903 („Horoskop-Kalender"); BGH GRUR 2002, S. 153, 154 („Kinderhörspiele").

1092 Dreier/Schulze/Schulze, § 32a Rdn. 28, Wandtke/Bullinger/Wandtke/Grunert, § 32a Rdn. 11; Schricker/Schricker, § 36 Rdn. 10; Möhring/Nicolini/Spautz, § 36 Rdn. 9; Nordemann, § 32a Rdn. 8.

1093 Dreier/Schulze/Schulze, § 32 Rdn. 48; ders. § 13 WahrnG Rdn. 16.

1094 Dreier/Schulze/Schulze, § 32a Rdn. 28.

1095 Berger, Rdn. 262; Hubmann, S. 227; Hegemann, S. 92; Schaub, R., ZUM 2005, S. 212, 218.

1096 Amtl. Begr. bei Haertel/Schiefler, S. 192.

1097 Beschlussempfehlung und Bericht des Rechtsausschusses BT-Drucks. 14/8058 S. 19.

1098 BGH GRUR 1991, S. 901 („Comic-Übersetzungen I).

1099 BGH GRUR 2002, S. 153, 154 („Kinderhörspiele").

### *(β) Bestimmen von Vorteilen*

Dort wo Vorteile in ersparten Aufwendungen bestehen, lassen sie sich als geldwerte Vorteile fixieren. In diesem Sinne werden beispielsweise auch Vorteile im Recht der Verwertungsgesellschaften erfasst.[1100] So lassen sich beispielsweise die Vorteile errechnen, die in Fällen des sogenannten Programmaustausches entstehen.[1101] Fehlt es an vergleichbaren Bezugsgrößen kann der wirtschaftliche Vorteil letztlich nur geschätzt werden. Anhaltspunkte können hierfür der Umfang und die Häufigkeit der Nutzung oder die Größe des Adressatenkreises sein.[1102] Gelingt es den Parteien von Kollektivregelungen nicht, die Vorteile zahlenmäßig zu erfassen oder zumindest Kriterien für die Bestimmbarkeit der Vorteile aufzustellen, kann auch keine Regelung für den Fall des Absatzes 1 erfolgen.

### (4) Vorhersehbarkeit

Unter Geltung der Vorgängerregelung (§ 36 UrhG a.F.) war noch umstritten, ob die Vorhersehbarkeit des Missverhältnisses als ungeschriebenes Tatbestandsmerkmal zu berücksichtigen sei.[1103] Diese Frage hat der Gesetzgeber durch § 32a Abs. 1 Satz 2 UrhG nunmehr ausdrücklich dahingehend entschieden, dass es auf die Vorhersehbarkeit der Erträge oder Vorteile nicht ankommt. Die Regelung ist auch anwendbar, wenn die Vertragsparteien die Erträge vorhergesehen haben oder hätten vorhersehen können. Schutz erlangen auf diese Weise auch die Kreativen, die sich sehenden Auges in einen für sie ungünstigen Vertrag eingelassen haben.[1104] Dass heißt aber umgekehrt nicht, dass Ansprüche aus § 32a UrhG nur dann gegeben sind, wenn die Parteien die Vorteile und Erträge vorhergesehen haben oder hätten vorhersehen können. Vielmehr gilt die Regelung auch dann, wenn der wirtschaftliche Erfolg nicht in Betracht gezogen wurde oder nicht zu erwarten war. Durch die Kombination der Ansprüche aus § 32 UrhG und 32a UrhG ergibt sich, dass § 32a UrhG gerade die unvorhergesehenen und unvorhersehbaren Ertragsentwicklungen als Hauptanwendungsfall erfasst.[1105]

---

1100 § 13 Abs. 3 Satz 1 WahrnG. Dazu Dreier/Schulze/Dreier, § 13 WahrnG Rdn. 16.

1101 Siehe oben Teil 3/B/III./1., S. 165.

1102 Jani S. 146 ff; auch G. Schulze in FS Nordemann, S. 251 ff., Dreier/Schulze/Schulze, § 13 WahrnG, Rdn. 16.

1103 BGH GRUR 1991 S. 901, 902 („Comic-Übersetzungen I"); GRUR 2002, 153, 155 („Kinderhörspiele"); Schricker/Schricker, § 36 Rdn. 3; a.A. Schack, Rdn. 968; Brandner, GRUR 1993, S. 173, 176; nun auch Dreier/Schulze/Schulze, § 32a Rdn. 4).

1104 Dass § 36 UrhG a.F. diesen Personenkreis bei Einbeziehung des Merkmals „Vorhersehen" aus dem Schutzbereich der Vorschrift entlässt, war das zentrale Gegenargument gegen die Rechtsprechung und h.M. (so Schack, Rdn. 968; Brandner, GRUR 1993, S. 173, 176).

1105 Zum Verhältnis der Ansprüche siehe oben Teil 3/B/I/4., S. 73 ff.

### bb) Fiktive angemessene Vergütung

#### (1) Gesetzliche Vorgabe

Zur Bestimmung des auffälligen Missverhältnisses ist der vertraglich vereinbarten Gegenleistung eine fiktive angemessene Gegenleistung gegenüberzustellen, die sich an den tatsächlichen Erträgen und Vorteilen aus der Nutzung des Werkes orientiert.[1106] Während sich die vertraglich vereinbarte Vergütung bereits aus dem Vertrag ergibt, ist die fiktive angemessene Gegenleistung erst zu bestimmen. Die Beurteilung ist mit Blick auf den Vertragsschluss aus einer ex-post-Sicht vorzunehmen. Entscheidend ist nicht, was bei Vertragsschluss angemessen gewesen wäre, sondern was zum Zeitpunkt der tatsächlichen Nutzung einem objektiven Angemessenheitsmaßstab standhält. Dies ergibt sich aus Systematik der Vergütungsregelungen.[1107] Während § 32 UrhG der Vertragskontrolle unter Berücksichtigung der Umstände bei Vertragsschluss dient, sollen durch § 32a UrhG die tatsächlichen Entwicklungen Berücksichtigung finden.[1108] Deshalb wird hier von einer Verlaufskontrolle gesprochen.[1109] Auf diese Weise erfasst die Regelung auch die Fälle, bei denen die Vergütung zum Zeitpunkt des Vertragsschlusses angemessen im Sinne des § 32 UrhG gewesen ist, Veränderungen der äußeren Umstände aber zu einem späteren Zeitpunkt die Gegenleistung nicht mehr angemessen erscheinen lassen.[1110]

Würde man jedoch den Angemessenheitsmaßstab von § 32 UrhG zugrunde legen und lediglich auf die Angemessenheit zum Zeitpunkt des Vertragsschlusses abstellen[1111], so würde bei einer ursprünglich angemessenen Vergütung der Anspruch aus § 32a UrhG nie entstehen können. Dies widerspräche den ausdrücklichen Intentionen des Gesetzgebers.

#### (2) Grundsätze

Der Gesetzgeber geht davon aus, dass eine angemessene Vergütung jenseits des Parteiwillens auch objektiv bestimmbar ist. Deshalb hat er die Inhaltskontrolle in §§ 32, 32a UrhG zugelassen. Wenn der Parteiwille nicht mehr der ausschlaggebende Punkt für die Beurteilung einer angemessenen Gegenleistung

---

1106 Wandtke/Bullinger/Wandtke/Grunert, § 32a Rdn. 17; HK/Kotthoff, § 32a Rdn. 16; Fromm/Nordemann/Hertin, § 36 Rdn. 3; Haas, Rdn. 299; Hagen ,S. 128.

1107 HK/Kotthoff, § 32a Rdn. 12 (Zeitpunkt der Entscheidung über das Beteiligungsverlangen.); a.A. Pleister/Ruttig, ZUM 2004, S. 337, 339.

1108 Bericht und Empfehlung des Rechtsausschusses BT-Drucks. 14/8058, S. 19.

1109 Ory, AfP 2002, S. 93, 100.

1110 So im Beispiel BGH GRUR 1990, S. 1005 ff. („Salome“).

1111 So aber Pleister/Ruttig, ZUM 2004, S. 337, 339.

sein soll oder kann, muss deren Angemessenheit an anderen Faktoren festgestellt werden.

### *(α) Keine Definition*

Die angemessene Vergütung ist ein unbestimmter Rechtsbegriff[1112], der im urheberrechtlichen Zusammenhang vom Gesetzgeber häufig verwendet wird. So bei den gesetzlichen Vergütungsansprüchen in §§ 20b, 27, 46 Abs. 4, 47 Abs. 2, 49 Abs. 1 Satz 2, 52 Abs. 1 Satz 2, 54 Abs. 1 Satz, 54a Abs. 1 UrhG. Die angemessene Vergütung wird von der Rechtsprechung ebenfalls im Rahmen der Schadensberechnung bei § 97 UrhG herangezogen und ist in § 101 Abs. 1 UrhG ausdrücklich erwähnt.[1113] Eine angemessene Vergütung im Vertragsverhältnis setzten auch § 32 UrhG und § 22 VerlG voraus.

Eine allgemeine Definition einer angemessenen Vergütung enthält das Gesetz aber nicht. Daran ändert auch die Regelung in § 32 Abs. 2 Satz 2 UrhG nichts. Sie ist keine Legaldefinition, auch wenn die Begründung zum Gesetzentwurf sie so bezeichnet.[1114] In ihr werden nur einige Kriterien aufgestellt, die eine angemessene Vergütung kennzeichnen. Dass diese nicht abschließend sind, zeigt zudem die Gesetzesbegründung selbst, in der weitere Bestimmungsfaktoren genannt werden.[1115]

### *(β) Normativer Anknüpfungspunkt*

Dies ist auch konsequent, denn mit dem Merkmal „angemessen" soll eine normative Aussage getroffen werden, die auf die Besonderheiten im Einzelfall und auf die jeweilige urheberrechtliche Leistung ausgerichtet ist.[1116] Angemessenheit impliziert daher zunächst Einzelfallbezogenheit.[1117]

---

1112 Jani, S. 131.

1113 Bei der Berechnung des Schadens im Wege der Lizenzanalogie, ständige Rechtsprechung BGH GRUR 1990, S. 1008, 1009 („Lizenzanalogie"), Wandtke/Bullinger/v. Wolff, § 97 Rdn. 63 ff.

1114 Beschlussempfehlung und Bericht des Rechtsausschusses des Deutschen Bundestages BT-Drucks. 14/8058 S. 18; so auch Nordemann § 32 Rdn. 11, Jacobs NJW S. 1905, 1907; Dagegen: Ory, AfP 2002, S. 93, 97 („Legalumschreibung statt Legaldefinition"); Schack, GRUR 2002, S. 853, 855; Schricker, GRUR 2002, S. 737, 738 („Versuch einer die Generalklausel konkretisierenden Definition").

1115 Beschlussempfehlung und Bericht des Rechtsausschusses BT- Druck. 14/8058, S. 18.

1116 Schricker/Reinbothe, § 11 UrhGWG; Schicker, VerlG § 22 Rdn. 18; Jani, S. 131.

1117 Jani, S. 132.

Versuche, den Begriff allgemein zu umschreiben, sind nur bedingt hilfreich und führen letztlich dazu, den unbestimmten Rechtsbegriff durch andere unbestimmte Begriffe zu ersetzen.[1118] Dies wird auch in der Systematik der Angemessenheitsbestimmung in § 32 UrhG deutlich. Zu bestimmen ist die Angemessenheit nach der üblichen Branchenpraxis, die durch das Korrektiv der Redlichkeit ergänzt wird. Fehlt es an einer feststellbaren, redlichen Branchenpraxis, soll die angemessene Vergütung nach billigem Ermessen im Einzelfall festgesetzt werden. Der Billigkeit soll es entsprechen, wenn der Urheber an den aus der Nutzung seines Werkes resultierenden Erträgen und Vorteilen angemessen beteiligt wird, wobei alle relevanten Umstände zu berücksichtigen sind.[1119] Die Angemessenheit wird durch Billigkeit ersetzt, die wiederum an Angemessenheit anknüpft. Auch der Hinweis auf die systematische Ähnlichkeit mit Normen anderer Rechtsgebiete (§§ 157, 315 Abs. 1, 3 BGB und § 1 UWG) führt nur zu anderen Generalklauseln. Verbindend ist hier einzig der Gedanke, dass eine Abwägung zwischen Interessen der betroffenen Parteien notwendig ist.[1120]

### (χ) *Beteiligungsprinzip als grundsätzlicher Maßstab*

Das gesetzgeberische Anliegen wurde am deutlichsten in der Begründung zu § 32 RegE formuliert, wo es heißt: „Bei der Bestimmung der Angemessenheit i.S. des § 32 ist davon auszugehen, dass nach Art. 14 GG die vermögenswerten Ergebnisse des geistigen Eigentums grundsätzlich dem Urheber zuzuordnen sind. Es ist danach zu fragen, welcher Anteil an dem Endprodukt jeweils der Leistung des Werknutzers und welcher dem Beitrag des Urhebers zuzurechnen ist.“[1121] Dort, wo das Werk einen Vermögenswert erbringt, soll der Urheber in einer seinem Anteil am Endprodukt entsprechenden Weise beteiligt werden.[1122] Es geht bei der angemessenen Vergütung um die Verteilungsgerechtigkeit.

Klargestellt wird damit jedoch auch, dass die angemessene Vergütung kein beliebiger Betrag ist, der dem Urheber zusteht und der nicht am Markt durchsetzbar wäre.[1123] Daraus lässt sich auch schließen, dass der Urheber keinen Anspruch auf eine Vergütung hat, die sich nicht am Markt widerspiegelt. Deshalb kann es nicht darum gehen, jenseits der Marktfähigkeit des Werkes die Angemessenheit der

---

1118 Zu derartigen Definitionsversuchen siehe Jani, S. 134; Andernach, S. 106, 111; Haupt/Flisak, KUR 2003, S. 41 ff.

1119 Beschlussempfehlung und Bericht des Rechtsausschusses BT-Drucks. 14//8085 S. 18.

1120 Schricker, GRUR Int. 2002, S. 797, 806.

1121 RegE., BT-Drucks. 14/6433 S. 14.

1122 In diesem Sinne bereits Schricker/Schricker, Vor § 28 Rdn. 16 es geht um die Frage der gerechten Verteilung der Erträgnisse zwischen Urheber und Verwerter. So auch Dietz in FG Schricker, S. 6, 45.

1123 Jani, S. 122, 135 m.w.N.

Vergütung danach zu bestimmen, ob sie den Arbeitsaufwand des Urhebers widerspiegelt und ihm ein standesgemäßes Leben ermöglicht. Mehr als Sozialhilfe und mehr als Löhne und Gehälter im unteren Bereich[1124] spiegeln nicht den Bezugspunkt der Angemessenheit wider. Das Urheberrecht ist kein Sozialrecht der Kreativen.[1125] Die Angemessenheit der Vergütung heißt also nicht, dass dem Urheber eine Vergütung zustehen soll, die dem Wert seiner Leistung im Sinne eines Lohnes entspricht (etwa im Maßstab zu einer vergleichbaren intellektuellen Leistung eines Lehrers). Dies würde bedeuten, dass der Urheber einen „Lohn" bekommt, den der Verwerter der Preiskalkulation zugrundelegt und dann versuchen muss, diesen Preis am Markt durchzusetzen. Das wird dem Verwertungssystem nicht gerecht und entspricht nicht dem Gedanken des Beteiligungsgrundsatzes. Würde der Urheber das Werk selbst verwerten, dann könnte er auch nur die Erträge vereinnahmen, die am Markt zu erzielen sind. Diese können auch deutlich unter seinen „Lohn"-vorstellungen liegen.[1126] Das Zwischenschalten eines Verwerters ändert an diesem Prinzip nichts. Das Beteiligungsprinzip will eine gerechte Verteilung der Markterträge.[1127]

### *(δ) Bestimmter Prozentanteil (10%) als Maßstab?*

Sowohl in der Rechtspraxis[1128] als auch in der Literatur[1129] wird die aus dem Verlagsbereich bekannte Vergütung der Autoren von 10% am Bruttoerlös als grundsätzlicher Maßstab für die Angemessenheit einer Vergütung angenommen.

Ein solcher Maßstab ist nicht gerechtfertigt, sei es als fester Satz in einem bestimmten Verwertungsbereich, als Ober- oder Untergrenze oder als Bezugspunkt eines durchschnittlichen Beteiligungssatzes, von dem dann je nach Einzelfall nach oben oder unten abgewichen werden soll. Im Recht der Verwertungsgesellschaften entstammt er einer Resolution der CISAC[1130], die in einer ihrer ersten Entscheidungen diesen Prozentsatz als angemessen ansah, da sie „irgendein Berechnungssystem" wählen musste.[1131] Er wird dem auf individuelle Bestimmung

---

1124 So wörtlich Hucko S. 13; in diesem Sinne wohl auch Wandtke/Bullinger/Wandtke/ Grunert, § 32 Rdn. 29.

1125 Jani, S. 151 f.; Berger, Rdn. 138; Kühl, KUR 2004, S. 76, 79.

1126 In diesem Sinne bringt es auch nichts, die Vergütungssituation mit den Einkünften anderer Berufsgruppen zu vergleichen (Kühl, KUR 2004, S. 76, 79).

1127 Zur Frage der „Vertragsgerechtigkeit" Andernach, S. 151 ff.

1128 LG Berlin FuR 1984, S. 326, 328; Schiedsstelle ZUM 1987, S. 183, 186; ZUM 1988, S. 471; 1989 S. 207, 208.

1129 Dreier/Schulze/Dreier, § 13 UrhWG Rdn. 17; HK/Kotthoff, § 13 WahrnG Rdn. 8; Schricker/Reinbothe, § 13 WahrnG Rdn. 7.

1130 Confe´deration Internationale Sociétés d´Auteurs et Compositeurs (Dachorganisation der Verwertungsgesellschaften)

1131 Dazu Strittmatter, S. 147.

angelegten Angemessenheitsgebot nicht gerecht und lässt die Besonderheiten verschiedener Verwertungsarten unberücksichtigt.[1132] Der Vertrieb eines Werkes, das zunächst noch die körperliche Herstellung erfordert, ist anders zu bewerten, als die Verbreitung des gleichen Werkes im Internet. Ein Maßstab von 10 % am Bruttoerlös gilt zudem bereits im Verlagsbereich nicht uneingeschränkt[1133] und ist auch in diesem Bereich als Angemessenheitsmaßstab umstritten.[1134] Eine Rechtfertigung zur Übertragung dieser Bezugsgröße auf alle anderen Verwertungsarten gibt es nicht.[1135] Gleiches gilt auch für eine Grenze von ungefähr 1% für ausübende Künstlern, wie es teilweise vertreten wird.[1136]

Aus den gleichen Gründen verbietet es sich jedoch, starre Grenzen auf einer anderen Ebene einzuführen. Dazu gehört beispielsweise der Grundsatz, dass Urheber und Verwerter zu je 50 % an den Werkerlösen zu beteiligen seien.[1137]

### *(ε) Angemessenheitsmaßstab anderer urheberrechtlicher Normen*

Wenn ein Gericht die angemessene Vergütung bestimmen soll, benötigt es Kriterien, die es der Bewertung zugrunde legen kann. Anderenfalls wäre die Entscheidung willkürlich. Es sind dann die gleichen Kriterien, die auch die Parteien von Kollektivregelungen berücksichtigen müssen. Nur beim Gleichlauf der Wertungskriterien kann eine abweichende Entscheidung der Gerichte verhindert werden. Kriterien und Wertungen können sich auch aus der Rechtsprechung und Literatur zu anderen Normen ergeben, die eine angemessene Gegenleistung vorsehen. Die Wertungsmaßstäbe, die Rechtsprechung und Literatur in anderen urheberrechtlichen Normen entwickelt haben, können aber nicht uneingeschränkt berücksichtigt werden.

Einem Vergleich mit Wertungen gesetzlicher Vergütungsansprüche[1138] steht entgegen, dass § 32 ff UrhG gerade nicht bei gesetzlichen Ansprüchen anzuwenden ist.[1139]

1132 Wandtke/Bullinger/Gerlach, § 13 WahrnG Rdn.; Fromm/Nordemann/ Nordemann, § 13 WahrnG Rdn. 12; Kreile/Becker, GRUR Int. 1996, S. 677, 681. Strittmatter, S. 103 ff.

1133 OLG München ZUM 2003, S. 684, 687; Haupt/Flisak, KUR 2003, S. 41, 43.

1134 Schricker, GRUR 2002, S. 737, 739; Hertin, Rdn. 336. 10 % Beteiligung am Nettoladenverkaufspreis sieht § 3 der gemeinsamen Vergütungsregel für Autoren belletristischer Werke vor (siehe Anhang).

1135 Schricker GRUR 2002, S. 737, 739; Haupt/Flisak, KUR 2003, S. 41, 43.

1136 Pleister/Ruttig, ZUM 2004, S. 337, 339.

1137 So Schricker, GRUR 2002, S. 737; 741.

1138 So z.B. in §§ 20b, 27, 46 Abs. 4, 47 Abs. 2, 49 Abs. 1 Satz 2, 52 Abs. 1 Satz 2, 54 Abs. 1 Satz, 54a Abs. 1 UrhG.

1139 Haupt/Flisak, KUR 2003, S. 41.

Die Schadensberechnung bei Ansprüchen aus § 97 UrhG kann im Wege der sogenannten Lizenzanalogie erfolgen.[1140] Eine angemessene fiktive Lizenzgebühr soll danach bestimmt werden, was ein objektiv vernünftiger Lizenzgeber gefordert und ein vernünftiger Lizenznehmer gewährt hätte.[1141] Der BGH stellt hier auf verschiedene Kriterien ab.[1142] Bei der Heranziehung dieser Kriterien sind Einschränkungen geboten. § 97 UrhG geht gerade von der unerlaubten Nutzungshandlung aus, während § 32a UrhG die Vergütung einer erlaubten Nutzungshandlung zum Gegenstand hat. Daher sind alle auf die Rechtswidrigkeit der Nutzung abstellenden Gesichtspunkte nicht heranzuziehen.[1143]

Für die Bestimmung der Angemessenheit einer vertraglichen Vergütung bietet auch § 32 UrhG einen Anknüpfungspunkt. In § 32 Abs. 2 Satz 2 UrhG gibt der Gesetzgeber konkrete Anhaltspunkte, welche Kriterien für die Bestimmung der Angemessenheit heranzuziehen sind.[1144] Zudem spricht der systematische Zusammenhang dafür, sich an der Regelung des § 32 UrhG zu orientieren.[1145] Allerdings darf bei der Gesamtbewertung des auffälligen Missverhältnisses nicht auf dieser Stufe stehen geblieben werden, denn sonst würde das weitere Merkmal „unter Berücksichtigung der gesamten Beziehungen“ nicht zum Tragen kommen. Bei der Anwendung der Kriterien von § 32 UrhG ist zu bedenken, dass diese Norm die Angemessenheit zum Zeitpunkt des Vertragsschlusses fixieren will. Die Auslegung der Kriterien kann also nur prognosebezogen erfolgen. Maßgeblich sind dort nicht die tatsächlichen Nutzungen und nicht die tatsächlich erlangten Erträge.

Als Vergütungsmaßstab sind grundsätzlich auch die Aussagen bereits bestehender Kollektivvertragswerke geeignet. Aber auch hier sind Einschränkungen zu beachten. Tarifverträge für Arbeitnehmer werden die Besonderheiten im Arbeitsverhältnis berücksichtigen und daher nur eingeschränkt eine Aussagefähigkeit über die angemessene Vergütung freier Urheber enthalten. Gemeinsame Vergütungsregeln anderer Branchen können Besonderheiten berücksichtigen, die nicht auf andere Verwertungsbereiche übertragbar sind.

---

1140 BGH GRUR 1990, S. 1008, 1009 („Lizenzanalogie“).

1141 BGH GRUR 1990, S. 1008, 1009 („Lizenzanalogie“); BGH GRUR 1962, S. 509, 513 („Dia-Rähmchen“).

1142 Wandte/Bullinger/v. Wolff, § 97 Rdn. 63 ff.

1143 Wandtke/Bullinger/Wandtke/Grunert, § 32 Rdn. 37, HK/Kotthoff, § 32 Rdn. 40; Schricker, GRUR 2002, 737, 738.

1144 Es wurde allerdings bereits darauf verwiesen, dass es sich dabei um keine Definition im Sinne einer abschließenden und umfassenden Bestimmung des Angemessenheitsbegriffs handelt. Siehe oben Teil 3/B/III/1, S. 174.

1145 Wandtke/Bullinger/Wandtke/Grunert, § 32a Rdn. 17; HK/Kotthoff, § 32a Rdn. 12.

Als Hinweis für die Bestimmung können die Tarife der Verwertungsgesellschaften gelten.[1146] Sie können aber ebenfalls nicht uneingeschränkt übernommen werden. Bei der Heranziehung der Maßstäbe aus den Bestimmungen des Wahrnehmungsgesetzes ist zu beachten, dass §§ 32 ff. UrhG auf die individuelle Vergütungskontrolle abstellen, sich aber Gesamtverträge und Tarifverträge der Wahrnehmungsgesellschaften generell an der Gesamtheit der Nutzungsvorgänge ausrichten.[1147] Die Beispiele der Vergütungstarife der Verwertungsgesellschaften zeigen aber, dass bei häufig wiederkehrenden Nutzungshandlungen differenzierte Regelungen möglich sind und branchenspezifische Verhaltensweisen erfasst werden können. Deshalb ist ein Tarif einer Verwertungsgesellschaft unabhängig von der Verkehrsgeltung für das Gericht bei der Bemessung der fiktiven Lizenz niemals bindend, sondern auf seine Angemessenheit zu überprüfen.[1148] In ähnlicher Weise müssen Tarife und Empfehlungen behandelt werden, die in einigen Branchen von Interessenvertretungen veröffentlicht werden.[1149]

Obwohl sich die Normen, die den oben genannten Ansprüchen zugrunde liegen, in Voraussetzung und Zielsetzung unterscheiden, so haben sie doch in der Bestimmung der Angemessenheit auch Gemeinsam-keiten. Erreicht werden soll immer eine Vergütung, die sowohl den Interessen der Verwerter als auch der Urheber gerecht wird.[1150] Die Wege, die Angemessenheit zu ermitteln, ähneln sich auch. Abgestellt wird regelmäßig zunächst auf eine bestehende Vertragspraxis. Auf eine bestehende Verkehrsübung stellt man bei der Ermittlung der Angemessenheit eines gesetzlichen Vergütungsanspruchs[1151], im Rahmen der Schadensberechnung nach der Lizenzanalogie[1152] und bei den Ansprüchen aus § 32 UrhG[1153] und § 22 VerlG[1154] ab. Eine so ermittelte übliche Vergütung soll aber nur dann

1146 BGH GRUR 2002, S. 153, 156 („Musikfragmente“); HK/Kotthoff, § 32 Rdn. 40.
1147 Schricker, GRUR Int. 2002, S. 797, 805.
1148 BGH GRUR 1983, S. 575, 566- („Tarifüberprüfung II“); GRUR 1974, S. 35, 37 („Musikautomat“); BGHZ 97, S. 37, 41- („Filmmusik“)., differenzierend Wandtke/Bullinger/Gerlach, § 11 WahrnG Rdn. 5.
1149 So beispielsweise die Tarife der Mittelstandsgemeinschaft Foto-Marketing (MFM), die die üblichen Honorare für Fotos in Bücher, Zeitungen und Zeitschriften etc. bei den von ihnen vertretenen Bildagenturen und Fotografen ermitteln. Diese Honorare werden gelegentlich von den Gerichten als Maßstab einer angemessenen Vergütung herangezogen (LG München I, ZUM 2000, S. 519; LG Berlin GRUR-RR 2003, S. 97, 98), sind aber nur einseitig ermittelt (dazu Dreier/Schulze/Schulze, § 32 Rdn. 41.
1150 Dreier/Schulze/Schulze, § 32 Rdn. 52; Haas, Rdn. 151; Schricker, GRUR 2002, S. 737, 739.
1151 Schricker/Melichar, § 52 Rdn. 40.
1152 BGH GRUR 1990, S. 1008, 1009 („Lizenzanalogie“); BGH GRUR 1974, S. 509, 513 („Dia-Rähmchen“).
1153 § 32 Abs.2 Satz 2 UrhG.
1154 Schricker, VerlG, § 22 Rdn. 18.

angemessen sein, wenn die Vergütungspraxis redlich ist.[1155] Bei fehlender üblicher und redlicher Branchenpraxis ist die Feststellung im Einzelfall zu treffen. Zu berücksichtigen ist dabei grundsätzlich die jeweilige Branchenspezifik.[1156] Die Angemessenheit kann nur das Ergebnis einer Abwägung der Interessen von Urhebern und Verwertern sein.[1157] Maßstab ist das Beteiligungsprinzip, so dass die preisbildenden Faktoren bestimmend sind.[1158]

### (3) Einzelkriterien

Im folgenden Abschnitt soll nun untersucht werden, welche Faktoren bei der Beurteilung einer fiktiven angemessenen Vergütung zu berücksichtigen sind. Da es die Faktoren sind, die letztlich für die Bestimmung des auffälligen Missverhältnisses im Sinne des § 32a Abs. 1 UrhG ausschlaggebend sind, müssen sich die Parteien von Kollektivverträgen darüber im Klaren sein. Werden die Faktoren bei der Aufstellung der Kollektivregelung nicht berücksichtigt, bietet die Regelung keine Gewähr vor Ansprüchen des Kreativen, da der Fall des Absatzes 1 möglicherweise gerade nicht erfasst ist.

Im Folgenden werden die Kriterien auf ihre Eignung zur Bestimmung der Angemessenheit der Gegenleistung im Sinne des § 32a UrhG überprüft, die sich aus den Wertungen anderer Normen des Urheberrechts ergeben und den Faktoren, die bereits zu § 36 UrhG a.F. diskutiert wurden.[1159] Bei der Beurteilung der angemessenen Vergütung nach § 32a UrhG sollen die gesamten Beziehungen der Vertragsparteien berücksichtigt werden. Welche Faktoren dort einzubeziehen sind, ist gesondert aufzuzeigen (4.).

#### *(α) Bezugspunkt Werkerstellung*

(αα) Schöpfungshöhe

Inwieweit die Schöpfungshöhe[1160] auf die Vergütung des Urhebers/ausübenden Künstlers Einfluss haben soll, ist umstritten. Nach einer Ansicht soll es nicht

---

[1155] BGH GRUR 2002, S. 602, 604 („Musikfragmente"); OLG München ZUM 2003, S. 684, 686; ZUM 2003, S. 970, 973 sowie im Gesetz § 32 Abs. 2 Satz 2 UrhG.

[1156] Loewenheim/v. Becker, § 29 Rdn. 40.

[1157] Berger, Rdn. 126 (für das Merkmal der Redlichkeit); Schricker, Quellen S. 24.

[1158] Ory, AfP 2002, S. 96, 97.

[1159] Dazu ausführlich Hagen, S. 130 ff.

[1160] Teilweise ist auch von der schöpferischen Gestaltungskraft die Rede (Wandtke/ Bullinger/Wandtke/Grunert, § 32 Rdn. 14).

darauf ankommen, ob es sich um ein Werk der „kleinen Münze“[1161] oder ein Werk mit einem hohen Ausdruck an schöpferischer Kraft handelt.[1162] Der Werkerfolg sei nicht von der Schutzhöhe abhängig.[1163]

Nach anderer Ansicht ist für die Bemessung der Vergütung die Schöpfungshöhe durchaus zu berücksichtigen.[1164] Es sei ein Unterschied, ob ein Fachartikel geschrieben werde oder eine Ankündigung über eine Jahreshauptversammlung.[1165] Das OLG München hält es für entscheidend, ob es sich bei einer Übersetzung um ein triviales oder ein schwieriges Werk handelt und in welcher Sprache die Übersetzung zu erfolgen habe. Auch in der Praxis wird so differenziert.[1166]

Hier ist zu unterscheiden: Der Erfolg eines Werkes ist nicht davon abhängig, ob es sich um ein Werk der Hochkultur oder der kleinen Münze handelt. Auf einen Kausalzusammenhang zwischen dem Werkerfolg und der Schöpfungshöhe kommt es nicht an.[1167] Beurteilungsgrundlage sind die Nutzungserträge. Es macht für die Verwertung keinen Unterschied, ob das Werk zur Hochkultur gehört oder ob es sich um einen urheberrechtlichen geschützten Gebrauchsgegenstand handelt.[1168]

Werden in einzelnen Branchen trotzdem Unterscheidungen innerhalb der gleichen Werkkategorien vorgenommen, so verbindet sich damit vor allem die Vorstellung vom unterschiedlichen Zeitaufwand, der für die Werkerstellung

---

1161 Werke die gerade noch urheberrechtlichen Schutz genießen, deren schöpferischer Ausdruck klein ist.

1162 Wandtke/Bullinger/Wandtke/Grunert, § 32a Rdn. 14; HK/Kotthoff, § 32a Rdn. 14 (auf Güte kommt nicht an); Schricker, Quellen, S. 38.

1163 Wandtke/Bullinger/Wandtke/Grunert, § 32a Rdn. 14.

1164 OLG München ZUM 2003, S. 970, 973; LG Oldenburg ZUM 1995; S. 39, 40 (Möbelmuster); Dreier/Schulze/Schulze, § 32a Rdn. 36; § 32 Rdn. 70; Berger, Rdn. 130; Ory, AfP 2002, S. 93, 98:

1165 Ory, AfP 2002, S. 93, 98.

1166 Zum Beispiel Tarifvertrag für arbeitnehmerähnliche freie Journalisten und Journalistinnen an Tageszeitungen § 6 (bei Hillig Nr. 10), unterscheiden zwischen a) Nachrichten und Berichten; b) Reportagen, Gerichtsberichten, Spitzen, Glossen, unterhaltenden Aufsätzen, Kurzgeschichten und c) Kommentaren, Leitartikeln, Interviews, fachlichen und wissenschaftlichen Aufsätzen, Kunstkritiken, Essays. In ähnlicher Weise wird im Verhandlungsangebot für eine gemeinsame Vergütungsregelungen in diesem Bereich unterschieden. Das Verhandlungsangebot veröffentlicht bei www.ver.di.de.

1167 So Wandtke/Bullinger/Wandtke/Grunert, § 32a Rdn. 14; Schricker, Quellen, S. 38; zum alten Recht Schricker/Schricker, § 36 Rdn. 12.

1168 So im Ergebnis auch der BGH bei der Bestimmung einer fiktiven Lizenz BGH GRUR 1990, S. 1008, 1009 („Lizenzanalogie“): übliche Vergütung von künstlerischen und wirtschaftlichen Bedeutung des Werkes und seiner Nutzung sowie dem Umfang der Nutzugsmöglichkeit abhängig.

notwendig ist. Darin kommen Kosten der Werkerstellung zum Ausdruck, die nichts mit der Einräumung von Nutzungsrechten zu tun haben.[1169]

Zu unterscheiden davon ist die Frage, in welchem Maße der einzelne Werkbeitrag in einem komplexen Werk Auswirkungen auf den Werkerfolg hat. Dies ist aber keine Frage der Schöpfungshöhe.

(ββ) Berücksichtigung der Beiträge anderer

Auf eine Kausalität zwischen der Schöpfungshöhe und dem Werkerfolg kommt es nicht an. Davon zu unterscheiden ist die Frage, inwieweit andere Faktoren, die für den Erfolg des Werkes (mit-)verantwortlich sind, Berücksichtigung bei der Beurteilung der Angemessenheit finden müssen.

Die Frage kann sich unter verschiedenen Gesichtspunkten stellen. Das Werk könnte die Bearbeitung eines fremden Stoffes bestehen, so dass der Erfolg des Werkes (auch) auf der Bekanntheit des fremden Werkes beruht.[1170] Das Werk könnte auch Bestandteil eines gesamten Werkes sein, dass von vielen Kreativen geschaffen wurde. Das Werk könnte der einzige Bestandteil eines Produkts sein, der die Schöpfungshöhe erreicht, muss deshalb jedoch nicht (allein) für den Verkaufserfolg ausschlaggebend sein. Diskutiert wurden solche Fragen zum Beispiel für die untergelegte Musik eines Hörspiels, für das Verhältnis Autor/ Übersetzer[1171], für die Verpackung einer Alkoholflasche[1172] oder für das Design eines Möbelbezugsstoffes.[1173] Aber auch im Verhältnis Urheber zum ausübenden Künstler können derartige Fragestellungen auftreten. So wird insbesondere moderne Musik über den Interpreten wahrgenommen, während der Komponist/Autor häufig nicht einmal in der Öffentlichkeit bekannt ist.[1174]

Die Angemessenheit der Vergütung muss auf diese Beziehungen Rücksicht nehmen. Dass heißt auch, dass nach dem Beitrag der schöpferischen Leistung des Einzelnen differenziert werden kann. Dies kann dazu führen, dass gänzlich untergeordnete Leistungen durch Pauschalvergütungen angemessen vergütet wurden und praktisch kaum zur Nachforderung nach § 32a UrhG Anlass geben. Davon

---

1169 Jani, S. 150.

1170 Beispiel im Fall BGH GRUR 2002, S. 153 ff. („Kinderhörspiele"); handelte es sich um eine Adaption bekannter Stoffe („Bambi"; „Dschungelbuch"; „Jurastic Park")

1171 BGH GRUR 2002, S. 602, 603 („Musikfragmente").

1172 BGH GRUR 1986, S. 885 („Metaxa").

1173 LG Oldenburg CR 1995, S. 39, 40.

1174 Pleister/Ruttig, ZUM 2004, S. 337, 341.

ging bereits die Rechtsprechung aus.[1175] Auch der Gesetzgeber verweist auf diesen Zusammenhang. Er hat aber ausdrücklich davon abgesehen, einzelne Gruppen der Kreativen aus dem Anwendungsbereich des Nachforderungsrechts auszuschließen. Dies vor allem vor dem Hintergrund der (negativen) Erfahrungen im französischen Recht.[1176] Auf den geringen Anteil der kreativen Leistung am wirtschaftlichen Erfolg kann der Verwerter also grundsätzlich verweisen. Wie der Anteil am wirtschaftlichen Erfolg jedoch zu ermitteln ist und wann kein oder nur ein kleiner Anspruch auf eine weitere Vergütung entstehen kann, ist damit nicht entschieden. In der Literatur wird auf das prägende Maß am gesamten Werk verwiesen.[1177] Damit wird aber letztlich nur zum Ausdruck gebracht, dass die Feststellung jeweils im Einzelfall getroffen werden muss. Hinweise auf die Verteilung zwischen den einzelnen Beteiligten können hier die Verteilungsquoten der Verwertungsgesellschaften sein, soweit es sich um Verteilungsprobleme innerhalb gleicher Werk- oder Verwertungsgattungen handelt.[1178] Ein solches System könnte auch für Kollektiv-regelungen zu §§ 32, 32a UrhG sinnvoll werden.

In Frage steht aber nicht nur die Berücksichtigung des Anteils Dritter am Werkerfolg, sondern auch der Anteil des Verwerters.

So hielt der BGH es zumindest für nicht ausgeschlossen, dass zu berücksichtigen sei, dass der Verkaufserfolg auf einer Idee bzw. einem Gesamtkonzept des Verwerters beruhe, er bestimmte Vorgaben zur Werkerstellung geleistet habe und dass für die Verwertung noch umfangreiche Korrekturen der Texte vorzunehmen waren.[1179] Berücksichtigungsfähig bei der Angemessenheit der Vergütung kann die Einflussnahme auf die Werkerstellung nur dann sein, wenn der Beitrag des Verwerters selbst urheberrechtliche Qualität erlangt, der Verwerter also selbst (Mit-) Urheber wird. Dafür genügt aber nicht das Vorhandensein einer Idee, die selbst keinen urheberrechtlichen Schutz genießt, oder andere Beträge bei der Werkerstellung, die keine schöpferische Leistung im Sinne des § 2 UrhG darstellen. Entspricht das bestellte Werk nicht den Anforderungen, so richten sich die Rechtsfolgen nach §§ 631 ff. BGB. Hat der Verwerter das Werk abgenommen, so kann er sich nicht nachträglich darauf berufen, es sei nicht ordnungsgemäß erstellt worden. Musste das unbestellte Werk noch angepasst werden, so treffen die Korrekturverpflichtungen entweder nach der vertraglichen Vereinbarung den

---

1175 BGH GRUR 2002, S. 602, 603 („Musikfragmente“); GRUR 2002 S. 153, 156 („Kinderhörspiele“).

1176 Beschlussempfehlung und Beschluss, BT-Drucks. 14/8058, S. 19.

1177 HK/Kotthoff, § 32 Rdn. 14; BGH GRUR 2002, S. 602 f. ("Musikfragmente").

1178 BGH GRUR 2002, S. 602, 603 („Musikfragmente“)

1179 BGH GRUR 1991, S. 901, 903 („Horoskop-Kalender“)- allerdings im Ergebnis offen gelassen, weil der Beklagte Verwerter nicht ausreichend vorgetragen habe. Ohne Kommentar des BGH der Einwand des Verwerters bei BGH ZUM 1998, S. 497, 499 („Comic-Übersetzung I“); Berger, Rdn. 284.

Urheber selbst oder es handelt sich um Vorbereitungsarbeiten zur Verwertung, die ohnehin im wirtschaftlichen Risikobereich des Verwerters liegen. Sind die Arbeiten außergewöhnlich umfangreich und bewirken höhere Kosten, so übernimmt der Verwerter ein überobligatorisches Risiko, dass bei der Bewertung einfließen muss.

(χχ) Aufwendungen des Urhebers

Aufwendungen des Urhebers können neben der Zeit, die er für die Werkerstellung benötigt hat, auch Material- und Recherchekosten sein. Diese Kosten stehen aber nicht im Zusammenhang mit der Nutzungsrechtseinräumung und Werkverwertung.[1180]

Erstellt der Urheber ein Werk, so hat er neben diesem Vertragsverhältnis einen Anspruch auf Werkvergütung (§ 631 ff. BGB). Bietet er das Werk ohne Auftrag an, so sind die damit verbunden Kosten separat geltend zu machen. Werden die Kosten ohne Differenzierung im Vertrag verbunden, dann vermindert dies entsprechend den Anteil der tatsächlichen urheberrechtlichen Vergütung.[1181] Außergewöhnliche Kosten, die im Vertrag keine Berücksichtigung fanden, um die Werknutzung überhaupt zu ermöglichen können im Rahmen der Berücksichtigung der gesamten Beziehungen Eingang finden.[1182]

### *(β) Bezugspunkt Verwertung*

(αα) Art der Nutzung

Die Art der Nutzung findet als Angemessenheitskriterium in § 32 Abs. 2 UrhG ausdrücklich Erwähnung. Damit soll sichergestellt werden, dass der Urheber tatsächlich für jede Nutzungsart, für die er Nutzungsrechte eingeräumt hat, eine Vergütung erhält.[1183] Für § 32a Abs. 1 UrhG wurde bereits festgestellt, dass die Erträge einer bestimmten Nutzung zuzurechnen sind.[1184] Hat der Kreative Nutzungsrechte an anderen Nutzungsarten eingeräumt, so spielen diese für die Beurteilung der fiktiven angemessenen Vergütung keine Rolle. Jedoch können die dort erzielten Erträge im Rahmen des Merkmals „unter Berücksichtigung der gesamten Beziehungen“ Bedeutung erlangen.

---

1180 Jani, S. 150; a.A. wohl Nordemann, § 32 Rdn. 22.
1181 BGH GRUR 1966, S. 375 („Messmer-Tee“).
1182 So auch Nordemann, § 32a Rdn. 9.
1183 Dreier/Schulze/Schulze, § 32 Rdn. 64; Loewenheim/v. Becker, § 29 Rdn. 35; Nordemann, § 32 Rdn. 13.
1184 Siehe oben Teil 3 B/III/1., S. 168.

Die Art der Nutzung kann auch in einem weiteren Sinne verstanden werden. Zu differenzieren wäre beispielsweise dahingehend, ob das Werk im Vordergrund oder im Hintergrund dem Nutzer präsentiert wird.[1185] Hier handelt es sich dann um eine Bewertung, welcher Anteil dem Werk unter Berücksichtigung der Beträge anderer am gesamten Produkt bzw. unter einer Vielzahl von Werken zukommt.[1186]

(ββ) Umfang, Dauer und Zeitpunkt der Nutzung

Der Umfang der Nutzungsmöglichkeit soll in § 32 UrhG sicherstellen, dass der Kreative in zeitlicher und räumlicher Hinsicht möglichst an allen Nutzungshandlungen beteiligt wird.[1187] Eine umfangreiche Nutzung äußert sich regelmäßig in entsprechend erhöhten Erträgen. Dies erlangt besonders bei Pauschalhonoraren eine Bedeutung, denen eine besonders intensive Einzelnutzung gegenübersteht.[1188] Hier besteht die stärkste Gefahr, dass Leistung und Gegenleistung in ein Missverhältnis geraden.

Auch die Dauer der Nutzung hat in erster Linie Bedeutung für die Angemessenheitsprüfung in § 32 UrhG, da damit sichergestellt werden soll, dass der Urheber über die gesamte Laufzeit des Nutzungsvertrages angemessen vergütet wird.[1189] Stellt sich die Nutzung im Laufe der Vertragslaufzeit als erfolgreicher heraus, als sich das in der Vergütung widerspiegelt, so kommt § 32a UrhG als Korrektiv zum Zuge.

Ebenfalls der Sicherung einer angemessenen Vergütung nach § 32 UrhG dient das Merkmal „Zeitpunkt der Nutzung“. Die Werkverwertung könnte zu einem bestimmten Zeitpunkt besonders erfolgreich verlaufen, was bei der Vertragsgestaltung zu berücksichtigen ist.[1190] Bei der Feststellung des Missverhältnisses im Sinne des § 32a Abs. 1 UrhG steht dieses Ergebnis aber bereits fest und äußert sich in den Erträgen.

(χχ) Zweck

Der Zweck der Nutzungsrechtseinräumung kann auf die Vergütung dann von Bedeutung sein, wenn die Parteien davon ausgehen, dass die Verwertung keinen

---

1185 Dreier/Schulze/Schulze, § 32 Rdn. 64; ders. § 13 WahrnG Rdn. 19.
1186 Siehe dazu oben Teil 3/B/III/1., S. 183.
1187 Dreier/Schulze/Schulze, § 32 Rdn. 65; Nordemann, § 32 Rdn. 14.
1188 Nordemann, § 32 Rdn. 14 mit dem Beispiel der sogenannten Sitzgelder der Orchestermusiker für Aufnahmen von Werken auf Tonträger.
1189 Nordemann, § 32 Rdn. 14.
1190 Loewenheim/v. Becker, § 29 Rdn. 37; Nordemann, § 32 Rdn. 16.

oder nur einen geringen Verwertungserfolg haben wird. Als Beispiel können die Veröffentlichungen von Dissertationen gelten. Das Vervielfältigungs- und Verbreitungsinteresse des Autors steht hier oft nicht im Verhältnis zum Verwertungsrisiko.[1191] Es ist aber nicht auszuschließen, dass die Verwertung doch erfolgreicher verläuft als ursprünglich angenommen. Aus ex-post-Sicht ist dann das vereinbarte Honorar oder gar die Übernahme der Verwertungskosten (Druckkostenzuschuss) unangemessen. Der Urheber ist dann zu beteiligen.

Gleiches gilt, wenn die Nutzungsrechtseinräumung zu gemeinnützigen oder karitativen Zwecken erfolgt.[1192] Auch hier kann eine spätere Beteiligung des Kreativen an den Erträgen gerechtfertigt sein, falls die Nutzungsrechtseinräumung nicht ausdrücklich in Schenkungsabsicht erfolgte.[1193]

Auf die Angemessenheit der Vergütung können auch Ziel- und Zwecksetzungen der Parteien Einfluss haben, die über die konkrete Werknutzung hinausgehen. So kann ein Interesse des Kreativen bestehen, mit der geplanten Verwertung seinen Marktwert zu steigern und somit in späteren Verhandlungen günstigere Verträge abschließen zu können.[1194] Zu denken ist hier an Newcomer, die mit einem niedrigeren Honorar überhaupt erst einmal den Marktzutritt und Bekanntheit erlangen wollen.[1195] Bereits im Rahmen der Billigkeitserwägungen von § 32 Abs. 2 Satz 2 UrhG kann dies Berücksichtigung finden.[1196] Wird dies nicht berücksichtigt (weil beispielsweise die Vergütung tarifvertraglich oder nach einer gemeinsamen Vergütungsregel bestimmt ist, die eine solche Differenzierung nicht vorsieht) übernimmt der Verwerter ein höheres Risiko, was auch bei der Beurteilung ex post zu berücksichtigen ist. Der Nachforderungsanspruch ist zwar nicht ausgeschlossen, die Risiko-Übernahme aber bei der Bewertung zu Gunsten des Verwerters zu berücksichtigen.

(δδ) Einnahmen und Art der Vergütung

Bei der Beurteilung der Anspruchs aus § 32a UrhG kommt es auf die tatsächlich erzielten Einnahmen an. Gemessen an den Bruttoerträgen soll der Kreative

---

1191 So auch § 1 der gemeinsamen Vergütungsregeln für Autoren belletristischer Werke. Die Regeln sollen dann nicht anwendbar sein, wenn der Text auf Wunsch des Urhebers gedruckt wird, ohne dass ein verlegerisches Interesse im Vordergrund steht (siehe Anhang).

1192 Beispiel bei Hagen, S. 131.

1193 Siehe oben Teil 3/B/II/3., S. 144.

1194 Hagen, S. 130.

1195 Berger, Rdn. 129.

1196 Berger, Rdn. 129. So auch § 3 Abs. 2 gemeinsame Vergütungsregeln für Autoren belletristischer Werke. Bei einem Erstlingswerk ist zumindest eine Vergütung unterhalb der regelmäßigen Vergütung von 10 % gerechtfertigt (siehe Anhang).

angemessen beteiligt werden. Die Art der Vergütung ist unerheblich, solange kein Missverhältnis entsteht. Selbst eine Pauschalvergütung kann bis zu einer bestimmten Ertragsgrenze angemessen sein. Diese Grenze ist ermittelbar, wenn man gedanklich eine Beteiligung an den Erträgen zugrundelegt und daraus das tatsächlich angemessene Honorar errechnet.[1197] Übersteigen die tatsächlichen Erträge den kalkulierten Satz, ist die ursprünglich angemessene Pauschalvergütung verbraucht. Aber auch bei Beteiligungshonoraren besteht die Möglichkeit, dass eine ursprünglich angemessene Beteiligung im Laufe der Vertragszeit gemessen an den tatsächlichen Erträgnissen unverhältnismäßig werden kann.

Die Ursachen dafür können Vielfältig sein:

- Die Gefahr, dass ein auffälliges Missverhältnis entsteht ist dort am größten, wo die Vergütungsstruktur nicht an die Erträge oder an einzelne Nutzungshandlungen anknüpft (Pauschalhonorare). Auch eine zum Vertragszeitpunkt angemessene Vergütung kann sich während der Vertragslaufzeit zu einer unangemessene Vergütung entwickeln.

- Unabhängig von der Art der Vergütung können sich Faktoren ändern, die dazu führen, dass ein auffälliges Missverhältnis entsteht. Ein fester Vergütungsbetrag, der an einzelne Werknutzungshandlungen anknüpft[1198], kann im Laufe der Vertragslaufzeit inflationsbedingt so entwertet werden, dass er mittlerweile unangemessen ist.[1199]

- Der Beurteilungsrahmen für die Angemessenheit einer Gegenleistung, von dem die Parteien bei Vertragsschluss ausgegangen sind, kann sich während der Vertragslaufzeit ändern. So könnte sich in der Branche eine übliche und redliche Beteiligung von 15 % an den Bruttoerträgen durchgesetzt haben, zum Zeitpunkt des Vertragsabschlusses waren 10 % aber noch angemessen.[1200] Der Anknüpfungspunkt, an den die Parteien ihre Vergütung gekoppelt haben, könnte sich verändert. Statt einer Beteiligung an einer bestimmten Stückzahl könnte eine Beteiligung an einem bestimmten Umsatz

---

1197 So bei BGH ZUM 1998, S. 497 ff. („Comic-Übersetzungen"); BGH GRUR GRUR 1991, S. 901 ff. („Horoskop-Kalender"); BGH GRUR 2002, S. 153, 155 („Kinderhörspiele"); OLG München ZUM 2001, S. 994, 999 („Diamant des Salomon"); ZUM 2003, S. 684, 687 (Darstellung der Berechnung bei Wandtke/Bullinger/Wandtke/Grunert, § 32a Rdn. 21).

1198 So häufig im journalistischen Bereich (Zeilenhonorare).

1199 Fromm/Nordemann, § 16 UrhWG Rdn. 7. Zur Angemessenheit von Verträgen ohne Anpassungsklauseln Nordemann, § 32 Rdn. 32.

1200 Siehe hierzu auch die Diskussion bei Schricker, GRUR 2002, S. 737 ff.

gekoppelt werden. Es könnte sich auch die Einnahmenstruktur der Verwerter geändert haben, der ursprüngliche Anknüpfungspunkt für die Vergütung hat für die Erträge nur noch marginale Bedeutung.[1201]

- Die Parteien können der Vergütung zum Zeitpunkt des Vertragsschlusses eine bestimmte Verwertungserwartung zu Grunde gelegt haben, die sich im Zeitverlauf nicht bestätigt. Einzelne Nutzungsrechte, die der Vertragspartner sich hat einräumen lassen, erbringen plötzlich höhere Erträgnisse als vorhergesehen. Die Ursachen hierfür können ebenfalls sehr vielfältig sein. So kann die Verwertung umfangreicher verlaufen als geplant[1202], weil die Nachfrage gestiegen ist (der Kreative ist bekannter geworden, das Werk liegt plötzlich im Zeitgeschmack, die Musik eines Werbespots entwickelt sich zum Hit), die Absatzmöglichkeiten sich verbessert haben oder das Werk aus anderen Gründen umfangreicher oder intensiver genutzt wird. Veränderte Marktverhältnisse könnten dem Verwerter eine ertragreichere Verwertung erlauben.

Es handelt sich hier nicht um eine abschließende Aufzählung der möglichen Faktoren. Es soll aber angedeutet werden, wie vielfältig die Ursachen für das Auftreten eines auffälligen Missverhältnisses sein können. Insbesondere die Faktoren, die eine Änderung der Umstände während der Vertragslaufzeit bewirken können, sind häufig im voraus nicht abzusehen und können somit bei der Vergütungsregelung nicht zu berücksichtigt werden.

### (εε) Marktverhältnisse, Struktur und Größe der Verwerter

Auf den Märkten spiegelt sich die Akzeptanz des Werkes wider. Bei der Bestimmung der angemessenen Vergütung nach § 32 UrhG spielen die Marktverhältnisse insofern eine Rolle, als sie bei Kalkulation der Verwerter wesentliches Kriterium sind.[1203] Dabei muss auch Berücksichtigung finden, dass sich die Marktverhältnisse auf verschiedenen Märkten unterscheiden können.[1204] Für die fiktive angemessene Vergütung am Maßstab des § 32a Abs.1 UrhG kommt es aber nur auf die tatsächlich erzielten Erträge an. Daran ist der Kreative angemessen zu beteiligen. Unter welchen Marktbedingungen dieser Ertrag erzielt wurde spielt keine Rolle.

---

[1201] Siehe das Beispiel BGH GRUR 1990, S. 1005 ff. („Salome“).
[1202] Die Dissertation wird über das übliche Maß hinaus nachgefragt.
[1203] Dreier/Schulze/Schulze, § 32 Rdn. /67; Nordemann, § 32 Rdn. 19.
[1204] Wandtke/Bullinger/Wandtke/Grunert, § 32 Rdn. 32.

Aus § 36 Abs. 1 Satz 2 UrhG ließe sich schließen, dass auch die Größe und die Struktur der Verwerter eine Rolle spielen können.[1205] Größe und Struktur des Verwerters können Einfluss auf seine Marktstellung haben und somit auf die durchsetzbaren Preise. Das ändert aber nichts am Maßstab der Beteiligung an den tatsächlich erzielten Erträgen. Dieser Anteil ist bei einem kleinen Verwerter nicht anders zu bewerten als bei einem großen Verwerter.[1206]

(ϕϕ) Anzahl der Werkstücke, Wiederholung der Nutzung

Die Anzahl der (veräußerten) Werkstücke oder die Wiederholungshäufigkeit der Verwertungshandlung kann als Vergütungsmaßstab dort gelten, wo keine Erträge den einzelnen Nutzungshandlungen zuzuordnen sind (z.B. im Rundfunkbereich). Die Anzahl der Werkstücke wird in der Verwertungspraxis aber auch dort zum Bezugspunkt der Vergütung genommen, wo die einzelne Werkverwertung über Bruttoerträge zu erfassen wäre.[1207] Hier ist das Verhältnis des Honorars auf die Erträgnisse umzurechnen.[1208]

Diskutiert wird zudem die Frage, ob mit steigender Stückzahl der Urheberanteil an den Erlösen steigen müsste, um noch als angemessen zu gelten. Bei der Massenproduktion sinke in der Regel der Kostenanteil bei Herstellung und Vertrieb.[1209] Die Herstellungskosten gehen in den Interessenausgleich zwischen Kreativen und Verwerter ein.[1210] Anderenfalls könnte der Verwerter seine Aufgabe gar nicht wahrnehmen. Eine generelle Regel, mit steigender Stückzahl muss der Vergütungsanteil steigen, kann daraus jedoch nicht geschlussfolgert werden. Voraussetzung wäre Stabilität aller Kostenfaktoren über die gesamte Verwertungszeit hinweg.[1211] Dies wird im Einzelfall zu bestimmen sein. Zudem können sinkende Herstellungskosten auch zu Preissenkungen führen. Ein steigender Urheberanteil wäre nach dem Beteiligungsprinzip nicht zu rechtfertigen.

---

1205 So Loewenheim/v. Becker, § 29 Rdn. 77.

1206 So im Ergebnis auch Dreier/Schulze/Schulze, § 36 Rdn. 12; Wandtke/ Bullinger/ Wandtke/Grunert, § 36 Rdn. 7; Nordemann, § 36 Rdn. 8; Haas, Rdn. 219.

1207 So beispielsweise der Normvertrag für Übersetzer (bei Hillig Nr. 7a).

1208 So verfährt die Rechtsprechung beispielsweise bei der Beurteilung der Angemessenheit der Vergütung für Übersetzungsleistungen, siehe BGH ZUM 1998, S. 497.

1209 Dreier/Schulze/Schulze, § 32 Rdn. 72; in diesem Sinne auch BGH GRUR 1991, S. 901, 902 („Horoskop-Kalender").

1210 Siehe sogleich unten Teil 3/B/III/1, S. 192.

1211 Dazu auch OLG München ZUM 2003, S. 687: Keine Regel, dass mit zunehmender Stückzahl die Gewinnmargen steigen. Die Weiterverwertung kann auch zu zusätzlichen Kosten führen, beispielsweise beim Layout.

### (γγ) Investitionen des Verwerters

Die Investitionen des Verwerters sind Bestandteil der Preiskalkulation und wirken sich somit auf den Bruttoertrag aus. Dieser Teil des Ertrages kann nicht vom Kreativen beansprucht werden, sonst könnte die Verwertung nicht gewinnbringend durchgeführt werden. Durchschnittliche Investitionen für die Werkverwertung führen also nicht zu einem höheren oder niedrigeren Honorar des Kreativen, wenn dieser von Anfang an den Erträgen beteiligt wird.

Unmittelbare Auswirkungen auf die Höhe der urheberrechtlichen Vergütung können die Investitionen dann haben, wenn sie überdurchschnittliche hoch sind und sie sich nicht auf den Preis umlegen lassen. Hier wird die Vergütung des Urhebers entsprechend geringer ausfallen müssen.[1212] Denkbar ist auch, dass die Vergütung des Urheber zunächst geringer ausfällt, und nach der Amortisation der Investitionen eine höhere Beteiligung angemessen ist.[1213] Dies hängt von den jeweiligen Kalkulationen ab. Wollen die Parteien dies berücksichtigen, müssen sie sich aber auch über die Kalkulationsgrundlage einig sein.

### (ηη) Risikotragung

Ob die Beteiligung an den Erträgen aus der Nutzung des Werkes angemessen ist, hängt auch von der Risikoverteilung der Werkverwertung ab. Das Risiko besteht darin, dass das Werk am Markt nicht angenommen wird. Die Kosten der Werkerstellung und der Verwertungsbemühungen können dann nicht gedeckt werden. Typischerweise trägt dabei der Urheber das Kostenrisiko der Werkerstellung und der Verwerter das Verwertungskostenrisiko.[1214] Vereinbaren die Parteien ein Beteiligungshonorar, so bleibt die Risikoverteilung unberührt. Vereinbaren die Parteien jedoch ein Pauschalhonorar, so übernimmt der Verwerter zunächst das gesamte Verwertungsrisiko.[1215] Für die Angemessenheit der Vergütung ist aus einer ex-post-Betrachtung die Risikoverteilung mit zu berücksichtigen, wenn sie von der üblichen Verteilung abweicht.[1216]

Die Werkverwertung gehört zu den Aufgaben des Verwerters. Nur ungewöhnliche Verwertungsleistungen können auf die Angemessenheit der

---

1212 Wandtke/Bullinger/Wandtke/Grunert, § 32 Rdn. 34; Dreier/Schulze/Schulze, § 32 Rdn. 69 („Luxusausgaben");

1213 Nordemann, § 32 Rdn. 20 am Beispiel der E-Musikverlagsverträge.

1214 Dreier/Schulze/Schulze, § 32 Rdn. 70. Zu den Ausnahmen siehe bereits oben.

1215 Dreier/Schulze/Schulze, § 32 Rdn. 54 ff.; Wandtke/Bullinger/Wandtke/Grunert, § 32 Rdn. 34; Schricker, Quellen, S. 26, Ory AfP 2002, S. 92, 98.

1216 So auch BGH GRUR 1991, S. 901, 903 („Horoskop-Kalender") mit dem Hinweis auf die Beweislast.

Vergütung und somit auf das Missverhältnis einen Einfluss haben.[1217] Die Bekanntheit oder der gute Ruf des Verwerters beeinflussen die Angemessenheit der urheberrechtlichen Vergütung jedoch nicht.[1218] Sie äußern sich für den Verwerter in höheren Umsätzen, weil entweder höhere Preise erzielt oder mehr Produkte abgesetzt werden können. An diesen Erlösen ist der Urheber ungeschmälert zu beteiligen. Damit verbundene Kosten (zum Beispiel zum Erhalt der Marke) können nicht zu lasten des Urhebers abgesetzt werden. Sie werden bei vernünftiger kaufmännischer Kalkulation ohnehin in der Preiskalkulation beim Posten Gestehungskosten Eingang finden.

Hat der Verwerter das Verwertungsrisiko einseitig übernommen, so muss sich dies bei der Beurteilung der Angemessenheit widerspiegeln. Das heißt, dass ihm ein Risikozuschlag verbleiben muss, auch wenn sich das Werk als erfolgreich herausstellt und das Risiko somit keine Verwirklichung gefunden hat. Gleiches muss für den Urheber gelten, der Risiken aus dem Risikobereich des Verwerters übernimmt.[1219]

### (4) Berücksichtigung der gesamten Beziehungen

Die fiktive angemessene Vergütung berücksichtigt nur die Faktoren, die bei objektiver Betrachtung ein angemessenes Verhältnis von Leistung und Gegenleistung für die konkret genutzten Nutzungsrechte kennzeichnen. Der Tatbestand des § 32a Abs. 1 UrhG verlangt aber auch, dass bei der Beurteilung des Missverhältnisses die gesamten Beziehungen der Vertragsparteien zueinander Berücksichtigung finden.

#### *(α) Aus dem konkreten Vertragsverhältnis*

Leistung und Gegenleistung sind zunächst nur im Bezug auf das einzelne Werk und auf das jeweilige Nutzungsrecht zu prüfen. Im Rahmen der gesamten Beziehungen zwischen Urheber und Verwerter ist aber ein Ausgleich zu anderen Nutzungsrechten und Zahlungen, die der Kläger vom Verwerter im Rahmen des gesamten Nutzungsvertrages erhalten hat, zu berücksichtigen. Allerdings kann der Verwerter dem Urheber nicht einfach Zahlungen entgegenhalten, denen auch eine Leistung des Urhebers gegenübersteht.[1220] Solche Zahlungen können also nicht isoliert aufgerechnet werden. Das gleiche gilt für Vorschusszahlungen, wenn

---

[1217] BGH GRUR 2002, S. 153, 156 („Kinderhörspiele“).
[1218] So aber Berger, Rdn. 131.
[1219] So im Dissertationsbeispiel, siehe oben Teil 3/B/III/1., S. 186.
[1220] So Zahlungen für Erträge aus Nebenrechten (OLG München ZUM 2003, S. 684, 687).

diesen eine Leistung (z.B. Nutzungsrechtseinräumung für ein anderes Nutzungsrecht oder die Werkerstellung) gegenübersteht.

### *(β) Aus anderen Vertragsverhältnissen zwischen den Parteien*

Von der Rechtsprechung und der herrschenden Auffassung in der Literatur wird vertreten, dass die Berücksichtigung der gesamten Umständen zwischen Verwerter und Urheber auch die Vorteile und Verluste aus anderen Verträgen der Parteien zu berücksichtigen sind.[1221]

Dem steht die Ansicht entgegen, dass damit nicht das Missverhältnis der konkreten Vertragsbeziehung gekennzeichnet wird und die Einbeziehung weiterer Verträge daher abzulehnen sei.[1222] Zudem wäre damit eine mit Art. 3 GG nicht zu vereinbarende Ungleichbehandlung zugunsten der Urheber geschaffen, die nach mehreren Misserfolgen den Verwerter wechseln und dort plötzlich erfolgreich sind.[1223]

Für die herrschende Ansicht spricht jedoch schon der gesetzgeberische Wille. In der Begründung weist der Gesetzgeber auf die Praxis der Quersubventionierung von erfolgreichen und weniger erfolgreichen Werken hin. Daher sollen die gesamten Beziehungen zwischen den Parteien berücksichtigt werden.[1224] Die „gesamten Beziehungen" sollten sämtliche Nutzungsverträge zwischen den Vertragsparteien in die Beurteilung des Missverhältnisses einbeziehen. Die Berücksichtigung anderer vertraglicher Beziehungen zwischen den Parteien ist zudem auch im Zivilrecht nicht ungewöhnlich, wie die Aufrechnung (§§ 387 ff BGB) zeigt.

Der Regelung stehen auch keine verfassungsrechtlichen Bedenken im Hinblick auf Art. 3 Abs. 1 GG entgegen. Sie dient der Verhältnismäßigkeit des mit dem Nachforderungsrecht verbundenen Eingriffs in die Vertragsfreiheit der Verwerter.[1225] Damit läge auch eine Rechtfertigung für eine Ungleichbehandlung im Sinne des Art. 3 Abs. 1 GG vor. Dem einzelnen Verwerter entsteht zudem kein

---

[1221] BGH GRUR 2002, S. 153, 156 („Kinderhörspiele"); Dreier/Schulze/Schulze, § 32a Rdn. 34; Schaub,R., ZUM 2005, S. 212, 218.

[1222] Nordemann, § 32a Rdn. 9.

[1223] Nordemann, § 32a Rdn. 9.

[1224] Amtl. Begr. bei Haertel/Schiefler, S. 193. Hagen geht davon aus, dass mit diesem Merkmal eine Kompromisslösung zu dem von den Verwertern geforderten externen Verlustausgleich geschaffen wurde (Hagen, S. 136).

[1225] Siehe oben Teil 3/A/III, S. 52 ff.

Nachteil durch die Regelung. Derjenige Verwerter, der nur ein erfolgreiches Werk des Kreativen verwertet, hat gerade keine Verluste, die er abziehen könnte.

Werden andere Verträge der Parteien in die Prüfung einbezogen, müssen auch die Wertungen dieser konkreten Vertragsverhältnisse berücksichtigt werden. Auf diese Weise soll die Eigenexistenz der Verträge Berücksichtigung finden.[1226] Das heißt beispielsweise, dass der Kreative nicht zu seinen Gunsten geltend machen kann, dass sein erstes Werk wesentlich geringer vergütet wurde, wenn es sich hier um ein Risikogeschäft für den Verwerter handelte.

Keine Berücksichtigung können hingegen künftige Vertragsbeziehungen zwischen den Beteiligten finden. Darauf stellt die Auffassung v. Gamms ab: der künftige Vertrag könne als Kompensationsgeschäft für das besondere Risiko mit dem Newcomer dienen.[1227] Für die Einbeziehung künftiger Werke fehlt es aber schon an bewertungsfähigen Faktoren für einen Ausgleich.[1228]

### *(χ) Persönliche Beziehungen zwischen den Parteien*

Strittig ist zudem, ob von den gesamten Beziehungen der Parteien auch die persönlichen Beziehungen erfasst werden.[1229] Hierzu wurde vertreten, dass bei der Beurteilung des Missverhältnisses zu berücksichtigen sei, dass die Parteien möglicherweise einen Freundschaftspreis vereinbart hätten.[1230] Für die objektive Beurteilung des Missverhältnisses ist das subjektive und der Veränderung anfällige Merkmal des Freundschaftsdienstes nicht geeignet. Auf eine derartige Abrede kann der Verwerter sich nicht berufen.[1231]

### *(δ) Beziehungen zu anderen Vertragsparteien*

Keine Berücksichtigung finden die Verluste des Verwerters aus der Verwertung von Werken anderer Urheber.[1232] Dies war von den Verwertern bereits im Gesetzgebungsverfahren zu § 36 UrhG a.F. gefordert und in der Diskussion um die

---

[1226] Haas, Rdn. 295.

[1227] v. Gamm, § 36 Anm. 8.

[1228] Fromm/Nordemann/Hertin, § 36 Rdn. 8; Hagen, S. 137.

[1229] So Wandtke/Bullinger/Wandtke/Grunert, § 32a Rdn. 14; Haas, Rdn. 295; Schricker/Schricker, § 36 Rdn. 11, v. Gamm, § 36 Anm. 9; a.A. Nordemann, § 32a Rdn. 9; Hagen, S. 140.

[1230] v. Gamm, § 36 Anm. 9.

[1231] Nordemann, § 32a Rdn. 9; Hagen, S. 140.

[1232] H.M. OLG München, ZUM 2001, S. 994, 999; Dreier/Schulze/Schulze, § 32a Rdn. 34; Schricker/Schricker, § 36 Rdn. 11; Fromm/Nordemann/Hertin, § 36 Rdn. 6.

Urhebervertragsrechtsnovelle erneut geltend gemacht worden.[1233] Für die Einbeziehung anderer Urheber bei der Feststellung eines Missverhältnisses zwischen Leistung und Gegenleistung gibt es jedoch keine rechtliche Rechtfertigung.

### (5) Besonderheiten im Arbeits- und Dienstverhältnis

Die Prinzipien für die Feststellung einer fiktiven angemessenen Vergütung in Arbeits- und Dienstverhältnissen können grundsätzlich keine anderen sein. Zu bedenken sind jedoch die Besonderheiten des Arbeits- und Dienstverhältnisses, insbesondere dass das Arbeitsergebnis grundsätzlich dem Arbeitgeber zusteht und die Beteiligung des Arbeitnehmers am Ertrag des Unternehmens der arbeitsrechtlichen Lohn- und Gehaltssystematik fremd ist.[1234]

Der Arbeitslohn ist daher nicht nur das Äquivalent für die Arbeitsleistung, sondern auch für die Einräumung von Nutzungsrechten.[1235] Die Argumente, die bisher für die Zuordnung des Arbeitsergebnisses an den Arbeitgeber und die Abgeltung der Rechtseinräumung mit dem Arbeitslohn sprachen[1236], spiegeln sich letztlich auch in den Wertungsfaktoren für eine angemessene Vergütung wider. Insbesondere Risikotragung (und somit Risikoverteilung), Kosten und Investitionen sind zu beachten. Auf diese Weise sind zugunsten des Arbeitgebers insbesondere zu berücksichtigen, dass er Arbeitsmittel und know how zur Verfügung stellt, das Risiko trägt, dass die Schöpfung misslingt oder andere Schöpfungen ohne Verwertungserfolg bleiben und dem Urheber trotzdem ein Lohn- bzw. Gehalt gezahlt wurde.

Nicht zu übersehen sind dabei allerdings die praktischen Probleme, die eine solche Bewertung mit sich bringt. Wie bereits gezeigt, lassen sich die Vergütungsanteile bei einem einheitlichen Lohn oder Gehalt schon schwer einzelnen Werken und Nutzungsrechtseinräumungen zuordnen.[1237] Für die Feststellung des Missverhältnisses müssten dann aber auch die Anteile für alle anderen Werke des Arbeitnehmers ermittelt werden. Diese Problematik wird dann potenziert, wenn an der Werkerstellung mehrere Urheber beteiligt waren und die einzelnen Beiträge

---

[1233] Vorschlag aus der Medienwirtschaft für ein Urhebervertragsrecht vom 10.04.2001, bei Gounalakis/Heinze/Dörr, S. 274 ff.

[1234] Jani, S. 198.

[1235] Schricker/Rojahn, § 43 Rdn. 64

[1236] Siehe dazu oben Teil/3/B/II/3. S. 156 f.

[1237] Siehe oben Teil 3/B/II/3., S. 159 ff.

unterschiedliche Bedeutung für den Erfolg haben.[1238] Die Schwierigkeiten können nicht dazu führen, den Anspruch auszuschließen. Es zeigt sich aber, dass bereits im Einzelfall die Bestimmung des Missverhältnisses problematisch ist. Eine abstrakte Bestimmung für eine Vielzahl von Fällen in Kollektivvereinbarungen ist daher noch schwerer vorstellbar.

#### cc) Qualifiziertes Missverhältnis

Ein Missverhältnis zwischen Leistung und Gegenleistung liegt bereits dann vor, wenn die vertraglich vereinbarte Vergütung unter der angemessenen Vergütung liegt. § 32a UrhG verlangt aber mehr als das einfache Missverhältnis. Das Missverhältnis muss ein auffälliges Missverhältnis sein. Hier hat der Gesetzgeber im Interesse der Urheber eine Veränderung im Vergleich zur bisherigen Regelung des § 36 UrhG a.F. vorgenommen. Dort war die Voraussetzung des Anspruchs erfüllt, wenn ein grobes Missverhältnis vorlag.

Mit der Änderung sollte die Eingriffsschwelle und somit eine Hürde bei der Anwendung der Regelung deutlich herabgesetzt werden.[1239] Damit folgte der Gesetzgeber einem Vorschlag der Verwerter, die diese Änderung aber als Alternative zum bis dahin geplanten gesetzlichen Vergütungsanspruch vorgeschlagen hatten.[1240]

#### (1) Das grobe Missverhältnis nach § 36 UrhG (a.F.)

Der Gesetzgeber wollte zwar durch die Neuregelung die Eingriffsschwelle im Vergleich zum groben Missverhältnis senken. Ungeklärt war aber bereits unter Geltung des § 36 UrhG die Grenze, ab der ein grobes Missverhältnis erreicht sein sollte.

Das Gesetzgebungsverfahren führte zu unterschiedlichen Interpre-tationen. In § 31 Abs. 1 des Ministerialentwurf des Jahres 1959 war noch von einem auffälligen Missverhältnis die Rede.[1241] In der amtlichen Begründung zum Regierungsentwurf wird darauf verwiesen, dass die Voraussetzungen dem objektiven

---

[1238] Darauf weist auch Lejeune (ITRB 2002, S. 145, 146) hin. Er empfiehlt daher eine ausführliche Dokumentation der Beiträge der Mitarbeiter, die an der Erstellung von Softwareprogrammen schöpferisch beteiligt sind.

[1239] Beschlussempfehlung und Bericht des Rechtsausschusses BT-Drucks. 14/8058, S. 19.

[1240] Vorschlag aus der Medienwirtschaft für ein Urhebervertragsrecht, bei Gounalakis/Heinze/Dörr, S. 273 ff.

[1241] Ministerialentwurf vom 26.05.1959 UFITA, Bd. 29 (1959), S. 214, 220.

Tatbestand des Wuchers in § 138 BGB entsprächen.[1242] Im weiteren Gesetzgebungsverfahren wurde dann jedoch die Wahl des qualifizierenden Adjektivs in Frage gestellt. Einerseits sollte klar bleiben, dass die Norm nur in ganz krassen Fällen anwendbar ist. Andererseits sollte verdeutlicht werden, dass es sich nicht um einen Fall des § 138 Abs. 2 BGB handelt, dessen objektiver Tatbestand ebenfalls ein auffälliges Missverhältnis vorsieht.[1243] Aus dieser Begründung wurden unterschiedliche Schlussfolgerungen gezogen. Nach einer Auffassung sollte das grobe Missverhältnis mit dem auffälligen Missverhältnis des § 138 Abs. 2 UrhG übereinstimmen.[1244] Andere schlussfolgerten, dass die Änderung vom „auffallenden" zum „groben" Missverhältnis eine Verschärfung des objektiven Tatbestands im Verhältnis zu § 138 Abs. 2 BGB zur Folge haben sollte.[1245]

Die Rechtsprechung musste dahingehend keine Entscheidungen treffen. Sie bejahte das grobe Missverhältnis beim „krassen Abweichen" des vereinbarten von dem gerade noch am unteren Ende orientierten (angemessenen) Beteiligungshonorar.[1246] Die zu entscheidenden Fälle waren insoweit eindeutig. Die tatsächliche Vergütung lag im günstigsten Fall bei 35 % einer angemessenen Vergütung, das Honorar blieb also um mehr als 65 % hinter der Angemessenheitsgrenze zurück.[1247] In anderen Fällen lag der vertragliche Vergütungsanteil sogar noch deutlich niedriger.[1248] Die Schwelle des § 138 BGB war jedenfalls deutlich überschritten. Eine Eingrenzung nahm der BGH insoweit vor, als die Anforderungen an das grobe Missverhältnis hinter den Anforderungen zurückbleiben sollten, die für die Anwendung der Lehre von der Geschäftsgrundlage gefordert werden. Dort wurde vom BGH ein „schlechthin unerträgliches Missverhältnis" vorausgesetzt, das „zur Vermeidung untragbarer, mit Recht und Gerechtigkeit schlechthin nicht vereinbaren Folgen unabweislich erscheint".[1249]

Versuche, eine konkretere Fixierung der Grenze des groben Missverhältnisses vorzunehmen, erbrachten in der Literatur unterschiedliche Ergebnisse. Neben

1242 Amtl. Begründung Haertel/Schiefler, S. 193.

1243 Alternativ wurden auch „"krass" oder „besonders unbillig" vorgeschlagen. Zur Entwicklung und Diskussion Hegemann, S. 86; Hagen, S. 126.

1244 v.Gamm, § 36 Rdn. 7.

1245 Katzenberger, GRUR Int. 1983, S. 410, 421; Samson, S. 144.

1246 BGH GRUR 1991, S. 901, 903 („Horoskop-Kalender"); GRUR 2002, S. 153, 155 („Kinderhörspiele")

1247 BGH GRUR 1991, S. 247 („Horoskop-Kalender").

1248 So erhielten Urheber einen Anteil gemessen an einer fiktiven angemessenen Vergütung: ca. 12 % (BGH GRUR 2002, S. 153 f. („Kinderhörspiele"); bei Übersetzern ca. 16 % (OLG München ZUM 2001, S. 994) bzw. ca. 3 % (BGH ZUM 1998, S. 498 f. (Comic-Übersetzungen I), wenn man 1 % Beteiligung am Umsatz als Angemessenheitsmaßstab anlegen würde.

1249 BGHZ 133, S. 281, 295 („Klimbim").

allgemeinen Umschreibungen, die das grobe Missverhältnis als „besonders schwerwiegende Störung“[1250] oder in „unerträglicher Weise von einer Ausgewogenheit abweichend“[1251]darstellten, wurden verschiedene Grenzwerte diskutiert. Als Orientierung sollte § 138 BGB gelten.[1252] Nach anderer Ansicht lag das grobe Missverhältnis erst dann vor, wenn diese Schwelle überschritten war[1253], während Hagen unter Bezug auf die Zielstellung und der Rechtsfolge der Norm von einem niedrigeren Grenzwert ausging.[1254] Daneben gab es noch Vorstellungen, die sich an der 7/12 Regelung des Art. 37 frz. UrhG orientierten[1255], die 25 % des Nettogewinns[1256] als Grenze sahen oder bei Unterschreitung von 20% der üblichen Vergütung[1257] von einem groben Missverhältnis ausgingen.

### (2) Das auffällige Missverhältnis nach § 32a UrhG

Uneinheitlich stellt sich auch das Bild nach der Gesetzesänderung dar.

#### *(α) Flexible oder feste Größe?*

Zunächst will h.M. das auffällige Missverhältnis nicht als starre Grenze verstanden wissen. Unabhängig ob und wie man das „auffällige“ beziffern will, ließe sich die Frage nur an Hand des jeweiligen Einzelfalls durch Wertungen klären.[1258] Die Wahl einer festen Grenze sei letztlich willkürlich.[1259] Eine präzise Bestimmung sei auch deshalb nicht möglich, weil noch auf die jeweiligen Verhältnisse abzustellen sei.[1260] Im Zweifel sei jedenfalls von einem auffälligen Missverhältnis auszugehen.[1261]

Der Auffassung ist entgegenzutreten. Unbestritten ist im Rahmen der Tatbestandsvoraussetzungen „auffälliges Missverhältnis zwischen der vereinbarten Vergütung und den Erträgen und Vorteilen“ eine Wertung vorzunehmen, in der

---

1250 Fromm/Nordemann/Hertin, § 36 Rdn. 6 (das grobe Missverhältnis sei dann gegeben, wenn der Urheber weniger als 7/12 der angemessene Vergütung erhält).

1251 Schricker/Schricker, § 36 Rdn. 12.

1252 v. Gamm, § 36 Rdn. 7.

1253 Katzenberger, GRUR Int. 1983, S. 410, 421; Samson, S. 144.

1254 Hagen, S. 127.

1255 Fromm/Nordemann/Hertin, § 36 Rdn. 6.

1256 Hegemann, S. 94.

1257 Hagen, S. 129.

1258 Dreier/Schulze/Schulze, § 32a Rdn. 37; Schricker, Quellen, S. 38; Andernach, S. 216; Erdmann, GRUR 2002, S. 923, 298.

1259 Erdmann, GRUR 2002, S. 923, 298.

1260 Haase, Rdn. 298.

1261 Dreier/Schulze/Schulze, § 32a Rdn. 37.

eine Abwägung der Interessen von Urheber und Verwerter zu erfolgen hat.[1262] Diese Abwägung findet aber bereits bei der Ermittlung der (fiktiven) angemessenen Vergütung statt, die dem Urheber unter Berücksichtigung der gesamten Beziehungen zustehen soll.[1263] Bei dieser Wertung muss im Ergebnis ein fixierbarer Betrag ermittelt werden. Das ist schon deshalb notwendig, weil dem Urheber als Rechtsfolge eine weitere angemessene Vergütung zugesprochen werden soll. Diese Vergütung kann nur konkret sein. Dies entspricht auch der Wertung des § 32 UrhG. Auch dort hat der Urheber einen Korrekturanspruch, wenn die Vergütung unangemessen ist. Auch dies muss festgestellt werden. Daran ändert sich auch nichts, wenn der Gesetzgeber meint, die angemessene Vergütung müsse nicht eine feste Größe sein, sondern könne aus einem Rahmen ermittelt werden. Spätestens bei der Frage der Ober- oder Untergrenze dieses Rahmens wäre ein konkreter Wert zu ermitteln.

Alle erheblichen Wertungsgesichtspunkte, sind daher bereits bei der Ermittlung der angemessenen Vergütung zu berücksichtigen.[1264] Es ist nicht erkennbar, welche weiteren Wertungen vorzunehmen sind und unter welchen Gesichtspunkten diese erfolgen sollen. Dagegen spricht auch nicht die Auslegung des Begriffs „auffällig" in § 138 Abs. 2 BGB. Dort wird die „Grenze des Doppelten"[1265] als regelmäßiger Bezugspunkt für die Bewertung eines auffälligen Missverhältnis herangezogen, Abweichungen nach oben oder unten aber zugelassen.[1266] Der Bezugspunkt ist aber ein objektiv ermittelter Marktpreis, der keinen Wertungen unterliegt. Erst danach wird eine Wertung im Einzelfall vorgenommen, um festzustellen, ob die Bewertung der geforderten Leistung als Wucher gerechtfertigt ist.[1267] Bei § 32a UrhG werden diese Elemente aber bereits bei der Ermittlung des Missverhältnisse im Sinne der Feststellung einer fiktiven angemessenen Vergütung einbezogen.

### *(β) Grenzwert des auffälligen Missverhältnisses*

#### (αα) Streitstand

Umstritten ist zudem die Frage, bei welchen Grenzwert von einem auffälligen Missverhältnis ausgegangen werden kann.

---

1262 Siehe dazu oben Teil 3/B/III/1., S. 174 ff.
1263 HK/Kotthoff, § 32a Rdn. 17.
1264 So auch HK/Kotthoff, § 32a Rdn. 17.
1265 Die vom Schuldner zu erbringende Leistung liegt 100 % oder mehr über dem Marktpreis.
1266 Palandt/Heinrichs, § 138 Rdn. 67.
1267 Palandt/Heinrichs, § 138 Rdn. 67.

In der Gesetzesbegründung heißt es: „ein den Anspruch begründendes auffälliges Missverhältnis liegt jedenfalls dann vor, wenn die vereinbarte Vergütung um 100 % von der angemessenen Beteiligung abweicht (anders für § 36 a.F. noch BGH GRUR 1996, 763, 765 f. - „Salome II"). Nach Maßgabe der Umstände können aber auch bereits geringere Abweichungen ein auffälliges Missverhältnis begründen." In den Formulierungshilfen vom 14.01.2002 hieß es dazu noch, dass nach Maßgabe der Umstände auch der Anpassungsanspruch nach französischen Recht (7/12-Regelung) als Maßstab dienen könne.[1268] Durch den Änderungsantrag vom 23.01.2002 wurde dieser Teil der Begründung jedoch wieder gestrichen, weil der Hinweis mit der zuvor gegebenen Definition bereits entbehrlich sei.[1269]

Daran anknüpfend wird ein Missverhältnis bejaht, wenn die im Beteiligungszeitpunkt angemessene Vergütung von der nach § 32 UrhG angemessenen Vergütung um mehr als 100 % abweicht[1270], im Einzelfall sollen schon geringere Unterschreitungen ausreichend sein.[1271] Nach einer anderen Ansicht könne nunmehr auf die Wertung des § 138 BGB zurückgegriffen werden.[1272]

Auf das gesetzgeberische Anliegen, die Eingriffsschwelle herabzusetzen, verweisen andere Autoren und halten daher die Grenze von 100% zumindest für unhaltbar. Dies würde dem Missverhältnis des § 138 BGB entsprechen und wäre daher keine Verbesserung.[1273] Ausgehend von dem, was die Rechtsprechung zum bisherigen Bestsellerparagrafen (§ 36 UrhG a.F.) bereits bisher als grobes Missverhältnis angenommen habe, müsste ein auffälliges Missverhältnis vorliegen, wenn die angemessene Beteiligung um 2/3 von der vereinbarten Vergütung abweicht.[1274] Weitere Ansichten gehen von einer Unterschreitung der angemessenen Vergütung um ca. 20 % aus[1275] oder ziehen die Grenze, wenn die vereinbarte Vergütung weniger als 20 % bis 30 % der angemessenen Vergütung beträgt.[1276] Haase hält Abweichungen zwischen 50% und 100% vom Angemessenen in Anlehnung an vergleichbare Normen wie § 138 BGB, § 291 StGB oder § 4a Abs. 2 WoVermittG für die richtigen Bezugspunkte.[1277]

---

1268 Formulierungshilfen vom 14.01.2002 S. 19.
1269 Änderungsantrag vom 23.01.2002; bei Hucko, S. 170.
1270 HK/Kotthoff, § 32a Rdn. 17.
1271 Berger, Rdn. 280 f.; Schack, GRUR 2002, S. 853; 856; Ory, AfP 2002, S. 93, 100.
1272 Ory, AfP 2002, S. 93, 100, Andernach, S. 215.
1273 Dreier/Schulze/Schulze, § 32a Rdn. 37.
1274 Nordemann, § 32a Rdn. 7; Hertin, Rdn. 340
1275 Schricker, Quellen, S. 38.
1276 Wandtke/Bullinger/Wandtke/Grunert, § 32a Rdn. 20; Haupt/Flisak, KUR 2003, S. 41, 43, Loewenheim/v. Becker, § 29 Rdn. 91.
1277 Haase, Rdn. 297 f.

(ββ) Stellungnahme

Ausgangspunkt muss der Wille des Gesetzgebers sein, die Eingriffsschwelle im Vergleich zu § 36 UrhG a.F. deutlich herabzusetzen.[1278]

Die Vorstellung, dies sei gegeben, wenn die vereinbarte Vergütung um 100 % von der angemessenen Vergütung abweicht, ist missverständlich formuliert. Beträgt die angemessene Vergütung 100 und bekommt der Urheber lediglich 20, so weichen diese 20 lediglich um 80 % von der angemessenen Vergütung ab. Eine Herabsetzung der Eingriffsschwelle, die der BGH bereits bei einer Abweichung von ca. 65 % angenommen hatte[1279], wäre darin nicht zu erkennen.[1280] Aufschluss über das Gemeinte gibt die Entscheidung des BGH, auf die in der Gesetzesbegründung Bezug genommen wird.[1281] Dort war die Frage zu klären, ob der Urheber statt des vertraglich vereinbartem Anteils von 6 % den nach heutiger Sicht üblichem Anteil von 12 % verlangen kann. Dies hätte einer Erhöhung um 100 % entsprochen. Hier stellte der BGH die Frage, ob bei einer solchen Differenz zwischen vertraglich Vereinbarten und heute Üblichen bereits die Opfergrenze überschritten ist, die eine Vertragskorrektur nach den Grundsätzen vom Wegfall der Geschäftsgrundlage rechtfertige.[1282] Richtiger hätte es also heißen müssen, dass die angemessene Vergütung 100 % höher liegt, als die vertraglich vereinbarte Vergütung. Dies entspricht dann im Ergebnis auch der „Grenze des Doppelten" des § 138 BGB.[1283] Für das Verständnis eines Grenzwertes erscheint es aber angebrachter, davon zu sprechen, dass die vertraglich vereinbarte Vergütung dann 50 % unter der angemessenen Vergütung liegt.

Die Vorstellung des Gesetzgebers, dass ein auffälliges Missverhältnis jedenfalls dann vorliege, wenn die vereinbarte Vergütung um 50 % die übliche Vergütung unterschreitet, steht jedoch auch im Widerspruch zur selbst formulierten Zielstellung, die Schwelle im Vergleich zu § 36 UrhG (a.F.) deutlich herunterzusetzen. Schon das Gesetzgebungsverfahren zum § 36 UrhG (a.F.) ließ nicht den Schluss zu, dass das grobe Missverhältnis eine Verschärfung zum „auffallenden"

---

1278 Beschlussempfehlung und Bericht des Rechtsausschusses, BT-Drucks. 14/8058, S. 19.

1279 BGH GRUR 1991, S. 901, 903 („Horoskop-Kalender").

1280 Zu Recht weißt Nordemann darauf hin, dass die Voraussetzungen, nähme man die Begründung wörtlich, erst vorliegen, wenn die vertragliche Vergütung Null betragen würde. (Nordemann, § 32a Rdn. 7).

1281 BGH GRUR 1996, S. 763, 765 („Salome II").

1282 BGH GRUR 1996, S. 763, 765 („Salome II"), die Entscheidung konnte wegen § 132 Abs. 1 UrhG nicht auf § 36 UrhG (a.F.) gestützt werden. Der BGH erwähnte diese Norm an dieser Stelle auch nur beiläufig.

1283 Von diesem Verständnis geht die h.M. auch aus siehe dazu nur Wandtke/Bullinger/Wandtke/Grunert, § 32a Rdn.19; Dreier/Schulze/Schulze, § 32a Rdn. 37.

Missverhältnis des § 138 BGB darstellen sollte.[1284] Die herrschende Literaturmeinung ging daher auch von einem Maßstab aus, der an der Grenze des § 138 BGB oder darüber orientiert war (7/12-Regelung; 20 % Unterschreitung der angemessenen Vergütung).[1285] Geht man davon aus, dass der Gesetzgeber bereits bei Regelung des groben Missverhältnisses in § 36 UrhG a.F. keinen Unterschied im Berechnungsmaßstab zu § 138 BGB vornehmen wollte, so kann das „auffällige" Missverhältnis nach der Vorstellung des Gesetzgebers nur deutlich darunter liegen.[1286] Das auffällige Missverhältnis muss sich also zwischen den Grenzen der Angemessenheit und des Sittenwidrigkeit begründenden Missverhältnisses bewegen, also zwischen Null und 50 %. Daher entspricht eine Vergütung, die 25 % und mehr unterhalb einer angemessenen Vergütung liegt, dem Missverhältnis. Der Grenzwert beträgt also 25 %.[1287]

Nach Berger sind derartig geringe Spannen nicht begründbar, denn es würde kein Unterschied zwischen einer noch angemessenen Vergütung, einem bloßen Missverhältnis und einem auffälligen Missverhältnis deutlich.[1288] Diese Abgrenzungsprobleme sind nicht ersichtlich. Ausgangspunkt ist eine (fiktive) angemessene Vergütung. Diese ist konkret zu ermitteln. Jeder darunter liegende Wert stellt sich als Missverhältnis dar. Erst ab einer Differenz von 25% wird dieses Missverhältnis zu einem auffälligen Missverhältnis im Sinne des § 32a UrhG.

### dd) Zusammenfassung

Das auffällige Missverhältnis wird aus einem Vergleich zwischen vertraglich vereinbarter und einer fiktiven angemessenen Vergütung ermittelt. Die fiktive angemessene Vergütung wird am Maßstab der tatsächlich erzielten Erträgen und Vorteile bestimmt. Die Vorteile und Erträge müssen sich gerade aus der Nutzung der spezifischen Nutzungsrechte ergeben. Auf die Vorhersehbarkeit der Vorteile und Erträge kommt es nicht an. Beurteilungsrelevanter Zeitpunkt für die Bestimmung der fiktiven angemessenen Vergütung ist der Zeitpunkt der tatsächlichen Nutzung.

---

1284 Siehe dazu oben Teil 3/B//III/1., S. 196.

1285 v. Gamm, § 36 Rdn. 7; Fromm/Nordemann/Hertin, § 36 Rdn. 6; Hagen, S. 127, a.A. aber Katzenberger, GRUR Int. 1983, S. 410, 421.

1286 Wandtke/Bullinger/Wandtke/Grunert, § 32a Rdn. 20, Haupt/Flisak, KUR 2003, S. 41, 43; Schricker, Quellen S. 38.

1287 So im Ergebnis wohl auch Haas, Rdn. 298; im Mittelwert ebenfalls Wandtke/ Bullinger/Wandtke/Grunert, § 32a Rdn. 20; Haupt/Flisak, KUR 2003, S. 41, 43.

1288 Berger, Rdn. 283.

Die fiktive angemessene Vergütung bestimmt sich nach objektiven Kriterien. Die bewertungsrelevanten Faktoren für die Feststellung der fiktiven angemessenen Vergütung können vielfältig sein und sind im Einzelfall festzustellen. So können Aufwendungen oder Investitionen der einen oder anderen Vertragspartei dann eine Rolle spielen, wenn sie außergewöhnlich sind und bei der Vertragsgestaltung keine Berücksichtigung gefunden haben. Berücksichtigung bei der Beurteilung der Angemessenheit der erhaltenen Vergütung muss die Risikoverteilung bei Vertragsschluss haben. Bei Werken mit mehreren Beteiligten ist die Bedeutung des einzelnen Werkbeitrages für den Werkerfolg berücksichtigungsfähig. Die Bewertung muss zudem Gewinne und Verluste aus der Verwertung des selben Werkes oder aus anderen Werken des selben Urhebers berücksichtigen. Für die Beurteilung der fiktiven angemessenen Vergütung ohne Belang sind die Schöpfungshöhe des Werkes, gewöhnliche Aufwendungen der Beteiligten, die Marktverhältnisse sowie die persönlichen Beziehungen zwischen den Vertragspartner und Verluste aus anderen Rechtsbeziehungen des Verwerters.

Ein auffälliges Missverhältnis liegt dann vor, wenn die vertraglich vereinbarte Vergütung um 25% und mehr unterhalb der fiktiven angemessenen Vergütung liegt.

## 2. Rechtsfolgen des § 32a Abs. 1 UrhG

Als Rechtsfolge sieht § 32a Abs. 1 UrhG die Verpflichtung des anderen vor, auf Verlangen des Kreativen in die Änderung des Vertrages einzuwilligen, durch die ihm eine den Umständen nach weitere angemessene Beteiligung gewährt wird. Dieser Anspruch soll durch § 32a Abs. 4 UrhG ausgeschlossen werden, wenn eine weitere angemessene Beteiligung bereits im Kollektivvertrag vorgesehen ist. Die Parteien des Kollektivvertrages müssen also nicht nur die Tatbestandssituation im Vertragswerk erfassen, sondern auch die richtige Rechtsfolgenregelung treffen. Worauf der Anspruch der Kreativen gerichtet ist und welche Regelung deshalb von den Vertragsparteien zu treffen ist, wird im folgenden Abschnitt untersucht.

### *a) Vertragsanpassung*

Der Anspruch des Kreativen ist zunächst auf Vertragsanpassung gerichtet. Aus dem geänderten Vertrag entsteht der Zahlungsanspruch.[1289] Dies ergibt sich

---

1289 So die ganz h.M. Dreier/Schulze/Schulze, § 32a Rdn. 41; Wandtke/ Bullinger/Wandtke/Grunert, § 32a Rdn. 24.; HK/Kotthoff, 32a Rdn. 19; Loewenheim/v.Becker,

bereits aus dem Wortlaut der Norm und wird durch die Entstehungsgeschichte gestützt.

In den ursprünglichen Entwürfen zu § 36 UrhG a.F. war der Anspruch zunächst als unmittelbarer Zahlungsanspruch gegen den Nutzungsberechtigten ausgestaltet.[1290] Eine Änderung zu einem Vertragskorrekturanspruch kam erst im Rechtsausschuss zustande. Durch die Änderung sollte besser zum Ausdruck kommen, dass der Anspruch ein besonderer Fall der Lehre vom Wegfall der Geschäftsgrundlage sei.[1291] Diese Systematik war unstreitig.[1292]

Am System des Vertragskorrekturanspruchs hielt auch der erste Entwurf des § 32a UrhG in den Formulierungshilfen vom 19.11.2001 fest.[1293] Mit der Rückkehr zur Struktur des alten Bestsellerparagrafen durch die Formulierungshilfen vom 14.01.2002 wurde dieser Wille zur Beibehaltung des Systems noch einmal bestärkt. Der Gesetzgeber wollte auf die bereits vorhandene Rechtsprechung und Literatur zu § 36 UrhG (a.F.) aufbauen.[1294]

Dagegen vertritt Berger die Ansicht, dass § 32a Abs. 1 UrhG dem Kreativen einen unmittelbaren Zahlungsanspruch vermittle.[1295] Er geht davon aus, dass die Übernahme der Rechtsfolgenregelung aus § 36 UrhG (a.F.) nicht die geänderten Rahmenbedingungen des Anspruchs berücksichtigt. Mit § 32 UrhG enthalte das Gesetz bereits eine Regelung, die eine Korrektur des Anspruchs auch für die Zukunft erfasse. Anders als § 32 UrhG entstehe bei § 32a UrhG ein neuer Anspruch, der nicht mehr mit dem ursprünglich vertraglichen Anspruch identisch sei. Beide Normen unterschieden sich zudem in der Rechtfertigung (Fehlerkorrektur aufgrund ungleicher Verhandlungsmacht für § 32 UrhG und Ausgleich eines nach Vertragsschluss entstehenden Ungleichgewichts von Leistung und Gegenleistung bei § 32a UrhG). Zudem kann bei bereits fälligen Ansprüchen sogleich auf Zahlung geklagt werden, so dass es den Umweg über eine Vertragskorrektur nicht

---

§ 29 Rdn. 91; Andernach, S. 217; kritisch dazu Berger, Rdn. 289 und GRUR 2003, S. 675, 677.

1290 § 36 Abs. 1 RegE: „Hat der Urheber ...ohne sich eine angemessene Beteiligung an den Erträgnissen aus der Nutzung des Werkes vorzubehalten, so kann er von dem Nutzungsberechtigten eine solche angemessene Beteiligung verlangen..." Haertel/Schiefler, S. 192.

1291 Bericht des Rechtsausschusses, Haertel/Schiefler, S. 194.

1292 Fromm/Nordemann/Hertin, § 36 Rdn. 11; Möhring/Nicolini/ Spautz, § 36 Rdn. 10; Schricker/Schricker, § 36 Rdn. 14; Hagen, S. 150.

1293 Formulierungshilfen vom 19.11.2001, S. 19.

1294 Beschlussempfehlung und Bericht des Rechtsausschusses BT-14/8058 S. 19.

1295 Berger, Rdn. 289 und GRUR 2003, S. 675, 677.

bedürfe.[1296] Letztlich sei auch der Anspruch gegen Dritte nicht mit einem Vertragskorrekturanspruch zu begründen.[1297]

Dem ist jedoch entgegenzuhalten, dass auch § 32a Abs. 1 UrhG an das Vertragsverhältnis der Parteien anknüpft. Es handelt sich um einen vertraglichen Anspruch.[1298] Die Ansprüche sind systematisch aufeinander bezogen und haben die vertraglich vereinbarte Gegenleistung zum Gegenstand. § 32a Abs. 1 UrhG schützt auch nicht allein vor Veränderungen, die nach Vertragsschluss zu einer Änderung des Gleichgewichts von Leistung und Gegenleistung führen. Über § 32a Abs. 1 UrhG werden auch die Fälle erfasst, bei denen bereits bei Vertragsschluss ein Ungleichgewicht der ausgetauschten Leistungen feststeht. Der Anspruch greift auch dann, wenn die Parteien ein Ungleichgewicht im voraus erkannt haben.[1299] Allein die Möglichkeit, bereits fällige Zahlungen im Prozess unmittelbar mit einer Leistungsklage geltend machen zu können, rechtfertigt nicht die Qualifikation als Zahlungsanspruch. Auch bei § 32 UrhG kann der Kreative unmittelbar auf Zahlung klagen[1300], ohne dass deshalb das System des Korrekturanspruchs in Frage gestellt wird.[1301] Das Vorschalten eines Vertragsänderungsanspruchs ist nicht unnötig. Aufgrund des geänderten Vertrages kann der Kreative auch für die Zukunft eine den veränderten Umständen angepasste Vergütung verlangen und muss nicht ständig darauf warten, dass die Verwertung seines Werkes ein auffälliges Missverhältnis ergibt.[1302]

### *b) Zeitliche Grenzen*

Der Kreative kann den Anspruch ab dem Zeitpunkt geltend machen, zu dem das auffällige Missverhältnis entstanden ist und solange die Voraussetzungen anhalten.[1303]

Das Missverhältnis ist rückwirkend ab dem Zeitpunkt auszugleichen, ab dem die Vergütung nicht mehr angemessen war.[1304] Dies ist insbesondere dann zu berücksichtigen, wenn die ursprünglich angemessene Beteiligung auf Grund geänderter

---

1296 Berger, GRUR 2003, S. 675, 678 f.
1297 Berger, GRUR 2003, S. 675, 678 f.
1298 Siehe oben Teil 3/B/I/ 5., S. 86.
1299 Siehe oben Teil 3/B/III/1.; S. 173.
1300 Beschlussempfehlung und Bericht des Rechtsausschusses, BT-Drucks. 14/8058, S. 18.
1301 Auch Berger, geht für § 32 UrhG von einem Korrekturanspruch aus (Berger Rdn. 86 ff.).
1302 Dazu sogleich unten unter b) (zeitliche Grenzen).
1303 HK/Kotthoff, § 32a Rdn. 21.
1304 Schricker/Schricker, § 36 Rdn. 14; Fromm/Nordemann/Hertin, § 36 Rdn. 9; a.A. Möhring/Nicolini/Spautz, § 36 Rdn. 12: rückwirkend zum Vertragsschluss.

Umstände beginnt, unangemessen zu werden.[1305] Dies kann bereits kurz nach Vertragsschluss sein oder aber deutlich später. Seine Grenze findet diese Rückwirkung in den Verjährungsregelungen. Der Anspruch kann höchsten 10 Jahre nach Entstehung des Missverhältnisses geltend gemacht werden.[1306]

Der Anpassungsanspruch ist nicht auf die Vergangenheit begrenzt. Vielmehr bewirkt die Vertragsänderung auch, dass der Urheber bei künftigen Nutzungshandlungen eine angemessene Beteiligung erhält.[1307] Dies ist die Konsequenz aus dem geänderten Vertrag, der die Grundlage für die Ansprüche des Urhebers ist. Andenfalls müsste der Kreative nach jeder Anpassung für die Vergangenheit abwarten, bis sich aus den nachfolgenden Werkverwertungen erneut ein auffallendes Missverhältnis entwickelt. Sein Vergütungsanspruch würde sich weiter nach dem alten, unveränderten Vertrag richten. Eine angemessene Beteiligung im Sinne des Beteiligungsgrundsatzes wäre auf diese Weise aber nicht gesichert.

Dies schließt nicht aus, dass auch in der weiteren Zukunft ein auffälliges Missverhältnis entstehen kann. Dies kann bei Beteiligungsvergütungen möglich sein[1308] und erst recht, wenn die Vertragsänderung als weitere angemessene Beteiligung ein Pauschalhonorar vorsieht.[1309]

### *c) Inhalt der Änderung*

Die Vertragsänderung soll dem Kreativen eine weitere angemessene Beteiligung gewähren. Dafür genügt es nicht, wenn als Folge der Vertragsänderung lediglich das auffällige Missverhältnis beseitigt wird. Diese Frage ist jedoch umstritten.

#### aa) Angemessene Beteiligung oder Beseitigung des auffälligen Missverhältnisses?

#### (1) Meinungsstand

Bereits unter Geltung des § 36 UrhG a.F. war umstritten, ob dem Urheber eine Beteiligung zustehe, die sich an den unteren Grenzen der durchschnittlichen

---

1305 Vergleiche dazu den Fall BGR GRUR 1990, S. 1005 ff. („Salome I“).
1306 BGR GRUR 1990, S. 1005 ff. („Salome I“); Fromm/Nordemann/Hertin, § 36 Rdn. 9.
1307 So schon Hagen, S. 151.
1308 BGR GRUR 1990, S. 1005 ff. („Salome I“); Schricker, GRUR 2002, S. 737 ff. zur Diskussion über den richtigen Bezugspunkt für Beteiligungsansprüche im Verlagsbereich.
1309 Dreier/Schulze/Schulze, § 32a Rdn. 41; Haas, Rdn. 302; Schricker, Quellen, S. 40.

Sätze zu orientiert[1310] oder ob der Urheber nur bis an die Grenze dessen zu beteiligen ist, von der aus nicht mehr von einem groben Missverhältnis gesprochen werden kann.[1311] Die Rechtsprechung ging zunächst davon aus, dass der Urheber nur soviel verlangen könne, „wie dies unter Berücksichtigung der gesamten Beziehungen der Parteien notwendig ist, um die Unangemessenheit der bisherigen Beteiligung an den Erträgnissen zu beseitigen."[1312] Später änderte das Gericht diese Judiz. § 36 UrhG (a.F.) ziele darauf ab, dem Urheber eine (noch) angemessene Beteiligung zuzusprechen. Diesem Ziel würde man nicht gerecht, wenn durch die Erhöhung des Entgelts lediglich das grobe Missverhältnis beseitigt würde.[1313]

Nach der Gesetzesänderung vertritt der überwiegende Teil der Literatur die Ansicht, dass dem Kreativen eine Vergütung zukommen soll, die einer angemessenen Vergütung im Sinne des § 32 UrhG entspricht.[1314] Die Ansicht geht davon aus, dass die Rechtsfolge in § 32a Abs. 1 UrhG nicht hinter dem Niveau des § 32 zurückbleiben kann.[1315] Die Auffassung kann sich auf eine zuletzt ergangene Entscheidung des BGH stützen, der in diesem Sinne entschied.[1316]

Nach einer anderen Ansicht sind die angemessene Beteiligung und die angemessene Vergütung im Sinne des § 32 UrhG nicht identisch. Die Rechtsfolge sei lediglich darauf gerichtet, die Vergütung so anzupassen, dass die Auffälligkeit des Missverhältnises gerade noch so beseitigt ist.[1317] Bis zur Grenze des auffälligen Missverhältnisses verbleibe dem Verwerter die Vergütung ohne weitere Beteiligung des Urhebers.[1318] Die Vertreter dieser Ansicht argumentieren mit der veränderten Systematik der Vergütungsregeln. Deshalb könne nicht mehr auf die Rechtsprechung des BGH Bezug genommen werden.[1319] War es dort noch gerechtfertigt, über § 36 UrhG (a.F.) unangemessene Vertragsgestaltungen zu sanktionieren, sei dies durch die Einführung von § 32 UrhG nicht mehr notwendig.

---

1310 Fromm/Nordemann/Hertin, § 36 Rdn. 5.

1311 Schricker/Schricker, § 36 Rdn. 15; Hagen, S. 155; ähnlich Hegemann, der von einer spezifischen Wertung im Sinne des § 36 ausging, die sich nicht an den Wertungen beispielsweise des § 22 VerlG orientieren könne (Hegemann, S. 111).

1312 BGH GRUR 1991, S. 901, 903 („Horoskop-Kalender"), so auch noch OLG München ZUM 2001, S. 994, 1001 („Diamant des Salomon").

1313 BGH GRUR 2002, S. 153, 155 („Kinderhörspiele"); OLG München ZUM 2003, S. 684, 687; ZUM 2003, S. 970, 973.

1314 Dreier/Schulze/Schulze, § 32a Rdn. 41; Wandtke/Bullinger/Wandtke/Grunert, § 32a Rdn. 25; Loewenheim/v. Becker, § 29 Rdn. 91; Haas, Rdn. 304; Schricker, Quellen, S. 40; Erdmann, GRUR 2002, S. 923, 927; U. Schmidt, ZUM 2002, S. 781, 788.

1315 Wandtke/Bullinger/Wandtke/Grunert, § 32a Rdn. 25.

1316 BGH GRUR 2002, S. 153, 155 („Kinderhörspiele").

1317 HK/Kotthoff, § 32a Rdn. 20; Berger, GRUR 2003, S. 675, 680; ders. Rdn. 290.

1318 HK/Kotthoff, § 32a Rdn. 21.

1319 HK/Kotthoff, § 32a Rdn. 21; Berger, GRUR 2003, S. 675, 680.

Die angemessene Vergütung sichert § 32 UrhG. Mit § 32a UrhG werde zum Ausdruck gebracht, dass nicht jede Änderung der Vertragsbedingungen zur Vertragsanpassung führt.[1320] Der Verwerter trage das Risiko der Verwertung und müsse daher auch die Zusatzfrüchte behalten dürfen.[1321] Zudem nehme man mit dem BGH in Kauf, dass im Ergebnis derjenige Berechtigte besser gestellt werde, dessen Vergütung in einem qualifizierten Missverhältnis steht. Anders als der Berechtigte, der die Schwelle zum auffälligen Missverhältnis nicht überschreitet, könne er eine weitere Beteiligung erlangen. Der andere bleibt auf seiner unangemessenen Vergütung sitzen.[1322]

### (2) Stellungnahme

Wortlaut sowie Sinn und Zweck der Regelung sprechen dafür, dass dem Kreativen eine angemessene Vergütung im Sinne des § 32 UrhG zusteht.

Die geänderte Systematik der Vergütungsregelungen bewirkt nicht die Änderung des Anspruchinhalts. Systematisch knüpft § 32a Abs. 1 UrhG an die Situation an, in der die prognostizierten Erträge von den tatsächlichen Erträgen in erheblichen Maße abweichen.[1323] Die Beteiligung an solchen Erträgen ist über § 32 UrhG nicht gesichert. § 32a Abs. 1 UrhG soll gerade der Verlaufskontrolle von Leistung und Gegenleistung dienen. Beide Regelungen haben das Ziel, dem Urheber eine angemessene Vergütung an den Erträgen der Werknutzung über die gesamte Vertragslaufzeit zu sichern. Es wäre mit dem Beteiligungsgrundsatz nicht vereinbar, wenn der Urheber an dem Mehrwert nicht beteiligt würde.

Das Verwertungsrisiko des Verwerters schlägt sich bereits in der fiktiven angemessen Vergütung bei Feststellung des auffälligen Missverhältnisses nieder.[1324] Außergewöhnliche Risiken bewirken ein Heraufsetzen der Eingriffsschwelle. Hat sich das Risiko dann aber nicht verwirklicht und der Verwerter erzielt außergewöhnliche Erträge, gibt es keinen Grund, den Kreativen nicht zu beteiligen.

Die unterschiedliche Behandlung der Kreativen ist in Kauf zu nehmen. Sie ist die Konsequenz daraus, dass der Eingriff erst ab einer bestimmten Schwelle erfolgen soll. Die Differenzierung ergibt sich bereits auf der Tatbestandsebene und nicht

---

1320 HK/Kotthoff, § 32a Rdn. 21.

1321 HK/Kotthoff, § 32a Rdn. 21.; Berger, GRUR 2003, S. 675, 680

1322 Berger, GRUR 2003, S. 675, 680; zu diesem Problem bereits Katzenberger, GRUR Int. 1983, S. 410, 421.

1323 Aber nicht beschränkt auf unvorhersehbare Beträge.

1324 Siehe oben Teil 3/B/III/1., S. 191.

erst bei der Rechtsfolge. Auch nach dem hier abgelehnten Modell werden die Kreativen unterschiedlich behandelt. Der Anpassungsanspruch ergibt sich ebenfalls erst, wenn die Schwelle zum auffälligen Missverhältnis überschritten ist.

### bb) Angemessene Beteiligung

Der Wortlaut der Norm sieht einen Anspruch auf eine weitere angemessen Beteiligung vor. Anders als in § 32 UrhG ist also nicht von einer angemessenen Vergütung die Rede. Aus dem systematischen Zusammenhang zwischen §§ 32 und § 32a UrhG, der sich über die Wahl der Worte „weitere Beteiligung" manifestiert, wird aber deutlich, dass mit der weiteren Beteiligung kein Unterschied zur angemessene Vergütung im Sinne des § 32 UrhG gemeint ist.[1325]

Aus dem Wortlaut („weitere Beteiligung") ist nicht zu schließen, dass eine angemessene Vergütung im Sinne des § 32a Abs. 1 UrhG nur dann gegeben ist, wenn es sich um eine Beteiligungsvergütung handelt. Der Gesetzgeber stellt in der Begründung klar, dass auch pauschalierte Zahlungen der Rechtsfolge einer weiteren angemessenen Beteiligung entsprechen können.[1326]

Für die Beurteilung, ob eine weitere Beteiligung angemessen ist, kann auf die bereits im Rahmen der Bestimmung des auffälligen Missverhältnisses geprüfte fiktive angemessene Vergütung zurückgegriffen werden. Allerdings dürfen dabei die Faktoren keine Rolle spielen, die bei der Ermittlung der Eingriffsschwelle (auffälliges Missverhältnis) unter dem Merkmal „Berücksichtigung der gesamten Beziehungen" einbezogen wurden. Richtigerweise lehnte es daher das OLG München ab, Nebenerlöse und erhaltene Aufwandsentschädigungen bei der Höhe der Beteiligung zu berücksichtigen.[1327] Anders als bei der Beurteilung der Eingriffsschwelle ist auf der Rechtsfolgenseite allein das konkrete Nutzungsverhältnis ausschlaggebend.

---

[1325] Dreier/Schulze/Schulze, § 32a Rdn. 41; Wandtke/Bullinger/Wandtke/Bullinger, § 32a Rdn. 25; Loewenheim/v.Becker, § 29 Rdn. 29, Haas, Rdn. 304; Ory, AfP 2002; S. 92, 100; Erdmann, GRUR 2002,S. 923, 927; Schaub, ZUM 2005, S. 212, 219; Schricker, Quellen, S. 40.

[1326] Beschlussempfehlung und Bericht des Rechtsausschusses, BT-Drucks. 14/5058, S. 20.

[1327] OLG München ZUM 2003, S. 684, 687. In einer vorangegangenen Entscheidung hatte das Gericht auf der Tatbestandseite die Erträgnisse berücksichtigt, die dem Urheber aus der Verwertung von Nebenrechten zugeflossen waren (OLG München ZUM 2001, S. 994, 999 („Diamant des Salomon").

## 3. Inhaltliche Anforderung an eine Regelung in Kollektivverträgen

### a) *Problemstellung*

Damit die Wirkung von § 32a Abs. 4 UrhG eintreten kann, müssen die Kollektivverträge ausdrücklich für den Fall des Absatzes 1 eine weitere angemessene Beteiligung vorsehen. Aus der Kollektivvereinbarung soll sich eine weitere Vergütung ergeben, die den Urheber weiterhin angemessen beteiligt. Der Gesetzgeber geht davon aus, dass den Parteien eines Kollektivvertrages eine solche Regelung möglich ist.

Die Vergütung für das Einräumen von Nutzungsrechten ergibt sich bereits aus dem Kollektivvertrag.[1328] Zusätzlich muss der Vertrag auf der Tatbestandsseite das auffällige Missverhältnis und auf der Rechtsfolgenseite eine weitere angemessene Beteiligung vorsehen.

Die Vergütung gilt als angemessen (§ 32 Abs. 2 Satz 2, Abs. 4 UrhG). Von den Gerichten kann sie nicht mehr in Frage gestellt werden. Daher wird in der Literatur die Frage aufgeworfen, ob überhaupt noch ein auffälliges Missverhältnis entstehen kann.[1329] Dem ist entgegenzuhalten, dass die Angemessenheitsvermutung lediglich aus einer ex-ante-Sicht unwiderlegbar ist.

Das schließt nicht aus, dass trotzdem die Voraussetzungen des § 32a Abs. 1 UrhG eintreten, die bei objektiver Beurteilung des Leistungsverhältnisses ex-post unter Berücksichtigung der konkreten Erträge und Vorteile zu ermitteln sind. Auch bei einer Vergütung, die nach einem Kollektivvertrag bestimmt ist, kann diese Wirkung eintreten. So kann ein Kollektivvertrag, der über Jahrzehnte ohne Veränderungen wirkt, nicht mehr die objektiven Vergütungsbedingungen der Branche widerspiegeln.[1330] Denkbar ist auch der Fall, dass der Kollektivvertrag angepasst wurde, die individuelle Vergütung jedoch nicht an dieser Veränderung teilnimmt. Letztlich ist nicht ausgeschlossen, dass ein Kollektivvertrag lediglich eine Pauschalvergütung enthält. Allein die Regelung in einer Kollektivvereinbarung schließt nicht aus, dass die Einnahmesituation bei objektiver Betrachtung im gleichen Maße zu einem Missverhältnis führen kann. Hier gibt es keinen Unterschied zum Individualvertrag. Dies zeigt zumindest, dass entsprechende Vergütungen nicht dauerhaft als angemessen gelten können, auch wenn sie nach Kollektivverträgen bestimmt worden sind.

---

[1328] Siehe oben Teil 3/B/II/1. und 2. (S. 89 ff. und 102 ff.)

[1329] Schmidt, ZUM 2002, S. 781, 788.

[1330] Nordemann, § 32 Rdn. 15.

Da die Vergütung für das Einräumen von Nutzungsrechten aber bereits als angemessen angesehen wird, beschränkt sich der Regelungsgehalt der weitergehenden Regelung auf die Umstände, die sich nach Vertragsschluss ändern und zu einem auffälligen Missverhältnis führen können.

Eine solche Regelung in einem Vertrag erscheint zunächst unvereinbar mit dem System der Vergütungsregelungen des § 32 ff. UrhG. Eine Vergütung ist nach § 32 Abs. 2 Satz 2 UrhG nur dann angemessen, wenn sie Art und Umfang, sowie Dauer und Zeitpunkt der Nutzung berücksichtigt und somit eine angemessene Vergütung über die gesamte Vertragslaufzeit sichert.[1331] Wenn Parteien in einem Einzelvertrag eine Vergütung für die Einräumung von Nutzungsrechten und gleichzeitig eine weitere Vergütung für den Fall eines auffälligen Missverhältnisses vereinbaren, zeigen sie, dass sie künftige Entwicklungen im Vertrag berücksichtigen können. Wenn sie ein auffälliges Missverhältnis von Leistung in der Zukunft vorherbestimmen können, so ist dies auch für ein einfaches Missverhältnis möglich. Eine Vereinbarung, die weitere Vergütungsansprüche erst vorsieht, wenn Leistung und Gegenleistung in einem auffälligen Missverhältnis stehen und nicht bereits vorher, würde den Maßstäben des § 32 Abs. 2 UrhG nicht gerecht. Der Kreative könnte eine Korrektur des Vertrages erreichen, die ihm bereits im Vorfeld des auffälligen Missverhältnisse eine weitere Vergütung gewährt.

Diese Korrektur ist bei einer Vergütung, die nach einem Kollektivvertrag bestimmt wurde nicht möglich (§ 32 Abs. 2 Satz 1 und Abs. 4 UrhG). Obwohl die Parteien mit der Regelung für den Fall des § 32a Abs. 1 UrhG zeigen, dass sie künftige Abweichungen regeln können, wäre ein Gericht an den Willen der Parteien gebunden. Die vereinbarte Vergütung gilt als angemessen.[1332] Für diesen Kreativen besteht also erst beim Vorliegen eines auffälligen Missverhältnisses wieder eine Korrekturmöglichkeit. Eine solche Lücke nimmt der Gesetzgeber bei Kollektivverträgen offenbar in Kauf und bestätigt dies durch § 32a Abs. 4 UrhG.

### *b) Ausdrücklich*

Aus den Materialien ergeben sich keine Hinweise, was der Gesetzgeber mit der Forderung nach einer ausdrücklichen Regelung bezweckte. Damit könnte ein

---

[1331] Beschlussempfehlung und Bericht des Rechtsausschusses, BT-Drucks. 14/8058, S. 2; h.M.: Wandtke/Bullinger/Wandtke/Grunert, § 32 Rdn. 41; Dreier/Schulze/Schulze, § 32 Rdn. 45; weitergehend noch Nordemann § 32 Rdn. 15 und 32: bereits der Fall einer nur generell vorhersehbaren Situation, wie zum Beispiel eine Geldentwertung, muss durch eine Anpassungsklausel gesichert werden.

[1332] Siehe oben Teil 3 B/II/1. und 2. (S.101 und 134)

formaler Aspekt gemeint sein. Da zumindest für gemeinsame Vergütungsregeln grundsätzlich keine Schriftform verlangt wird, könnte über das Merkmal „ausdrücklich" eine solche Formvorschrift als zusätzliche Inhaltsanforderung verstanden werden. Ein besonderer Sinn ist darin jedoch nicht zu erkennen. Ohnehin werden die meisten gemeinsamen Vergütungsregelungen schriftlich abgefasst sein.[1333]

Ausdrücklich könnte auch so verstanden werden, dass eine weitere Beteiligung in einem solchen Vertrag zwar vereinbart werden kann, jedoch ein ausdrücklicher Hinweis darauf verbunden sein muss, dass die weitere Vergütung den Bestsellerfall honorieren soll.[1334] Die Parteien sollen also damit zum Ausdruck bringen, dass sie die Situation erkannt haben und dafür eine Regelung vorsehen. Damit grenzt sich die Regelung von Vergütungsregeln nach § 32 UrhG ab.

### *c) Weitere angemessene Beteiligung für den Fall des Absatzes 1*

Die Kollektivregelung soll für den Fall des Absatzes 1 eine weitere angemessene Beteiligung vorsehen. Auf der Rechtsfolgenseite soll also eine zusätzliche Vergütung erkennbar werden. Der Tatbestand muss den Fall des Absatzes 1 erfassen.

Den Anforderungen des Tatbestands wäre eine allgemeine Klausel der folgenden Art nicht Genüge getan:

> „für den Fall des § 32a Abs. 1 UrhG (Bestsellersituation) steht dem Urheber eine weitere Vergütung in Höhe von....zu."

Dagegen spricht schon der Gedanke, dass die Parteien mit einer solchen Klausel keine Rechtssicherheit erhalten könnten, denn es wäre der Regelung nichts zu entnehmen, wann der Anspruch entsteht. Auch der Gesetzgeber geht davon aus, dass die Parteien zumindest abstrakt den Fall so bestimmen, dass auch der wirtschaftliche Erfolg Berücksichtigung findet. Bei Verwirklichung des Tatbestands könne „die weitere Beteiligung ohne Aufwand bestimmt werden."[1335] Die Regelung soll also in gleicher Weise ausgestaltet sein, wie die der angemessenen Vergütung nach § 32 UrhG. Wie dort wird eine Regelung zu erstellen sein, die Tatbestand und Rechtsfolge, also einen Bezugspunkt und die dazugehörige Vergütung enthält.[1336] Daher kann auch § 3 Abs. 5 der gemeinsamen Vergütungsregel

---

[1333] HK/Kotthoff, § 36 Rdn. 9, Haas, Rdn. 328.

[1334] In diesem Sinne wohl auch Nordemann, § 32a Rdn. 20; Berger, Rdn. 286.

[1335] Beschlussempfehlung und Bericht des Rechtsausschusses BT-Drucks. 14/8058 S. 20.

[1336] Siehe dazu oben Teil 3/B/II/3., S. 161 ff.

für Autoren belletristischer Werke[1337] nicht den Anforderungen des § 32a Abs. 4 UrhG genügen.

Für die Tatbestandsbeschreibung stellen sich die gleichen grundlegenden Probleme wie für die Regelung der angemessenen Vergütung nach § 32 UrhG. Sie muss abstrakt genug sein, um damit eine möglichst große Zahl von Fällen zu erfassen und sie muss wiederum so genau sein, dass sie den Einzelfall tatsächlich widerspiegelt.[1338] Ging es bei § 32 UrhG um die Erfassung vergleichbarer Sachverhalte bei der Einräumung von Nutzungsrechten, müssen hier branchentypische Fälle eines qualifizierten Missverhältnisses im Sinne des § 32a Abs. 1 UrhG erfasst werden.

Der Anwendungsbereich für solche Regelungen verengt sich zunächst dadurch, da nur das regelbar ist, was von den Parteien auch vorhergesehen werden kann. Was nicht vorhergesehen werden kann, ist auch im vorab nicht zu regeln. Da § 32a UrhG zumindest auch für die unvorhergesehenen Änderungen des Umfelds konzipiert ist, lässt sich durch Kollektivvereinbarungen keine uneingeschränkte Rechtssicherheit für alle Fälle des § 32a Abs. 1 UrhG erreichen.

Mit Blick auf die Wirkung der Kollektivregelungen könnte man überlegen, ob es die Parteien selbst in der Hand haben darüber, zu bestimmen, wann ein Missverhältnis vorliegt. Dafür könnte sprechen, dass die Rechtsfolge der Kollektivregelung (die weitere angemessene Beteiligung) nicht der Inhaltskontrolle durch die Gerichte unterliegt.[1339] Die Faktoren für die Bestimmung der weiteren angemessene Beteiligung stimmen im Wesentlichen mit den Faktoren überein, die auch für die Bestimmung der fiktiven angemessenen Vergütung und somit für den Tatbestand heranzuziehen sind.[1340] Insofern überschneiden sich die Wertungen bei Tatbestand und Rechtsfolge. Wenn aber die Rechtsfolge der Regelung keiner Inhaltskontrolle unterliegt, könnte dies auch für den zumindest wertungsähnlichen Tatbestand gelten.

Andererseits ist das auffällige Missverhältnis ein objektives Tatbestandsmerkmal, dass nicht zur Disposition der Parteien steht. Der Anspruch aus § 32a Abs. 1 UrhG kann auch nicht ausgeschlossen werden (§ 32a Abs. 3 UrhG). Den Parteien fehlt die Normsetzungsbefugnis für diesen Tatbestand. Es handelt sich um eine zwingende Norm (§ 32a Abs. 3).[1341] Dies ergibt sich auch aus dem

---

1337 Siehe Anhang
1338 Siehe dazu oben Teil 3/B/II/3., S. 161 ff.
1339 Dazu sogleich unten C, S. 217
1340 Siehe oben Teil 3/B/III/1., S. 174 ff.
1341 HK/Kotthoff, § 32a Rdn. 38.

Wortlaut des § 32a Abs. 4 UrhG. Die Parteien können eine Regelung für den Fall des Absatzes 1 treffen, aber nicht den Fall des Absatzes 1 regeln. Diese Einschränkung gilt auch für Tarifvertragsparteien. § 32a Abs. 1 UrhG ist ein zweiseitig zwingendes Gesetz, das kein Abweichen im Tarifvertrag zulässt.[1342]

Wann das auffällige Missverhältnis vorliegt, muss der Regelung also genau zu entnehmen sein. Selbst wenn die Parteien dieses Verhältnis zu Lasten des Kreativen knapp verfehlen, kann sich der Verwerter nicht auf die Regelung im Kollektivvertrag berufen.[1343] Die Kriterien für die Erfassung des auffälligen Missverhältnisses müssen trotz ihrer Abstraktheit so genau sein, dass sie den konkreten Fall erfassen können. Anderenfalls ergibt sich für den Verwerter kein Vorteil im Verhältnis zur gesetzlichen Regelung des Absatzes 1.[1344] Sollten Parteien eines Kollektivvertrages eine Regelung treffen, die die Grenzen des auffälligen Missverhältnis zugunsten des Kreativen verschiebt und dafür eine weitere Beteiligung vorsehen, käme es gar nicht zur Bestsellersituation im Sinne des § 32a Abs. 1 UrhG. Bereits vor Entstehen des Missverhältnisses würde der Kreative weiter beteiligt.

Bleibt zu überlegen, welche vorhersehbaren Änderungen die Parteien regeln könnten. Zu denken wäre an den Fall der Geldentwertung.[1345] Bei Vergütungen, die eine pauschale Vergütung oder eine Beteiligung mit bestimmten Vergütungssätzen vorsehen, könnte eine Anpassung der folgenden Art vorgesehen sein:

> „Für den Fall, dass die vereinbarte Vergütung inflationsbedingt um mehr als 25 % hinter dem Wert bei Vertragsschluss zurückbleibt, steht dem Urheber eine Anpassung der Vergütung auf den aktuellen Wert zu.“

Eine solche Regelung muss sich jedoch an § 2 PaPkG[1346] messen lassen. Es handelt sich um eine sogenannte Gleitklausel, die die Höhe der Geldschuld an eine vertragsfremde Bezugsgröße bindet und bei Änderungen der Bezugsgröße eine

---

[1342] Wiedemann/Wiedemann, Einl. Rdn. 357.

[1343] In diesem Sinne wohl aber Ory, AfP 2002, S. 93, 99: „Nach Vorstellung des Gesetzgebers sollen kollektive Vereinbarungen über eine weitere Vergütung sachgerechter sein als Individualvereinbarungen und werden daher einer weniger intensiven Nachprüfung zugeführt.“

[1344] HK/Kotthoff, § 32a Rdn. 39; Wandtke/Bullinger/Wandtke/Grunert, § 32a Rdn. 23.

[1345] Dazu auch ein Beispiel bei Nordemann, § 32 Rdn. 32.

[1346] Preisangaben- und Preisklauselgesetz

automatische Anpassung vorsieht.[1347] Derartige Klauseln sind vom Bundesministerium für Wirtschaft zu genehmigen.

Bestimmte Ertragsentwicklungen sind bei Vertragsschluss nicht gänzlich auszuschließen und könnten von einer Regelung erfasst werden. Am Beispiel BGH GRUR 1990, S. 1005 f. („Salome")[1348] ließe sich eine solche Regelung erstellen:

> „Für den Fall, dass die gegenwärtige Bezugsgröße der Vergütung (Brutto-Einnahme der Abendkasse) nicht mehr die redliche Branchenpraxis darstellt, ist der Vertrag entsprechend der geänderten Praxis anzupassen."

Eine solche Regelung hätte allerdings ebenfalls keinen konkreten Tatbestand im Sinne des § 32a Abs. 1 UrhG und keine konkrete Vergütung als Rechtsfolge. Fälle von Veränderungen, die zwar allgemein vorhersehbar, deren Faktoren aber nicht konkret erfassbar sind, sind daher nicht für eine Kollektivregelung geeignet.

Von den Faktoren, die Einfluss auf ein auffälliges Missverhältnis haben können, sind darüber hinaus nicht alle geeignet, über den individuellen Fall hinaus einer generell abstrakten Regelung zugeführt zu werden.[1349] Während § 32 UrhG die Angemessenheit der Vergütung zum Zeitpunkt des Vertragsschlusses sicherstellen soll, ist § 32a UrhG zur Korrektur später eingetretener Veränderungen konzipiert. Diese Änderungen sind entweder nicht vorhersehbar oder vom üblichen abweichend und durch individuelle Besonderheiten geprägt.[1350] Hier liegt eine weitere Grenze der Regelbarkeit in Kollektivverträgen.

Der Gesetzgeber hatte möglicherweise eine wesentlich einfachere Konstellation im Blick. In der Gesetzesbegründung heißt es, dass „die Beteiligung am wirtschaftlichen Erfolg („Bestsellerfall") ebenso wie vergleichbare Fälle („Longseller") schon vorab zu regeln" seien. Insbesondere in Vergütungsregelungen könne

---

[1347] BGHZ 53, 318; Palandt/Heinrichs, § 245 Rdn. 28.

[1348] Der Komponist Richard Strauss hat mit der Bayerischen Staatsoper 1906 eine Aufführungstantieme von 6 % der Bruttokarteneinnahmen jeder Aufführung vereinbart. Mittlerweile finanziert sich die Oper aber nur noch zu 10 % aus Karteneinnahmen und zu 90 % aus Subventionen. Entsprechend haben sich auch die üblichen Berechnungen der Tantieme geändert. Gezahlt wird ein bestimmter Betrag pro Besucher/Vorstellung, meist nach der Regelsammlung Verlage/Bühne [dazu BGH GRUR 1996, S. 763 (Salome II)].

[1349] Dies bemerken kritisch HK/Kotthoff, § 32a Rdn. 39; Rdn. Loewenheim/ v. Becker, § 29 Rdn. 97; Mestmäcker/Schulze/Lindner, § 32a Ziff. 6; Haas, Rdn. 327; Schack, GRUR 2002, S. 853, 856; Ory, AfP 2002 S. 93, 99.

[1350] Siehe oben Teil 3/B//III/1. Seite 174 ff; Ähnlich Schaub, R., ZUM 2005, S. 212, 214.

der wirtschaftliche Erfolg durch gestaffelte Pauschalen oder prozentuale Beteiligungen Berücksichtigung finden.[1351] Anknüpfungspunkt wären hier nur die vorhersehbaren Ertragsentwicklungen.

Diese Vorstellung des Gesetzgebers erinnert an die Regelung des Normvertrages für Übersetzer.[1352] Hier ist zwar nicht der tatsächliche Ertrag Maßstab, sondern die Höhe der verkauften Auflage. Jedoch liegen dieser Auflagenzahl bestimmte typische Umsatzerwartungen und Gewinnkalkulationen zugrunde.[1353] Die Regelung sieht zunächst ein Zeilenhonorar des Übersetzers (Pauschalvergütung) und ab einer bestimmten Auflagenhöhe eine weitere Pauschalvergütung oder eine Beteiligung am Nettoverlagsabgabepreis vor (§ 6 Normvertrag).

Das Beispiel des Normenvertrages ließe sich für die Bestsellersituation verallgemeinern. Eine denkbare Regelung für eine Pauschalvergütung könnte dann so aussehen:

> Vergütung (Honorar)
>
> Der Kreative erhält für die Einräumung folgender Nutzungsrechte ....ein Pauschalentgelt von 100 Euro.
> Mit diesem Honorar ist eine anteilige Vergütung bis zu einem Ertrag aus der Nutzung des Werkes in Höhe von 10.000 Euro abgegolten. (Dies entspricht einem Anteil von 1 % der Erträge). Der Ertrag bestimmt sich aus dem Bruttoverkaufspreis. (unter Abzug der Mehrwertsteuer)...
>
> Weitere Vergütung nach § 32a UrhG
>
> a) Übersteigt der Bruttoerlös unter Berücksichtigung der nach b) zu berücksichtigenden Umstände den Ertrag von 12.500 Euro, dann steht dem Kreativen ein weiteres Honorar zu und zwar in Höhe von 1 % des Bruttoverkaufspreises (unter Abzug der Mehrwertsteuer) gerechnet ab dem Ertrag von 10.001 Euro.

---

1351 Beschlussempfehlung und Bericht des Rechtsausschusses BT-Drucks. 14/8058 S. 20.

1352 Normvertrag Übersetzer bei Hillig Nr. 7a.

1353 Siehe dazu die Ausführungen zur Kalkulation in OLG München ZUM 2003, S. 684, 685; und S. 970, 971 sowie Homburg/Klarmann, ZUM 2004, S. 704 ff. Die Kalkulation müsste in einer gemeinsamen Vergütungsregelung allerdings offengelegt werden, damit die Angemessenheit der Vergütung nachvollzogen werden kann. Anderenfalls wäre die Regelung gerade nicht geeignet, Rechtssicherheit herzustellen. Über die Frage der Kalkulationsgrundlage könnte es zum Streit kommen.

Variante:

.... und zwar in Höhe von 100 Euro. Mit diesem Honorar ist eine anteilige Vergütung bis zu einem Ertrag aus der Nutzung des Werkes in Höhe von 20.000 Euro abgegolten. Ein weiteres Honorar in gleicher Höhe steht dem Kreativen zu, wenn der Bruttoerlös unter Berücksichtigung der nach b) zu berücksichtigenden Umstände den Ertrag von 25.000 Euro erlöst, usw.

b) Bei der Bestimmung des Ertrages nach a) ist zu berücksichtigen: vom tatsächlich erzielten Erlös aus der Verwertung dieses Werkes sind Verluste, die dem Verwerter aus der Verwertung anderer Werke des Urhebers entstanden sind, abzuziehen.

Für den Fall einer Pauschalvergütung als Honorargrundlage wäre somit eine Regelung für den Fall des Absatzes 1 denkbar, die jedoch notwendigerweise aufgrund ihrer Abstraktheit nicht alle Merkmale erfassen kann, die auch in diesem Fall zu einem auffälligen Missverhältnis im Sinne des § 32a UrhG führen könnten.

## C Wirkung der Regelung

Der Wortlaut von § 32a Abs. 4 UrhG knüpft an den Wortlaut des § 32 Abs. 4 UrhG an. Auch dort entfällt ein Anspruch des Urhebers auf Korrektur seines Vertrages, wenn die Vergütung nach einem Tarifvertrag bestimmt ist. Für Tarifverträge wird lediglich die Selbstverständlichkeit zum Ausdruck gebracht, dass das Ergebnis der Vereinbarung keiner staatlichen Kontrolle unterliegt. Anderenfalls läge eine unzulässige Tarifzensur vor.[1354] Nichts anderes gilt hier: Die Angemessenheit der weiteren Beteiligung unterliegt keiner Gerichtskontrolle.[1355] Der Ausschluss der Inhaltskontrolle beschränkt sich jedoch auf die Rechtsfolgenseite. Die Parteien können nicht über den Tatbestand bestimmen.[1356] Die Voraussetzung einer Regelung, die dem Schutz der Kreativen dienen soll, können nicht relativiert werden.[1357]

---

1354 Siehe oben Teil 3/B/II/1., S. 101.

1355 HK/Kotthoff, § 32a Rdn. 40; Dreier/Schulze/Dreier, § 32a Rdn. 59.; Haas, Rdn. 327; Schricker, S. 44.

1356 Siehe oben Teil 3/B/II/3., S. 213.

1357 So wohl aber Ory, AfP 2002, S. 93, 99 der davon ausgeht, dass die Gerichte etwas weniger genau prüfen könnten.

Für die Wirkung einer weiteren Vergütung, die nach einer gemeinsamen Vergütungsregelung ermittelt wurde, sieht § 32 Abs. 2 Satz 1 eine andere Formulierung vor. Die Vergütung ist angemessen, d.h. die Angemessenheit der Vergütung gilt unwiderleglich als angemessen und unterliegt somit auch keiner Inhaltskontrolle. Nach Sinn und Zweck der Norm und der systematischen Stellung von § 32 und § 32a UrhG ergibt sich, dass trotz anderer Wortwahl auch bei § 32a Abs. 4 UrhG die unwiderlegliche Vermutung der Angemessenheit der weiteren Beteiligung gemeint ist. Auch diese Vergütung unterliegt keiner Inhaltskontrolle durch die Gerichte. [1358]

Die Wirkung einer solchen Kollektivvereinbarung erschöpft sich also darin, dass die vereinbarte Rechtsfolge (die Höhe der weiteren angemes-senen Vergütung) keiner Gerichtskontrolle unterliegt. Die Kreativen können keine Korrektur verlangen. Der Anspruch ist durch § 32a Abs. 4 UrhG ausgeschlossen. Prozessrechtlich kann der Verwerter das Bestehen einer wirksamen Kollektivvereinbarung dem Korrekturanspruch als Einrede entgegenhalten.

## D Praktische Probleme

Die Regelung im Kollektivvertrag kann keine Wirkung erzielen, wenn es den Parteien nicht gelingt, den Fall des Absatzes 1 zu bestimmen. Dass dies Schwierigkeiten bereiten kann, wurde gerade gezeigt. Insbesondere können nicht alle Fälle, die den Korrekturanspruch des Absatzes 1 auslösen geregelt werden (z.B. unvorhersehbare Änderungen der Umstände). Sicherheit für den Fall des § 32a Abs. 1 UrhG kann daher nur bedingt erreicht werden.

Soweit Sicherheit durch eine Regelung hergestellt werden kann, handelt es sich um Fälle, bei denen die Parteien das Entstehen eines auffälligen Missverhältnisses im Voraus bestimmen können. Für Verwerter wäre eine solche Regelung insofern reizvoll, weil sie somit Rechtssicherheit und somit auch Planungs- und Kalkulationssicherheit erlangen. Bedenkt man jedoch, dass in dem Fall nicht nur das auffällige sondern auch das einfache Missverhältnis vorhersehbar ist, stellt sich die Frage, warum sich eine Organisation der Kreativen auf einen solchen Vertrag einlassen soll. Bei sachgerechter Interessenwahrnehmung wird eher eine Regelung gesucht werden, die bereits weitere Vergütungen bei einfachen Missverhältnissen vorsieht, zumindest aber deutlich vor der Grenze des auffälligen Missverhältnisses.

---

[1358] HK/Kotthoff, § 32a Rdn. 40; Dreier/Schulze/Dreier, § 32a Rdn. 60; Haas, Rdn. 327; Schricker, S. 44.

Damit stellt sich die Regelung des § 32a Abs. 4 UrhG aber als unpraktikabel heraus. Soweit der Norm eine große praktische Bedeutung vorausgesagt wurde[1359], ist dies nicht mit den Ergebnissen dieser Untersuchung in Übereinstimmung zu bringen.

## E Einbeziehen des Absatzes 2?

Der Wortlaut von § 32a Abs. 4 UrhG legt nahe, dass nur für den Fall des Absatzes 1 eine Regelung in Kollektivverträgen möglich sein soll. Andererseits ordnet § 32a Abs. 2 UrhG eine Haftung nach Maßgabe des Absatzes 32a Abs. 1 UrhG an und nimmt somit eine Rechtsfolgenverweisung auf den Absatz 1 vor. Damit lässt sich begründen, dass Absatz 4 eine Kollektivregelung für den Fall des Absatzes 2 nicht ausschließt. [1360]

Um die Frage zu beantworten, ob eine solche Regelung überhaupt möglich ist, muss zunächst Klarheit darüber bestehen, welchen Regelungsgehalt § 32a Abs. 2 UrhG enthält. Dieser soll im Folgenden zunächst dargestellt werden (1.). Danach wird die Frage beantwortet, ob für den Fall des Absatzes 2 eine Regelung in Kollektivverträgen rechtlich und tatsächlich möglich ist (2.).

### I. Die Regelung des § 32a Abs. 2 UrhG

#### 1. Regelungsziel

§ 32a Abs. 1 UrhG regelt lediglich die Ansprüche, die zwischen Urheber bzw. ausübenden Künstler und deren jeweiligen Vertragspartnern bestehen. Absatz 1 geht von einer unmittelbaren Verwertung des Werkes durch den Vertragspartner aus. In der Praxis ist es jedoch üblich, dass der Vertragspartner nicht selbst die Werkverwertung vornimmt, sondern diese durch andere vornehmen lässt. In Betracht kommen dabei sowohl die komplette Übertragung der vom Urheber eingeräumten Nutzungsrechte (§ 34 UrhG), als auch die Einräumung weiterer Nutzungsrechte an einen Dritten (§ 35 UrhG). Im einfachsten Fall werden die Rechte vom Vertragspartner des Urhebers nur einmal weiterübertragen (der Verwerter wird zum Lizenzgeber) und verbleiben dann zur Werkverwertung beim nächsten Berechtigten (Lizenznehmer). Gerade bei der Filmwertung ist es aber üblich, dass die Nutzungsrechte über eine längere Kette von Verwertungsverträgen weitergereicht werden.[1361] Dabei können die vom Urheber übertragenen Nutzungsrechte

---

[1359] Erdmann GRUR 2002, 923, 927.
[1360] HK/Kotthoff, § 32a Rdn. 41; Berger, Rdn. 287; a.A. Haas, Rdn. 329
[1361] Nordemann, § 32a Rdn. 11; Brauner, ZUM 2004, S. 96, 98 mit Beispielen.

jeweils in einer Hand erhalten bleiben. Es kann aber auch zu einer Verzweigung der Ketten kommen, wenn aus dem Bündel der eingeräumten Rechte nur einzelne Rechte weiterübertragen werden.[1362]

Im jeweiligen Lizenzvertrag verpflichtet sich der Lizenzgeber dem Lizenznehmer die Werknutzung zu ermöglichen. Als Gegenleistung wird eine Lizenzgebühr vereinbart. Auch hier ist eine Vielzahl von Vertragsgestaltungen denkbar. So kommen Pauschalvergütungen genauso in Betracht, wie Beteiligungsvereinbarungen oder die Kombination aus beiden.[1363] Beteiligungsvergütungen können an einzelne Werknutzungshandlungen oder an erzielte Erträge anknüpfen.[1364] Die Lizenzvertragsparteien können zwar vereinbaren, dass der Lizenznehmer einen bestimmten Anteil seiner Erträge an den Kreativen abführt. In der Regel wird die Urhebervergütung aber Sache des ersten Lizenzgebers und Vertragspartners des Kreativen sein. Ob und wie er den Urheber an den Lizenzeinnahmen beteiligt, spielt für die anderen Beteiligten in der Lizenzkette keine Rolle.[1365]

An jeder Stelle einer Lizenzkette können hohe Erträge und Vorteile anfallen, die, gemessen an der Vergütung des Kreativen, ein auffälliges Missverhältnis begründen. § 32a Abs. 2 UrhG soll regeln, wie der Kreative gegebenenfalls an diesen Erträgen beteiligt werden kann.

## 2. Entstehungsgeschichte

### *a) Regelungszustand bei § 36 UrhG (a.F.)*

§ 36 UrhG (a.F.) enthielt keine vergleichbare Regelung. Es war daher strittig, ob der Urheber Ansprüche gegen Dritte geltend machen kann, wenn bei diesem Dritten besondere Erträgnisse angefallen sind.

Mit dem Hinweis darauf, dass der Urheber und der Dritte keine Vertragspartner seien, lehnte eine Auffassung die Anwendung des § 36 UrhG (a.F.) und somit Ansprüche des Urhebers gegen Dritte ab.[1366] Die Gegenansicht ging davon aus, dass dem Urheber gegen den Dritten ein Anspruch auf weitere Beteiligung zuste-

[1362] Brauner, ZUM 2004, S. 96, 98; Reinhard/Distelkötter, ZUM 2003, S. 269, 273.

[1363] Dreier/Schulze/Schulze, § 32a Rdn. 51; dazu auch Vertragsbeispiele bei Delp, S. 160 f. (Vertrag L); Münchener Vertragshandbuch/ Nordemann S. 957 ff. (Vertrag IX. 13 ff.).

[1364] Delp, S 160 f.

[1365] Zur Vertragspraxis im Filmbereich Nordemann, § 32a Rdn. 11; Hoeren in FS Nordemann, S. 181.

[1366] OLG München FuR 1982, S.586, 589; v. Gamm § 36 Rdn. 5; Riedel § 36 Anm. B.

hen sollte.[1367] Um dies zu begründen, wurde auf den Schutzgedanken des § 36 UrhG (a.F.) zurückgegriffen. Die Norm sollte daher analog anwendbar sein.[1368] Katzenberger wählte eine Konstruktion über §§ 413, 404 BGB, um den Anspruch des Urhebers auf weitere Beteiligung zu begründen.[1369] Um die unbefriedigende Rechtslage zu ändern, wurde daher ein Eingreifen des Gesetzgebers gefordert.[1370]

### *b) Novelle des Urhebervertragsrechts*

Die Formulierungshilfen vom 19.11.2001 sahen noch keine Regelung zur Einbeziehung Dritter vor. In der Begründung wurde jedoch zum Ausdruck gebracht, dass sich der Urheber im Fall der Weiterübertragung oder Nutzungsrechtsvergabe an seinen Vertragspartner halten kann. Es sei Aufgabe der Parteien des Lizenzvertrages, eventuelle Rückgriffsmöglichkeiten zu vereinbaren.[1371]

Dieses Rückgriffsprinzip wurde in den Formulierungshilfen vom 14.01.2002 beibehalten und als ausdrückliche Regelung normiert.[1372] Die Konstruktion ging davon aus, dass dem Kreativen ein Korrekturanspruch gegen seinen Vertragspartner zustehen sollte, unabhängig davon, wo die besonderen Erträge entstanden sind. Absatz 2 enthielt zum Ausgleich dafür eine Regelung, die dem Vertragspartner des Kreativen (und Lizenzgeber) einen Vertragsänderungsanspruch gegen den Lizenznehmer zuerkannte. Der geänderte Vertrag sollte dem Lizenzgeber eine Erstattung der geleisteten Zahlung gewähren. Damit sollte wohl in erster Linie den Bedenken der Filmproduzenten Rechnung getragen werden. Diese stehen einerseits als Verwerter dem Urheber gegenüber, anderseits als Vertragspartner Medienunternehmen, gegen die sie Nachforderungsansprüche ohne die gesetzliche Regelung kaum durchsetzen können.[1373] Sie hätten dann den Urheber an Erträgen

---

1367. Schricker/Schricker, § 36 Rdn. 8;Fromm/Nordemann/Hertin, § 36 Rdn. 8; Möhring/Nicolini/Spautz, § 36 Rdn. 12; Hagen, S. 81 ff, Hegemann, S. 100 ff.; Katzenberger, GRUR Int. 1983, S. 410 420.

1368 Schricker/Schricker, § 36 Rdn. 8; Fromm/Nordemann/Hertin, § 36 Rdn. 8 („Durchgriff"); Möhring/Nicolini/Spautz, § 36 Rdn. 12; Hagen, 81 ff, Hegemann, S. 100 ff.

1369 Katzenberger, GRUR Int. 1983, S. 410, 420;

1370 Möhring/Nicolini/Spautz, § 36 Rdn. 12, Regelung nach dem Vorbild im französischen und spanischen Recht, die eine Korrektur von Pauschalhonoraren vorsehen (dazu auch Spautz, ZUM 1992, S. 186, 190).

1371 Formulierungshilfen vom 14.01.2002, S. 19.

1372 Absatz 2 sollte lauten: „Hat der andere das Nutzungsrecht übertragen oder weitere Nutzungsrechte eingeräumt und einen Anspruch nach Absatz 1 für Erträge und Vorteile erfüllt, die ein Dritter gezogen hat, so kann er von seinem Vertragspartner die Einwilligung in die Änderung des Vertrages verlangen, durch die ihm eine den Umständen nach billige Erstattung gewährt wird. Satz 1 findet für weitere Übertragungen oder Einräumung von Nutzungsrechten entsprechende Anwendung."

1373 Zur Situation auch Hoeren in FS Nordemann, S. 181.

beteiligen müssen, die sie selbst nicht erzielt haben.[1374] Darauf verweist die Begründung der Formulierungshilfen ausdrücklich und spricht in diesem Zusammenhang von einer „Sandwichposition" dieser Verwerter.[1375]

Das Rückgriffssystem wurde durch einen Änderungsantrag vom 23.01.2004 aus dem BMJ[1376] am letzten Beratungstag des Rechtsausschusses verworfen. Es wurde durch einen Durchgriffs-anspruch ersetzt. Der Dritte soll für die bei ihm entstehenden Erträgnisse und Vorteile selbst gegenüber dem Kreativen nach Maßgabe des § 32a Abs. 1 UrhG haften. Bei der Feststellung des Missverhältnisses sollen die vertraglichen Beziehungen in der Kette Berücksichtigung finden, die Haftung des Lizenzgebers entfallen. In der Begründung heißt es dazu nur knapp, dass der Urheber den Inhaber des Nutzungsrechts im Wege des Durchgriffs in Anspruch nehmen kann, dessen Verwertung zum „Bestseller" geführt hat. Dies entspreche der bereits herrschenden Auffassung zu § 36 UrhG.[1377]

## 3. Tatbestandsvoraussetzungen

### *a) Lizenzvertrag über Nutzungsrechte*

§ 32a Abs. 2 UrhG setzt voraus, dass der andere Nutzungsrechte übertragen (§ 34 UrhG) oder weitere Nutzungsrechte eingeräumt hat (§ 35 UrhG). Das Einräumen von Nutzungsrechten nach § 35 UrhG erfasst die konstitutive Begründung ausschließlicher oder einfacher Nutzungsrechte beim Dritten.[1378] Ausgehend vom Schutzzweck der Norm und dem Verweis, dass der Dritte unmittelbar nach Maßgabe des Absatzes 1 haftet, sind auch die bereits unter Absatz 1 erfassten Handlungen (Übertragung schuldrechtlicher Nutzungsrechtspositionen, Einwilligung in die Gewährung von Unterbefugnissen) mit einzubeziehen.[1379]

Aus dem Wortlaut könnte geschlussfolgert werden, dass nur die Übertragung/Einräumung von Nutzungsrechten vom Vertragspartner auf den Dritten Ansprüche begründen können (einfache Lizenzkette). Es ist nur von dem anderen die Rede, auf den bereits in Absatz 1 als Vertragspartner des Urhebers Bezug genommen wurde und von dem Dritten. Es ist aber nicht erkennbar, warum die Regelung nicht auch in längeren Lizenzketten Anwendung finden soll. Dafür spricht

---

1374 Schmidt, ZUM 2002, S. 781, 787.
1375 Formulierungshilfen vom 14.01.2002, S. 19.
1376 Abgedruckt bei Hucko, S. 170 f.
1377 Beschlussempfehlung und Bericht des Rechtsausschusses BT-Drucks. 14/8058, S. 19, unter Verweis auf Schricker, § 36 Rdn. 8.
1378 Schricker, Quellen, S. 41.
1379 Schricker, Quellen, S. 42.

die Erwähnung der Lizenzkette in Satz 1.[1380] Voraussetzung für die Anwendung in längeren Lizenzketten ist jedoch, die durchgehende rechtmäßige Übertragung der Rechte in der Lizenzkette. Die Unterbrechung der Kette löst Ansprüche aus § 97 UrhG aus.[1381]

### *b) Auffälliges Missverhältnis*

Auch für Absatz 2 ist ein Missverhältnis festzustellen, dass sich aus den Erträgen und Vorteilen eines Dritten ergibt. Wie dieses Missverhältnis zu ermitteln ist, ist im Einzelnen strittig

#### **aa) Erträge und Vorteile**

Anders als in Absatz 1 ist in Absatz 2 zwar nicht von Erträgen sondern von Erträgnissen die Rede. Die Begriffe werden aber synonym gebraucht.[1382] Was Erträge und Vorteile sind, ist in beiden Absätzen gleich zu bewerten. Für unterschiedliche Maßstäbe gibt es keinen Anlass. Auch unter § 32a Abs. 2 UrhG muss gelten, dass die Erträgnisse gerade für die Einräumung des jeweiligen Nutzungsrechts angefallen sein müssen. Eine Gesamtbetrachtung des Werkes ist nicht vorzunehmen.[1383]

Umstritten ist jedoch, in welchem Umfang Erträge und Vorteile aus der Lizenzkette zu berücksichtigen sind. Nach richtiger Ansicht sind nur die Erträgnisse und Vorteile des jeweiligen Verwerters zu berücksichtigen, gegen den sich der Anspruch richten soll.[1384] Eine Addition der Erträge findet nicht statt.[1385] Bereits bei der Feststellung der Erträge und Vorteile sind die Lizenzkosten abzuziehen, die der Verwerter zum Erwerb der Rechte aufbringen musste.[1386] Gerade in der Lizenzkette kann die einzige Einnahme der Erlös aus dem Lizenzvertrag sein. So wie dieser beim Lizenzgeber als Ertrag zu erfassen ist[1387], so muss er beim Lizenznehmer bereits auf der Ebene des Ertrages abgezogen werden. Anderenfalls ergäben sich Widersprüche bei der Bewertung des Missverhältnisses.

---

1380 Wandtke/Bullinger/Wandtke/Grunert, § 32a Rdn. 27;Schricker, Quellen, S. 42.

1381 Berger, Rdn. 294.

1382 HK/Kotthoff, § 32a Rdn. 30 ff.; Dreier/Schulze/Schulze, § 32a Rdn. 52.

1383 Dies verkennen Reinhard/Distelkötter, ZUM 2003, S. 269, 271, die dort aufgeworfenen Problemstellung ergibt sich daher nicht. Im Ergebnis wie hier Brauner, ZUM 2004, S. 96, 99.

1384 Dreier/Schulze/Schulze, § 32a Rdn. 49, 52; Wandtke/Bullinger/ Wandtke/Grunert, § 32a Rdn. 28.

1385 Berger, Rdn. 304; Reinhardt/Diestelkötter, ZUM 2003 S. 269, 272.

1386 Nordemann, § 32a Rdn. 16.

1387 Siehe oben Teil 3/III/1., S. 168.

Nach einer anderen Ansicht haftet der letzte in der Lizenzkette für sämtliche Erträge ohne Abzug der Lizenzkosten.[1388] Diese Ansicht beruht auf einem Konzept eines Teil-Gesamtschuldverhältnisses aller Beteiligten in der Lizenzkette. Danach haften alle Lizenznehmer in der Kette, jeder jedoch nur für den Teil, den er erhalten hat.[1389]

Nach diesem Modell haftet der letzte in der Lizenzkette zunächst für alle Erträge, die bei ihm eingegangen sind. Damit soll verhindert werden, dass die Zahlungsströme in der Lizenzkette dazu führen, dass bei den einzelnen Lizenznehmer kein auffälliges Missverhältnis vorliegt, obwohl in der Summe Erträgnisse entstanden, die in einem auffälligen Missverhältnis zu dem stehen, was dann beim Urheber tatsächlich ankommt. Um aber auch der Forderung des Gesetzes nach Berücksichtigung der Verhältnisse in der Lizenzkette gerecht werden zu können, sollen die jeweiligen Lizenznehmer nur für die von ihnen erzielten Erträge unmittelbar haften. Es haften also der Letzte in der Kette, bei dem das Missverhältnis angefallen ist, und die anderen daneben, aber nur zu dem (An-) Teil der Erträgnisse, den sie erzielt haben.

Die Konstruktion berücksichtigt die Wertung des § 32a Abs. 2 Satz 2 UrhG nicht ausreichend.[1390] Dort bringt der Gesetzgeber klar zum Ausdruck, dass nur derjenige haften soll, bei dem ein auffälliges Missverhältnis entstanden ist, die Haftung der anderen entfällt. Das System der Teil-Gesamtschuld würde aber auch diese Beteiligten in der Lizenzkette in die Haftung einbeziehen. Einer Regelung für eine gesamtschuldnerische Haftung hätte es zudem nicht bedurft, da eine solche bereits in §§ 34 Abs. 4 UrhG vorgesehen ist.[1391] Geht man mit der hier vertretenen Auffassung zudem davon aus, dass beim Anspruch des Kreativen gegen seinen Vertragspartner nach § 32a Abs. 1 UrhG zu den Erträgen auch die Lizenzeinnahmen einzubeziehen sind[1392], käme man beim Konzept der Teil-Gesamtschuld zu einer doppelten Berücksichtigung der Lizenzgebühren, die mit dem Beteiligungsprinzip nicht zu rechtfertigen sind. Gegen das bewusste Steuern der Erträge in den Lizenzketten, kann auf die allgemeinen Rechtsbehelfe zurückgegriffen werden (z.B. § 826 BGB).[1393]

---

1388 Nordemann, § 32a Rdn. 16 ff; Hilty/Peukert, GRUR Int. 2002, S. 641, 646 (Fn. 55).

1389 Nordemann, § 32a Rdn. 16 ff. Es bleibt unklar, ob diese Aussage die Haftung der Verwerter im Außenverhältnis oder nur im Innenverhältnis betrifft (dazu Brauner, ZUM 2004, S. 96, 99). Von der Haftung im Außenverhältnis gehen jedenfalls aus Reinhard/Distelkötter, ZUM 2003, S. 269, 271 (daher sei auch Satz 2 zu streichen).

1390 Berger, GRUR 2003, S. 675, 681.

1391 Zentek/Meinke, S. 67.

1392 H.M. siehe Schricker, Quellen, S. 42; Brauner, ZUM 2004, S. 96, 99.

1393 Dreier/Schulze/Dreier, § 32a Rdn. 51.

### bb) Gegenleistung

Strittig ist zudem die Frage, auf welche Gegenleistung im Rahmen der Prüfung des Missverhältnisses abzustellen ist.

Die Urhebervergütung selbst kann nicht in Betracht gezogen werden.[1394] Auf diese Weise würde der Dritte für ein Missverhältnis haften, auf das er keinen Einfluss hat.[1395] Er kann nicht beeinflussen, ob den Lizenzgeber die vereinnahmte Lizenzgebühr an den Kreativen durchreicht.

Deshalb vertritt die herrschende Meinung zu Recht die Ansicht, dass an den Betrag anzuknüpfen ist, den der Lizenznehmer dem Lizenzgeber auszahlt, also der Lizenzerlös.[1396] Dieser Ansatz erscheint zunächst bedenklich, denn Ziel der Vorschrift ist es nicht, die Angemessenheit der Beteiligung des Lizenzgebers an den Erträgen des Lizenznehmers zu ermitteln.

Hält man sich eine einfache Lizenzkette[1397] als Beispiel vor Augen, wird aber klar, dass dieser Ansatz folgerichtig ist. Aus dem Lizenzerlös zahlt der Lizenzgeber die Vergütung des Urhebers. Selbst wenn dies in den Verträgen zwischen den Lizenzvertragsparteien keine Rolle spielt, so wird der Lizenzgeber entsprechend kalkulieren. Steigen die Erträge des Lizenznehmers und reicht er diese Steigerung anteilsmäßig weiter, so kann das Missverhältnis nur auf der Ebene Urheber - Lizenzgeber entstehen. [1398] Lässt der Lizenznehmer den Lizenzgeber jedoch nicht an der Steigerung der Erträge teilhaben[1399], so kann der Kreative von seinem Vertragspartner auch keine erhöhte Vergütung erwarten. Der fehlende oder unzureichende Zufluss der Ertragsanteile an den Lizenzgeber bewirkt das Entstehen des Missverhältnisses. Der Urheber wird im Ergebnis nicht mehr angemessen an den Erträgen beteiligt. Nach dem ursprünglich geplanten Rückgriffssystem wäre der Kreative berechtigt gewesen, sich die Erhöhung bei seinem Vertragspartner zu holen, der sich wiederum beim Lizenznehmer schadlos hätte halten können. Nunmehr soll dem Kreativen unmittelbar ein Zugriff auf einen Ertragsanteil des Dritten gestattet sein.

---

1394 So aber Wandtke/Bullinger/Wandtke/Grunert, § 32a Rdn. 26; Nordemann, § 32a Rdn. 16.
1395 Berger, Rdn. 304.
1396 Dreier/Schulze/Schulze, § 32a Rdn. 52; HK/Kotthoff, § 32a Rdn. 30; Schricker, Quellen, S. 42; Schaub, R., ZUM 2005, S. 212, 219.
1397 Die einfache Lizenzkette besteht aus dem Urheber, dessen Vertragspartner (Lizenzgeber) und Lizenznehmer.
1398 HK/ Kotthoff, § 32a Rdn. 30.
1399 Z.B. bei einer Pauschalvergütung für die Nutzungsrechtseinräumung oder bei der translativen Übertragung.

### cc) Auffälliges Missverhältnis

Das auffällige Missverhältnis ist zwischen der gezahlten Lizenzgebühr und einer fiktiven angemessenen Lizenzgebühr zu ermitteln, die an den tatsächlich erlangten Erträgen und Vorteilen des Lizenznehmers zu beurteilen ist. Die Lizenzgebühr ist im Sinne des § 32a Abs. 2 UrhG dann angemessen, wenn durch sie eine angemessene Beteiligung des Kreativen gesichert werden kann.[1400]

Bei der Feststellung des Missverhältnisses sind zudem die vertraglichen Beziehungen in der Lizenzkette zu berücksichtigen. Da das Missverhältnis aus dem Verhältnis der Lizenzvertragsparteien zu ermitteln ist, sind auch die Beziehungen dieser Parteien zu berücksichtigen. Der Lizenznehmer kann sich auf Verluste aus anderen Geschäften mit dem Lizenzgeber berufen. Damit würden aber zu Lasten des Urhebers Beziehungen der Lizenzvertragsparteien Berücksichtigung finden, auf die er keinerlei Einfluss hat.[1401] Deshalb ist dieser Grundsatz dahingehend einzuschränken, dass es sich nur um Geschäfte handeln kann, bei denen auch Rechte des anspruchsberechtigten Kreativen einbezogen waren.

## 4. Rechtsfolge

Als Rechtsfolge bestimmt Absatz 2, dass der Dritte nach Maßgabe des Absatzes 1 haftet.

Mit Haftung wird im Recht gemeinhin die Verantwortlichkeit im deliktischen Sinne oder die Zugriffsunterworfenheit in der Zwangsvollstreckung verstanden.[1402] Beides ist vom Gesetzgeber nicht gemeint gewesen, vielmehr soll damit die Zahlungsverpflichtung des Dritten zum Ausdruck gebracht werden.[1403] Dies deckt sich auch mit Satz 2. Dort ist davon die Rede, dass die Haftung des anderen, also zumindest des Vertragspartners des Urhebers, entfällt. Dieser war nach § 32a Abs. 1 UrhG keiner Haftung im rechtlichen Sinne unterworfen.

Nach Absatz 1 steht dem Kreativen ein Vertragskorrekturanspruch zu, aus dem sich die Zahlungsansprüche ergeben. Aus der Verweisung wird geschlussfolgert,

---

[1400] Dreier/Schulze/Schulze, § 32a Rnd.52 (Urheber ist an jeder Stelle der Lizenzkette an die Stelle des jeweiligen Lizenzgebers zu setzen).

[1401] Unklar bei Schricker, Quellen, S. 42.

[1402] Berger, GRUR 2003, S. 675, 680.

[1403] Wandtke/Bullinger/Wandtke/Grunert, § 32a Rdn. 29; Berger, GRUR 2003, S. 675, 680.

dass der Urheber auch gegen den Dritten einen solchen Anspruch hat.[1404] Da aber keine Vertragsbeziehung besteht, sei der Anspruch auf Vertragsabschluss gerichtet. Gesichert werden könnte damit wie nach Absatz 1, dass der Urheber nicht nur an bereits erlangten Erträgen beteiligt wird, sondern auch für die Zukunft eine angemessen Beteiligung erhält.

Damit würde aber für den Dritten ein Kontrahierungszwang bestehen, den die Rechtsordnung sonst nur in begründeten Ausnahmefällen vorsieht (im Urheberrecht beispielsweise bei § 42a UrhG oder § 11 WahrnG). Beide Vorschriften rechtfertigen sich aus einer entstehenden[1405] bzw. bereits bestehenden Monopolstellung der Beteiligten.[1406] Auch außerhalb des Urheberrechts wird ein Kontrahierungszwang gelegentlich angeordnet, so in § 22 PersBefG oder § 10 EnWG. Auch hier handelt es sich um Ausnahmefälle, um in wichtigen Teilen der Daseinsvorsorge die Versorgung Dritter sicherzustellen.[1407] Dieser Gedanke ist auf den Anspruch nach § 32a UrhG aber nicht übertragbar.[1408]

Die Pflicht des in Anspruch Genommenen ist auf eine Zahlung einer (weiteren) angemessenen Vergütung und nicht auf Einwilligung in eine Vertragsänderung gerichtet.[1409] Entsteht das auffällige Missverhältnis neu, so kann er den Anspruch erneut geltend machen und somit an den weiteren Erträgen beteiligt werden.

Aus diesem Grund ist der Anspruch auch nicht vertraglicher Natur. Vielmehr handelt es sich um einen gesetzlichen Anspruch des Urhebers auf Nachvergütung.[1410]

---

1404 Dreier/Schulze/Schulze, § 32a Rdn. 51; Haas, Rdn. 316; Schricker, Quellen, S. 43, zum früheren Recht auch schon Schricker/Schricker § 36 Rdn. 8; Fromm/Nordemann/Hertin, § 36 Rdn. 8: Möhring/Nicolini/Spautz, § 36 Rdn. 12.

1405 Bei § 42a UrhG (HK/Kotthoff, § 42 Rdn. 1).

1406 Für § 11 UrhG (HK/Kotthoff, § 11 WahrnG Rd. 2).

1407 Palandt/Heinrichs, Einf. v. § 145 Rdn. 8.

1408 So schon zum alten Recht Hagen, S. 151.

1409 Wandtke/Bullinger/Wandtke/Grunert, § 32a Rdn. 29; Schaub, R., ZUM 2005, S. 212, 219.

1410 Wandtke/Bullinger/Wandtke/Grunert, § 32a Rdn. 29; Schricker, Quellen, S. 43; Obergfell, K & R 2003, S. 118, 124; Ory, AfP 2002, S. 92, 100; Schaub, R., ZUM 2005, S. 212, 219; a.A. Hilty/Peukert, GRUR Int. 2002, S. 643, 646 f. (Annexanspruch zu Absatz 1: Tatbestand und Rechtsfolge könnten nicht losgelöst von den Ansprüchen aus Abs. 1 betrachtet werden.).

## 5. Verhältnis zu den anderen Lizenznehmern

### *a) Entfallen der Haftung des anderen (Satz 2)*

Nach § 32a Abs. 2 Satz 2 UrhG entfällt die Haftung des anderen. Daraus wird geschlussfolgert, dass die Haftung des Vertragspartners des Kreativen immer entfällt, wenn der Kreative einen Anspruch gegen den Dritten geltend machen kann. Dies soll auch dann gelten, wenn im Verhältnis Urheber/Vertragspartner ein auffälliges Missverhältnis nach § 32a Abs. 1 UrhG besteht.[1411]

Eine solche Auslegung wäre jedoch mit dem Sinn und Zweck der Norm nicht vereinbar. Der Urheber soll an den Erträgen beteiligt werden, die aus der Werknutzung entstehen. Dazu gehören auch die Lizenzeinnahmen. Ergibt sich daraus ein auffälliges Missverhältnis, so muss der erste in der Lizenzkette ebenfalls haften. Es wäre nicht nachvollziehbar, warum gerade dieser als einziger in der Kette privilegiert werden sollte.[1412] Die Aussage des Satzes 2 bezogen auf eine einfache Lizenzkette ist vielmehr dahingehend zu verstehen, dass dem Anspruchsteller für die Erträge des Folgeverwerters kein zusätzlicher Schuldner zur Verfügung stehen soll.[1413] Die Haftung des Vertragspartners des Urhebers entfällt also nur, wenn bei diesem nicht selbst Erträge entstanden sind, die zu einem auffälligen Missverhältnis geführt haben.

Der andere ist zudem nicht nur der Vertragspartner des Urhebers. Auch wenn man davon ausgeht, dass der Gesetzgeber lediglich die einfache Lizenzkette bei der Regelung des Absatzes 2 vor Augen hatte[1414], so wird doch die Regelung auch darüber hinaus Anwendung finden.[1415] Verallgemeinert man den Gedanken des Satzes 2, dass dem Anspruch-steller für die Erträge des Folgeverwerters kein zusätzlicher Schuldner zur Verfügung stehen soll, dann sind die anderen alle Lizenznehmer der Kette, bei denen kein auffälliges Missverhältnis entstanden ist.[1416]

---

[1411] Hilty/Peukert, GRUR Int. 2002, S. 641, 646 (Fn. 55). Sie ziehen daraus die Konsequenz, dass der Urheber immer an den Erträgen des Dritten zu beteiligen ist, ohne Abzug der Erwerbskosten.

[1412] Brauner, ZUM 2004 S. 96, 101.

[1413] Berger, GRUR 2003, S. 674; 680.

[1414] Nordemann, § 32a Rdn. 16.

[1415] Wandtke/Bullinger/Wandtke/Grunert, § 32a Rdn. 27; Brauner, ZUM 2004, S. 96, 102.

[1416] Wandtke/Bullinger/Wandtke/Grunert, § 32a Rdn. 30; Schricker, Quellen, S. 43; Brauner, ZUM 2004, S. 97,102.

### *b) Freistellungsklauseln*

Der Möglichkeit, vom Kreativen auf eine weitere Vergütung in Anspruch genommen zu werden, können Verwerter mit sogenannten Freistellungsklauseln gegenüber ihrem Lizenzgeber begegnen. Mit einer solchen Klausel soll der Lizenzgeber den Lizenznehmer von Ansprüchen eines Dritten freistellen.[1417] Es kann dahingestellt bleiben, ob solche Klauseln im Innenverhältnis überhaupt Wirksamkeit entfalten können.[1418] Entscheidend ist, dass der Dritte die Klausel dem Anspruchsteller nicht entgegenhalten kann. Die Regelung hat keine Außenwirkung gegen den Anspruchsteller.[1419] Aus Sicht des Urhebers würde es sich um einen Vertrag zu Lasten Dritter handeln.[1420]

## II. Regelung im Kollektivvertrag

Berücksichtigt man die dargestellten Tatbestandsvoraussetzungen und die Rechtsfolge, stellt sich die Frage, ob die Einbeziehung von Dritten durch einen Kollektivvertrag überhaupt möglich und sinnvoll regelbar ist.[1421]

Berger meint, eine solche Regelung könnte so aussehen, dass der Kreative auch im Falle des auffälligen Missverhältnisses einen Anspruch gegen seinen Vertragspartner erhält. Der Zweitverwerter wäre auf diese Weise entlastet, es würde sich um eine vorweggenommene Freistellungsklausel handeln.[1422] Eine solche Klausel wäre anders als die oben dargestellte Freistellungsklausel auch nicht unwirksam. Die Parteien hätten keinen Vertrag zu Lasten Dritter geschlossen. Für die Kreativen wäre eine solche Regelung sicher interessant, da sie dem Risiko enthoben wären, die Ansprüche gegen Dritte, zu denen sie in keinem Vertragsverhältnis stehen, geltend zu machen. Andererseits ist nicht ersichtlich, warum eine Verwerterorganisation diese Regelung abschließen sollte. Genau die im Gesetz vorgesehene Risikoverteilung würde zu ihren Ungunsten verschoben. Der andere würde für Erträge haften, die er selbst nicht erzielt hat und wäre durch den Kollektivvertrag nicht in der Weise gesichert, dass er sich bei seinem Vertragspartner (Lizenznehmer) oder jedem weiteren in der Lizenzkette schadlos halten könnte. Eine solche Regelung ist zwar denkbar, jedoch unwahrscheinlich.

---

[1417] Dreier/Schulze/Schulze, § 32a Rdn. 55; Hertin, MMR 2003, S. 17, 19 (mit einem konkreten Vertragsvorschlag).

[1418] Strittig: vom grundsätzlichen Verstoß gegen § 138 BGB gehen aus Nordemann, § 32a Rdn. 17; Jani, S. 311; vorsichtiger Dreier/Schulze/Schulze, § 32a Rdn. 55; Reinhard/Distelkötter, ZUM 2003, S. 269, 274; Erdmann, GRUR 2002, S. 923, 927.

[1419] Dreier/Schulze/Schulze, § 32a Rdn. 55; Berger, Rdn. 301; Schricker, Quellen, S. 42.

[1420] Berger, Rdn. 201.

[1421] Lediglich als Frage aufgeworfen und ohne Antwort: Haas, Rdn. 329.

[1422] Berger, Rdn. 287.

Zu klären wäre darüber hinaus, ob Dritte durch den Kollektivvertrag überhaupt verpflichtet werden können. Wäre eine solche Verpflichtung möglich, so könnten die vereinbarte Rechtsfolge (weiteren Beteiligung) an der Angemessenheitsvermutung teilhaben.

Bindungswirkung für Dritte können auch Kollektivverträge nur im Ausnahmefall erzeugen. In Betracht kommt die Allgemeinverbindlichkeitserklärung eines Tarifvertrages oder der Fall, dass sowohl der Vertragspartner des Kreativen als auch der Dritte Parteien des Tarifvertrages sind. Eine Regelung für Verwerter, die als Lizenznehmer in der Lizenzkette als potentielle Schuldner des Kreativen in Frage kommen und gleichzeitig Tarifvertragspartei sind, wäre demnach grundsätzlich denkbar. Das Missverhältnis bestimmt sich hier jedoch nach den Beziehungen in der Lizenzkette. Es dürfte schwierig sein, die Vielzahl der potentiellen Möglichkeiten abstrakt sinnvoll zu erfassen. Die Kollektivregelung müsste hier typische Verhaltensweisen in der Lizenzkette und zudem die individuellen Besonderheiten zwischen den Vertragspartnern erfassen. Die sachliche und zeitliche Begrenztheit der gebotenen Rechtssicherheit dürfte hier kaum Anreiz für die Erarbeitung einer so komplizierten Regelung sein. Eine solche Regelung hätte zudem ihren Schwerpunkt in den Beziehungen der Verwerter untereinander und würde den Abschluss einer gemeinsamen Vergütungsregelung zusätzlich erschweren. Dies entspricht nicht den gesetzgeberischen Intentionen.

Für Dritte können Kollektivverträge dann keine Bindungswirkung entfalten, wenn die Parteien lediglich auf einen solchen Vertrag Bezug nehmen und so zum Gegenstand des Individualvertrages machen. Dies gilt, wenn Vertragsparteien auf einen Tarifvertrag Bezug nehmen. Aus diesem Grund können auch keine wirksamen Regelungen für Dritte in gemeinsamen Vergütungsregelungen getroffen werden.

Eine Regelung für den Fall des Absatzes 2 in Tarifverträgen wäre daher rechtlich denkbar aber praktisch unwahrscheinlich. Für gemeinsame Vergütungsregeln fehlt es bereits an der rechtlichen Möglichkeit, auf diese Weise eine wirksame Regelung zu finden.

**Zusammenfassung in Thesen**

1. Nach § 32a Abs. 4 UrhG können Tarifverträge oder gemeinsame Vergütungsregeln (Kollektivvereinbarungen) neben einer Vergütung für die Einräumung von Nutzungsrechten eine weitere angemessene Beteiligung für die Bestsellersituation (§ 32a Abs. 1 UrhG) vorsehen. Damit soll den Parteien urheberrechtlicher Nutzungsverträge Rechtssicherheit für den Fall besonders erfolgreicher Werknutzung verschafft werden.

2. Solche Kollektivvereinbarungen können zwischen Verwertern bzw. Verwerterorganisationen und den Organisationen von Urhebern oder ausübenden Künstlern (Kreative) getroffen werden. § 32a UrhG erfasst sowohl Verträge mit freien Kreativen als auch mit Kreativen im Arbeits- und Dienstverhältnis. Der persönliche Anwendungsbereich des § 32a UrhG ist auch für Arbeitnehmerurheber eröffnet. Er ist nicht durch §§ 43 oder 69b UrhG ausgeschlossen.

3. § 32a Abs. 4 UrhG setzt das Bestehen einer Kollektivvereinbarung voraus, die die Vergütung für das Einräumen von Nutzungsrechten bestimmt. Tarifverträge oder gemeinsame Vergütungsregeln bestimmen die Vergütung, wenn sie in das konkrete Individualrechtsverhältnis einwirken.

   Bei einem Tarifvertrag ist das der Fall, wenn entweder beide Vertragsparteien Tarifvertragsparteien sind oder der Tarifvertrag für allgemeinverbindlich erklärt wurde. Fehlt diese unmittelbare Wirkung von Tarifverträgen, ist die Vergütung auch nach einem Tarifvertrag bestimmt, wenn die Parteien auf den Tarifvertrag ausdrücklich Bezug genommen haben.

   Gemeinsame Vergütungsregeln haben keine unmittelbare Wirkung auf Individualverträge. Eine andere Auslegung kann mit Art. 9 GG und Art. 81 EGV nicht in Übereinstimmung gebracht werden. Nach einer gemeinsamen Vergütungsregel ist die Vergütung daher nur dann bestimmt, wenn die Parteien des Individualvertrages ausdrücklich auf sie Bezug genommen haben.

   Die so bestimmte Vergütung entspricht der vereinbarten Gegenleistung im Sinne des § 32a Abs. 1 UrhG.

4. Die Kollektivregelung muss zusätzlich für den Fall des § 32a Abs. 1 UrhG eine weitere angemessene Beteiligung bestimmen. Ein Fall des § 32a Abs. 1 UrhG liegt vor, wenn ein auffälliges Missverhältnis zwischen der vertraglich vereinbarten Vergütung für das Einräumen von Nutzungsrechten und den Erträgen und Vorteilen, die der Vertragspartner aus der Werknutzung gezogen hat, entsteht.

Das „auffällige Missverhältnis“ ist ein objektives Tatbestandsmerkmal. Den Parteien von Kollektivvereinbarungen fehlt die Regelungsbefugnis, das Vorliegen eines solchen Missverhältnisses verbindlich festzulegen. Sie können nur für diesen Fall eine Vergütungsregelung treffen. Sie müssen die Bestsellersituation vorhersehen. Rechtssicherheit können die Parteien daher nur erlangen, wenn sie ein möglicherweise entstehendes auffälliges Missverhältnis bei Abschluss einer Kollektivvereinbarung richtig erkennen.

Verfehlen die Parteien zuungunsten der Kreativen die Schwelle des auffälligen Missverhältnisses, so kann sich der Verwerter nicht auf die Wirkungen des § 32a Abs. 4 UrhG berufen.

5. Ein Missverhältnis im Sinne des § 32a Abs. 1 UrhG liegt vor, wenn die vertraglich vereinbarte Vergütung hinter der Vergütung zurückbleibt, die gemessen an den tatsächlich gezogenen Erträgen und Vorteilen angemessen wäre (fiktive angemessene Vergütung). Auffällig ist das Missverhältnis, wenn die vertraglich vereinbarte Vergütung um 25% und mehr unterhalb der fiktiven angemessenen Vergütung liegt.

   Die fiktive angemessene Vergütung ist an Hand der Vorteile und Erträge aus der Werknutzung zu bestimmen. Maßstab für die Bestimmung der Angemessenheit ist der urheberrechtliche Beteili-gungsgrundsatz. Der Grundsatz erfordert die Berücksichtigung einer Vielzahl von Faktoren, die die gerechte Verteilung der Verwertungserträge zwischen Urheber und Verwerter sicherstellen sollen. Zu berücksichtigen sind darüber hinaus noch die gesamten Beziehungen zwischen Kreativen und Verwerter.

6. Die Kollektivvereinbarung soll eine weitere angemessene Beteiligung des Kreativen vorsehen. Es handelt sich hier um eine zusätzliche Vergütung. Sie muss nicht notwendigerweise als Beteiligungsvergütung ausgestaltet sein. Auch Pauschalhonorare können der Forderung nach einer weiteren angemessenen Beteiligung gerecht werden.

7. Um den Anforderungen des § 32a Abs. 4 UrhG gerecht zu werden, muss aus einer Kollektivvereinbarung die Leistungsverpflichtung des Kreativen (Art und Umfang der Rechtseinräumung) und die Gegenleistung des Verwerters (Vergütung) erkennbar sein. Zusätzlich muss der Vereinbarung zu entnehmen sein, wann die Parteien vom Vorliegen eines auffälligen Missverhältnisses ausgehen und welche weitere Vergütung dem Kreativen in diesem Fall zustehen soll.

8. Sind Kollektivvereinbarungen zustande gekommen und wirksam Gegenstand eines Individualvertrages geworden, so kann der Kreative beim Eintreten der Bestsellersituation (§ 32a Abs. 1 UrhG) keine höhere Vergütung fordern, als in der Kollektivvereinbarung vorgesehen. Die Höhe der Vergütung unterliegt keiner Gerichtskontrolle.

9. Kollektivvereinbarungen können nicht alle Fälle erfassen, die Ansprüche nach § 32a Abs. 1 UrhG auslösen. Wesentlicher Anwendungsbereich der Norm sind die Fälle, bei denen nach Vertragsschluss Umstände eintreten, die von den Parteien nicht vorhergesehen werden konnten und die das Entstehen eines Missverhältnisses begründen. Hier bleibt es bei der Rechtsunsicherheit für die Parteien.

   Kollektivvereinbarungen treffen eine abstrakte Regelung, um möglichst eine Vielzahl vergleichbarer Sachverhalte erfassen zu können. Die Wertungsfaktoren, die bei der Bestimmung des auffälligen Missverhältnisses herangezogen werden, knüpfen dagegen regelmäßig an die individuellen Besonderheiten des konkreten Vertragsverhältnisses an. Rechtssicherheit durch Kollektivvereinbarungen lässt sich daher nur dort herstellen, wo sich ein Massengeschäft mit gleichförmigen Nutzungen und Verwertungsstandards herausgebildet hat.

   Für den übrig bleibenden Anwendungsbereich des § 32a Abs. 4 UrhG ist weiterhin zu bedenken: Die Kollektivvereinbarung soll für den Fall eines auffälligen Missverhältnisses eine Vergütungsregelung treffen. Eine solche Vereinbarung setzt voraus, dass die Parteien ein auffälliges Missverhältnis vorhersehen können. Sie können dann auch jedes Missverhältnis bestimmen, das unterhalb der Auffälligkeitsschwelle liegt. Es erscheint daher unwahrscheinlich, dass Vertreter einer Kreativenorganisation einer Kollektivvereinbarung zustimmen, die erst beim Vorliegen eines auffälligen Missverhältnisses eine weitere Vergütung vorsieht. Vielmehr wird eine Regelung gesucht werden, nach der eine weitere Beteiligung bereits im Vorfeld des auffälligen Missverhältnisses verlangt werden kann. Ein Fall des § 32a Abs. 1 UrhG entsteht dann nicht und § 32a Abs. 4 ist nicht anzuwenden.

   Kollektivvereinbarungen gemäß § 32a Abs. 4 UrhG sind daher zwar rechtlich möglich, sie werden aber kaum praktische Bedeutung erlangen.

10. § 32a Abs. 4 UrhG schließt nicht aus, dass eine Kollektivvereinbarung auch für den Fall des § 32a Abs. 2 UrhG getroffen wird. § 32a Abs. 2 UrhG sieht einen Anspruch des Kreativen gegen Dritte in einer Lizenzkette vor, ohne dass zwischen dem Kreativen und dem Dritten ein Vertragsverhältnis besteht (Durchgriffshaftung). Voraussetzung für den Anspruch ist, dass beim Dritten das auffällige Missverhältnis entstanden ist.

Dritte können durch eine Kollektivvereinbarung nur verpflichtet werden, wenn die Kollektivvereinbarung auch für sie unmittelbare Bindungswirkung entfaltet. Daher kommt eine solche Regelung nur in Tarifverträgen in Betracht, die Tarifvertragsparteien bindet oder für allgemeinverbindlich erklärt wurde. Gemeinsame Vergütungsregeln können keine wirksame Regelung für den Fall des § 32a Abs. 2 UrhG vorsehen.

Neben den praktischen Schwierigkeiten, die schon eine Regelung für den Fall des Absatzes 1 behindern, kommt als Weiteres hinzu: Die Vereinbarung müsste typische Umstände in Lizenzketten, also die Interessenlage der Verwerter untereinander, berücksichtigen. Tarifvertragsverhandlungen, die einen Konsens zwischen Arbeitgeber- und Arbeitnehmerinteressen herstellen sollen, wären dann noch mit dem Ausgleich von Verwerterinteressen belastet. In der praktischen Anwendung werden solche Regelungen daher hinter Regelungen zu § 32a Abs. 1 UrhG zurückbleiben.

# Anhang

## *Gemeinsame Vergütungsregeln für Autoren belletristischer Werke in deutscher Sprache*

Der Verband deutscher Schriftsteller (VS) in der Vereinigten Dienstleistungsgewerkschaft (ver.di)

und

die Verlage

- Berlin-Verlag
- Fischer,
- Hanser,
- Antje Kunstmann,
- Lübbe,
- Piper,
- Random House,
- Rowohlt und
- Seemann-Henschel

stellen gemäß § 36 UrhG folgende gemeinsame Vergütungsregeln für Autoren belletristischer Werke in deutscher Sprache auf:

### *Vorbemerkung*

Der Urheber hat nach § 32 UrhG Anspruch auf eine angemessene Vergütung für die Einräumung von Nutzungsrechten und die Erlaubnis zur Werknutzung. Zur Bestimmung der Angemessenheit von Vergütungen stellen nach § 36 UrhG Vereinigungen von Urhebern mit Vereinigungen von Werknutzern oder einzelnen Werknutzern gemeinsame Vergütungsregeln auf. Die gemeinsamen Vergütungsregeln sollen die Umstände des jeweiligen Regelungsbereichs berücksichtigen, insbesondere die Struktur und die Größe der Verwerter.
Die folgenden Regeln wurden im Rahmen einer Mediation der Bundesministerin der Justiz aufgestellt und folgen in wesentlichen Punkten Kompromissvorschlägen der Moderatorin. Vergütungen die unterhalb der nachfolgenden Vergütungsregeln liegen, sind keine angemessenen Vergütungen nach § 32 UrhG.

### § 1 Anwendungsbereich

Die nachfolgenden Vergütungsregeln gelten für Vergütungsverträge und andere urheberrechtliche Nutzungsverträge über selbstständige zu veröffentlichende belletristische Werke. Sie finden keine Anwendung auf Verlagsverträge aus anderen Bereichen, insbesondere nicht aus den Bereichen Sachbuch, Ratgeber, Lexika, Fachbuch, Kinder- und Jugendbuch, Schul- und Lehrbuch sowie Hörbuch, weil in diesen Bereichen andere Bedingungen gelten.
Diese Regeln gelten auch nicht für Fälle, in denen der Wunsch des Urhebers, einen Text gedruckt zu sehen, und nicht ein verlegerisches Interesse im Vordergrund stehen und der Urheber deshalb kein Honorar erwartet und billigerweise auch nicht erwarten kann (Memoiren, private Familiengeschichten, Manuskripte unbekannter Autoren, an denen kaum Interesse der litarischen Öffentlichkeit zu erwarten ist und für die sich zu den allgemein üblichen Konditionen kein Verleger finden lässt).

### § 2 Angemessene Vergütung

Die Vergütung nach den folgenden Regelungen ist angemessen, wenn der jeweilige Verlagsvertrag den Konditionen des Normvertrags für den Abschluss von Verlagsverträgen in der jeweils gültigen Fassung entspricht, soweit nicht zulässigerweise Abweichungen vereinbart sind. Alle Varianten der Honorarermittlung, die der Normvertrag zulässt und die den hier vereinbarten Regeln wirtschaftlich gleichwertig sind, gelten als angemessene Vergütungen.

### § 3 Honorar für Verlagsausgaben

(1) Der Verlag setzt die Vergütung für Hardcover-Ausgaben im Regelfall als laufende Beteiligung des Autors an den Verwertungseinnahmen fest. Richtwert für den Normalfall ist ein Honorar von 10 Prozent für jedes verkaufte, bezahlte und nicht remittierte Exemplar bezogen auf den um die darin enthaltene Mehrwertsteuer verminderten Ladenverkaufspreis (Nettoladenverkaufspreis). Bei mehr als einem Autor und Mitwirkung anderer Urheber (z.B. Bebilderung) gilt der Richtwert für die Summe als angemessene Vergütung.

(2) Der Verlag kann eine Beteiligung von 8 bis 10 Prozent vereinbaren, wenn und soweit im Einzelfall beachtliche Gründe die Abweichung vom Richtwert gerechtfertigt erscheinen lassen. Solche Gründe können insbesondere sein:

die in § 36 Abs. 1 UrhG genannte Rücksicht auf Struktur und Größe des Verwerters,
die mutmaßlich geringe Verkaufserwartung,
das Vorliegen eines Erstlingswerkes,
die beschränkte Möglichkeit der Rechteverwertung
der außergewöhnliche Lektorenaufwand,
die Notwendigkeit umfangreicher Lizenzeinholung,
der niedrige Endverkaufspreis,
genrespezifische Entstehungs- und Marktbedingungen.

(3) Eine Beteiligung unter 8 Prozent kann nur in außergewöhnlichen Ausnahmefällen vereinbart werden, in denen besondere Umstände dies angemessen erscheinen lassen, z.B. bei besonders hohem Aufwand bei der Herstellung oder bei Werbung und Marketing oder Vertrieb oder bei wissenschaftlichen Gesamtausgaben.

(4) Für Buchverlagsreihen können einheitliche Vergütungen vereinbart werden, soweit für die Buchverlagsreihen die Anforderungen der Absätze 1 bis 3 erfüllt sind.

(5) Für Fälle großen Verkaufserfolges wird der Vertrag die Ausgangsvergütung mit einer ansteigenden Vergütungsstaffel verknüpfen. Das gilt nicht für Sonderausgaben.

### § 4 Verwertung als Taschenbuch oder Sonderausgaben

(1) Bei vom Verlag selbst veranstalteten Taschenbuchausgaben sind in der Regel folgende Beteiligungen an den Nettoladenverkaufspreis angemessen:

bis 20.000 Exemplare 5%,
ab 20.000 Exemplare 6%,
ab 40.000 Exemplare 7%,
ab 100.000 Exemplare 8%.

(2) Bei verlagseigenen Sonderausgaben, deren Verkaufspreis mindestens ein Drittel unter dem Verkaufspreis der Normalausgabe liegt, gilt ein Honorar von 5% vom Nettoladenpreis als angemessen. Ab einer Auflage von 40.000 Exemplaren gilt ein Honorar von 6% als angemessen.

**§ 5 Verwertung von Nebenrechten**

(1) Der aus der Verwertung der Nebenrechte durch Dritte beim Verlag erzielte Erlös wird nach Eingang zwischen Autor und Verlag geteilt, und zwar erhält der Autor, sofern nicht noch weitere Rechtsinhaber zu berücksichtigen sind, ein Anteil von

- 60 Prozent des Erlöses bei buchfernen Nebenrechten (insbesondere Medien- und Bühnenrechten) und
- 50 Prozent des Erlöses bei buchnahen Nebenrechten (z.B. Recht der Übersetzung in andere Sprachen, Hörbuch).

(2) Die Vergütung der Nutzung von Nebenrechten durch den Verlag selbst bleibt einer gesonderten Vergütungsregel vorbehalten.

**§ 6 Vorschüsse**

(1) Der Autor erhält auf seine Honoraransprüche im Regelfall einen Vorschuss.

(2) Von der Zahlung eines Vorschusses kann abgesehen werden, soweit die Umstände es rechtfertigen; das gilt insbesondere für kleine und mittlere Verlage. Im Übrigen kann § 3 Abs. 2 entsprechend angewendet werden.

**§ 7 Abrechnungen**

(1) Honorarabrechnung und Zahlung erfolgen jährlich per 31. Dezember innerhalb der auf den Stichtag folgenden drei Monate.

(2) Sofern im jährlichen Turnus abgerechnet wird, ein beachtliches Guthaben aufläuft (2.000 Euro und mehr) und es dem Verlag organisatorisch möglich und zumutbar ist, kann der Autor eine Abschlagszahlung per 30.Juni verlangen.

**§ 8 Neue Nutzungsarten**

Hat ein Verlag mit dem Autor eine nach diesen gemeinsamen Vergütungsregeln ermittelte Vergütung vereinbart, so ist der Autor verpflichtet, dem Verlag auf dessen Verlangen die Rechte an sämtlichen zukünftig entstehenden neuen Nutzungsarten (§ 31 Abs. 4 UrhG) schriftlich einzuräumen. Der Verlag verpflichtet sich in diesem Fall im Gegenzug, den Autor an den Erlösen aus derartigen Nutzungen angemessen zu beteiligen. Die Beteiligung wird gegebenenfalls der wirtschaftlichen Entwicklung der neuen Nutzung angepasst.

**§ 9 Inkrafttreten und Kündigung**

Die Vereinbarung tritt am.....2005 in Kraft. Sie auf unbestimmte Zeit geschlossen und kann mit einer Frist von sechs Monaten zum Jahresende, erstmals zum 31. Dezember 2006, gekündigt werden.

Frederik Neyheusel

# Leistungsstörungen in Urheberrechtsverträgen

Frankfurt am Main, Berlin, Bern, Bruxelles, New York, Oxford, Wien, 2005. 186 S.
Europäische Hochschulschriften: Reihe 2, Rechtswissenschaft. Bd. 4173
ISBN 3-631-53691-7 · br. € 39.–*

Die Arbeit untersucht die Schnittstellen zwischen dem am 01.01.2002 in Kraft getretenen modernisierten Schuldrecht und dem Urhebervertragsrecht unter Berücksichtigung des „Gesetzes zur Stärkung der vertraglichen Stellung von Urhebern und ausübenden Künstlern". Im Vordergrund steht insbesondere die Behandlung der Leistungsstörungen in Urheberrechtsverträgen. Die Untersuchung beruht methodisch auf drei Teilen. Der 1. Teil vermittelt die Grundlagen des Urheberrechtsvertrages. Der 2. Teil zeigt, mit welchem zivilrechtlichen Instrumentarium Leistungsstörungen im schuldrechtlichen Bereich des Urheberrechtsvertrages zu behandeln sind. Auf Basis der gewonnenen Erkenntnisse werden im 3. Teil der Arbeit urheberrechtlich spezifische Fallkonstellationen untersucht. Das Ergebnis wird mit der alten Rechtslage verglichen und einer Bewertung zugeführt. Der Autor kommt zu dem Ergebnis, dass der Urheberrechtsvertrag eine Reihe von Besonderheiten aufweist, die mit den Instrumenten des neuen Schuldrechts zum Teil nur unzureichend gelöst werden können.

*Aus dem Inhalt*: Teil 1 Der Urheberrechtsvertrag: Begriff, Gegenstand, Besonderheiten im Urheberrecht · Teil 2 Leistungsstörungen – allgemeiner Teil: Spezialgesetzliche Normierung der Leistungsstörungen im Urheberrechtsgesetz, Typologisierung von Urheberrechtsverträgen, Besonderheiten bei Dauerschuldverhältnissen · Teil 3 Leistungsstörungen – besonderer Teil: Mängel bei der Rechtsverschaffung, Mängel der Werkverkörperung, Mängel des geistigen Werkes

Kolibri 360 GmbH
Ferdinand-Jühlke-Straße 7
99095 Erfurt, Deutschland
produktsicherheit@kolibri360.de

Druck:
CPI Druckdienstleistungen GmbH
im Auftrag der
Kolibri 360 GmbH
Ferdinand-Jühlke-Str. 7
99095 Erfurt